문명은 부산물이다

문명은 부산물이다

문명의 시원을 둘러싼
해묵은 관점을 변화시킬 경이로운 발상

Paper Manufacture

Farming

Weaving

Press

정예푸 지음
오한나 옮김

37 8

우리에게 중국사는 너무나 친숙하다. 삼국지와 수호지와 같은 역사소설은 물론이고, 어느 서점에 가더라도 역사책의 절반은 중국 역사에 대한 것이라고 해도 과언이 아니다. 하지만 그런 대부분의 책이 다루는 건 중국 역사나 중국 사람들에 관한 것들이다. 세계 문명사 속에서 중국을 바라보는 통찰력 있는 연구는 거의 찾아볼 수 없다. 그 이유는 아마도 중국 문명이 전통적으로 세계를 자신의 틀에서 보고자 하는 '중화사상'에 있을 것이다. 중국이 세계 속에서 어떤 역할을 하는 것을 고민하기보다는 세계가 어떻게 중국의 영향에 편입될 것인가에 더 비중을 두는 것이다.

사실, 서로 이웃한 한국과 중국이지만 문명에 대한 생각에서 두 나라는 큰 차이가 난다. 사실 '문명'이라는 말은 대한민국보다 중국에서 더 많이 그리고 중의적으로 쓰인다. 즉, 고대 찬란했던 중국 역사에 대한 오마주이자, 후진적인 전근대사회를 벗어나 선진사회로 나아간다는 두 가지 뜻이 담겨 있다.

중국은 20여 년 전에 중화문명탐원공정, 즉 중원 지역에서의 중국 문명 기원을 밝히는 사업을 벌여 문명의 시작 과정을 국가적으로 정리했다. 또 한편으로 후진적인 모습에서 탈피하기 위해서 전 중국에 걸쳐 문명화 운동을 전개했다. 산간 오지의 마을을 가도 '문명'화를 이루자는 구호가 사방에 깔려 있었다. 심지어 남자 화장실의 소변기 앞에도 "한걸음만 (소변기 앞으로) 다가오세요. 문명이 더 가까워집니다."라는 구절이 붙어 있을 정도다.

　최근 중국은 비약적으로 성장하는 국력에 발맞추어 세계 속의 중국을 표방하는 '일대일로' 정책을 펴고 있다. 중국을 중심으로 육로와 해로를 이용해서 전 세계로 그 영향력을 확대하겠다는 것이다. 바로 중화사상을 세계에 구현한다는 뜻이니, 진정한 의미의 세계 문명에 대한 관심으로 보기는 어렵다. 2006년 중국 중앙 텔레비전(CCTV-2)에서 방송한 세계를 제패한 국가들을 다룬 12부작 역사 다큐멘터리 〈대국굴기〉 시리즈도 이와 같은 맥락이다. 이 프로그램은 세계를 정복한 여러 사례를 소개하면서 궁극적으로 중국이 세계의 강대국으로 들어서는 길을 제시했다. 이후 중국에서는 말미에 '~굴기'라는 이름을 붙이며 다양한 분야에서 세계화를 이루는 노력이 시작되었다. 중국에서 '문명'에 대한 연구는 세계 역사를 이해하려는 것보다는 세계 내에서 자국의 주도권 확보를 위한 노력의 일환으로 보인다.

　그런 점에서 정예푸의 저서 『문명은 부산물이다』는 중국에서 출간될 거라고 생각하지 못한 노작이다. 인류의 기원에서 중세시대 인쇄술에 이르기까지 문명의 여러 장면에서 중국인의 틀을 깬 유쾌하며 도발적인 담론을 전개하고 있기 때문이다. 중국 사회는 지나치다 싶을 정도로 자국 중심이지만, 정예푸는 여러 가지 문명의 예를 들며 문명에 대한 이러한 통념에 대해 담담하지만 흥미로운 담론을 제기한다. 그는 '문명은 부산물'이라는 핵심 사상을 통해 문명을 향한 사람들의 선입견을 깨고 무조건 우리 것이 소중하고 오래되었다는 중국인들의 상식을 무너뜨린다. 그럼에도 그의 저서는 출간 후 중국 내에서 큰 인기를 얻었고, 역사 분야의 베스트셀러로 자리매김했다. 긴장감 넘치는 필력, 무릎을 치게 하는 새로운 발상 때문이다.

이쯤 되면 정예푸의 경력이 궁금하지 않을 수 없다. 정예푸는 신중국이 건국되고 1년 뒤인 1950년에 북경에서 태어났다. 마치 대한민국의 '해방둥이'처럼 중국의 역사와 함께 한 그의 인생은 파란만장했다. 고등학교를 졸업한 뒤 문화혁명으로 인해 10여 년 간 중국의 가장 북쪽인 헤이룽강 삼강평원 근처로 하방되어 농사를 지으며 살아야만 했다. 그는 문화혁명의 여파가 가라앉은 다음에야 1978년, 20대 후반의 늦깎이 나이로 베이징사범대학에 입학할 수 있었다. 이후 미국 덴버대학에서 사회학으로 석사학위를 취득한 후에 다시 중국에 돌아와서 중국사회과학원, 인민대학과 베이징대학에서 교편을 잡으며 활발한 저술활동을 펼쳤다.

정예푸는 1978년 대학에 입학했으니, 소위 78학번인 셈이다. 중국 사회에서 78학번은 우리나라의 386세대만큼이나 사회적으로 큰 의미를 갖는다. 68~77년의 문화혁명 기간에는 정상적인 대학 입학이 불가능했기 때문에 거의 10년 터울이 있는 사람들이 함께 대학에 입학하여 공부했다. 78학번들은 문화혁명의 혼돈 이후 1980년대의 개혁개방을 선도했고, 나아가 중국이 세계의 중심으로 발돋움하는 데에 중추적인 역할을 했다. 이러한 변화의 소용돌이 한가운데에 있었던 정예푸는 사회와 문화에 대한 비판과 세계사적 관점을 겸비하여 중국 사회와 역사를 바라보는 비판적인 의식을 계속 유지했다. 격동의 현대 중국 역사만큼이나 다양한 지적 경력을 갖고 있는 그는 중국 사회에 울림을 주는 저서와 13억 중국인들의 의식을 깨우는 비중 있는 목소리를 꾸준히 내고 있다.

무섭게 세계의 정상으로 치닫는 현대 중국에서 정예푸의 문명에 대한 이야기는 도발적이다 못해 파천황적이다. 문명이 자랑스러운 인간의 발명품이 아니라 한낱 '부산물'이라니! 도대체 무슨 뜻인가 의아할 수밖에 없다. 결론적으로 말하자면, 그동안 인간의 위대한 '발명품'으로 생각해왔던 여러 사건은 의도치 않은 역사의 발전 과정에서 일어난 일이라는 것이다. 이 책을 관통하는 정예푸의 관점은 한마디로 문명 자체의 화려함이나 위대함에 매몰되지 말고 인간 자신의 모습을 냉철하게 바라보자는 것이다.

나는 이 책을 읽는 내내 정예푸 본인이 자신이 살아온 과정을 이 책의 문명사 연구에 투영했다는 느낌이 들었다. 정예푸 본인도 같은 시기에 활동한 수많은 지식인들과 마찬가지로 개혁이라는 미명하에 저질러진 문화혁명의 희생자였다. 그는 10년간 추운 헤이룽장성에서 노동을 하면서 책을 읽는 것 자체를 죄악으로 여기던 시절을 보냈다. 문화혁명이 끝나고 중국인들은 자본사회에 빠르게 적응했고, 부를 쌓는 데에 광분하며 그 시간에 대한 제대로 된 반성이나 성찰 없이 덮어버리기에 급급했다. 이후 중국 사회는 사회주의의 틀을 유지하면서 과도한 민족주의와 경제발전을 내세워 체제를 유지하는 모순적 상황이 지속되고 있다. 정예푸가 제시하는 문명의 모순적인 모습은 결국 그가 살아온 역정에서 표출된 중국 현대사의 모순적인 상황과도 많이 닮았다.

정예푸는 결혼제도, 농경, 문자, 종이, 조판, 인쇄라는 여섯 가지의 이야기를 통해서 우리가 자랑하는 인류의 문명은 목적적인 행위로 만들어진 것이 아님을 그려낸다. 문명은 결코 위대한 업적도 아니고, 구성원의 행복을 위한 과정도 아니었다. 인류는 생존하기 위해 다양한 방법을 구사했고, 그 와중에 그들이 선택했던 수많은 과정이 서로의 작용으로 후대에서 말하는 '문명'이라는 결과물로 나타났다.

사실 그의 생각은 최근 고고학계의 연구와도 크게 다르지 않다. 고고학계에서도 기존의 문명에 대한 통설이 무너지고 있다. 20세기에 이야기하던 '4대 문명'의 위대한 발명품이 각지로 전파되면서 세계가 계몽되었다는 식의 이야기는 더 이상 통용되지 않는다. 후기 구석기시대에 해당하는 터키의 괴베클리 테페에서 고대 문명의 흔적이 출토되었고, 동아시아에서도 구석기시대에 이미 토기가 사용되었다는 사실은 이제는 상식이다. 인류의 역사는 결코 거대한 기념물과 위대한 왕이 선도한 대로 흘러오지 않았고, 다양한 사회적 관계에 의해 형성되었다는 것이 수많은 증거를 통해 밝혀지고 있다.

여전히 사람들은 과거의 찬란함과 위대함에 경외심을 가지며 특정한 문화나 문명의 기원이 자국에서 시작되었음을 찾는다. 그리고 그러한 문명의 요소가 많을수록 자신들의 위대함을 증명한다고 생각한다. 한국어판 서문에서 정예푸는 중국 문명에 대한 자신의 입장을 다음과 같이 확고하게 이야기한다.

"선조의 위대함은 후대의 위대함을 조금도 증명해줄 수 없으니, 자신을 증명하기 위해 신화와 선조를 끌어들이는 수작은 그만뒀으면 싶었습니다."

놀랍게도 이 이야기는 자신의 역사만을 강조하고 영유권을 주장한다고 알려진 중국에서 나온 목소리이다. 그가 이렇게 말하는 이유는 중국의 자국 중심 역사 인식이 바로 문화혁명 기간에 자신들의 폭거를 합리화하기 위해 고대사를 동원했다고 보기 때문이다. 지난 군사 정권 시절에 비슷한 상황을 겪어온 우리로서도 쉽게 이해가 가는 구절이다.

어쩌면 한국 독자들이 주목할 부분은 그의 독특한 한국 인쇄문화에 대한 해석일 것이다. 그는 한국에서 활자가 등장하게 된 동기로 첫째, 재료의 부족, 둘째, 조판을 위한 조각가의 부족, 셋째, 양반을 중심으로 하는 제한된 수요 등을 꼽았다. 저자는 물론 필자 역시 인쇄사가 전공이 아니지만, 주목되는 것은 그의 관점이다. 한국에서는 한민족의 위대한 발명품이라는 생각만 강할 뿐, 어떠한 맥락에서 그러한 인쇄술이 한국에서 처음 등장하고 발달하게 되었는지에 대해서는 이해가 깊지 않았다. 이 책에서는 한국의 인쇄술을 구텐베르크의 활판술과 비교한다. 정예푸의 독특한 발상은 여기에서 드러난다. 그는 구텐베르크의 활판인쇄술이 과연 동양에서 기원했는가 아닌가라는 흑백논리의 관점을 벗어난다. 구텐베르크에게 다양한 정보가 있었고, 그가 수많은 길 중에서 '활판인쇄술'을 발전시킨 데에는 알파벳이라고 하는 서양문명의 특징이 있었다. 그로 인해 구텐베르크의 발명이 순식간에 유럽으로 널리 퍼지게 되었다. 즉, 서양 사회의 내부적인 이익과 그들이 가지고 있는 정보가 만나서 폭발적으로 퍼지면서 세기의 발명품으로 이어진 것이다. 사자성어로 표현하면 '줄탁동시(알을 깨는 새와 어미새가 양쪽에서 동시에 쪼아서 나옴)'라고나 할까.

그런 점에서 정예푸의 저서가 한국 사회에 주는 메시지는 매우 크다. 그건 바로 우리가 가지고 있는 '기원 콤플렉스'에 대한 타산지석이 된다. 흔히 우리는 신라의 적석목곽분을 이야기하면서 북방문화기원론이나 기마민족설을 떠올린다. 대부분의 사람들은 과연 신라의 고분을 만든 사람들이 기마민족이며, 고분의 기원은 어디인가 하는데에만 관심이 있다. 하지만 진정한 문제는 기원이 아니라 그 북방 초원문화의 요소가 신라 국가의 성장과 삼국통일에 어떠한 영향을 끼쳤고 당시 신라 사회에 어떠한 도움을 주었는가이다. 문명이 부산물이라는 정예푸의 생각은 바로 물질문화는 각 시대의 생존 과정에서 나온 것일 뿐, 결국 문명의 주인공은 인간이라는 것이다.

정예푸의 견해에서 또한 주목되는 점은 문화의 변천 과정을 '상호작용'으로 설명한 데에 있다. 인류가 농사를 시작하면서 그 농사가 오히려 인간을 길들였다는 뜻이다. 이 개념은 실제 현대문명의 다양한 현상을 설명하는 데에 상당히 유용하다. 마치 핵폭탄을 개발한 것은 인간이지만, 결국 인간은 핵의 위협에 굴복하게 되듯이 말이다. 인간의 수많은 발명은 그 시작은 미미했지만, 다양한 상호작용 그리고 그것으로 촉발되는 여러 인간 사회의 돌이킬 수 없는 과정으로 진입한다. 최근 AI(인공지능)의 발달과 4차 산업혁명의 소용돌이에서 사람들을 혼란스러워하고 있다. 빠르게 발전하는 인공지능기술로 인간은 인간이 발명한 기술에 굴복하지 않을까 고민하며 헷갈려 하고 있다. 농경에 대한 그의 이야기를 읽으면서 어찌 보면 농경은 고대에 인간이 만들어 놓은 '매트릭스'였다는 상상을 해보았다. 사실, 이것은 농경뿐 아니라 유목도 마찬가지이다. 유목민들도 생계수단을 양이나 염소로 삼는 순간 어느 한 곳에 멈출 수 없이 영원히 떠도는 운명으로 자신들을 몰아넣었다.

글자도 마찬가지이다. 우리는 그동안 글자는 인류 문명의 위대한 발전이었고, 글자를 쓰지 않은 민족들은 미개하다는 식으로 배워왔다. 그런데 나는 지난 5월에 흉노의 예를 연구하면서 이러한 기존의 견해에 반론을 제기했다.* 즉, 흉노는 문자를 몰라서 쓰지 않은 것이 아니라 정착민인 중국에 대항하기 위해 일부러 글자를 쓰지 않았기 때문에 자신들의 국가 체계를 유지할 수 있었다는 게 요지다. 정예푸의 글자에 대한 인식도 다만 중국과 유목국가라는 차이가 있을 뿐 크게 다르지 않다는 점에서 반갑기도 하고 또 놀라웠다.

필자는 정예푸의 책을 보면서 이 책이 진정 필요한 나라는 중국이 아니라 대한민국이라는 생각이 들었다. 사실 한국에서 문명에 대한 담론은 거의 찾아볼 수 없다. 약간의 클릭과 검색만으로도 평생 읽을 수 없을 정도의 화려한 그림과 강렬한 영상으로 장식된 문명에 대한 정보를 얻을 수 있다. 하지만 대부분은 영어권 저자들의 시각을 번역해 소개한 것에 불과하다. 정작 우리의 관점에서 세계 문명을 풀어내는 책은 거의 없다. 정예푸는 다양한 자료들을 중국인의 독특한 시각에서 전혀 편협하지 않게 담론으로 풀어나가고 있다. 그리고 그의 시각은 기존의 어떤 책에서도 찾아볼 수 없었던 것이다. 정예푸의 이 책이 우리에게 필요한 여러 문명에 대한 통찰력을 갖추는 데에 큰 도움이 될 것으로 믿어 의심치 않는다.

강인욱 교수(경희대학교 문과대학 사학과)

---

* 강인욱, 2017 「흉노의 문자와 유목제국의 형성」,『문자와 문명』, 경희대학교 인문학연구원 춘계학술대회 발표문, pp. 22~34.

아마도 이 졸저를 한국 독자들 앞에 내놓는 일이 올해 저에게는 가장 기쁜 일이 되지 않을까 싶습니다.

저는 중국 선진제자(先秦諸子)들의 사상과 성품을 좋아합니다. 하지만 동시에 소크라테스의 지적 생활이 지닌 완전히 다른 풍격(風格)에 탄복하곤 합니다. 지적 생활의 중심은 논쟁이고, 조금 과할지 몰라도 절반 이상은 논쟁이 차지한다고 생각합니다. 친구와의 논쟁, 동료와의 논쟁, 제자와의 논쟁, 고대 사람들과의 논쟁, 더 나아가 외국인과의 논쟁. 논쟁하는 사람이 많으면 많을수록 여러분은 더 많은 것을 얻을 수 있을 것입니다.

저는 이미 마음의 준비를 했습니다. 한국 독자들의 비판을 새겨들을 각오가 되어 있고, 만약 격렬한 논쟁이 벌어진다면 그것이야말로 바라는 바입니다. 제 성격상 경청하는 동시에 변론이 필요하다면 포기하지 않을 것이고, 논쟁이 벌어질 가능성도 있습니다.

진정한 학자라면, 각국의 지도자와 대중의 허영심을 받드는 것이 아니라 '인류 문명의 발생과 진화 탐구'라는 하나의 목적을 공유하고 있으리라 생각합니다. 어쨌든 학자들은 이류 정치가들처럼 자기 민족의 역사 중 무엇이 '제일'이라고 과장하는 것을 중요시할 만큼 따분한 사람들이 아닙니다.

　제가 청년일 때 중국은 역사상 암흑기를 맞았습니다. 통치자는 고고학 발굴을 제외한 모든 학술활동을 중지시켰습니다. 고고학 발굴을 금지하지 않은 이유는 그것이 중국의 위대함을 증명하는 데 도움이 될 수도 있기 때문이었습니다. 권력의 독단적인 언어와 소년의 순수한 마음이 충돌하면서 저의 반항이 시작됐습니다. 선조의 위대함은 후대의 위대함을 조금도 증명해줄 수 없으니, 자신을 증명하기 위해 신화와 선조를 끌어들이는 수작은 그만뒀으면 싶었습니다. 선조가 위대한 발명과 발견을 했다 해도 거기에는 분명 운도 작용했을 테고, 설령 운 없이 실력만으로 이룬 성과라 해도 그것으로 다른 민족의 부족함은 조금도 증명할 수 없습니다. 예를 들어 보리, 벼, 옥수수의 품종을 개량했다면, 우선은 그 땅에 작물이 자라고 있던 덕분입니다. 그다음에야 개량한 사람의 재능과 지혜가 있는 것이지요. 우리는 없는 것을 있다고 할 수 없습니다. 이것이 이 책의 주요 관점 중 하나입니다.

　『중국통사』를 저술한 미야자키 이치사다(宮崎市定)는 이렇게 말했습니다.

　"중국과 서양을 비교하자면 어찌 됐든 서양은 모두 오래된 문명을 지닌 선진국들이다. 중국에도 실크류 등 특산품이 있지만 이는 여전히 일차적 생산품에 더 가깝다."

　이러한 관점은 확실히 제가 어렸을 때부터 받은 전통 교육과는 달랐습니다.

저는 이미 편협한 민족주의를 초월했다고 자부합니다. 인장(印章), 석비(石碑), 청동(青銅)에 필요한 제련 기술은 모두 서양에서 중국으로 전해졌습니다. 그러나 당시는 아직 '실크로드'가 열리기 전입니다. 미야자키는 예를 들어 1000년 정도의 길고 긴 시간이면, 천리 먼 길을 가로막는 높은 산과 큰 강이라는 공간적 장애를 극복하고 문화가 전파될 수 있다고 생각한 듯합니다. 실크로드가 열린 후 서양은 중국의 실크에 경탄했지만, 중국 역시 서양의 진귀한 보물과 정교한 수공예품을 부러워하지 않을 수 없었습니다.

어쩌면 한국 독자들은 놀랄지도 모릅니다. 중국 학자라면서 어떻게 자신의 선조를 칭송하지 않고, 고대 서양 문화가 더 발달했다고 설파하는 걸까. 저는 황권 치하의 민족주의적 역사관에서 벗어나고 싶기 때문입니다. 민족에게 자존심이 필요할까요? 당연히 필요합니다. 하지만 날조된 역사관 위에 자존심을 세워서는 안 됩니다. 이는 믿을 만하지 못합니다. 잘못된 역사적 평가는 맹목을 불러옵니다. 제대로 된 역사를 읽어야 현명해지고, 현명해져야만 미래를 제대로 개척할 수 있습니다.

발명의 선후(先後)는 전제군주와 민족주의 사학자들의 공통된 관심사입니다. 발명자를 분명히 밝히는 것은 기원을 탐구하는 문제 중에서도 의미가 있고, 물론 중요한 역사학적 의의도 있습니다. 그러나 진정한 사학자의 관심은 훨씬 방대하여, 발명의 선후는 그저 여러 관심 분야 중 하나일 뿐입니다. 한 기술의 진화에서는 몇몇 사소한 일과 미묘한 변화도 똑같이 중요합니다. 가령 다음 문제들은 발명의 우선에 뒤떨어지지 않을 만큼 중요합니다.

필승(畢昇)이 활자를 발명한 후에도● 어째서 조판(雕版)이 여전히 중국 인쇄술의 주류였을까? 카터 J. 에커트(Carter J. Eckert)가 제기한 문제를 또 다른 예로 들자면, 한국은 활자가 생긴 후에 왜 언문(諺文)을 인쇄하지 않고 계속 한자를 인쇄했을까? 첫 번째 문제를 고민하면서 필자는 일차원적이고 편협한 답을 내놓은 적이 있습니다. 활자는 표음문자 인쇄에 적합하고, 한자를 인쇄할 때는 조판 값이 저렴하기 때문에 당연히 이를 선택했으리라 생각했습니다. 그러나 한국의 사례는 이 편협한 사고를 정면에서 통렬하게 공격했습니다. 인쇄의 양과 조각가 집단 모두 기술 유형의 방향에 영향을 줬습니다. 인쇄술은 인류 기술사(技術史)에 대한 고민에 있어서 가장 훌륭한 첫 번째 사례라고 할 수 있습니다. 중국, 한국, 요하네스 구텐베르크(Johannes Gutenberg)의 존재 때문입니다. 우리는 이로부터 기술과 문자 특징(한자 역시 표음문자입니다)의 관계, 기술과 각 분야 장인들의 관계, 기술과 생산량의 관계, 기술과 정치의 관계, 기술과 시장의 관계 등을 알 수 있습니다. 인쇄술에 대한 연구는 필자의 사고를 넓혀줬습니다. 그 과정에는 당연히 한국 역사가 저에게 준 시사점도 있습니다.

인쇄술에 대한 탐구는 저를 한국 역사로 들어가게 만들었습니다.

---

● 필승이 발명한 활자는 흙을 구워 만든 탓에 실용화에는 그다지 성공하지 못했다.

비록 깊게 발을 들여놓진 못했지만 여전히 놀라움을 느낍니다. 중국의 과거제도는 황권(皇權)이 문벌세가를 억누르기 위해 만든 결과물입니다. 그러나 한국으로 유입된 후에는 양반계급이 문화적 특권을 독점하는 보호벽으로 발전했습니다. 사회생활이라는 게임에서는 행동하는 자의 선택이 무척 많은 가능성을 포함하고 있음을 알 수 있는 대목입니다.

이 책으로 한국 독자들과 토론하고 여러분의 비판을 경청할 수 있기를 기대해봅니다.

정예푸

# 제1장

# 인류는 어떻게 퇴화와 분열을 피할 수 있었나: 족외혼제

# 1

# 족외혼제를 둘러싼
# 아주 오래된 논쟁

근대 사회구조 측면에서 보든 인류의 생활방식 측면에서 보든, 족외혼제는 주된 취지와는 무관해 보인다. 다만 족외혼제가 어떻게 생겨났는가를 둘러싼 논쟁은 150년 동안이나 계속됐고, 수많은 거물급 학자들을 휩쓸며 장관을 연출했다. 이 논쟁에 참여한 주요 학자는 다음과 같다.

- 존 퍼거슨 맥레넌(John Ferguson McLennan), 『원시 결혼(Primitive Marriage)』(1865), 1876년에 『고대사연구(Studies in ancient history)』▪를 출간했고, 이 책에서 최초로 '족외혼제'라는 용어를 도입했다.
- 루이스 헨리 모건(Lewis Henry Morgan), 『고대사회(Ancient

---

▪ 책에 『원시 결혼』의 재판이 포함되어 있다.

Society)』(1877).

- 프리드리히 엥겔스(Friedrich Engels), 『가족, 사적 소유, 국가의 기원(Der Ursprung der Familie, des Privateigentums und des Staats)』(1884), 1891년에 개정판이 나왔다.
- 다비드 에밀 뒤르켐(David Émile Durkheim), 『근친상간 금지와 그 기원(La prohibition de l'inceste et ses origins)』(1898).
- 에드바르드 알렉산더 웨스터마크(Edward Alexander Westermarck), 『인류 혼인사(The History of Human Marriage)』는 1891년에 출간된 후 30년간 끊임없이 개정되어 1922년에 제5판이 출간됐다.
- 지그문트 프로이트(Sigmund Freud), 『토템과 터부(Totem und Tabu)』(1913).
- 브로니슬라프 말리노프스키(Bronislaw Malinowski), 『미개사회의 성과 억압(Sex and Repression in Savage Society)』(1927).
- 해블록 엘리스(Havelock Ellis), 『성 심리학 연구(Studies in the Psychology of Sex)』(1933).
- 클로드 레비-스트로스(Claude Lévi-Strauss), 1956년에 논문 「가족(La Famille)」, 1983년에 『먼 시선(Le Regard éloigné)』을 발표했다.

이 밖에 요한 야코프 바흐오펜(Johann Jakob Bachofen), 허버트 스펜서(Herbert Spencer), 에드워드 버넷 타일러(Edward Burnett Tylor), 프랜시스 골턴(Francis Galton), 제임스 조지 프레이저(James George Frazer)뿐만 아니라 페이샤오퉁(費孝通)도 족외혼제에 대한 토론에 참여했으니, 이 사상적 전투의 수준은 이미 말할 필요도 없어 보인다.

왜 영향력 있는 많은 사상가들이 긴 시간 동안 이런 논쟁에 뛰어들었을까? 필자의 판단으로는 첫째, 족외혼제 및 이와 호응되는 근친상간 금지가 인류 최초의 제도적 장치이며, 이에 대한 이해가 인류 사회제도의 유래를 이해하는 데 도움이 되기 때문이다. 인류 최초의 제도가 남녀와 혼인에 초점을 맞췄다는 것은 지극히 당연한 일이다. '음식(食)과 성(性)'은 동물의 생존에 필요한 가장 기본적인 욕망이다. 음식은 혼자 구해서 먹고 배분하지 않아도 되지만, 성은 반드시 구성원 및 공동체와 연관된다. 사람이 동물과 다른 점은 습관을 제도로 발전시킨다는 점이다.

둘째, 다양한 학과의 지식들—역사문헌 기록, 인류학 이론, 현존하는 원시부족에 관한 현지조사, 생물진화론 사상, 영장류 동물 연구— 모두에 이 논쟁이 유용하기 때문이다. 그리하여 다양한 학과 구성원들의 관심을 끌게 됐고, 이 참가자들로 하여금 새로운 학문적 도구를 이용해 오래된 문제를 해결하는 모습을 기대할 수 있게 되었다.

셋째, 결론을 내기 어려워지면서 이 논쟁이 오랫동안 시들지 않았다. 이 제도는 선사시대에 형성됐다. 즉, 인류의 문자기록이 있기 전에 만들어졌고 이후의 제도와 문화 속으로 녹아들어갔기 때문에, 특정 논제를 명확히 해줄 확실한 근거를 찾기가 어렵다.

그런데 선배 거장이 재능과 지혜를 다 쏟고도 결론을 내기 어려워했다는 사실을 뻔히 알면서도 필자는 왜 이 논쟁에 발을 들여놓으려고 하는 것일까? 이 책에서는 인류 문명사와 문명의 기원을 탐구하는 사상사(思想史)를 동시에 다루고자 한다. 단, 이번 장의 핵심 내용은 후자다. 문명사의 범주 내에서 족외혼제를 탐구하는 것이 바로 선배 사상가들의 목표였다. 그 결과로 그들은 우리에게 또 다른 범주-사상사를 제공했다. 즉, 족외혼제에 나타난 사상적 발자취와 방법론에 대해 토론할 수 있게 된 것이다. 우리가 상고시대의 제도적 장치에 대해 토론할 때 어떤 견해를 실증하기란 극히 어렵다. 하지만 어떤 판단을 반복하거나 더 나아가 무엇 때문에 오류를 범하게 됐는지는 되돌아볼 수 있을 것이다. 이는 가치 있는 일일 뿐만 아니라 흥미로운 일이기도 하다.

# 2

# 무규율적 성교 시기는
# 존재했는가

이번 장의 핵심 의제는 족외혼제다. 하지만 이번 절에서는 우선 군혼 (群婚)과 일부일처에 관해 논의할 예정이다. 이는 첫째, 두 제도가 족 외혼과 족내혼의 전신(前身) 혹은 그 배경과 직접적 관련이 있고, 후 자는 전자를 바탕으로 성장하여 전개됐기 때문이다. 둘째, 족외혼제 문제를 제기한 맥레넌, 모건, 엥겔스의 논술은 대부분 주로 몇 가지 혼인제도─난교(亂交), 일부다처제, 일부일처제부터 시작해서 마지막 에 족내혼제와 족외혼제를 언급하기 때문이다. 셋째, 이와 관련된 엥 겔스의 주장은 중국 사회에 타의 추종을 불허할 만큼 널리 보급되었 기 때문에, 군혼이 인류 최초의 혼인 형식이라는 것이 상식으로 여겨 질 정도다. 하지만 사실상 엥겔스의 주장에는 오류가 많다. 맥레넌과 모건 모두 인류 최초의 가족 이전에 '남녀 간 무규율적 성교 시기'가 있었다고 생각한다. 바로 오늘날 사람들이 말하는 '군혼'이다. 모건의 견해를 엥겔스가 발전시킨 뒤 이 개념은 중국인에게 더욱 익숙해졌다. 모건은 말한다.

> 이런 남녀 간의 무규율적 성교 상태는 야만의 단계 중에서도 상상할 수
> 있는 가장 최하위의 상태를 나타낸다. (…) 이론적으로 추론해봤을 때 무
> 규율적 성교는 일종의 혈연 가족에 선행해 나타날 필요가 있는 사회 상
> 태라고 볼 수 있다. 하지만 이런 사실은 이미 인류의 먼 상고시대의 짙은
> 안개 속으로 사라져버려, 실제로 증명할 만한 지식이 다다를 수 있는 범
> 위를 벗어났다.(Lewis Henry Morgan, 1877, p. 874; p. 877) ■

웨스터마크가 『인류 혼인사』 초판에서 '무규율적 성교 시기설'을
전면적으로 비판하자, 엥겔스는 이 글을 읽고 1891년 출간된 『가족,
사적 소유, 국가의 기원』 개정판을 통해 반박한다. 초판과 개정판 사
이에 상대방의 글을 읽고 다시 반론을 제기하는 모습은 대논쟁 과정
에서 흔히 볼 수 있던 특징으로 후세에 그들의 변론 경과를 남겼다.
웨스터마크는 30년 동안 다듬은 『인류 혼인사』에서 200쪽의 지면을
할애해 각 민족의 난교 생활, 혼전 부정(婚前不貞), 초야권(初夜權), 매
춘과 부인 빌려주기(借妻), 친인척 호칭, 모권(母權), 상고시대 남성의
질투 여부 등 일곱 가지 방면에서 난교의 보편화를 반박했다. 웨스터
마크는 말한다.

부모와 자녀로 구성된 가족은 상고시대 때부터 존재했었다. 아마 인류

---

■ 인용문 형식에 대한 설명: 기본적으로 원저의 출간년도와 참고한 페이지를 적어놓았지만, 필
자가 인용한 중역본을 참고한 부분도 있다. 참고한 도서의 목록은 각 장의 마지막 부분과 이 책
의 마지막 부분에 상세히 기록해놓았다. 인용문의 페이지 순서는 인용문 각 단락의 순서와 일
치한다. 독자들은 이에 유념하여 읽어주시길 바란다.

이전의 유인원 때도 이미 존재했을 것이다. (…) 추측하건대, 가족은 유인원과 원시인의 동일 조상인 고급 영장류의 원종(原種)으로부터 물려받은 유산일 것이다. (…) 원시 인류가 난교 단계에 있었다는 가설은 사실적 근거가 부족할 뿐만 아니라 우리가 이해하고 있는 인류의 초기 생활상과도 완전히 상반된다.[Edward Alexander Westermarck, 1922(제5판), p. 28; p. 69; pp. 42~43]

엥겔스는 다음과 같이 말한다.

역사적으로 확실하게 증명 가능하고 오늘날에도 도처에서 연구되는 가장 오래되고 원시적인 가족 형태는 무엇일까? 바로 군혼이다. 이는 남자 집단 전체와 여자 집단 전체가 서로를 공동으로 소유하여 질투의 여지가 거의 없는 혼인 형식이다. (…) 그래서 결국 우리는 동물 상태에서 인간 상태로 가는 과도기에 적응한 난잡한 성교 관계 시기로 거슬러 올라간다. 동물의 짝짓기 방식에 대한 인증은 결국 우리가 영원히 떠나려던 바로 그 맨 처음 지점으로 우리를 되돌려놓는다. (…) 인간은 조류(鳥類)에서 기원하지 않았으므로 조류에서 보였던 견고한 일부일처제의 예는 인류에 대해 아무것도 증명해주지 못한다. (…) 우리는 유인원의 가족 공동체와 기타 공동 거주하는 생활 공동체에 대해서도 확실히 아는 것이 아무것도 없다.(Friedrich Engels, 1891, pp. 27~30)

말리노프스키는 말한다.

우리는 가장 음탕한 문화에서조차도 '무규율적 성교'와 같은 현상은 존재하지 않았을 뿐만 아니라 존재할 수도 없다는 사실을 알고 있다. 우리가 다양한 문화에서 가장 먼저 목격한 것은 모두 다 경계가 분명한 수많은 금지 체계이다.(Bronislaw Malinowski, 1927, p. 183)

금지 체계는 당연히 난교와 군혼을 저지시켰다. 하지만 금지 체계가 생겨나기 전에는? 또 금지는 무엇 때문에 생겨난 것인가? 말리노프스키는 그 기원에 대한 문제에 정면으로 대응하지 않는다.

레비-스트로스는 정리하는 논조로 말한다.

19세기 후반부터 20세기에 이르는 일정 기간 동안, 인종학자들은 생물진화론의 영향으로 그들이 관찰한 제도를 단선적 진화 체계 속에 차례로 배열해왔다. (…) 현대 가족이 일부일처제에 기초한 만큼 그들은 이로부터 결론을 이끌어낸다. 인류의 어린 시절에 준하는 야만인은 욕구의 차이로 인해 완전히 상반된 특징의 제도를 가질 수밖에 없었다. 따라서 사실이 가설에 부합되게 만들려면 사실을 변형해야만 했고, '잡거(雜居)'나 '군혼' 등으로 정의되는 고대사회 단계를 가설로 내놓았다. (…) 인종학의 새로운 자료가 끊임없이 늘어나면서 이 관점은 갈수록 유지하기 어려워진다. 이런 자료는 일부일처제, 젊은 부부의 독립적 거주, 부모와 자녀의 혈육관계 같은 현대사회의 가족 특징이 문화 수준이 여전히 초기단계에 머물러 있거나 그 단계로 돌아갔다고 생각되는 사회에도 여전히 존재했다는 사실을 보여준다. (…) 일부일처제 혼인방식이 우세한 상황을 의아하게 생각해서는 안 된다. 이것은 인류의 본성을 따른 방식이 아니다. 그러나 일부일처제가 가장 일반적인 형식이라고 말하면 간단하다. 왜냐하면 정상적인 조건하에서, 무의식적으로 형성된 차이가 존재하지 않는다면 대체로 한 남자가 한 여자와 함께할 것이기 때문이다. (…) 어쩔 수 없이 해야 할 일을 하고 있을 뿐이다.(Claude Lévi-Strauss, 1956, p. 43; p. 44; p. 50)

레비-스트로스의 공헌은 최근 몇 년간 풍부해진 인종학의 새로운 자료와 군혼의 패역을 밝힌 것 정도다. 그의 공헌이라면 그저 이 정도일 뿐 다른 논증에는 오류가 많다. 남녀 구성원의 수가 엇비슷하다고 해서 일부일처제에 가까워지고 있다고 생각하는 것은 설득력이 없다. 고릴라의 성(姓) 독점과 침팬지의 군혼 모두 양성 간의 수적 불균형에서 비롯하지 않았으며, '무의식적으로 형성된 차이'는 생물계의 법칙과는 더더욱 관계가 없다. 현대 생물학 사상을 참고하지 못한 것이 그의 사고를 제한하는 결과를 낳았다.

타일러는 웨스터마크의 『인류 혼인사』에 쓴 서평에서 이 책의 두드러지는 특징을 다음과 같이 밝힌다.

> 인류학의 생물학과 문화 방면을 결합하여 하나의 완전한 체계로 만드는 데 힘을 쏟았다. (…) 그 가치에 의심의 여지가 없는 뛰어난 연구결과다. 사람들이 이 방향으로 계속 탐구해나간다면 한층 더 발전할 것이다.[Edward Alexander Westermarck, 1922(제5판), p. 30]

『인류 혼인사』는 웨스터마크가 폭넓게 받아들인 생물학 사상을 반영하고 있으며, 독자적으로 자신에 대한 비판정신을 시종 유지한다. 이 책은 찰스 다윈(Charles Robert Darwin)의 '성 선택' 이론*을 한 장(章)에서 따로 다루고 있다. 안타깝게도 웨스터마크 이후 오랜 기간 동안 아주 적은 수의 인류학자만이 생물학을 공부한다. 이는 아마도

---

● 생존에는 다소 불리한 형질을 가지고 있더라도, 그 형질이 번식에 훨씬 유리하다면 결국 진화에 성공할 가능성이 높아진다는 찰스 다윈의 이론. 예를 들어 화려한 공작은 눈에 띄는 외형 때문에 생존에는 부적합하지만 번식기의 암컷에게는 매력으로 작용하기 때문에 자손 번식에 유리한 고지를 점하고 결국 개체수가 증가한다.

뜻밖의 원인이 작용해서일 듯하다. 생물학 사상 중 성 특징과 짝짓기 방식에 있어 가장 설득력 있는 이론은 다윈의 성 선택 이론이다. 이 이론은 최초에 제기한 자연선택 이론에 위배되는 것처럼 보이지만, 사실 자연선택 이론을 보충해서 발전시킨 이론이다. 그러나 자연선택 이론의 공동 발안자인 월리스가 성 선택 이론을 배제하면서 다윈과 격렬한 논쟁을 벌인다. 나이가 더 어리고 장수한 월리스는 다윈보다 31년 늦게 세상을 떠난다. 이런 상대방의 우위로 인해 성 선택 이론은 다윈이 고인이 된 후 변두리로 물러나면서 주류 학계에서는 잊혔다가 20세기 말에 이르러서야 회생한다. 성 선택 이론의 부활과 같은 시기, 한창 활기를 띠고 있던 영장류 연구는 인류 혼인에 관한 연구에 새로운 활력을 불어넣는다.

# 3

## 신체적 특징으로 유추한
## 짝짓기 방식

현대 및 근대 인류학의 성과만으로는 군혼의 이론구조에 치명타를 줄 수 없었다. 아주 긴 시간의 터널을 지나온 지금, 여태 살아남은 원시부족이 인류 주류 문명에 직간접적으로 영향을 받아 그들의 혼인 방식에 미묘한 변화가 발생했는지 어찌 알겠는가?

이를 뒤집을 만한 증거는 영장류에서 나온다. 포유류는 모두 4000여 종이다. 그중 짝짓기 방식이 일부일처제인 동물은 120종 정도로 아주 적은 비율인 3퍼센트만을 차지한다. 영장류 중에서 일부일처제 짝짓기 방식을 택한 동물은 약 18퍼센트이다. 그런데 영장류의 종 분류 통계는 조금 터무니없는 부분이 있다. 1990년대 180여 종에서 2008년에는 670종으로 늘어났는데, 그 원인 중 하나로 유전학의 발달을 들 수 있다. 연구자들이 비슷한 외관 뒤에 감춰진 생리적 차이를 볼 수 있도록 도와준 덕분이다. 종의 구분이 세분화될수록 각 종의 수는 적어진다. 어떤 학자는 사람들은 보호의식을 강화하기 위해 다중소수

(多種小數)의 종 구분 방식을 선호하는 경향이 있다고 말하기도 했다.(張鵬, 2012, p. 167; p. 50) 따라서 18퍼센트는 비중이 크고 통계학적으로 유의미한 숫자다. 인류와 일부일처제를 따르는 영장류가 진화의 여정에서 갈라지기 전에 일부일처제는 이미 영장류 사이에 존재했을 가능성이 매우 높다. 이는 웨스터마크가 언급한 바 있는 "가족은 고급 영장류의 원종으로부터 물려받은 유산"임을 입증하는 듯하다. 하지만 사람과(Hominidae)에 속하는 사람, 침팬지, 보노보(bonobo)와 성성이과(Pongidae)의 오랑우탄, 고릴라 중에서■ 사람만 일부일처제를 따르는데, 그렇다면 다시 '고급' 영장류 원종의 유산이라는 결론과 제대로 맞아떨어지기 어려워진다. 우리 유전자와 가장 비슷하며 일부일처제를 공유하는 영장류는 긴팔원숭이이기 때문이다.

영장류 연구가 제기하는 더 큰 깨우침은 신체 특징과 세 종류의 짝짓기 방식―군혼제, 일부다처제, 일부일처제― 간의 관계이다. 짝짓기 방식에 영향을 끼친 특징으로는 주로 이형성(二形性)과 체중 대비 고환 중량의 비율이 꼽힌다.

이형성이란 양성 간에 보이는 성 기관 이외의 신체적 차이를 말한다. 예를 들어, 키, 모발 색, 제2차 성징 등이다. 어떤 종은 이형성이 크고, 어떤 종은 별 차이가 없다. 학자들은 일반적으로 영장류 중 이형성이 큰 동물 다수가 군혼제를 채택한다는 사실을 발견했다. 예를 들면 침팬지가 이에 속한다. 반대로 이형성이 가장 작은 긴팔원숭이는 전형적인 일부일처제를 따른다. 인류는 이형성이 크지는 않지만 제일 작은 것도 아니어서 영장류 동물의 연속 스펙트럼에서 보자면 작은 쪽에 치우쳐 있는 정도다. 마침 인류의 혼인 방식은 일부일처제

---

■ 2002년에 모리스 굿맨(Morris Goodman)은 침팬지, 보노보는 사람과로 분류된다는 주장을 제기했다.(Frans de Waal, 2005, p. 10)

침팬지는 이형성이 큰 대표적인 영장류이다. 이는 침팬지가 군혼제를 따랐었다는 추측을 가능하게 해준다.

가 주를 이루고 복혼제(複婚制)*를 부차적인 제도로 채택하고 있으며, 앞에 기술한 내용은 통계학적 의미에서 상관성을 살펴본 것이다.

이치에 맞게 추측해보자면 이형성은 성 선택의 결과라고 볼 수 있다. 수컷이 큰 체격으로 더 많은 암컷의 눈길을 끌든, 동성 경쟁자들을 몰아내서 더 많은 암컷을 차지하든 간에, 결과적으로 체격이 큰 수컷이 더 많은 교배권을 갖게 되고, 더 많은 자녀를 얻으며, 다시 그 아들도 아버지의 유전자를 물려받아 몸집이 크다. 이렇게 대를 이어 교배권 경쟁은 종의 형질에 영향을 끼친다. 이는 양자 간 상호작용의 과정이다. 즉, 이 경쟁으로 인해 수컷의 체격은 갈수록 거대하게 진화할 것이다. 반면 일부일처제를 채택한 동물들을 돌이켜봤을 때, 수컷이 체격이 크든 작든 모두 암컷 배우자를 취하므로 체격이 작은 수컷은

---

* 둘 이상의 아내를 두는 일부다처제(一夫多妻制)와 둘 이상의 남편을 두는 일처다부제(一妻多夫制) 등 두 가지 형태가 있다.

교배권이 없다거나 후손이 없다거나 더 나아가 수컷 구성원이 큰 체구로 진화하는 일은 일어나지 않을 것이다.

인류의 이형성이 작다는 사실은 인류가 기나긴 원시시대를 지나오면서 성 독점식의 혼인 방식에 따른 냉혹한 선별과정을 겪은 적이 없음을 뜻한다. "오스트랄로피테쿠스의 화석이 이를 뒷받침해준다. 왜냐하면 오스트랄로피테쿠스의 수컷과 암컷의 체격에 별 차이가 없는 것은 일부일처제 사회의 존재를 암시하기 때문이다."(Frans de Waal, 2005, p. 74) 이형성이 특정 혼인 방식 아래 이루어진 오랜 선택과정의 결과인 이상, 각각 다른 시기의 인류 뼈 화석의 '잃어버린 고리(missing link)'가 완전히 밝혀져 인류 혼인 방식의 변천에 관한 연구에 좌표를 제공할 수 있기를 고대해본다.

두 번째 신체 지표인 고환과 체중의 비율을 살펴보면, 침팬지의 고환 중량은 체중의 0.27퍼센트이며, 보노보의 고환 비중은 이보다 크다. 고릴라의 고환은 체중의 0.02퍼센트이고, 인류는 그 중간쯤으로 고환이 체중의 0.08퍼센트를 차지한다. 하지만 짝짓기 방식에 있어 침팬지와 보노보는 군혼을 따르고, 고릴라는 일부다처제를 따르며, 인류는 일부일처제가 주를 이룬다. 여기에는 어떤 법칙이 있는 것일까? 일부일처제는 성적 자원의 불균형을 막아주는 반면, 군혼과 일부다처제에서는 성적 자원에 대한 수컷의 쟁탈전이 벌어진다. 하지만 이 쟁탈전에서 사용되는 무기는 각기 다르다. 앞에서 언급한 바와 같이 복혼제의 경쟁에서는 신체와 세력에 크게 의존하며, 그들의 고환은 오히려 작다. "이는 매우 합리적이다. 왜냐하면 다른 수컷은 감히 통솔자의 처첩(妻妾)에게 접근하지 못하기 때문이다. 오직 통솔자만이 정자를 제공할 수 있기 때문에 소량의 정자만으로도 충분하다."(Ibid., p. 74) 군혼의 경쟁은 이와 다르다. 발정기가 되면 소외되는 수컷 없이 모두 미친 듯이 암컷과 교배를 한다. 성 기관이 더 발달한 수 컷이 더 빈번하게 교배를 지속할 수 있을 것이고, 더 풍부한 정자를 제공할 수 있으므로 궁극적으로 많은 후손을 볼 수 있다. 군혼의 진화 과정에서 성 기관이 발달한 자가 승리해온 까닭에 대대로 이 게임을 치러온 수컷 구성원의 성 기관은 유난히 더 발달되었다. 인류가 침팬지나 보노보처럼 거대한 고환을 가지고 있지 않다는 사실은 인류가 군혼에서 치러지는 선별 과정을 겪은 적이 없음을 암시한다.

# 4

# 자연선택은
# 왜 일부일처제를 택했는가

진화론은 현재까지 가장 설득력 있는 이론이다. 진화론의 핵심사상은 적응과 자연선택이다. 적응력이 좋다는 것은 개체의 생존능력과 번식력이 좋다는 것을 의미하는데, 생존능력보다는 역시 번식력이 더 근본적 요소다. 후손이 많아야 부모의 형질을 이어갈 수 있기 때문에 번식에 도움이 되는 형질이 이 종의 특징으로 자리잡는다. 그러나 조지 윌리엄스(George Christopher Williams)와 스티븐 제이 굴드(Stephen Jay Gould)는 상위(上位), 진보관(進步觀), 선형적(線形的) 진화는 '적응'의 정의에 부합하지 않기 때문에 다윈의 사상과는 다르다는 사실을 증명했다.(George Christopher Williams, 1962; Stephen Jay Gould, 1996) 만약 상술한 내용에 동의한다면, 이 U자형 현상에 당혹해하지 않을 것이다. 일부일처제는 조류의 방식이고 포유류의 주요 짝짓기 방식은 아니지만, 포유류의 한 갈래인 영장류에서는 다시 반등을 보인다. 반(反)급진주의 정치가들은 쥐를 잡을 수 있는 고양이가 좋은 고양이라고 말하는데, 이와 대구를 이루는 진화론 사상이 있다. "자손이 많아야 좋은 동물이다." 하지만 자손을 많이 얻는 전략은 특정한 신체구조가 모종의 짝짓기 방식과 어떻게 적절하게 결합하느냐에 달려 있다. 문명세계에서 이념과 도덕적 신조는 생물법칙 앞에서 의탁할 곳을 잃는다. 우연한 변이 속에서 새롭고 미묘한 증상이 나타나곤 하는데, 이것이 생존과 번식에 도움이 된다면 종들 사이에 성행하여 점차짝짓기 방식이 변해갈 것이다.

"솔리 주커만(Solly Zuckerman)은 모든 영장류 동물의 유일한 공통점은 월경주기라고 밝힌 바 있다." 도나 해러웨이(Donna Jeanne Haraway)는 이 말을 인용한 후 다음과 같이 덧붙였다. "우리는 이것에 근거를 둬야만 인류와 비인류의 생활방식을 효과적으로 비교할수 있다."(Donna Jeanne Haraway, 1991, p. 29) 필자는 '생활방식'이라기보다 '짝짓기 방식'이라고 생각하지만, 후자가 전자에 지대한 영향을미친다는 사실은 두말할 필요도 없다.

다수의 포유동물에게는 발정기가 있다. 포유동물은 1년에 한두차례 발정기에 교배활동을 한다. 영장류 동물이 같은 포유강(綱)에속한 다수의 동물과 다른 점은 배란기가 1년에 한두 차례가 아닌 대략 한 달에 한 번이라는 데 있다. 이른바 월경이다. 하지만 영장류 동물 사이에서도 차이가 있는데, 일부 동물의 배란기에는 징후가 있고어떤 동물에는 징후가 없다. 징후가 있는 동물의 엉덩이는 선홍색으로 변하는데 지속 시기는 10일에서 15일로 균일하지 않으며, 이를 본수컷은 성욕이 솟구친다. 하지만 이 기간이 지나 배란이 끝나면 기본적으로 교배활동을 하지 않는다. 마침 스웨덴의 생물학자인 비르기타 실렌-툴베르크(Birgitta Sillén-Tullberg)와 안데르스 묄러(Anders Møller)가 영장류 동물에 나타나는 월경 징후의 차이가 짝짓기 방식에 미치는 영향을 연구했다.

먼저 실렌-툴베르크는 배란기 징후와 그들의 짝짓기 방식을 포함하여 "모든(총 68종) 고등 영장류 동물을 일일이 열거한다."(Jared Diamond, 1997, p. 55) '모든'이라는 단어를 사용한 것으로 보아 이 68종은 수집 가능한 모든 영장류를 망라했다고 본다. 종의 수가 비교적 적은 일차적 이유는 훗날 분류가 더 세세해졌기 때문일 것이고, 두 번째 이유는 나중에 몇 종의 새로운 영장류를 또 발견했기 때문일 것이다. 이렇게 볼 때 설령 이 68종이 영장류 동물 전부를 포함하고 있지 않다고 하더라도, 충분히 대표성을 가지며 분명 전체 중 다수의 종을 포함하고 있으리라고 상정할 수 있다. 이 68종 중에 배란기 징후가 없는 종은 인류, 오랑우탄, 사바나원숭이 포함 32종, 경미한 징후를 보이는 종은 고릴라 포함 18종, 뚜렷한 징후를 보이는 종은 침팬지 포함 18종이다. 짝짓기 방식의 분포를 살펴보면 대부분의 인간과 긴팔원숭이 포함 11종이 일부일처제를 따르고, 고릴라 포함 23종이 복혼제를 따르며, 침팬지 포함 34종은 난교를 채택하고 있다.

실렌-툴베르크와 뫼러는 배란기 징후의 유무와 짝짓기 방식을 분석하여 두 가지 일차원적 상관성을 발견한다. 일부일처제를 따르는 영장류 동물은 총 11종이며 그중 10종은 배란기 징후가 없고, 배란기에 뚜렷한 징후를 보이는 종은 총 18종으로 그중 14종이 난교의 방식을 취한다. 이상의 상관성은 일차원적일 뿐이다. 왜냐하면 징후가 없는 영장류 동물은 총 32종인데 다수가 일부일처제를 채택하지 않고, 난교는 총 34종인데 그중 징후가 없거나 경미한 종은 총 20종이고 뚜렷한 징후를 보이는 14종보다 많기 때문이다. 이 두 가지 일차원적인 상관성은 난교를 취하는 영장류 동물은 세 종류의 월경 특징(무징후, 경미한 징후, 유징후)을 모두 수용하지만 징후가 있는 종은 거의 모두 난교를 취하고, 징후가 없는 종은 반드시 일부일처제를 따르지는 않지만, 일부일처제인 종은 거의 무징후일 수밖에 없음을 설명해주는 것 같다.(Ibid., pp. 55~56)

실렌-톨베르크와 묄러는 계통수(系統樹) 분석을 했다. 근거가 무엇인지는 잘 모르겠지만 그들은 원숭이와 유인원의 공통된 조상은 난교를 했고, 배란기에는 경미한 징후가 있었다고 생각했다. 이들은 인류의 먼 조상으로, 인류와 침팬지, 고릴라는 유전자의 98퍼센트가 동일하다. 우리는 900만 년 전에 같은 조상을 뒀었고, 그것은 아직 찾아내지 못한 화석의 '잃어버린 고리' 중 하나다. 그들은 또한 삼자의 조상은 복혼제를 채택했었으며 배란기에는 경미한 징후가 나타났다고 제시한다. 삼자의 공통된 조상으로부터 특징과 행동양식이 각기 다른 세 종류의 종으로 진화했는데, 이는 각각 경미한 징후를 보이고 복혼제를 따르는 고릴라, 뚜렷한 징후를 보이고 난교를 하는 침팬지, 징후가 없고 일부일처제가 지배적인 인간이다.

다시 말해, 고릴라는 삼자의 동일한 조상이 지닌 행동양식을 계승했고, 침팬지와 인류에서는 변이가 일어났다. 개코원숭이와 침팬지의 진화 가지는 3000만 년 전에 이미 갈라져 분리됐고, 각기 다른 경로로 '경미한 징후'를 보인 먼 조상을 떠나 '뚜렷한 징후'를 보이는 쪽을 향해 나아갔다. 무징후를 향해 가던 32종의 동물 역시 다른 경로를 따라갔다. 짝짓기 방식으로 보면, 침팬지 진화의 궤적은 먼 조상의 난교에서 가까운 조상의 복혼제를 거친 후 지금의 난교에 이른다. 간단히 말해서, 배란 은폐 여부와 짝짓기 방식이라는 두 항목으로 볼 때, 현재 생존한 각종 영장류의 진화 궤적은 각기 다르며, 이는 A-B-C일 수도 있고, A-B-A가 될 수도 있으며, A-B-B나 또다른 것일 수도 있다.

400만 년 전에 생존했던 오스트랄로피테쿠스의 화석이 보여준 근소한 이형성은 당시 인류의 혼인 방식이 이미 일부일처제였음을 증명한다. 다시 말해 900만 년 전부터 400만 년 전까지의 시기는 인류가 복혼제에서 일부일처제로 가는 과도기였다. 인류의 초기 혼인 방식은 복혼제였고, 이후에 일부일처제로 바뀌었으며, 이들은 난교나 군혼이라고 할 만한 제도를 경험한 적이 없다. 일부일처제의 기원에 대해 토론하기 전에 먼저 말하고 싶은 것은 이는 절대로 필연적인 결과가 아니며 단지 진화의 여러 궤적 중에 있던 하나의 경로일 뿐이라는 사실이다.

포유동물의 발정기가 영장류의 월경으로 진화한 것은 큰 변화임에 틀림없다. 단기적이고 집중된 성관계에서 월별로 분산된 성관계로 변화한 것이다. 이후에 보인 새 레퍼토리가 여전히 큰 우연성을 드러내기도 하지만, 이 새로운 플랫폼을 벗어나지는 않았다. 영장류가 일부일처제로 향해 가는 과정에서 계속 진행된 진화는 두 단계로 나뉜다. 그중 하나는 유징후에서 무징후로의 진화이다. 어떤 요인이 이 변화를 가져온 것일까? 실렌-툴베르크와 묄러는 이를 분석하던 중에 세라 블래퍼 허디(Sarah Blaffer Hrdy)의 '아비 다수 이론(Many-Fathers Theory)'을 받아들인다. 이 이론에서는 암컷에게 배란기 징후가 나타나는 경우, 과거 암컷을 독점했던 우두머리 자리를 새로운 수컷이 차지하면, 이 수컷이 새끼를 죽이는 경우가 많았다고 설명한다. 요절한 고릴라 새끼 중 적어도 30퍼센트는 이로 인해 죽었으며, 이런 잔인한 기질은 적응성 측면에서는 우위에 있다. 즉, 암컷은 젖먹이가 없으면 배란이 빨리 회복되어 다시 새로운 배우자를 맞이해 임신할 수 있다. 반면 암컷이 무징후일 경우, 주 배우자는 암컷과 다른 수컷과의 간통을 방비하기 어렵다. 또한 간통했던 수컷은 나중에도 새끼를 살육할 수가 없다. 왜냐하면 그 새끼가 자신의 아들일 수 있기 때문이다. 부부는 하루를 살아도 그 은혜가 백일 간다는 정서가 잠재의식 속에서 폭력을 포기하게 만드는 것이다. 이상은 첫 단계, 즉 배란 은폐의 기원이다.(Ibid., p. 52)

월경이 암컷의 성적 수용능력을 한 해 전체로 분산시킨다면, 배란 은폐는 이를 항구적 성적 수용능력으로 확장시켜 항시 성관계를 할 수 있게 해준다. 하지만 이 생존전략에는 대가가 따른다. 우선 암컷에게 뚜렷한 발정기가 있으면 더 많은 수컷의 격정을 끌어내어 임신 기회가 증가하지만(肇嘉, 2000, p. 55), 배란 은폐는 소극적이고 비생산적인 동시에 수컷과 종 전체가 그 대가를 치르게 된다. 왜냐하면 배란 은폐의 조건하에서는 교배를 많이 해도 근본적으로 임신 기간이 한정되기 때문에, 정자가 낭비되고 암수 쌍방의 정력과 시간이 낭비된다.(Ibid., pp. 46~47) 다시 말해서, 맹목적 교배가 많아지면 임신 기회는 오히려 적어지지만 새끼는 살육을 면할 수 있다는 이야기다. 배란 은폐는 장단점이 있지만, 자연선택이 이 형질을 선호한 이유는 얻을 수 있는 이득이 더 많기 때문이다.

배란 은폐의 성과는 유아 살해 방지에 국한되지 않고 또 다른 가능성도 열어주었다. 배란 은폐가 반드시 일부일처제로 향하지는 않지만 이 형질이 갖춰져야만 일부일처제로 갈 수 있다. 이것이 곧 일부일처제로 가는 두 번째 단계다. 그 원인을 밝힌 것이 리처드 알렉산더(Richard Alexander)의 '아비 재택 이론(Father-At-Home Theory)'이다.(Ibid., p. 51) 이 이론은 아주 이해하기 쉽다. 배란 은폐는 암컷이 수시로 교배와 임신을 할 수 있게 만들었다. 따라서 수컷은 암컷과 끊임없이 교배해서 다른 수컷이 암컷을 넘보지 못하도록 막아야만 한다. 즉, 배란 은폐로 수컷을 더 쉽게 붙잡아둘 수 있게 됐고, 하나의 수컷

인류 문명사에서 가장 신기한 역량 중 하나인 무기의 등장은 강자와 약자의 차이를 좁혀 주었다. 만년 후보일 수밖에 없는 약자는 무기를 손에 쥠으로써 강자와 함께 당당히 무대 위로 올라 생존 경쟁에 뛰어들 수 있었다. 무기는 일부일처제가 자리 잡을 수 있게 한 주요 원인 중 하나이기도 하다.

과 하나의 암컷이 오래도록 서로 의지하며 잘 지내게 되면서 일부일처 형태의 가족이 점차 성행하였다.

　하지만 배란이 은폐된 32종의 영장류 중 어째서 11종만이 일부일처제를 선택했을까? 그들은 모두 배란 징후가 있었을 뿐 아니라 난교나 복혼을 채택한 적이 있다. 지금은 배란이 은폐됐지만 만약 어떤 계기나 압박이 없었다면, 예전의 짝짓기 방식에 머물렀을 가능성이 지극히 크다. 관성의 힘이란 만만치 않다. 아마 인류를 일부일처제로 내닫게 한 계기는 수렵이 아니었나 싶다. 수렵은 두 가지 조건과 불가분의 관계다. 첫 번째는 협업이다. 이는 소극적인 복종이 아니라 적극적이고, 충분히 능동적이고 진취적인 협업을 이른다. 두 번째는 무기다. 무기는 인류가 방어에서 진격으로 전환하도록 도왔으며, 수렵이 기본 생존방식으로 자리잡게 했다. 하지만 대내외적으로 무기는 각기 다른 역할을 했다. 외부적으로는 들짐승을 물리칠 수 있게 해줬지만 내부적으로는 구성원 간의 체력 차를 균등하게 만들었다.

인류 문명사에서 무기는 가장 신기한 역량이다. 인류 구성원의 역량 차이에서 무기의 역할은 단선적 물리량(벡터)이 아닌 그때그때 달라지는 곡선으로 드러난다. 즉, 어느 시기에는 양측 간의 힘의 차이를 균등하게 만들고, 다음 시기에는 힘의 격차를 더 심하게 만들었다가, 그다음 시기에는 다시 그 차이를 줄여준다. 고릴라, 침팬지, 더 나아가 들소의 세계에서는 체력이 지위의 격차와 성 자원 분배의 엄청난 불평등을 결정한다. 같은 맥락으로 맨주먹만 있는 약한 자가 불시에 습격을 한다 한들 마이크 타이슨을 물리칠 수는 없다. 이는 동물의 신체 논리이며 인류 스스로 이 철칙에서 벗어날 수는 없다. 반대로, 만약 모두 무기를 소지하고 있다면 약자도 타이슨에게 엄청난 위협이 될 수 있기 때문에, 무기의 초기 발명은 인류 구성원 간의 공격력 차이를 좁혀주었다. 무기의 두 번째 단계에서는 정반대의 상황이 벌어졌다. 총포의 발명은 이를 가진 국가와 냉무기(冷武器)*만을 가진 국가와의 격차를 크게 벌려놓았다. 무기의 세 번째 단계에서는 결국 다시 원래대로 돌아간다. 무기 간의 차이가 어느 정도든 상관없이 일단 핵무기를 보유하면 위협성에서 다시 모두가 동등한 조건에 서게 되기 때문에, 과거의 중국이나 현재의 북한과 이란이 이에 전력을 다하는 것이다.

고릴라 세계에서 다수의 수컷은 영원히 주변에 머물면서 우두머리가 이성과 마음껏 즐기는 모습을 지켜보기만 했다. 그들 중 대다수는 영원히 뛸 기회가 없는 후보 선수이기 때문에 억압을 받을 대로 받는다. 이 점을 이해하면, 동성 간 성행위가 왜 자연선택에서 도태되

---

● 화약을 사용하지 않는 칼과 창 등의 무기.

지 않았는가 하는 난제가 갑자기 시원하게 풀린다. 동성애는 생존 조력의 가치를 지닌다. 이는 우울함을 해소하고 교미를 연습할 기회가 되는데, 동성애가 없다면 행운이 찾아왔을 때 서투를 수밖에 없다. 우리 선조들은 고릴라처럼 성 자원 분배에 있어 불평등할 때도 있었지만 무기를 갖고 협동 수렵을 한 이래로 이 문제는 곧 개선되었다.

더 미시적으로 분석하여 필자는 수렵, 협업, 무기 세 요소 중 선행 조건은 무기라고 생각한다. 유아 살해를 막기 위해 진화한 암컷의 배란 은폐(무징후)는 이전의 성 독점을 와해시킨다. 우두머리는 하루 종일 교배하기를 기다리는 처첩 무리를 통제할 수 없고, 다른 수컷은 사통할 기회가 늘었다. 그런데 무기는 이보다 결정적 역할을 한다. 우두머리보다 힘이 약한 남성이 밥그릇을 나눠 가질 수 있도록 도운 것이다. 성 자원의 균등한 분배는 절대로 우두머리의 의향이 아니다. 그 힘은 다수의 약한 남성들에게서 나왔고, 일부일처제는 우두머리와 다수의 약한 남성들 사이의 타협책이었다. 약한 남성들은 성적 권리와 이에 따른 부가적 지위를 획득하고, 심리적 변화를 거친 후에야 능동적이고 진취적으로 협력했다. 수렵은 무기와 협업에 달려 있으며, 하나라도 빠지면 안 된다. 무기가 대외적으로 인류와 들짐승의 공수관계를 전환시켰다면, 대내적으로는 일부일처제에 촉매제가 되었다. 그리고 더 나아가 높은 수준의 협업을 촉진했다. 무기와 구성원의 협력이 하나가 된 후에야 인류의 위대한 수렵시대가 시작된다.

이 타협, 이른바 일부일처제는 여성의 욕구와도 부합한다. 배란 은폐로 여성은 아기를 살육으로부터 구해낼 수 있게 됐다. 그리고 첩의 지위에서 벗어나 한 남자와 부부가 되면서 아이 양육을 돕는 생부를 얻게 되었다. 한마디로 이는 최초의 민권운동의 산물이며, 이때부터 일부일처제가 인류 사회에 자리잡기 시작했다.

세 종류의 혼인제도는 모두 오랜 역사를 지녔고 각각 여러 종과 인연이 있다. 이해득실을 따지자면 장단점이 모두 있다. 복혼제와 난교는 성 선택에 있어 더 효율적이고, 그 수컷의 후손은 더 강하고 용맹하다. 일부일처제는 이 방면에서는 조금 뒤떨어지지만 성 자원으로 인한 충돌을 약화시켜 구성원이 더욱 평등한 대우를 받을 수 있게 해주었다. 인류는 이에 협업을 기반으로 한 수렵을 할 수 있게 됐고, 일종의 새로운 적응을 현실화했다. 후대 인류가 문명적으로 두각을 나타낸 것은 성 자원의 경쟁에서 정력 낭비를 줄인 결과일 가능성이 크다.

# 5

## 유혹 가득한 무리 속에서
## 일부일처제는 가능한가

조류의 91퍼센트가 일부일처제를 따르고, 영장류 중 이에 해당하는 수치는 18퍼센트인데, 왜 포유류는 고작 3퍼센트밖에 안 되는 것일까? 원인을 일일이 열거할 수는 없지만, 어떤 종에게는 일부일처제가 천적의 먹이가 되지 않기 위해 도망가거나 저항하는 데 불리하기 때문일 수 있다. 한 학자는 말한다. 많은 포유동물이 일부일처제를 택했었지만 포식자에 의해 잇따라 멸종되고 오직 소수만이 천적에 의한 스트레스가 적은 사막이나 건조한 임야 지역에 생존하고 있을 뿐이라고. 일부일처제의 생존방식은 태생적으로 취약한 면이 있다. 소가족에는 성체 수컷이 한 마리뿐이기 때문에 천적에 대항해야 할 때 암컷도 수시로 싸움터에 나가야만 한다. 그래서 암컷의 사망률이 다른 짝짓기 방식을 따르는 동물보다 높다.(張鵬, 2012, p. 167) 그런데 배우자 중 어느 한쪽만 죽어도 이 번식 단위는 끝나고 만다.

영장류의 일부일처제 비율이 포유류보다 높은 이유는 나무 위

생존방식이 안전하기 때문일 가능성이 높다. 천적에 대항하는 데는 또 다른 전략이 있다. 바로 무리를 이루는 것이다. 하지만 무리가 크면 큰 대로 고충이 있다. 무리 전략은 아마 생존에 가장 중요한 음식과 성, 두 방면에서 어려움을 겪었을 것이다. 모건은 인류 최초의 생존 단위는 무리이며, 무리 안에서 난교가 성행했다고 생각한다. 웨스터마크는 말한다. "생활에 필요한 음식의 종류와 양이 한정되어 있다는 점은 집단생활에 방해가 된다."[Edward Alexander Westermarck, 1922(제5판), p. 55] 이 판단은 앉아서 두 마리의 토끼를 손에 넣으려는 시도로 보인다. 즉, 무리가 없다면 난교는 어디서 온 것인가? 하지만 만약 구성원들이 정말로 천적에 대한 압박 때문에 무리를 이루는 전략을 선택한 것이라면?

　웨스터마크의 경솔함과 자기주장에 대한 집착이 가져온 폐쇄성은 스스로의 눈을 가려 인간 집단과 일부일처제, 즉 집단과 소가족이 공존하는 데 있어서의 난제를 보지 못하게 만들었다. 이에 비해, 동시대의 프랑스 사회학자 알프레드 빅토르 에스피나(Alfred-Victor Espinas)는 가족과 집단 사이의 관계에 있어 한 수 위였다.

　무리는 우리가 동물 사이에서 볼 수 있는 가장 상위의 사회집단이다. 이는 가족으로 이루어진 듯 보이지만, 가족과 무리는 처음부터 대립하는 상황에 있었고, 이 둘의 발전은 반비례한다. (…) 가족이 긴밀하게 결합된 곳에서는 매우 드물게 예외적으로만 무리가 형성된다. 이에 반해 자유성교나 복혼제가 성행하던 곳에서는 거의 저절로 무리가 생겨난다. (…) 무리가 생겨나려면 가족적 유대가 약화되고 개체가 다시금 자유로워져야 한다. 그러므로 조류에서는 조직적 무리가 매우 드물게 발견된다. (…) 이와 달리 포유동물에서는 어느 정도 조직적인 사회가 발견되는데, 여기서는 개체가 가족에 통합되어 소멸되지 않기 때문이다. (…) 그러므로 무리의 공동체 의식이 출현하는 데 가장 커다란 적은 가족의 유대감이다. 단도직입적으로 만약 가족보다 높은 수준으로 발전한 사회 형태가 있다면, 이는 가족이 근본적인 변화를 겪고 이 가족을 그 사회 형태가 흡수함으로써만 일어날 수 있다. 그러나 이러한 변화는 이후 극도로 유리한 상황에서 가족이 새로이 조직될 가능성을 배제하지는 않는다.(Friedrich Engels, 1891, p. 28; p. 29에서 재인용)

그 시대에 영장류 연구가 아직 제대로 전개되지 않았다는 점을 고려했을 때, 에스피나가 "자유 성교나 복혼제가 성행하던 곳에서는 거의 저절로 무리가 생겨난다"는 주장을 제기한 점은 매우 놀랍다. 이는 침팬지나 고릴라와 같은 상황이 아닌가? 더 대단한 점은 가족과 무리의 충돌을 민감하게 의식하면서도, 모건처럼 가족을 부정하지도, 웨스터마크처럼 무리를 부정하지도 않고, 그저 면밀하고 신중하게 '드문 예외'라고 판단한 데 있다. 생존전략으로서 소가족(일부일처제)과 무리는 모두 장단점이 있다. 소가족은 이성에 대한 경쟁을 피할 수 있다는 장점이 있고, 천적에 대항하기 힘들다는 단점이 있다. 반면 무리는 천적에 대항할 수 있다는 장점이 있고, 내부의 적, 이른바 연적(戀敵)이 생겨 짝짓기 경쟁이 심해진다는 단점이 있다. 영장류 동물 중에서 인간만이 유일하게 일부일처제와 집단생활이 섞여 있는 종이다. 그래서 내부의 성 문제로 발생하는 충돌은 인간이 영원히 직면해야 할 최고의 난제다.

영장류 중 인간처럼 일부일처제인 동물은 인드리원숭이, 비단원숭이, 흰머리카푸친, 티티원숭이, 올빼미원숭이, 안경원숭이, 긴꼬리원숭이, 일부 랑구르 원숭이, 긴팔원숭이 등이 있다. 놀랍게도 이 동물들은 9과로 분류된다. 다시 말해 영장류의 진화수 위에 여기저기 흩어져 있다는 뜻이다. 대다수 영장류와 인류의 동일 조상을 만나려면 3000만 년 전으로 거슬러 올라가야 한다. 그들은 모두 나무 위에 살았고, 특히 더 중요한 점은 전부 다 군생동물이 아니었다는 것이다. 그들의 가족은 무리와 동떨어져 지냈다. 대부분 일부일처제의 가족 안에 갇혀 생활했고, 외부 동종과의 왕래도 드물었다. 예를 들어, 같은 과에 속하는 "일부일처제의 브라자원숭이와 붉은배수레잎 원숭이의 사회활동은 다부다처제인 일본원숭이보다 훨씬 단조롭다."(張鵬, 2012, p. 167) 그들이 일부일처제로 진화한 경로는 인간과 완전히 다르다. 어떤 학자는 몇몇 종은 수적으로 많지 않은 구성원이 각지에 분산되어 있기 때문에, 배우자를 택하는 데 겪는 어려움을 극복하기 위해 일부일처제를 선택했다고 말한다. 만약 그렇다면 그 종은 사람처럼 많은 우여곡절이나 긴밀하게 연결된 진화 과정뿐만 아니라 '일부일처제 가족'이 무리에 둘러싸임으로써 당면하게 된 역사상 유례없는 도전도 겪지 않았을 것이다.

현재 언어 환경에서 우리는 분명 딩크족*은 가족이 아니라고 말할 수 없고, 동성애 집단 또한 법률적 의미에서의 가족 구성을 위한 권리 쟁취에 애쓰고 있다. 하지만 여기에서 말하는 '가족'은 좁은 의미의 생물학적 개념, 즉 안정된 번식 단위이다. 보통 가족은 일부일처제와 안정된 일부다처제로 이루어지며, 난교 관계로는 가족을 구성할 수 없다.

생물학 연구자는 가족과 무리의 조합을 '중층(重層)적 사회'라고 부른다. 즉, 2층 혹은 2층 이상의 사회다. 예를 들어, 개코원숭이 사회

---

* 1986년경 미국을 중심으로 나타난 새로운 가족 형태로, 결혼은 하되 아이는 두지 않는 맞벌이 부부를 가리킨다.

에서 1층은 개체들이 모여 가족을 이루고, 2층은 가족이 모여 부족을 형성하며(부족 내의 수컷 지배자들은 모두 혈연관계에 있다), 3층은 부족이 모여 무리를 이루는 구조를 보인다. 인간이 아닌 영장류 사회에서는 오직 개코원숭이, 겔라다개코원숭이, 들창코원숭이만 중층적 사회를 형성한다는 사실이 발견되었다. 하지만 그들은 모두 일부일처제가 아니다. 중층적 사회의 길로 들어선 이유는 의심의 여지없이 생존 스트레스 때문이다. 가장 생동감 있는 예증은 사바나 개코원숭이에게서 볼 수 있다.

> 사바나 개코원숭이의 초기 사회는 아마 다른 개코원숭이의 다부다처제 모계사회와 유사할 것이다. 차후 그들이 스텝 기후인 초원 환경으로 옮긴 이유는 식량자원이 결핍되고 희박해져, 다부다처 집단이 취식하는 데 더 효율적인 일부다처 단위로 분해된 까닭이다. 각 단위에서 이탈한 젊은 수컷들이 위성처럼 단위 주위를 지킴으로써 각 단위의 전투력이 증가했다. (…) 사자와 승냥이에게 대항하면서, 공격성과 혈연으로 맺어진 수컷 사바나 개코원숭이들의 연맹은 강화되었다.(Ibid., p. 184)

사바나 개코원숭이 무리의 규모는 대부분 10여 마리에서 100여 마리로, 가장 많을 때는 300마리에 이른다. "광활한 지역을 지나갈 때 개코원숭이는 보통 고도로 질서정연한 대형 편대를 만들어 행진하는데, 암컷과 어린 개코원숭이는 가장 건장하고 지위가 높은 수컷들에게 둘러싸여 대오의 중앙에 배치된다."(Haim Ofek, 2001, p. 125) 질서정연한 무리의 힘은 개코원숭이가 초원이 희박한 사바나에서도 생존할 수 있게 도왔다. 엄격한 집단행위라는 의미에서 볼 때, 어쩌면 인류는 개코원숭이 사회와 더 닮았을지 모른다. 왜냐하면 "독보적인 진화의 경험은 인간과 개코원숭이만 공유하고 있을 뿐, (…) 대형 영장류 중 다른 과에 속한 동물과는 무관하기 때문이다."(Ibid., p. 118; p. 119) 천적 앞에 노출된 아프리카의 사바나 초원 같은 시공간 속에서는 무리 조성이 그들에게 있어 거의 유일한 선택이었을 것이다.

다른 점이 있다면 인간은 생물 세계에서는 역사상 유례가 없는 사회구조를 구축했다는 점이다. 이 사회구조는 일부일처의 가족들이 모여 이룬 집단을 이른다. 이 선택은 전대미문의 엄청난 수익을 기대할 수 있게 해주었다. 성 자원을 동등하게 누린 후에야 구성원들 간에 적극적이고 철저한 협력이 일어날 수 있다. 또한 집단생활 중에 벌어지는 복잡하고 다양한 종 내부에서의 게임은 종의 지능지수에 대한 자연선택을 촉진했고, 모든 개체의 경험이 전파되고 축적되어 문화가 되었다. 하지만 이런 사회구조는 양날의 칼과 같아서 그 칼날의 다른 한 면은 일부일처 가족의 견고함을 겨누고 있었다.

일부일처제를 택한 몇몇 영장류 종은 당연히 인간 연구의 참고 기준이 된다. 그들 대부분이 같은 무리 안에서의 교배를 피했기에 일부일처제는 위험을 면할 수 있었다. 하지만 설령 그렇다 해도 이를 벗어난 사례는 여전히 존재한다. 외국의 한 관찰자는 가장 작은 이형성을 보이며 일부일처제의 전형적 상태라고 할 수 있는 흰손긴팔원숭이도 외도를 한다는 사실을 발견했다.(Ibid., p. 114) 쩌우장(周江)은 자신의 박사논문에서 이렇게 밝힌다.

여러 학자들(Liu Zhenhe et al., 1989)은 한 가족 안에 성년이 된 두 마리의 암컷이 함께 서식하고 있음을 확인했다. 하지만 이는 서식환경의 질이 낮고 어린 암컷이 가족이 있는 곳을 제외하고는 적합한 서식지를 찾을 수 없기 때문일 것이다.(周江, 2008, p. 6)

쩌우장은 두 그룹의 하이난 (검은)볏긴팔원숭이 가족을 관찰했다. A그룹은 다 자란 수컷 한 마리와 다 자란 암컷 두 마리, 그리고 새끼 두 마리로 구성되었다. B그룹은 다 자란 수컷 한 마리, 다 자란 암컷 두 마리와 한 마리의 새끼로 구성되었다. 쩌우장은 자신의 논문에서 다음과 같이 밝힌다.

우웨이 등의 학자들(Wu Wei et al., 2004)은 이러한 일부다처제 형태의 가족 구조는 하이난 (검은)볏긴팔원숭이의 정상적 모델이라고 본다. 하지만 (검은)볏긴팔원숭이가 이런 가족 구조를 채택한 이유는 생존 서식지가 끊임없이 줄어들었기 때문이라고 생각한다. (…) 끊임없이 생태에 적응해야 하는 압박 속에서 그들이 선택한 결과다.(Ibid., p. 122)

장쉬에롱(蔣學龍) 등의 학자는 그들의 논문에서 안나 마리(Anna-Marie A. R. Edwards)와 존 토드(John D. Todd)의 논문인 「흰손긴팔원숭이의 동성애적 행동(Homosexual behaviour in wild white-handed gibbons)」(1991)의 관점을 인용한다. "수컷 간(아버지와 아들)의 동성애적 성행위는 수컷들이 성충동을 완화시키기 위해 취하는 행동방식이다." 장쉬에롱 등은 뒤이어 다음과 같이 밝힌다. "수컷의 성행위는 계속 활발한 상태에 있음을 알 수 있다. 따라서 이 기간 동안 수컷은 다른 암컷과 충분히 교미할 수 있기 때문에 일부다처제의 경향을 보인다." 긴팔원숭이 수컷에게서 보이는 다처(多妻) 성향과 인류의 생태 파괴 및 살육 행위가 이 개체군이 일부다처제로 발전해간 이유이다.(蔣學龍, 馬世來, 王應祥, 1994) 만약 리우쩐허와 쩌우장이 언급한 것처럼 정말 (검은)볏긴팔원숭이가 원래는 일부일처제였다면, 성 본능의 안정성에 대해 새롭게 재인식해야만 할 것이다.

긴팔원숭이 등의 영장류 동물과 달리 인류는 굳이 가족을 무리 속에 둔다. 가족 안팎의 모든 여성은 미혼 혹은 기혼인 남자들에게 엄청난 유혹이 된다. 이형성을 가진 존재가 무리 안에 함께 있는데, 인류의 일부일처제가 어떻게 순수하고 굳건하며 안정적일 수 있겠는가. 그리하여 역사적으로 권력자는 여러 부인을 들이고, 현대 및 근대에는 이혼이 점점 늘어 일부일처제의 보충제와 안전장치 구실을 한다. 그러나 원시시대에 가장 시급했던 또 다른 문제는 바로 다음에 토론할 족내혼과 족외혼 문제다.

# 6

# 족외혼제에 대한 첫 번째 해석:
# 약탈혼

"족외혼제는 맥레넌이 최초로 도입한 용어다."[Edward Alexander Westermarck, 1922(제5판), p. 611] 맥레넌의 견해는 다음과 같다.

> 각각의 부족은 서로 분리되어 있다. 모든 부족의 전 구성원은 동일한 혈통에 속하거나 속한 척한다. 부족 구성원 간의 혼인을 금한다. (…) 부족은 작은 씨족으로 나뉜다. 동일한 혈통에 속한 개인 간 혼인을 금한다. 모든 씨족 간에 그리고 일부 다른 씨족끼리는 혼인할 수 없으나, 일부 씨족 간에는 혼인할 수 있다.(Lewis Henry Morgan, 1877, p. 896에서 재인용)

이 내용의 핵심은 "동일한 혈통에 속한 개인끼리는 결혼할 수 없다"라는 것이다. 하지만 맥레넌은 "부족 구성원 간에는 혼인 금지"라고 했다가, 다시 "부족은 작은 씨족으로 나뉘며, 일부 다른 작은 씨족 간에는 혼인이 가능하다"고 하였다. 맥레넌은 1876년에 출판된 저서

『고대사연구』에서 모건의 '분류적 친족제도의 기원'을 비판한 데다 그가 정의한 부족의 개념도 약간 엉성했던 탓에, 모건은 이 책을 읽자마자 바로 다음과 같이 정면으로 통격을 가했다.

> 씨족과 부족 혹은 씨족과 부족이 대표하는 집단은 사회 조직 안에서 일련의 유기적 구성단위로서, 이 둘은 단 한 번도 서로 구분된 적이 없다. 이에 소위 말하는 '족외혼제'나 '족내혼제'가 어느 집단을 기준으로 했는지 알 수 없고, 바로 이 점이『원시 결혼』이 가진 근본적인 문제다. (…)『원시 결혼』에서 사용한 주요 용어(족외혼제와 족내혼제)와 이론은 민족학적으로 아무런 가치도 없다. (…) 지금 우리에게 가장 좋은 방법은 바로 이 두 용어를 한쪽으로 제쳐두고 언급하지 않는 것이다.(Ibid., p. 894; p. 893; p. 907)

사실 모건이 언급한 내용 중 가치 있는 비판이라곤 이것뿐이다. "만약 그가 부족을 가족 집단의 집합체로 보고, 씨족 그룹이 모여 부족을 이룬다면, 부족의 '족외혼제'는 논할 수가 없다. (…) 씨족은 '족외혼적'이며, 부족은 본질적으로 '족내혼적'이다."(Ibid., p. 899) 이후 이 세밀한 구분은 에밀 뒤르켐(1898, p. 30)과 레비-스트로스(1956, p. 60)에 의해 재확인되었고, 그들의 발언은 훌륭했다. 맥레넌의 족외혼제에 대한 정의는 어쩌면 주연성(周延性)●은 조금 부족할지 모른다. 하지만 이 핵심단어를 제안한 공헌은 절대 부정할 수 없다. 또한 '족외혼제'라는 개념이 등장함으로써 이 논제를 둘러싼 장기간의 논쟁이 조장되기도 했다.

---

● 하나의 개념을 같은 종류의 낱낱의 사물에 같은 뜻으로 적용할 수 있는 성질을 이르는 논리학 용어. 그러한 개념을 주연 개념 또는 개별 개념이라고 한다.

족내혼제가 족외혼제로 발전한 원인은 무엇일까? 초기의 해답은 '약탈혼'으로, 세 명의 대표적 학자가 각기 다른 관점을 보인다. 맥레넌은 원시인들 사이에 성행한 여아 살해가 훗날 여성 수 부족을 초래해, 밖으로 나가 약탈할 수밖에 없었다고 본다. 존 러벅(John Lubbock)은 족외혼제 이전에는 무리 내에서 군혼이 실행됐다고 보았다. 즉, 모든 여자가 모든 남자의 부인이 될 수 있는 제도다. 외부에서의 여성 약탈에서 '개인혼'이 시작됐고, 개인혼은 군혼을 대체할 조건에 부합했다. 허버트 스펜서는 외부에서 부녀를 약탈하여 부인으로 삼는 행위가 허영심을 충족시켜줄 수 있다고 생각했다. 약탈혼 및 이 세 가지 해석은 웨스터마크와 뒤르켐의 공박을 받는다. 웨스터마크는 말한다.

> 맥레넌은 여아 살해와 약탈혼의 성행 정도를 과장했는데, 만일 도처에서 여성들이 모두 살해되어 그 수가 감소했다면 어디 가서 약탈을 한단 말인가? 약탈해 온 여자들은 단체의 공유재산이 될 수밖에 없다. 약탈하여 부인을 맞이하면 체면이 선다. 하지만 부족 내 여인을 맞이해 결혼하면 더 체면이 서는 일 아닌가?[Edward Alexander Westermarck, 1922(제5판), pp. 611~616]

뒤르켐은 이렇게 말했다.

원시시대에는 남성의 사망률이 높기 때문에 어린 아기일 때 나타나는 양성 간 수적 불균형은 성년이 되면 균등해진다. 집단 내에 '군혼'이 있었다는 사실을 확인할 방법은 없다. 외부에서 부인을 약탈해 오면 모든 소유권을 가질 수 있다는 이야기는 이해하기 어렵다. 용기를 증명하는 방법이라면 아주 많다. 중세의 기사들은 무훈으로 구혼했지, 약탈혼을 하지

는 않았다.(Émile Durkheim, 1989, pp. 28~29)

상술한 반론은 일리가 있다. 약탈혼이 족외혼제가 생겨난 원인이라고 보는 생각은 조금 단순하고 유치하다. 하지만 족외혼 '제도'가 생겨난 원인이 아니라고 해서, 반드시 족외혼 '현상'의 원인이 아니라고 장담할 수는 없다. 심지어 약탈혼은 초기 족외혼의 구성요소였을 가능성이 크다고 생각한다. 사실 여성 약탈 현상에 그렇게 많은 해석을 부여할 필요는 없을 듯하다. 역사적으로 볼 때 그 지역에 여자가 부족하지도 않고, 과시할 생각이 없어도, 부녀 강탈은 여전히 발생했다. 이 현상은 하나의 제도를 형성할 정도의 의미는 지니지 못한다. 하지만 다른 한편으로 악명을 등에 업은 '약탈'은 사실 문명사에서 중요한 역할을 한다. 거시적 관점에서 유전자의 교환방식은 여러 가지라고 할 수 있지만, 전쟁이 초래한 유전자의 빅딜은 오랜 상고시대 동안 인류가 몇 가지 아종(亞種)•으로 분열되지 않은 주요 원인이다. 미시적 관점에서 볼 때, 약탈은 다음 절에서 토론할 궁지에 몰린 '체질론'에 활로를 제시한다. 처음에 족외혼 현상이 나타나지 않았다면 사람들이 왜 족외혼으로 낳은 아이가 더 건강하다고 여겼겠는가?

---

• 종(種)을 다시 세분한 생물 분류 단위의 하나.

## 7

# 족외혼제에 대한 두 번째 해석:
# 체질

모건은 이미 이 현상을 확인하고 자신의 해석까지 내놓은 상황이면서도, 이를 개괄하는 핵심단어의 가치는 한사코 인정하려 들지 않으며 억지를 부린다. 물론 그렇다고 해도 후대 사람들이 그의 해석을 평가하는 데는 지장이 없다. 족외혼제의 기원에 대한 모건의 해석은 다음과 같다.

족외혼제는 혈연관계가 없는 사람들을 혼인관계 속으로 끌어들였다. 이런 새로운 관습은 분명 사회에 비정상적 충동을 가져왔다. 이런 관습은 상대적으로 심신이 건강하고 활발한 종족을 만들어내는 경향이 있다. 서로 다른 종족 간 결합의 증가로 얻는 이익은 인류의 발전에 지대한 영향을 끼친다. 건강한 심신을 지닌 구성원들로 이루어진 두 부락이 우발적 사건으로 섞여 하나의 민족이 되었을 때, 새 생명의 두개골과 뇌는 커지고 성장해 그 역량은 각 부락의 총화에 다다른다. 이렇게 이루어진 종족은 두 부락의 개량종이 될 것이고, 그 우월성은 내부적으로 지능의 발달과 수적 증가로 드러날 것이다. (…) 이는 미개인이 하루아침에 이루어낼 수 있는 일이 아니다. 우리는 다음과 같이 가정해볼 수 있다. 이런 변화는 몇 개의 고립된 장소에서부터 시작되어, 사람들이 그 이익을 점차 인식하게 되면서, 하나의 실험으로서 오랫동안 보존되어 내려왔다. 처음에는 일부 지역 사람들만이 채택했지만, 이윽고 점점 보편화되다가, 마지막에는 드디어 진보된 군락 사이에 퍼지게 된다. 그러나 진보된 군락도 당시 여전히 미개한 상태를 벗어나지 못한 상태에 있었기 때문에 혼인 개혁 운동도 그 시기에 시작된다. 이런 개혁은 자연도태 원칙의 효과를 보여주는 훌륭한 예증이다.(Lewis Henry Morgan, 1877, p. 800; p. 730)

7년 후, 엥겔스는 『가족, 사적 소유, 국가의 기원』에서 말한다.

모건의 견해에 따르면, 이 진보는 '자연선택 원칙이 어떻게 작용하는지 보여주는 가장 좋은 예증'으로 볼 수 있다. 의심의 여지없이, 이러한 진보로 근친혼에 제약을 받은 부락은 여전히 형제자매 간의 혼인을 관례와 의무로 여긴 부락보다 더 신속하고 안전하게 발전하였다.(Friedrich Engels, 1884, p. 33)

중국에서 마르크스주의는 여전히 높은 지위를 차지하고 있고, 앞서 언급했듯 엥겔스의 주장은 그 무엇보다 널리 퍼져 있기 때문에 다수의 중국인은 지금까지 이 견해를 받아들이고 있다. 즉, 체질적 진화와 퇴화가 인류가 족외혼제로 발전하면서 족내혼제를 포기한 원인이라고 생각한다.

엥겔스는 다윈의 자연선택설을 받아들였다. 다윈의 『종의 기원

(The Origin of Species)』이 런던에서 출간된 지 한 달도 채 되지 않아 엥겔스는 마르크스(Karl Marx)에게 보내는 서신(1859년 12월 13일)에서 『종의 기원』을 읽고 있다고 말하며, 다음과 같은 생각을 밝혔다. "정말 지독하게 잘 쓴 대단한 글입니다. 과거에 목적론(目的論)●에서 한 가지가 유일하게 논파되지 못했는데, 이제야 굴복되었습니다. 그게 아니더라도 지금까지 이렇게 대규모로 자연계의 역사 발전을 증명하고자 한 시도는 없었습니다. 게다가 이렇게 성공적으로 해내다니요." 1860년 12월 19일 마르크스는 엥겔스에게 보내는 서신에서 다음과 같이 말했다. "이것은 우리의 관점에 자연사적 토대를 제공해주는군요." 1873년 마르크스는 다윈에게 보낸 『자본론(Das Kapital)』 제2판 제1권에 이렇게 서명했다. "찰스 다윈 선생께 드립니다. 당신을 진심으로 흠모하는 칼 마르크스로부터." 1883년 엥겔스는 마르크스를 위한 추도사에서 이렇게 말했다. "다윈이 유기체의 발전법칙을 발견한 것처럼, 마르크스는 인류 역사의 발전법칙을 발견했습니다."

이 논쟁이 시작된 이래 근친상간이 인종의 퇴화를 가져올 수 있다는 연구와 토론은 지금까지 이어지고 있다. 다윈은 혈연 간 혼인과 비혈연 간 혼인에서 출생한 결함 있는 자손의 비율을 비교 조사한 후 이렇게 밝혔다. "사람들은 혈연 간 결혼으로 탄생한 자손은 각종 질병에 걸리기 쉽다고 굳게 믿는데, 이 역시 근거 있는 견해다." 그는 또한 이렇게 말했다. "사촌 간 통혼으로 낳은 자손의 체질이 상대적으로 조금 약하지만, (사촌 간 통혼이) 불임, 청각장애, 정신병이나 치매를 유발한다는 증거는 아직 보이지 않는다."[Edward Alexander Westermarck, 1922(제5판), pp. 665~666에서 재인용]

---

● 인간의 행위뿐 아니라 세계 안에서 일어나는 모든 사건과 자연현상이 목적으로 규정되어 있다는 철학적 입장.

근친상간 사례는 적어서 찾기 어려운 관계로, 연구자들은 고대 이집트의 프톨레마이우스(Ptoelmaeus) 왕실**에 주목한다. 알프레드 헨리 후트(Alfred Henry Huth)는 근친상간이 그들의 출산과 수명에는 영향을 주지 않는다고 봤다. 하지만 프랜시스 골턴은 근친상간이 왕실 구성원의 체질 퇴화, 성격적 결함, 출산율 저하를 유발한다는 사실을 논증해냈다. 보통 유태인과 사마리아인은 근친 간 통혼 비율이 비교적 높은 민족으로 여겨진다. 뒤르켐은 다음과 같이 이야기한다.

유태인이 갖가지 정신쇠약 경향이 있다는 사실에는 반박할 여지가 없다. 이는 일부분 그들의 근친상간 비율이 지나치게 높은 데서 초래되었다. 하지만 결과적으로 그들은 고도로 발달된 심성으로, 수 세기 동안 사회적 원인에 의한 파괴에도 한결같이 견뎌낼 수 있었다.(Émile Durkheim, 1989, p. 33)

『신약성서』에서 언급되었듯 역사적으로 박해에 시달리던 사마리아인은 "족내 통혼을 가장 중요시하던 사람들로 알려져 있다." 이 관습은 이미 2000년이나 지속되었다. 직접 사마라아인의 마을에 들어간 스티브 올슨(Steve Olson)은 이렇게 밝힌다.

만약 같은 집단 내에서의 비교적 높은 통혼 비율이 건강상 위험 요인을 증가시킨다면 사마리아인은 그야말로 참담해진다. 하지만 상황은 결코 그렇지 않았다. 내가 그리심산(Mount Gerizim)***에서 한나절 시간을 보내면서 사마리아인들에게서 받은 인상은 그들은 행복하고, 자부심이 있

---

** 기원전 305년 알렉산더 대왕이 죽은 뒤 그의 부하 중 한 장군이 연 이집트 왕가.
*** 팔레스타인 요르단강 서쪽 사마리아 지방에 있는 산.

으며 관대하다는 것이었다. (…) 사마리아인에게 약간의 유전적 문제가 있는 것은 분명하다. 일부 사마리아인은 청각장애를 타고나기도 했고, 일부는 거동이 불편하여 지팡이에 의지해 걷기도 한다. 하지만 중요한 사실은 19세기 말에 사마리아인의 총인구수는 150명 정도밖에 남지 않았으나, 20세기에 들어서면서 원기를 회복하기 시작해 현재 600명으로 증가했다는 것이다.(Steve Olson, 2002, p. 107)

뒤르켐은 원시인들이 자손의 뚜렷하지 않은 신체적 문제를 고도로 중시했다는 이야기를 믿지 않는다. "영감과 소녀의 혼인, 폐결핵 환자 간의 혼인, 정신병(이 입증된) 환자 간의 혼인 및 구루병 환자 간의 혼인 등은 본래 다 위험이 따르지만 보편적으로 모두 용인되고 있다."(Émile Durkheim, 1989, p. 34)

근친상간이 인종의 퇴화를 초래할 가능성이 중요하지 않다는 말은 절대 아니다. 하지만 현재 본문의 주제에서 더 중요한 사안은 인종의 퇴화가 아니라, 원시시대의 인류가 근친상간으로 인해 인종의 퇴화가 일어났다는 사실을 명확히 인식할 수 있었는가의 여부다. 다윈의 신중한 표현, 후트와 골턴의 논쟁, 뒤르켐의 이의, 이에 더해 2000년 동안 근친 간 통혼을 해온 사마리아인들에 관한 올슨의 묘사를 통해, 필자가 확실하게 판단할 수 있는 것은 오직 하나뿐이다. 즉, 19, 20세기의 연구자들조차 논쟁을 거듭해도 여전히 결론 내리기 힘든 일을 판단할 만한 능력이 원시인에게는 절대 없었다는 사실이다.

인류학자들이 얻은 원시부족에 대한 정보를 통해서도 그들의 인식능력을 추측해볼 수 있다. 인도 제국(The Indies)*의 사람들은 근친

---

● 인도·인도차이나·동인도 제도를 총칭하는 옛 이름.

상간이 땅에 곡식을 자라지 못하게 한다고 믿었다. 민다나오 섬 (Mindanao)**의 바고보(Bagobo) 족은 근친상간한 자를 사형에 처하지 않으면 해상에 광풍이 불어 육지가 잠길 것이라고 생각했다. 쿠퍼 콜(Fay-Cooper Cole)이 원주민에게 왜 혈연 간 혼인을 반대하느냐고 묻자 그들은 다음과 같이 답했다. "우리 부족은 이 일에 있어선 줄곧 지금처럼 해왔습니다."[Edward Alexander Westermarck, 1922(제5판), p. 582; p. 627] 이는 원주민들이 근친상간이 초래할 생물학적 나쁜 결과를 정말로 모른다는 사실을 의미한다. 근친상간으로 질병이 있는 아이가 태어난다고 해도 이는 농작물이 자라지 않는다는 우려와 마찬가지다. 일종의 이데올로기나 근친상간에 대한 독설일 뿐, 그 결과를 제대로 인식하고 있지는 않았다.

사실 원시인들이 근친상간이 초래할 결과를 인식하지 못했다는 것이 모건과 엥겔스의 결론, 즉 족외혼제가 자연선택의 결과라는 결론을 완전히 무너뜨릴 수 있는 것은 아니다. 왜냐하면 지금까지 자연선택은 생명의 주체의식에 의존하지 않았다. 예를 들어 사불상(四不像)***은 자신이 빨리 뛰는 데 어떤 의미가 있는지를 깨달을 필요가 없다. 그저 느리게 뛰었다가는 치타와 사자에게 잡아먹히기 때문에 빨리 뛴 개체가 살아남아 번식할 수 있었던 것뿐이다. 그리하여 느린 유전자는 계승되지 못하고 대대로 자연선택에 의해 선별됨에 따라 사불상의 형질은 빠르게 완성되었다.

어쩌면 더 적합한 예를 동물의 암수 결합에서 찾을 수 있을지도 모르겠다. 수컷 공작새의 꽁지는 왜 휜칠하게 길고 화려하고 아름다울까? 그 매력을 이용해 더 많은 교미권을 얻을 수 있기 때문이다. 이

---

** 필리핀 제도 남단에 있는 큰 섬.
*** 중국 원산의 붉은색을 띤 대형 사슴. 현재는 거의 없고 동물원에서나 볼 수 있다.

로써 긴 꽁지 유전자는 짧은 꽁지 유전자보다 더 많이 퍼진다. 단, 여기에는 없어서는 안 될 필수적인 요소가 하나 있는데, 바로 암컷 공작새가 긴 꽁지의 수컷 공작새를 선호한다는 조건이다. '왜 그것을 선호하는가'는 고려하지 않아도 된다. 공작새의 아주 작은 뇌에 이성적 능력이 있는 것도 아니니 그저 암컷에게는 수컷의 긴 꽁지를 좋아하는 성향만 있으면 충분하다. 이로써 자연선택이 이루어진다. 즉, 짧은 꽁지의 수컷 공작새는 도태되고 긴 꽁지가 수컷 공작의 특징이 된다. 그러나 성 선택에 따른 수컷 공작새의 긴 꽁지와 황소의 큰 뿔은 이에 그치지 않고, 그들에게 부담으로 작용하기도 한다. 하지만 애초에 긴 꽁지와 큰 뿔은 건강한 신체와 정비례한다. 따라서 긴 꽁지나 큰 뿔에 대한 암컷의 선호는 자연선택의 결과라고도 말할 수 있다. 이런 선호가 없었다면 건장한 수컷을 찾을 수도, 더 많은 후손을 볼 수도 없었을 것이다. 그리하여 이러한 성향이 없는 암컷은 점차 도태되었다.

모건은 다음의 한마디에 만족하고 어떠한 해석도 더하지 않았다. "혼인 개혁은 자연선택 원칙을 만족스러운 수준으로 예증해냈다." 거침없이 써내려간 『가족, 사적 소유, 국가의 기원』에서 엥겔스도 이 점에 대해서는 의외로 모건이 상술한 구절을 반복했을 뿐이다. 두 사람 모두 수컷 공작새의 꽁지와 유사한 선택 메커니즘은 말하지 못했다. 심지어 엥겔스는 『인류 혼인사』를 읽은 후 수 페이지를 할애해 일부 일처제를 비판하였으나, 웨스터마크가 '본능적 반감'을 자연선택의 메커니즘으로 여긴 데에는 일언반구도 하지 않았다. 그들은 다윈 이후에 제기된 성 선택 이론에 대해서는 거의 무지에 가까웠다고 봐도 될 듯하다.

# 8

# 족외혼제에 대한 세 번째 해석:
# 성적 취향

웨스터마크는 자연선택 이론을 통한 모건과 엥겔스의 족외혼제 해석에서 부족한 부분을 보완하여, 후대에 "최초로 다윈의 진화론을 사회과학 영역으로 가져온 사람"(Frans de Waal, 『Tree of Origin: On』, 2001, p. 306)으로 불린다. 웨스터마크는 말한다.

> 족외혼제는 유년 시절부터 함께 친밀하게 생활해온 남녀가 서로 혼인관계를 맺는 것에 일종의 반감을 갖는 데서 기원되었다. (⋯) 유년 시절부터 친밀하게 함께 생활한 남녀(이것이 바로 근친 관계의 특징이다)에게서 왜 성적 무관심과 성적 혐오가 나타나는가. 우리는 이 문제에 대해서도 다른 문제와 똑같이 자연선택이 어느 정도 역할을 했다고 짐작해볼 수 있다. 자연선택의 메커니즘은 파괴적인 성향을 제거함으로써 개체에 유리한 변화를 보존하여 성적 본능이 종의 번성 요구에 상응할 수 있도록 작동된다. (⋯) 성적 본능의 특성은 (⋯) 분명 근친 간 결혼의 유해성이 드러나

며 점차 발전하기 시작한 것이 틀림없다.[Edward Alexander Westermarck, 1922(제5판), p. 640; p. 674; p. 675]

이 이론에서는 서로 평행하지만 본질적으로는 서로 연관되어 있는 세 가지 요소를 대등하게 본다. 이른바 각종 족외혼제의 규칙인데, 어린 시절부터 함께 자란 남녀 간의 성적 혐오 및 근친 간 혼인의 증가로 인한 유해한 결과가 그것이다. 더불어 두 유기계(有機界)에서 비슷한 현상을 지배하고 있는 하나의 보편적 법칙도 발견했다. 보편적 법칙이란 식물계의 이화수분(異化受粉), 동물계에서 동기 간 교미를 방지하기 위한 여러 메커니즘과 인류의 족외혼제다.(Ibid., p. 677)

웨스터마크는 식물과 동물에서부터 주장을 펼친다. 그가 말하길, 다윈은 30개 과(科)의 식물을 연구한 후 다음과 같은 결과를 제시했다고 한다. 이화수분은 자화수분보다 더 우수한데, 이는 후손의 높이, 무게, 체질적 성장력, 생식력과 종자의 수에서 나타난다.(Ibid., p. 660) 다윈은 수캐는 낯선 암캐를 더 좋아하는 것 같다는 조지 커플스(George Cupples)의 말을 인용한 적이 있다.(Ibid., p. 641) 영국 왕실경마사육위원회의 초기 보고서는 40퍼센트의 순종 말이 불임이라고 보고한 바 있다.(Ibid., p. 661) 웨스터마크도 저서에서 많은 동물의 근친 간 동종교배가 퇴화를 초래했다는 예증을 인용하여 말했다. 최근 실험에서도 남매간 교미를 한 쥐와 초파리를 관찰한 결과, 연속 몇 대에 걸쳐 수명과 출산율 모두 다소 줄어들었음이 드러났다.(Conrad Phillip Kottak, 2008, p. 453) 보편적 법칙을 발견한 웨스터마크는 동식물 연구를 바탕으로 인류 연구로 눈을 돌렸다고 본다. 그는 주로 다른 학자의 논술을 인용하는 방식을 사용했다.

욕망을 느낄 수도, 일으킬 수도 없는 나이부터 만나 친한 사이가 된 사람은 죽을 때까지 서로를 변하지 않는 시선으로 바라볼 것이다.[Edward Alexander Westermarck, 1922(제5판), p. 638]

어린 시절부터 함께 자란 남녀 간에는 시각, 청각, 촉각 등 모든 감각기관의 자극이 습관이 되어 무뎌지면서 일종의 평온한 수준의 감정으로 바뀌게 되고, 고도의 흥분과 성욕을 불러일으키는 힘을 상실하게 된다.(Ibid., p. 638)

다각도로 검증한 결과, 웨스터마크의 명제가 핵심적이라는 것은 의심할 여지가 없다. 왜냐하면 그가 이런 견해를 전대미문의 높은 수준으로 끌어올려놓았기 때문이다. 즉, 이런 성향이 근친상간 금지와 족외혼제의 원인이 된다. 웨스터마크가 인용했던 엘리스는 웨스터마크가 자신의 성과를 가로챘다고 생각하기는커녕, 오히려 웨스터마크가 인용 후 내린 결론을 비판한다.

근친상간에 대한 혐오감으로 이 문제를 해석하는 것은(근친상간 금지와 족외혼제에 대한 해석), 사실상 (…) 지나치게 단순화한 것이다. (…) 이는 매우 곤혹스럽고 인위적으로 만들어진 본능으로, 자기 과수원에서 열린 사과를 먹지 않는 것도 일종의 본능이라고 말하는 것과 마찬가지다.

만약 '함께 자란 남녀 간에는 성욕이 사라진다'는 인식에서 웨스터마크와 엘리스가 큰 차이를 보인다면, 변태 성욕이나 성적 도착증에 대한 인식에서도 마찬가지일 것이다. 엘리스는 말한다.

성생활 변이의 폭은 자연계 다른 방면에서의 변이 폭과 마찬가지로 매우 넓다. 범위가 넓기 때문에 정상이라는 단어가 적용되는 폭도 상당히 넓다. 어찌됐든 간에 단일 구도만을 따르는 주장은 버티기 힘들다. (…) 변태라는 명사는 성적 충동이 충분히 동적이고 생동감 넘친다는 것을 보여준다.(Havelock Ellis, 1933, p. 182; p. 184)

이는 엘리스가 '함께 자란 남녀'에 대한 웨스터마크의 관점이 족외혼제의 기원을 이루는 주요 원인 중 하나로까지 진전되는 것에 동의하지 않는다는 뜻으로 해석할 수 있다. 하지만 공교롭게도 웨스터마크는 '변태 성욕'을 이용해 자신의 이론을 변호한다.

이런 사례들은 어디까지나 아주 극소수의 특별한 경우고, 나는 일반적인 법칙을 말하는 것이다. (…) 성적 본능으로 생겨나는 갖가지 변태를 고려해볼 때, 우리가 근친상간이라고 알고 있는 사례는 놀랄 만한 것이 못된다. 나는 오히려 이런 사례가 일반적 상황에 비해 너무 적다는 데 놀랐다. (…) [수간(獸姦, Bestiality)의 출현] 이로 인해 사람들이 수간에 대한 보편적 혐오감이 존재하지 않는다고 말할 수 있나?[Edward Alexander Westermarck, 1922(제5판), p. 645; p. 647 재인용]

필자는 두 사람 말 모두 일리가 있다고 생각한다. 단, 하나의 이론을 정립하고자 한 웨스터마크에게 엘리스가 말한 '성의 (무방향적) 운동성'은 하나의 도전이었다. 웨스터마크 역시 뒤에서 '방어전'을 펼쳤다. 그는 인류의 어떤 이성적 인식(예를 들어 근친 교배한 자손은 체질적으로 퇴화된다), 더 나아가 인류가 세운 법률로 자신의 고유한 격정적 감정을 제거하기는 어렵다고 말했다. 예를 들면 동성애가 그렇고, 또 다른 예로 인류가 정말로 근친 간 성행위를 좋아한다면 그 감정도 마찬가지다.(Ibid., p. 624; p. 638) 만약 다수의 격정적 감정과 법률이 대치된다면, 법률이 효과적으로 시행될 수 있을까? 이 견해는 매우 옳지만 그는 그저 후속 방어전을 펼쳤을 뿐이고, 일방적 논증만 완성되었을 뿐이다. 즉, 근친 간 성행위에 대한 혐오가 없다면 근친상간 금지를 실행하기 어렵다는 것을 증명할 수는 있지만, 법률 없이 오직 성적 성향에 의존해서 근친상간 금지를 이루어낼 수 있을지를 논증할 힘은 부족하다.

만약 '변태적 성욕'이 내적 요인으로서 웨스터마크 이론에 도전이 된다면, 난제는 내적 요인뿐 아니라 외적 요인도 있다는 데 있다. 다른 영장류 동물은 근친 이성과 멀리하기 때문에 이런 유혹이 없다. 하지만 인간은 실제로 친족들 속에서 생활한다.

당대 영장류 관련 연구에 따르면, 수컷 원숭이나 암컷 유인원은 사춘기가 되면 태어난 집단을 떠난다. 이후 부모와 성숙한 자녀는 서로 멀리 떨어져 만나기 어렵고, 집을 떠난 형제자매가 서로 만날 확률도 아주 적다. 영장류가 가진 이런 메커니즘이 근친상간을 방지하고 그 빈도를 감소시킨다.(張鵬, 2012, p. 166; Conrad Phillip Kottak, 2008, p. 452) 비인류인 영장류 동물이 '성숙한 후 집을 떠나는 것'은 '성적 취향'과는 완전히 다른 시스템이다. 이 차이와 관련해 우리는 두 가지를 신중히 생각해볼 필요가 있다. 첫째, 유연하게 작용하는 '성적 취향'이 엄격하게 지켜지는 '집 떠나기'의 역할을 완수할 수 있는가? 둘째, 다른 영장류는 '성적 취향'에 의존하지 않고도 근친상간을 방지하는데, 인류의 이런 '성적 경향'은 '형제' 종들과 분리되어 진화되었다는 말인가?

우리가 웨스터마크의 이론에 어떤 트집을 잡든지 간에, 그의 위대함은 인정할 수밖에 없다. 그는 최초로 진화의 '구도' 속에서 족외혼제의 기원을 생각한 사람이다. 또한 다윈의 성 선택 이론이 그가 사망한 후 오랫동안 주목받지 못한 까닭에 웨스터마크의 이론도 아주 오랜 후에야 반향을 얻었다.

사회생물학의 대부로 칭송되는 에드워드 윌슨(Edward Osborne Wilson)은 1979년 발표한 『인간 본성에 대하여(On Human Nature)』에서 이렇게 말한다.

> 최초의 집단 유전학에서 이미 예측하였듯이 근친상간 행위를 방지할 수 있는 모든 성향은 (근친상간 정황이 경미하든 중대하든 상관없이) 이미 태곳적부터 일찌감치 인간 집단 전체에 널리 퍼져 있었다. 비근친교배의 이점이 너무 많았기 때문에 사람들은 자기도 모르는 사이 이를 원하게 되었다. 그에 따라 문화의 진화가 이루어져왔다고 생각할 수 있다. (…) 심리적 거부감이 근친상간 금기의 직접적 원인이지만, 생물학적 가설에서는 근친상간이 초래할 수 있는 유전적 적합성의 소실이 궁극적 원인이라고 주장한다.(Edward Wilson, 1979, p. 36)

1983년 데이비드 셰퍼(David R. Shaffer)가 발표한 이스라엘 집거 공동체에 관한 연구결과에 따르면, 한 공동체에서 자란 친족관계가 아닌 사람끼리는 통혼을 피한다.(Conrad Phillip Kottak, 2008, 재인용)

1995년 인류학자 아서 울프(Arthur P. Wolf)가 발표한 논문에 의하면, 일본이 대만을 점령했던 시기의 공식 혼인신고 서류를 이용하여 대만 주부 14만 4402명의 혼인사(婚姻史)를 조사한 결과 민며느리로 맺어진 가정의 이혼율이 성년이 된 이후 만난 부부의 이혼율보다 현저히 높았다고 한다. "이른 시기의 만남은 결혼의 화목함에 해가 된

다"는 말을 증명한 것이다.(Frans de Waal, 2005, p. 309)

비록 이 이론이 다시 부활하긴 했지만 당대 생물학자라 할지라도 이 문제에 있어서는 장족의 발전을 이루지는 못했고, 거의 웨스터마크의 인식 수준에 머물러 있었음을 알 수 있다.

# 9

# 족외혼제에 대한 네 번째 해석:
# 내부 질서 보호

웨스터마크의 『인류 혼인사』 개정판(1922)이 출간된 지 5년 후, 말리노프스키는 『미개사회의 성과 억압』(1927)에서 족외혼제의 기원에 대한 또 다른 대표적 이론을 제시한다. 즉, 근친상간의 금지와 족외혼제는 문화의 산물이고, 가정의 질서를 보호하기 위함이라는 것이다. 말리노프스키는 말한다.

발정기는 동물에게 선택의 기회만을 제공하지 않는다. 이는 분명히 성적 관심 역시 제한하며 한계를 정한다. (···) 인간에게 발정기의 부재란 무엇을 의미하는가? (···) 성적 충동은 언제든 다른 모든 관심을 전복시킬 준비가 되어 있다. 즉, 제한 없이 내버려두면 현존하는 모든 구속에 끊임없이 작용하여 그것을 약화시켜버리는 경향이 있다. 이처럼 성적 충동은 사람을 열중하게 만들고, 다른 모든 관심을 압도하는 힘을 가지고 있기 때문에, 인간의 모든 정상적인 업무를 방해하거나 생산적인 형태의 결합을 파괴하여, 내부에 혼란을 야기하고 외부로부터 위험을 끌어들인다. 우리가 알다시피 이는 단순한 상상이 아니다. 성적 충동은 아담과 이브 이후 모든 사고(事故)의 원천이었고, 우리가 접하는 모든 비극의 원인이다. (…) 문화적 장치는 동물이 지닌 자연적 품성의 방향과 일치해야 한다. 여기에는 선택 요소가 있어야 하며, 독점성에 대한 보호 장치가 있어야 한다. 그리고 무엇보다도 정상적 생활을 성이 계속해서 방해하지 못하도록 하는 금기가 존재해야 한다.(Bronislaw Malinowski, 1927, pp. 185~188)

근친상간은 문화의 일차적 기반 확립과 결코 양립할 수 없다. 어떤 형태의 문명이든 그곳의 관습, 도덕, 법률 등이 근친상간을 허용한다면 그곳에서는 가족이 존속할 수 없다. 우선은 아이의 성숙기에 가족이 붕괴될 것이며, 이 때문에 완전한 사회적 혼란이 나타나고 문화적 전통의 계승이 불가능해질 것이다. 근친상간은 연령 구별의 전복, 세대의 혼합, 감정의 해체를 이끌고, 가족이 가장 중요한 교육적 매체일 때 맡았던 역할을 급격히 변화시킬 것임을 의미한다. 어떠한 사회라도 그러한 조건하에서는 존재할 수 없을 것이다. 그러므로 오직 근친상간이 배제된 다른 형태의 문화에서만 사회의 조직과 문화가 존재한다고 할 수 있다. (…) 우리는 근친상간이 유아의 선천적 행위에서 기인한다고 받아들일 수 없기 때문에 프로이트와 다르다. 또한 웨스터마크와도 다르다. 왜냐하면 근친상간에 대한 혐오가 자연적 충동(웨스터마크가 말하는 유아기 때부터 함께 생활한 사람은 서로 성교에 대한 욕구가 없다는 단순한 경향)이 아니라, 문화적 반작용의 복잡한 계획 아래 나타난다고 보기 때문이다.(Ibid., p. 232)

인류학자들은 금기규칙의 실행 여부는 사회마다 차이가 있고 탄력적이라는 사실을 누차 발견했다. 예를 들어, 생물학의 시각에서 볼 때 혈연관계상 이종사촌과 고종사촌 여동생은 둘 다 나와 동등한 거리에 있지만 지역마다 사촌끼리의 결혼을 대하는 입장은 완전히 다르다. 이런 사실은 말리노프스키에게 유리한 것 같다. 즉, 사회적 고찰은 성적 취향과 생리적 요인에 대한 인식보다 더 중요하다. 게다가 가끔은 씨족집단의 선택 폭이 너무 좁기 때문에 실행 가능한 규칙이 있어도 반드시 살 길은 열어둬야 한다.

20년 후, 말리노프스키의 직속 제자인 페이샤오퉁이 스승의 논조를 다시 언급하여 이를 발전시켰다.

예를 들어, 부녀관계인 갑(甲)과 을(乙) 사이에 성적 관계가 발생하여 부부가 됐다면, 갑이 원래 을에게 보였던 태도와 행위는 바뀌지 않을 수 없다. (…) 이 변화로 인해 많은 사람은 사회적 관계를 맺을 적절한 신분을 찾기 어렵게 된다. 갑의 아들은 그의 여자 형제이기도 하고 어머니이기도 한 을을 어떻게 대해야 할지 모를 것이다. 사실상 이런 상황이 일어날 수는 없기 때문에 상상하기는 조금 어렵다. 이런 일이 일어날 수 없는 이유는 인간이 이런 무질서한 사회구조에 어떻게 대응해야 할지 모르기 때문이다. (…) 긴밀한 협력관계 속에서 생활하던 기존의 구조 안에는 성적 침입이 허용되지 않는다. 그래서 근친상간 금지 규정과 족외혼 규정이 생겨난 것이다. 족외혼이란 생물학적으로 무관해야 하는 것이 아니라, 원래 사회적 관계가 없거나 본래 밀접한 협력관계인 생활 집단에 속하지 않는 남녀가 부부관계를 맺는 것을 의미한다. 이처럼 새로운 욕구는 기존의 구조를 훼손시킬 필요 없이 충족되었다. (…) 물론 남녀의 결합은 원래 있던 사회관계를 어지럽힌다. 왜냐하면 이런 결합은 강렬한 감정적 결합이 동반되기 때문이다. 하지만 이런 결합에는 뛰어난 창조성이 발휘되기 때문에, 원래는 전혀 상관없던, 심지어는 대립하거나 증오하던 사람들의 태도를 변화시켜 친밀한 협력관계를 맺게 한다. 성적 창조성을 통해 사회는 더욱 단결된다. 여기서 온전한 족내혼만 시행되는 사회를 추측해볼 수 있다. 하나의 소규모 집단 안에 있는 남녀끼리 결혼하면, 결과적으로 이 소규모 집단과 외부와의 인연은 분명 더 멀어지고 말 것이다.(費孝通, 1947, pp. 48~50)

페이샤오퉁이 말하는 족외혼은 두 집안의 통합에 이롭고, 자기 가족 안에만 갇혀 있던 인식을 타파시켰다. 이는 후에 같은 이유로 탁월한 명성을 얻은 레비-스트로스(1956)에 시기적으로 앞선다.

족외혼의 실행과 더불어 중국 역사상 존재했던 '공주를 시집보내 타족이나 타국과 우호관계를 맺는' 전략은 남성이 외국 여성에게 관심이 있었다는 사실을 설명해준다. 그렇다면 족내혼 금지와 족외혼 발전은 어느 것이 먼저고 어느 것이 나중인가? 이는 대답하기 어렵다.

약탈혼은 족외혼 현상에 선행하며, 족내혼 금기 이전에 나타났을 가능성이 크다. 하지만 앞서 말했듯 이런 현상은 결코 제도를 형성하지 못한다. 반드시 족외혼의 경로가 원활해야 하고, 또한 족외혼이 적지 않은 비중을 차지하는 상황에서만 족내혼 금지가 가능하고 이를 실행할 수 있다. 다른 한편으로, 족내혼 금지와 족외혼만의 허용은 당연히 상호 보완적이다. 현상만 보자면, 아마 족외혼이 먼저일 것이고 제도의 설치로 보자면, 아마 족내혼 금지가 먼저일 것이다. 사실은 이미 복원할 수 없는 상태이므로 우리가 할 수 있는 것은 논리적 진실을 따르는 것뿐이다.

필자는 인간의 성적 행위의 탄력성과 편차가 상당히 크다는 점을 인정한다. 따라서 "어릴 때부터 함께 자란 남녀의 성적 무관심"만으로 과연 근친상간의 금기와 족외혼제가 생겨날 수 있는지 의심스럽다. 성적 충동은 가정 고유의 구조와 질서를 파괴할 가능성이 매우 크다. 그 가능성이 보편적이고 너무 크기 때문에 근친상간 금지에 관한 제도의 의도적 제정은 아마 족외혼제의 가장 중요한 동기일 가능성이 크다.

하지만 필자는 웨스터마크의 논점을 거부하는 데는 동의하지 않는다. 외부 이성에 대한 선호는 아마 내부 이성보다 높을 것이다. 현실에서는 이런 점만으로 내부 이성의 유혹을 배제하기에 충분치 않다고 해도, 이는 내부 근친상간 금기가 실현되도록 한 가장 중요한 거점이고 근친상간 금지의 실행을 수월하게 해주었다. 어느 하나 더 좋은 대체물이 없는데 어떻게 젊은 남녀의 불타는 성욕을 억제할 수 있겠는가.

결론적으로 족외혼제의 성립에는 인류가 가진 두 갈래의 정신적 힘이 작용했다. 첫째는 이성(理性)적 힘으로, 인류 질서에 대한 인식과 족내혼이 집단의 내부 관계에 치명적 피해를 초래할 것이라는 인식이다. 단, 절대 족외혼이 후손의 체질을 향상시킬 것이라는 인식에서 비롯된 것은 아니다. 둘째는 정서적 힘이다. 즉, 인류의 성적 취향을 말하는 것으로, 낯선 여자를 함께 성장한 여자보다 좋아하는 성향을 보인다는 뜻이다. 이처럼 이성적·정서적 힘이 손을 잡고 족외혼제를 만들어냈다.

# 10

# 법률로 성적 취향을
# 금할 수 있는가


프레이저는 웨스터마크의 이론에 반박한다.

만일 족외혼제가 자연적 본능에서 생겨난 것이라면 법적인 형벌로까지
그런 본능을 강화시킬 필요가 없을 것이다. 법률은 그저 사람들이 본능
에 따라 마음대로 하는 일을 금지하기만 하면 된다. 따라서 언제든 법에
의하여 금지되는 범죄는 대부분의 사람이 그것을 범하려고 하는 자연적
성향을 가진 행위라고 가정해도 무방하다.

프레이저의 비난 논리는 전형적 반응으로, 많은 사람이 쉽게 동의
할 수 있는 논리이기 때문에 이 사고방식을 분석하는 것은 가치 있다.
웨스터마크는 곧 반박하여 말한다.

프레이저의 이런 주장은 프로이트 박사에게 높이 평가되어 인용됐지

만, 금지 법률의 탄생에 대한 이상한 오해를 보여주고 있다. (…) 우리는 법률이 수간(獸姦)을 금한다는 것을 알고 있다. 그렇다면 프레이저는 사람들이 수간에 관해 보편적 혐오감을 가지고 있지 않다고 말할 수 있는가?[Edward Alexander Westermarck, 1922(제5판), p. 647]

두 가지 견해는 사실 첨예하게 대립한다. 즉, 법률은 인간 본능에 순응하는가 아니면 대립하는가. 물론 정교한 토론에서는 인류의 천성이나 본능에서 다수와 소수를 구별해야 한다. 이는 인류 행위의 가능성 중에서 확률이 큰 것과 작은 것을 의미하며, 천성의 탄력성과 완고함도 이에 포함될 것이다. 다시 말해, 천성은 변할 가능성이 있는가? 이제 살인, 절도, 동성애 이 세 가지 행위를 통해 법률과 인간 본성의 관계를 들여다보고자 한다.

먼저 살인에 대해 이야기해보자. 콘라트 로렌츠(Konrad Lorenz)의 연구에 따르면, 수컷 동물이 이성을 약탈할 때 벌이는 싸움은 대부분 의례적인 것으로, 승리한 쪽이 상대를 해치지는 않는다. 공격 능력이 강한 동물일수록 더 강한 메커니즘으로 자신을 억제해서 같은 무리를 학살하지 않으려 한다. 더 나아가 동물 세계에서 동종을 살해하는 현상은 거의 존재하지 않는다고 추론해볼 수 있다.(Konrad Lorenz, 1966, 7장) 인간은 동종 살육에 있어 다른 동물을 추월하는데, 그 원인은 인류의 번식이 너무나 성공적이었고 영토 쟁탈 중에 퇴로가 부족했기 때문이라고 생각한다.

하지만 그렇다 해도 전 인류 중에서 살인자는 어디까지나 극소수이고, 사람이 살인을 할 가능성도 현저히 낮다. 다시 말해, 살인을 처벌하는 법률에 맞서는 것은 그 작은 확률의 사람들이다. 그렇다면 그 법률은 살인을 억제하는 기능을 할까? 대답하기 어렵다. 처벌 없이도

다수의 사람은 살인을 하지 않을 것이고, 처벌이 있어도 살인은 여전히 일어날 것이다. 게다가 법률이 제정되기 이전에는 살인 피해자 친족의 사적인 복수가 이를 대체했었다. 만약 목숨을 목숨으로 갚음으로써 동족 살해가 어느 정도 억제됐다면, 이는 단연코 사적인 복수가 이루어낸 결과다. 살인을 징벌하는 법률의 직접적 기능은 폭력을 규제하고 사적인 복수에 반대하여 악순환을 막는 데 있다. 하지만 여기서 강조하고자 하는 것은 살인을 징벌하는 법률이 인류의 주된 기질이나 일어날 확률이 높은 행위에 대응하는 것은 아니라는 점이다.

이어서 절도를 보자. 절도는 확실히 확률이 낮다. 우선 혈연집단에서는 자연적으로 이타적 행위가 일어난다. 그 안에서 절도는 극히 드물다. 지연(地緣)관계에 있는 지인들 간에 반복적으로 발생하는 다툼이나 경쟁에서도 사람들은 결과적으로는 서로를 위해 장기적 이익을 추구한다. 인류는 절도법을 제정하고 수 세대가 더 지나서야 혈연이나 지연 관계가 없는 낯선 지역에서 생존하기 시작했다. 인간의 천성은 상고시대부터 형성된 것으로 절도는 인간 기질의 주류가 아니다. 따라서 절도법은 소수의 사람을 대상으로 만들어졌다.

동성애는 어떤가. 복혼(일부다처제) 체제에 속한 다수의 수컷은 암컷을 취할 수 없다. 따라서 동성애 성향은 적응성을 갖는다. 즉, 적극적인 역할을 하게 된다. 첫째, 성적 기교를 연습할 기회로 작용하여 정말로 우두머리를 대신하게 됐을 때 실력을 발휘할 수 있게 해준다. 둘째, 우울함을 억제해준다. 다시 말해 그 체제 안에서 수컷의 동성애는 보편적이며 큰 비율을 차지한다. 앞서 말했듯 인류와 고릴라, 침팬지의 공통 선조는 복혼제를 결혼방식으로 채택했고 수컷 사이에는 동성애가 성행했다. 하지만 인류와 일찍부터 갈라진 긴팔원숭이도 동성애 행위를 했다는 점을 고려할 때, 영장류 동물 사이에서는 동성애 행위의 유래가 깊다고 생각할 수밖에 없다. 하나의 종이 일부일처제 시대까지 진화한 상황에서 동성애가 어떤 적극적 역할을 더 할 수 있을지는 상상하기 어렵다. 따라서 인류에게 있는 동성애 성향은 진화 과정에서 남겨진 고질적 유산이라고 생각할 수밖에 없다.

하지만 인간의 동성애에는 두 가지 특징이 있다. 첫째, 절대 다수는 소년기에 동성애적 성향이 개발될 수 있다. 노벨상 수상자인 생물학자 에릭 캔들(Eric Richard Kandel)에 따르면, 20세기 초 유럽의 유대인 중산층 가정에서는 종종 젊고 예쁜 하녀를 고용하여 아들을 동정(童貞)에서 해방시켜 뒷날 동성애의 유혹을 방지하곤 했다고 한다.(Eric Richard Kandel, 2006, p. 18) 이런 관습은 사내아이가 가진 성적 취향의 순응성을 증명한다. 둘째, 인간 중 아주 적은 수는 동성애 성향으로 굳어져 이성애와는 인연을 끊었다. 이는 영장류 동물 중에는 독특한 현상이며 인간 동성애 현상의 진정한 문제로, 인간 동성애와 관련된 다른 많은 문제는 사실 문제도 아니다. 이 극소수의 동성애 성향은 완고하다. 법률의 압박을 받아도 변할 수 없으며, 의학적 치료 모색은 더 허튼소리일 뿐이다.

더구나 동성애는 상해나 절도와는 다르다. 만약 압박을 느낀다면 이는 모두 현재의 세속적 여론과 가족의 전통 관념 때문이다. 바로 이러한 특징 때문에 동성애를 겨냥한 법률은 오랜 역사 속에서 U자형 경로를 걸어왔다. 즉, 동성애는 고대에 유행했다가 근현대에 법률로 금지되었고 당대에 다시 해금되었다. 비록 현재 동성애자는 소수일 뿐이지만, 그중 일부분은 이런 기질이 완강하다. 어떤 행위가 타인을 해치는지 그렇지 않은지가 법률과 연관되는 이유는 여기서 따로 논하지 않겠다. 인류 역사 중 더 긴 시간 동안 법률과 동성애는 서로 아무 탈 없이 잘 지내왔으며, 이는 법률이 인간 본성을 난처하게 만들지 않음을 의미한다.

이상의 세 가지 행위와 법률과의 관계에서 법률의 특징을 알 수 있다. 즉, 법률은 다수의 본성과 대립하지 않으며 완수할 수 없는 일을 주장하지도 않는다. 예전에는 동성애 처벌 법률이 있었지 않은가. 그렇다. 인간 본성을 개조하려고 했던 유토피아 정치도 존재했지만, 그건 그저 인류의 역사에서 일어난 짧은 일화 중 하나일 뿐이다. 오래도록 존재하는 법률은 인간 본성에 맞서지 않는다.

유전자와 문화의 관련성을 이해하기 위해 힘을 쏟고 있는 당대 학자는 이렇게 말한다.

순수하게 문화 전파라는 특정한 의미에서 말하자면, 유전자가 정신적 자유를 준 것은 아니다. 유전자는 그에 대한 사상과 문화의 의존도를 적당한 정도에서 통제하고 있다.(Charles J. Lumsden, Edward Osborne Wilson, 1983, p. 100)

근친상간 금지는 다수의 감정에 부합했기 때문에 충돌이 일어날 확률이 낮았고 통제가 필요한 사람도 소수인 까닭에 성공할 수 있었다. 사실 법률과 문화는 여태 이렇게 움직여왔다. 아마 법률의 냉혹한 면모가 사람들로 하여금 법률은 다수의 자연적 본성에 적대적이라고 착각하게 만든 것 같다. 이는 정말로 엄청난 오해다.

# 11

# 규정위반자:
# 그들은 왜 근친상간을 택했는가

학자들이 근친상간 금지와 족외혼을 어떻게 해석하든, 간과할 수 없는 사실이 있다. 바로 족내혼이 멸절되지는 않았다는 점이다. 어째서 생리적으로 정도(正道)를 벗어난 성적 취향이고 문화적으로 강한 금기임에도 족내혼이 사라지지 않았을까? 반례는 종종 이치를 깨달을 수 있게 이끄는 안내자가 되어준다. 한편으로 웨스터마크는 역사적으로 이런 현상을 무시할 수 없다는 사실을 깨닫고 왕실의 족내혼에 관한 자신의 해석을 내놓았다. 하지만 이는 다른 한편으로 그가 현실적 차원에서는 여전히 반신반의했음을 보여준다.

> 대부분의 경우 결혼하는 남녀가 정말 친남매 관계인지 확실히 알 수는 없지만, 일반적으로 관례에 따라 시행되는 남매간 통혼의 가장 확실한 사례는 왕실이나 족장 가족 사이에서 볼 수 있다.[Edward Alexander Westermarck, 1922(제5판), p. 560]

해석하면서도 의심하던 웨스터마크의 태도는 충분히 이해할 만하며 의문 자체가 이치에 맞지 않는 것은 아니다. 다행히 지금의 DNA 검사가 결국 고대 이집트 왕실의 친남매간 통혼 두 건을 확인해주었다.

2010년 이집트문화재위원회는 2년여간 투탕카멘(Tutankhamun) 등 열여섯 구의 미라에 실시한 유전자 분석을 통해 얻은 새로운 발견을 공표했다. 미라의 유전자 분석은 그들 간의 혈연관계를 확실히 알려주었다. 투탕카멘의 아버지인 아크나톤(Akhnaton)에게는 두 명의 왕비가 있었고, 명문(銘文)과 부조(浮雕)의 설명에 따르면 그중 네페르티티(Nefertiti) 왕비가 여섯 명의 공주를 낳았고, 또 다른 왕비 키야(Kiya)는 단 한 명의 공주만을 낳은 것이 확실하다.

유전자 감식에 의하면 두 명의 왕비 모두 투탕카멘의 어머니가 아니었다. 유전자 검사는 투탕카멘의 어머니를 식별해냈고, 투탕카멘의 부모가 남매관계라는 놀라운 사실을 발견했다. 그 둘은 아멘호테프 3세(Amenhotep III)와 티야(Tiya)의 친자녀다. 이집트 학자 마크 가볼드(Marc Gabolde)는 어쩌면 두 명의 왕비가 아크나톤 왕에게 왕자를 낳아주지 못했기 때문에 그가 누나와 결합한 것인지 모른다는 평론을 내놓았다. 투탕카멘에게 자녀가 있었는지는 확실히 알 수 없지만, 그의 무덤에는 각각 5개월과 7개월 된 두 구의 여자 태아 시신이 있었다. 유전자 분석에 따르면 그 둘은 99퍼센트 투탕카멘의 딸인 것으로 나타났다. 또 이 태아들의 어머니, 그러니까 투탕카멘의 부인을 식별해냈는데 바로 네페르티티 왕비의 딸, 즉 투탕카멘의 이복누나였다. 투탕카멘 미라를 (CT촬영으로) 스캔한 뒤 유전자 분석을 한 결과 척추측만, 절름발이, 구순열, 쾰러 병(Köhler disease)●이 나타났고,

─────────────

● 3~7세 남아의 발에 나타나는 드문 골격계 질환.

몸에서 악성 말라리아 원충의 유전자가 나왔다. 그의 조부모 모두 말라리아에 감염된 적이 있고, 그의 조모 역시 그처럼 척추측만증이 있었다.(Rauscher, 2010, pp. 68~77)

DNA 검사는 오랫동안 널리 알려졌던 고대 이집트 왕실의 근친 간 통혼을 증명하며, 이로써 어느 정도는 의문이 풀린 상태에서 토론을 할 수 있게 되었다. 웨스터마크는 인도 내 족내혼제는 카스트제도의 본질적 요소[Edward Alexander Westermarck, 1922(제5판), p. 534]라고 말했다.

> 본래 족내혼제 규정은 주로 일종의 카스트나 계급적 자부심이나 종교적 편협성에서 비롯되었으며, 실행 과정에서 이러한 감정을 더욱 공고히 하고 강화시켰다. (…) 혈족 간 통혼은 분명 족장들이 가진 일종의 특권이었으며 일반 백성에게는 허락되지 않았다.(Ibid., p. 541; p. 561)

우리는 두 가지 측면에서 근친상간 금지 제도의 위반 현상에 대해 토론할 수 있다. 그중 하나는 성적 취향이고, 다른 하나는 사회문화제도다.

규정을 위반한 극소수의 사람에 대해서는 성적 취향이라고 쉽게 이해할 수 있다. 예외가 없다면 이는 물리현상이다. 『좌전(左傳)』*에 등장하는 "문강이 제후와 사통하다"(문강이 노 환공에게 시집을 가서 환공과 함께 왔는데, 자신의 오빠인 제 양공과 사통하여 부군인 노 환공이 목숨을 잃게 되었다)라는 문장은 지금까지도 학자들의 논쟁거리로, 좌구명(左丘明)이 200년 전에 일어난 일을 기술한 것에 대한 신뢰 여부가 가장 중

---

● 『춘추(春秋)』를 해석하여 지은 것으로 작자에 대해서는 논란이 있지만 노나라의 좌구명으로 전해지고 있다.

요한 쟁점이다.(劉金榮, 2009)

　하지만 미치도록 서로 사랑하는 친남매의 존재가 역사적으로 존재한다고 해도 인간이 보편적으로 함께 자라지 않은 이성을 좋아한다는 이론은 뒤집힐 수 없다. 그러나 만약 일부 극소수의 사통이 아니라 족내혼이 모든 왕실, 족장, 귀족 사이에서 시행됐다면 이는 곧 성적 취향 이론에 대한 도전인 셈이다. 이런 혼인을 하면 성생활이 무미건조하고 불만족스럽지 않을까? 상류계급은 목적을 위해 기꺼이 이런 대가를 지불하는 것일까? 웨스터마크는 말한다. "하와이의 족장은 친족 간의 결혼으로 자식을 얻은 후에, 남자는 재혼을 할 수 있고 여자도 재가할 수 있다."[Edward Alexander Westermarck, 1922(제5판), p. 560] 족장과 군주 모두 근친 이성을 본처로 삼고, 비근친 이성과는 즐기려는 것 아닌가? 족장과 왕실의 족내혼이 필자에게 시사한 바는 이렇다. 성적 취향은 존재한다. 그러나 인류는 성적 능력의 탄력성이 매우 크기 때문에 한 지붕 아래서 자란 남녀가 결혼하는 것을 용납할 수 없는 것은 아니다. 그렇다면 근친상간 금지와 족외혼이 성적 취향만으로 만들어질 수 있는 것은 아니라는 뜻이다.

　둘째는 사회문화 제도이다. 규정 위반 행위는 이 범주에서 가장 잘 설명된다. 사회적 규칙은 지금까지 모두 현실과 어느 정도 괴리가 있어왔다. 특히 왕족과 지도자는 늘 백성과 동일한 규범을 따르지 않았다. 현대 이전에 이는 아무런 문제가 되지 않았고, 이러한 사례는 지금도 자주 볼 수 있다. 족장과 왕실은 왜 족내혼을 실시하는가? 이치는 간단하다. 신성성을 유지하고, 권력 경쟁자를 줄임과 동시에 재산 유실을 방지하기 위해서다. 물론 사실상 이로 인한 효과는 제한적이지만, 그들은 장기적으로 내다볼 겨를이 없었다. 레비-스트로스는 말한다.

(족외혼은) 다양한 결합으로 이익을 취한다(단, 그 대가로 어떤 위험은 감수해야 한다). (족내혼은) 이미 얻어낸 이익을 공고히 하고 지속시킨다.[단, 일시적으로 더 강력한 가문은 방계(傍系) 친족이 적수가 되는 위험에서 벗어날 수 없다] (…) 하나는 통계형 모형에 부합하고, 다른 하나는 역학 모형에 부합한다. 전자는 사람들이 역사의 문을 열 수 있도록 해주고, 후자는 유산, 지위, 직함의 유지를 보장해준다.(Claude Lévi-Strauss, 1983, p. 107)

# 12

# 족외혼제의 목적과
# 부산물

이상 일부일처제와 족외혼제의 진화이론에 관한 분석에서, 일련의 경탄할 만한 차이를 볼 수 있다. 즉, 인류의 동기와 이 동기가 촉진한 행위 간의 거대한 편차다. 이에 관해 하나씩 이야기해보겠다.

필자의 좁은 소견으로, 무기의 발명은 인류가 일부일처제로 발전하는 데 공헌했다. 당초 인류와 고릴라, 침팬지의 공통 조상의 결혼방식은 일부다처제였다. 이런 결혼방식 속에서 수컷은 육체적 힘만으로 이성을 쟁탈했다. 육체가 곧 타고난 무기였다. 그렇다면 어째서 무기를 발명했을까? 맹수와 대치하는 상황에서 우위를 차지하기 위해서다. 하지만 무기는 양날의 검으로 인간 내부에도 영향을 끼쳤다. 심지어 나중에는 주로 내부에만 영향을 끼쳤다. 그 기능은 그때그때 달라지고 이해하기도 힘들어졌다. 모든 내부 세력 간의 차이를 확대하기도 했고, 균형을 맞추기도 했다. 격차의 균형을 맞추던 시기에 구성원들 간의 무력 차이는 놀랍게도 그들이 타고난 육체적 힘의 차이보다 작았으며, 공교롭게도 무기가 발명되던 초기가 그 시기다.

　이 기회를 틈 타 흉포한 지도자와 수많은 약한 남자들은 한 가지 타협을 하기에 이르고, 이때부터 일부일처제가 인류 사회에 자리잡는다. 이전에는 감히 누구도 상상할 수 없던 제도였다. 개인이 아무리 헛된 꿈을 꾼다 해도 그가 빨리 쇠약해지고 내가 빨리 강대해져서 그의 처첩을 빼앗을 수 있기를 바라는 정도에 불과했다. 인류의 무기 발명은 본래 야수에 대한 압박감으로 생겨난 산물이다. 그러나 이 동기가 초래한 결과는 인류 진화사에 있어 시대에 획을 그을 만한 격변을 야기했다. 물론 이후 무기가 쌍방이 가진 힘의 차이를 벌여놓기도 했지만, 일단 일부일처제가 형성된 후에는 다시 전복하기 힘들었다. 이치는 간단하다.

　첫째, 다른 남성이 거둔 아내를 되찾아오기란 단연코 세상에서 가장 어려운 일이다. 둘째, 현재 세계 다수 국가와 지역에 있는 권력자들은 혼외로 둘째 부인, 셋째 부인을 두는 데 만족스러워한다. 몇몇 아랍국가에서는 일부다처제가 합법이다. 하지만 코란과 현행법에서는 다수의 아내를 얻고자 하는 자는 반드시 자신의 충분한 경제력을 증명해야만 한다고 규정하고 있다. 그렇기에 현실 속 다수의 남성은 일부일처제를 시행하고 있다. 다시 말해, 일부일처제로 들어선 후 인류 사회에서 소수가 다처제를 따르고는 있지만 일부일처제의 시행은 이미 확정된 상태다.

　족외혼제의 기원을 해석하는 체질론에서 성적 취향을 배제하면 불완전한 자연선택 이론에 이르게 된다. 다윈의 위대한 공헌은 생물계에 대한 해석에서 하느님의 천지창조론, 즉 최초의 목적론을 몰아냈다는 점이다. 하지만 인류는 너무나 오랫동안 유신론적 세계관에 물들어 있었기 때문에, 정문으로는 한 종류의 목적론을 몰아냈지만 후문으로는 또 다른 종류의 목적론을 받아들였다.

체질론, 즉 체질의 진화와 퇴화로 근친상간의 금기와 족외혼제를 해석하면 너무 쉽게 또 다른 목적론으로 향하게 된다. 만약 사물의 발생 메커니즘은 알아내지 못하거나 아예 연구하려 들지도 않으면서 반드시 발생할 것이라고 완강히 주장한다면 '그것은 반드시 발생할 것이다'라는 목적론의 낡은 틀에 들어가게 되고 만다. 왜 반드시 발생할까? 조지 윌리엄스는 이렇게 말한다. "남미에 있는 어떤 원숭이는 꼬리로 나뭇가지를 잡을 수 있는데 이 기술은 아프리카 원숭이에게도 분명 유리하게 작용한다. 하지만 후자는 이 기술을 구사할 수 없다. 왜냐하면 특정한 유전자 돌연변이가 아프리카 원숭이 집단에서는 발생하지 않았기 때문이다." 같은 이치로, 만약 일부가 아닌 소수의 남성 구성원이라도 외부 여성을 내부 여성보다 더 좋아하지 않았다면 최초의 족외혼은 일어나지 않았을 것이다. 어쨌든 가까운 곳에서 배우자를 선택하는 편이 훨씬 수월하기 때문이다. 다시 말해서, 족외혼은 두 가지 동력으로 발생했다.

첫 번째는 성적 선호도이고, 두 번째는 족외혼의 자손이 더 건강하다는 인식이다. 모건과 엥겔스의 학문적 소양은 족외혼제를 자연선택으로 해석할 때 단 한 문장으로 요약하여 말실수를 피할 수 있게 도왔다. 하지만 두 사람이 남긴 상상의 공간에서 많은 독자가 이런 추론으로 향해 가리라고 짐작할 수 있다. "인류는 근친교배가 자손의 체질적 퇴화를 초래할 것임을 '인식'했기 때문에 족외혼제를 선택했다." 그러나 이 주장에는 심각한 허점이 있다. 족내혼과 족외혼으로 낳은 두 그룹의 아이들을 비교하지 않고 어떻게 상술한 바와 같은 '인식'이 있을 수 있는가? 이러한 비교가 이루어진 때라면 반드시 어느 정도의 족외혼이 나타난 상태여야 한다. 즉, 족외혼이 최초로 등장한 시기는 분명 두 결과를 비교한 후 사람들이 '인식'하기 이전이어야 한다. 개괄하자면 체질적 진화로 족외혼의 출현을 해석하는 것은 목적론이거나 순환논증이다.

인류가 종의 퇴화를 초래하는 근친통혼에 빠지지 않은 이유는, 다른 영장류 동물의 새끼들처럼 하루아침에 성숙해서 부모를 떠나는 메커니즘을 따라서도 아니고, 근친상간으로 인한 퇴화의 법칙을 인식해서도 아니다. 여기에는 두 가지 다른 원인이 있다. 그중 하나는 구성원 상호 간의 성적 충동으로 인한 내부 질서의 파괴를 막기 위해 근친상간을 금기시했기 때문이다. 다른 하나는 인류의 기질상 같이 자란 이성에 대한 '성적 관심'이 낯선 이성에 대한 그것보다 약하기 때문이다. 외부에 대한 '성적 취향'은 내부의 금기가 시행될 수 있게 했다. 퇴화 여부는 종의 존폐와 직결되지만, 근친상간에 대한 금기가 퇴화되지 않은 다른 종의 근친교배가 자손의 체질적 퇴화를 초래한다는 인식으로 인해 생긴 결과는 아니다. 족외혼은 이와는 아무런 상관도 없는 동기와 행동으로 인한 부산물이다.

인류학자는 거듭 말한다. 초기의 족외혼제는 씨족에서의 족외혼이었고, 부락에서는 족내혼이었다. 하지만 시대와 더불어 족외혼제가 발전하여 서로 점점 멀어졌고, 결과적으로 인류의 유전자는 대규모 교환을 이루었다. 인류의 주된 취지와는 무관한 작은 동기 하나가 씨족 내의 질서를 보호하려다가 이런 기적을 만들어냈다. 60억 구성원을 가진 우리 거대한 종에서는 200만 년 동안 진화하면서 어떤 변종도 분열되어 나오지 않았다.

인간과 동물의 본질적 차이는 특정한 삼위일체를 통해 구현된다. 바로 집단 생존방식, 높은 지능지수와 언어의 사용 그리고 구성원 간에 존재하는 더 많은 '관계'다. 관계의 본질은 이타심과 공조다. 하지만 생물계에서 이타심과 공조는 거의 혈연과 가족에 국한된다. 족외혼제는 일단 전개되어 시간이 흐르면 지속적인 위력을 표출하여 관계를 엄청나게 확장시킨다. 친척이나 인척, 모든 가족, 모든 구성원이 상당히 넓은 관계망을 갖게 된다. 상고시대부터 인류 구성원은 친척, 인척의 매개 하에 교환, 협력, 공조를 실천해왔다. 매우 견고한 매개로 이루어진 원원전략은 인류가 교환과 협력 관계를 혈연에서 지연으로 추진해나가고 있음을 시사한다. 그리하여 인류의 '관계'에 새로운 의미가 생겼다. 하지만 최초의 관계 확장은 인척에서 시작된다. 인척은 족외혼제에서 비롯되었고, 족외혼제는 근친상간 금기에서 비롯된다. 역시 씨족 내 질서를 보호하겠다는 인류의 주된 취지와는 무관한 이 동기가 오늘날 인류 어디에서나 볼 수 있는 교환관계를 만들어냈다.

천적에 대항하기 위해 발명한 무기, 내부 질서를 세우기 위한 근친상간 금기, 이 동기와 행동은 걸작이라 할 만하다. 하지만 최초에는 일부일처제, 종의 퇴화와 분열 방지, 어디에나 있는 교환 시스템과 같은 고난도의 목표와 이정표는 어떤 식으로든 상상할 엄두를 내지도 못했다.

동물은 이성과 의식이 없다. 동물은 체내 유전자 배치에 따라 행동하며, 그 행동은 자연선택이 빚어낸 진화 속에 피동적으로 놓여 있을 뿐이다. 인류의 행위에는 목적이 있고 인류는 능동적으로 참여한다. 따라서 스스로를 비범하다고 여겨 번번이 문명사가 인류 계획의 산물이라고 여긴다. 그러나 상술한 궤적을 돌이켜보면, 이러한 가장 위대한 성과가 모두 예상외의 결과이고 계획하지 않은 것이며, 당초 예상하지 못했던 인류 행위의 부산물이라는 사실을 알 수 있다.

靄理士, 1933/1987, 『性心理學』, 生活·讀書·新知三聯書店.

이런 훌륭한 저서는 찾아보기 힘들다. 역자인 판광단(潘光旦)의 중국어와 영어는 둘 다 매우 자연스럽다. 그는 스무 살 때부터 이미 해리스의 작품을 읽었고, 19년 후 이 책을 번역했다. 중역본은 총 34만 자인데, 그중 7만 자는 원저(原著)와의 상호 검증을 위해 중국문헌에서 인용한 견해와 실례다.

奧爾森, 2002/2006, 『人類基因的歷史地圖』, 生活·讀書·新知三聯書店.

이 책은 600만 년 전 인류와 침팬지가 갈라섰던 때부터 시작된다. 10만 년 전 극소수의 현생 인류가 아프리카에서 유라시아로 퍼져나갔고, 점차 각기 다른 부족을 형성해나갔다.

한국에서는 『우리 조상은 아프리카인이다』(스티브 올슨 지음, 이영돈 옮김, 몸과마음, 2004)로 소개되었다.

奧菲克, 2001/2004, 『第二天性: 人類進化的經濟起源』, 中國社會科學出版社.

인류 진화의 시각에서 교환의 기원을 토론한 책이다. 작가는 엄청난 부담을 극복한 후에야 최초의 교환이 이루어졌을 것이라고 본다. 왜냐하면 일방적 기대는 손해를 야기하고 더 나아가 모든 개개인이 뿌리 깊은 경계심을 갖게 한다. 교환이 이루어지는 첫 추진력은 배타성과 비경쟁성을 겸비한 물건에서 생겨난다. 컴퓨터 프로그램이 그 전형적인 예라고 할 수 있다. 다른 이에게 프로그램을 줄 때 들어가는 노력은 아주 적지만, 상대방은 아주 큰 수익을 얻게 된다. 선사시대 인류도 이런 종류의 물건을 두 개 가지고 있었다. 바로 큰 사냥감과 불이다. 전자의 경우 내가 다 먹지 못하면 내일이나 모레 바로 부패되어 버리는데, 이를 다른 사람에게 주면 너무 감사해하면서 받을 것이다. 불은 더 말할 것도 없다. 작가는 상고시대 인류 부락에서의 불의 보존과 공급에 대해 토론한다.

戴蒙德, 1997/1998,『性趣探秘』, 上海科技出版社.

이 책은 작가의 초기 작품이지만『총, 균, 쇠』등의 작품에 조금도 뒤지지 않는다. 성(性)과 관련된 책은 아주 많다. 하지만 이 책은 진화생물학자의 작품이라는 데에 특이점이 있다. 이들은 주목하는 점이 다르고 주목 요소마다 심층적 원인이 존재한다. 예를 들어, 남녀가 대립하는 본질적 원인은 무엇인가. 세 가지 혼인방식, 즉 군혼제, 일부다처제, 일부일처제의 유래, 변화 순서 및 원인, 종(種)의 신체 특징(예를 들어, 이형성, 체중 대비 고환 중량의 비율)과 혼인 방식간의 관계 등이다. 한국에서는『섹스의 진화』(제레드 다이아몬드 지음, 임지원 옮김, 사이언스북스, 2005)로 소개되었다.

恩格斯, 1891/1973,『家庭·私有制和國家的起源』, 人民出版社.

한국에서는『가족, 사적 소유, 국가의 기원』(프리드리히 엥겔스 지음, 김경미 옮김, 책세상, 2007)으로 소개되었다.

費孝通, 1947/1981,『生育制度』, 天津人民出版社.

이 책은 작가가 말리노프스키의 계보를 이어왔음을 분명하게 보여준다.

弗雷澤, 1890/1987,『金枝』, 中國民間文藝出版社.

한국에서는『황금 가지』(제임스 조지 프레이저 지음, 이용대 옮김, 한겨레출판, 2003)로 소개되었다.

弗洛伊德, 1913/1986,『圖騰與禁忌』, 中國民間文藝出版社.

한국에서는『토템과 타부』(지그문트 프로이트 지음, 김종엽 옮김, 문예마당, 1995)로 소개되었다.

古爾德, 1996/2001,『生命的壯闊』, 生活·讀書·新知三聯書店.

'진보' 혹은 '진화'는 근현대 전 세계 사람들이 맹목적으로 믿는 개념이라 할 수 있다. 하지만 굴드는 "진화는 필연이 아니라 우연히 발생한 것이다" 같은 논증을 아주 쉽게 완성해낸다. 필자는 이 책을 읽은 순간 말로 표현할 수 없을 정도로 놀라 며칠 동안 정신을 차릴 수 없었다. 굴드의 관점은 직접 읽어보길 추천한다. 한국에서는『풀 하우스』(스티븐 제이 굴드 지음, 이명희 옮김, 사이언스북스, 2002)로 소개되었다.

基辛, 1976/1988, 『文化·社會·個人』, 遼寧人民出版社.
한국에서는 『현대문화인류학』(로저 키징 지음, 전경수 옮김, 현음사, 1996)으로 소개
되었다.

蔣學龍, 馬世來, 王應祥, L. Sheeran, F. Poirier, 1994, 「黑長臂猿的配偶制及其行
為, 生態和進化的關系」, 『人類學學報』, 11月.

哈拉威, 1991/2012, 『類人猿·賽博格和女人-自然的重塑』, 河南大學出版社.
한국에서는 『유인원, 사이보그, 그리고 여자』(도나 해러웨이 지음, 민경숙 옮김, 동문
선, 2002)로 소개되었다.

坎德爾, 2006/2007, 『追尋記憶的痕跡』, 中國輕工業出版社.
작가는 노벨 생물학상 수상자다. 그는 자신을 예로 들어 어릴 때 환경이 이성애,
동성애, 양성애 등 한 사람의 성적 성향을 결정할 수 있다고 이야기한다.
한국에서는 『기억을 찾아서』(에릭 캔델 지음, 전대호 옮김, 알에이치코리아, 2014)로 소
개되었다.

科塔克, 2008/2012, 『人類學, 人類多樣性的探索』, 中國人民大學出版社.

拉姆斯登·威爾遜, 1983/1990, 『普羅米修斯之火』, 生活·讀書·新知三聯書店.
한국에서는 『프로메테우스의 불』(에드워드 월슨·찰스 럼스덴 지음, 김성한 옮김, 아카
넷, 2010)로 소개되었다.

列維-斯特勞斯, 1956/2007, 「家庭」, 『遙遠的目光』, 中國人民大學出版社.

列維-斯特勞斯, 1983/2007, 「論近親通婚」, 『遙遠的目光』, 中國人民大學出版社.

列維-斯特勞斯, 1962/1987, 『野性的思維』, 商務印書館.
한국에서는 『야생의 사고』(레비 스트로스 지음, 안정남 옮김, 한길사, 1996)로 소개되

었다.

劉金榮, 2009, 「'文姜之亂' 獻疑」, 『浙江社會科學』 第5期.

洛倫茲康羅, 1966/1987, 『攻擊與人性』, 作家出版社.
동물행동학의 창시작이다. 영토, 공격, 동종 간의 살인 억제 등에 관해 정교하게
분석했다.
한국에서는 『공격성에 대하여』(콘라드 로렌츠 지음, 송준만 옮김, 이화여자대학교출판
부, 1989)로 소개되었다.

馬林諾夫斯基, 1927/1986, 『兩性社會學』.
기능학파 인류학의 대표작으로 글이 매우 논리적이다.
한국에서는 『야만사회의 섹스와 억압』(브로니슬로 말리노프스키 지음, 김성태 옮김, 비
천당, 2017)으로 소개되었다.

摩爾根, 1877/1971, 『古代社會』, 商務印書館.
한국에서는 『고대사회』(루이스 헨리 모건 지음, 최달곤 외 옮김, 문화문고, 2005)로 소
개되었다.

莫斯科維奇, 1972/2002, 『反自然的社會』, 天津人民出版社.

塗爾幹, 1898/2006, 『亂倫禁忌及其起源』, 上海人民出版社.
뒤르켐의 가장 실패한 작품이 아닐까 싶다.

瓦爾, 2005/2007, 『人類的猿性』, 上海科技文獻出版社.
작가는 당대 영장류 동물 행동 연구의 권위자다. 이 책은 동물적 본성에서 출발해
서 도덕에 관해 논한다. 작가는 다음처럼 말한다. "고상한 원칙은 보잘것없는 지
점에서 출발한다. 시작점은 내가 손해를 본 것에 대한 원망이다. 그러고 난 후 내
가 더 많이 얻었다면 다른 사람은 어떤 반응을 보일까로 관점이 옮겨간다. 마지막
으로 '불공평은 안 좋은 일이구나'라는 보편적인 인식을 갖게 된다. 정의는 복수
의 전환으로 성립된다. 이는 감정에서 시작해 공명정대한 마음에 도달하는 상향

식 경로다. 공명정대한 마음이 똑똑한 사람이 심사숙고해서 제시한 것이며 하향
식 인식을 바탕으로 나왔다는 견해는 잘못된 생각이다. 우리는 사고보다는 기분
에 더 많이 의탁한다. 도덕을 품은 채로 감정에 뿌리내리고 있는 견해는 다윈과
웨스터마크의 문화나 종교적 관점이 아닌 진화적 관점을 쉽게 받아들인다. 종교
의 역사는 몇천 년밖에 되지 않기 때문에 종교를 통해 각성된 후 인류가 아주 달
라졌다고는 상상하기 힘들다. 종교가 아무 역할을 하지 않았다는 뜻이 아니라 도
덕적 기초가 이보다 훨씬 오래되었다는 의미다."
한국에서는 『내 안의 유인원』(프란스 드 발 지음, 이충호 옮김, 김영사, 2005)으로 소개
되었다.

威爾, 2001/2005, 『類人猿與壽司大師』, 上海科學技術出版社.
한국에서는 『원숭이와 초밥 요리사』(프란스 드 발 지음, 박성규 옮김, 수희재, 2005)로
소개되었다.

威爾遜, 愛德華, 1978/1988, 『人類的本性』, 福建人民出版社.
한국에서는 『인간 본성에 대하여』(에드워드 윌슨 지음, 이한음 옮김, 사이언스북스,
2000)로 소개되었다.

威廉斯, 1962/2001, 『適應與自然選擇』, 上海科學技術出版社.
현대 생물진화론 사상의 이정표와 같은 작품이다. 작가는 최초로 진보관에 의문
을 제기했다.
한국에서는 『적응과 자연선택』(조지 윌리엄스 지음, 전중환 옮김, 나남, 2013)으로 소
개되었다.

韋斯特馬克, 1891/2002, 『人類婚姻史』, 商務印書館.
사회학자로서는 처음으로 다윈의 자연선택설과 성 선택 이론을 받아들였다. 그
사상은 지금 읽어도 조금도 부족하게 느껴지지 않는다. 이 책은 인류학 자료와 진
화론의 사상 두 부분으로 구성되어 있다. 독자들은 각자의 필요에 따라 골라서 읽
으면 된다. 작가는 다음과 같은 주장을 제기한다. "혼인은 가정에서 기원했지만,
가정은 혼인에서 기원하지 않았다. 많은 민족들이 임신한 후 최종적으로 혼인관
계를 확정했다. 인류는 동물과 달리 사계절 내내 성관계를 한다. 이성이 장기간

함께 생활할 수 있는 것도 1년 내내 교배가 가능하기 때문이다."
한국에서는 『인류혼인사』(웨스터마크 지음, 정동호 옮김, 세창출판사, 2013)로 소개되
었다.

張鵬, 2012, 『猴·猿·人-思考人性的起源』, 中山大學出版社.
작가는 부계의 '중층적 사회'를 제시한다. 예를 들어 사바나 개코원숭이의 삼층
사회는 군집, 부족, 일부다처의 가정으로 이루어진다. 부계 다층사회가 형성된 생
태적 원인과 다층사회의 분리와 결집을 탐구하였다.

張鵬, 渡邊邦夫, 2009, 『靈長類社會進化』, 中山大學出版社.

肇嘉, 魯伊基 2000/2006, 『父性』, 中國社會科學出版社.
한국에서는 『아버지란 무엇인가』(루이지 조야 지음, 이은정 옮김, 르네상스, 2009)로
소개되었다.

周江, 2008, 「海南黑冠長臂猿的生態學及行爲特徵」, 東北師範大學博士論文, 未發
表.

祖父江孝男, 1987/1989, 『文化人類學百科辭典』, 靑島出版社.

Rauscher, 2010, 「基因分析讓木乃伊吐真言」, 『新發現』, 7期.
「미라의 유전자가 밝혀낸 진실」이라는 제목부터 흥미로운 논문이다. 투탕카멘과
그의 친족들의 미라에 관한 내용이다.

# 제 2 장

# 인류는 왜
# 정착생활을 시작했나:
## 농업

# 인류는 왜 생존방식으로
# 농업을 선택했는가

인류의 대뇌 무게가 증가하고 언어가 태동했던 진화단계에서 교환, 언어, 대뇌, 이 삼자가 출현했다. 즉, 행위, 기능, 구조 간의 상호작용이다.(鄭也夫, 2009, p. 73)

필자가 제시한 이 패러다임은 아마 농업의 역사적 지위에 대한 사고에 도움이 될 것이다. 인류와 동물은 구조, 기능, 행위라는 세 방면에서 엄청난 차이를 보인다. 구조, 즉 신체 형태에 있어 인류와 동물은 주로 초대형 머리와 직립보행 등으로 구별된다. 그리고 기능상의 가장 큰 특징은 언어와 학습능력 등이다. 또한 행위가 발전하여 활동, 더 나아가 생존방식을 구성했다. 단, 앞서 언급한 두 가지와 비교했을 때 생존방식의 차이는 한마디로 다 이야기할 수 없다. 왜냐하면 생존방식은 구조와 기능처럼 항구 불변한 것이 아니기 때문이다. 반대로 그리 길지 않은 노정에서 인류의 생존방식은 끊임없이 변화해왔다.

하지만 근원을 찾아 올라가보면 아득히 멀다고는 말하기 어려운 1만 여 년 전에는 인류와 동물의 생존방식이 의외로 많이 닮아 있었다. 우리와 그들은 함께 걸어오다가 갈림길에서 각자의 길을 가게 되었다. 동물 형제들은 여전히 채집과 사냥을 하고, 우리 인간은 농경사회로 들어섰다. 이 길에 오른 후 만화경같이 변화무쌍한 행위의 변천이 일어났다. 항구적 정착, 저장과 비축, 인구 급증, 노동 분업과 사회계층의 분화, 최종적으로는 복잡한 사회가 도래했다. 이런 다양한 변화는 얼마 전에 일어난 일처럼 눈에 선하며 의심의 여지가 없다. 이 견고한 사실은 풀리지 않는 거대한 수수께끼와 상응한다. 인류는 어떻게 농업의 길로 들어서게 되었을까?

# 2

# 수렵-채집을 포기하고
# 고되고 위험한 농업을 택한 이유

오랫동안 '진화와 복지'라는 편리한 해석이 성행했다. 이 해석은 농업시대 이전의 고단한 삶을 전제로 한다. 거의 모든 인류학 교과서가 석기시대 생활의 고됨을 언급하고 있어서 당시 사냥꾼들이 실제로 어떻게 생계를 유지했는지 상상하기 어려울 정도다. 사실 '이게 무슨 생활이란 말인가?' 하는 걱정이 더 앞섰고 페이지를 넘길 때마다 굶어 죽은 귀신들만 그림자처럼 따라다녔다. 이에 근거할 때 석기시대 사람들은 낙후한 기술 때문에 종일 일해야만 생계를 간신히 유지할 수 있었으며 휴식이나 저축은 더더욱 없었으니, '여가'를 통한 '문화 구축'은 논할 필요도 없다. 수렵-채집민은 모든 노력에도 불구하고 고작 최저 수치의 열역학적 단위만을 획득할 수 있었다. 모든 사람이 매년 얻은 에너지는 다른 생산 모델보다 적었다. 결국 경제발전 이론에서 석기시대 사냥꾼들은 반면교사가 되어버렸다. 즉, 이른바 '생계경제'의 대표로 여겨진다.(Marshall David Sahlins, 1972, p. 1)

수렵-채집민의 생존을 위한 고생이 극심하기 이루 말할 데 없는 만큼, 농업이 제공하리라 여겨진 충분한 복리(福利)가 인류를 황금빛 찬란한 길로 이끌어주길 기대하게 되었다. 어디 인류학뿐이겠는가? 아마 과학자와 일반인까지 모두 오랫동안 원시적 생존방식에 대해 이렇게 알고 있었을 테고, 따라서 선조들이 농업으로 전향한 것은 당연하고 논리적인 선택일 것이다. 어떻게 그러지 않을 수 있었겠는가? 이는 의심할 바 없이 다윈의 진화론에 앞서 나타난 '진보관'의 영향이다.

필자는 원시인의 고된 생활에 관한 진술을 다윈 이전의 문헌 속에서 손쉽게 찾을 수 있으리라 확신한다. 물론 다윈의 진화론이 세상에 나온 후 일반인, 더 나아가 학자들의 이러한 판단은 더욱 공고해졌다. 하지만 역설적이게도 사실 다윈의 학설이 고생스러운 원시인의 생활을 뒷받침할 수 있는지는 의심스럽다. 당대 생물학 사상사가(思想史家)는 다윈 학설의 핵심개념은 '적응과 자연선택'이지 진화가 아니라는 사실을 이미 증명했다. 살아남은 종은 모두 환경의 '적응자'다. 넓은 바다 위에서 물고기가 뛰어오르고, 새가 자유로이 하늘을 날듯, 모든 금수가 계속 참담하고 힘들게 지금까지 생존했을 리는 없다. 멸종위기의 시기를 제외하고 대부분의 역사 단계에서 그들은 환경에 '적응'해왔다. 사람이 사람다워진 이후 가장 오래된 역사 단계에 있을 때부터 채집과 수렵 시대는 시작됐다. 이 긴 시간 동안 그들은 동물 형제자매와 마찬가지로 '적응자'가 되어야만 했다. 말할 수도 없이 고생스러웠다면 그건 '부적응자'다. '부적응자'가 오랜 기간 동안 살아남을 수 있을까?

새로운 사실 탐색과 편협한 진보관 비판은 동시에 나타났다. 마셜 데이비드 살린스(Marshall David Sahlins)는 말한다. "엘만 로저스 서비스(Elman Rogers Service)는 1960년대부터 거의 유일하게 수렵민이 빈곤했다는 전통 관념에 반대해왔다."(Ibid., p. 6) 이후 갈수록 많은 인류학자가 진실을 규명하기 위해 노력하고 있다. 물론 진실은 이미 사라지고 없다. 현존하는 원시부락은 그런대로 참고만 할 수 있을 정도다. 소용돌이치는 유구한 역사 속에서 고스란히 그대로 남아 있을 수도 없고, 정도는 다르지만 현대 문명의 간섭을 받았기 때문에 그들의 현 상황은 상고시대와는 꽤 차이가 있다. 하지만 다양한 자료와 사상적 도구의 결합은 결국 우리가 그 시공간을 구상해내는 데 도움이 되었다.

현대사회의 사람들은 오늘날 원시부락을 접하면 빈털터리에 값나가는 물건 하나 가진 것이 없다는 첫인상을 받는다. 이런 상황은 현대인들로 하여금 그들이 '가난하다'고 느끼지 않을 수 없게 만든다. 당대의 몇몇 인류학자는 이러한 생각이 깊이 없는 얄팍한 오판이며 원시 채집자들의 생존방식을 전혀 이해하지 못한 탓이라고 보았다. 그들의 생존방식은 끊임없이 이동하는 것이다. 만약 저장품, 살림살이, 집기, 장식품, 복잡한 도구를 모두 가지고 다닌다면 행동하기 불편했을 것이다. 임시 거처를 만들어 머문다면 이는 근처의 식량이 하루하루 점차 줄어든다는 의미이고, 그들은 더 먼 지역으로 가서 채집을 해야만 한다. 따라서 식량을 구하는 비용이 늘어나는 것은 물론이고 그 비용은 멀리 가면 갈수록 증가한다. 다시 말해 저장품과 이동 간에는 타협하기 힘든 갈등이 존재한다.

그들은 이해득실을 따져 재산을 포기하고 이동을 택했다. 이동은 그들의 시공간에서는 가장 경제적인 선택이었다. 왜냐하면 그들에게는 저장이 필요하지 않았기 때문이다. 대자연 속에서 그들은 바로 주변에 있는 식량을 먹고 싶은 만큼 가져올 수 있었다. 그들은 그저 끊임없이 이동하기만 하면 되었다. 식량은 항상 마련되어 있었다. 편리한 이동을 위해 반드시 짐을 줄여야 했기 때문에 "최소의 장비를 선호했으며 더 작은 것이 우선적으로 선택되었다." 더 나아가 각자의 소지품도 최소한만 챙겼다.(Ibid., pp. 38~41; Lewis Binford, 1983, pp. 208~213) 근본적으로 원시인 세계에서는 '빈곤'이라는 개념이 나타날 만한 근거가 없다. '빈곤'은 다른 세계의 산물이다. 빈곤에는 두 가지 전제가 필요한데 바로 소유권과 사람들 사이의 비교다. 원시인에게는 소유권 문제가 존재하지 않았다. 그들은 사실상 주변의 모든 것을 소유하고 있었고 이를 대자연에 맡겼다. 명목상의 소유나 인위적인 저장의 의미로서의 소유를 포기했다. 한 지역 안에서 서로 비교하는 사람도 없었고, 같은 환경 안의 자원으로 경쟁하는 사람은 더 찾기 어려웠다.

빈부는 더더욱 상대적인 개념이다. 하지만 몇몇 물질적 지표는 생존과 직결되며 상대적 개념을 넘어선다. 그중 영양분은 고정적이고 상대성이 비교적 낮은 지표다. 인류학자 프레더릭 매카시(Frederick D. McCarthy)와 마거릿 맥아더(Margaret C. McArthur)가 실시한 1960년 오스트레일리아 아넘랜드(Árnhem Lánd)●의 원시부락에 대한 조사에 따르면 "햄플 베이(Hemple bay)의 1인당 1일 평균 소비량은 2,160칼로리였고(4일간 관찰), 피시 크리크(Fish creek)는 2,130칼로리였다(11일간 관찰)."(Marshall David Sahlins, 1972, p. 22) 이 지표는 당대 의학이 당시 사람들을 위해 제정한 권장섭취량과 비슷하다. 두 사람은 또한 지적한다. "아넘랜드 사람들은 고정된 식단에 만족하지 않고 많은 경우 다양한 음식을 추구했고, 이를 위해 시간의 일부를 사용하는 것으로

---

● 오스트레일리아 노던 주 북부 지역으로, 주로 원주민이 보유하고 있다.

나타났다."(Ibid., p. 22) 노동시간은 또 다른 엄격한 지표다. 매카시와 맥아더의 조사에 따르면 수렵-채집민은 "식량 획득과 준비를 위해 사용하는 1인당 하루 평균 노동시간이 네댓 시간밖에 되지 않는다." (Ibid., p. 21)

리처드 리(Richard Lee)의 조사에 따르면 도베 지역 부시맨 중 65퍼센트의 인구는 식량 생산자였고, 나머지는 노인과 아이들이었다. 노동 인구는 "주당 하루 반나절에서 이틀 정도 일을 했고, 하루 노동시간은 대략 여섯 시간이었다. 평균 노동시간을 계산해보면 대략 하루에 두 시간 9분 정도다."(Ibid., p. 27) 이 정도면 분명 충분히 한가하다. 이 정도의 노동 상황은 동물과 상당히 비슷하다. 다시 말해 동물이 먹잇감을 찾는 행위도 대부분 이후에 출현한 인류 생산방식 특유의 장시간 노동과는 다르다.

또 하나의 필수적인 지표는 기아(饑餓) 상황이다. 한 수렵-채집민은 관찰에 참여한 인류학자에게 말했다. "우리는 가끔 식량이 없어 이틀, 경우에 따라서는 사흘 동안 한 끼도 못 먹기도 해요. (…) 하지만 우리는 배를 곯을 때도 웃음을 잃지 않아요."(Ibid., p. 39) 이런 이야기로 미루어 볼 때 그들의 배고픔은 현대 난민이 겪는 배고픔의 정도에는 못 미친다고 할 수 있다.

많은 수렵-채집민은 농업을 시작하고 싶어하지 않았다. 브라질 정부는 일찍이 개간지와 종자를 제공하며 보로로(Bororo)족을 이끈 적이 있다. 한 수렵-채집 부락이 농업을 시작했으나 결국에는 실패로 끝났다. 아프리카에서 수렵-채집을 하던 한 부족인은 농업에 종사하길 권고하는 전도사에게 이렇게 말했다. "원숭이가 굶어 죽겠어요? 우리는 삼림과 수로를 잘 압니다. 한 지역에서 다른 지역으로 이주하는 이유는 신께서 그리하길 원하시기 때문입니다."(Julius E. Lips, 1953,

p. 84)

원시시대에 수렵과 채집을 하는 생존방식에 대해 최종적으로 판단하자면 지속가능했다고 생각한다. 이치는 간단하다. 끊임없이 이주하는 생존방식은 낮은 출산율을 야기했고, 이에 따라 땅은 넓고 인구는 희소한 생태적 균형을 유지하고 있었다.

인류의 역사에서 수렵과 채집의 생존방식이 지속된 시간은 압도적으로 길다. 그때는 문화와 과학기술도 없었지만 인류는 불, 조잡한 석기, 집단 내 언어 교류를 기반으로 생물 경쟁의 세계에서 이미 우세를 점했다. 그들은 적자(適者)였다.

우리는 거시와 미시, 두 가지 시각에서 이후 발생한 농업의 결과를 분석할 수 있다. 거시적 요소는 인구를 뜻하고 미시적 요소는 개인이다. 거시적으로 볼 때 농업은 인구의 양적·질적 변화를 모두 가져왔다.

농경은 정착과 식량 비축을 야기했고, 이에 따라 인구가 급증했다. 논란이 전혀 없어 보이는 이러한 판단에 대해서는 뒤에서 좀 더 서술할 것이다. 농업은 인구의 질도 바꿔놓았다. 여기서 '질'이란 인류의 체질을 가리키지 않는다. 근본적으로 말하자면 종의 진화는 종의 육체적 변화를 말한다. 하지만 농업은 이에 공헌한 바가 없다. 인류가 독립적인 종으로 살았던 400만 년의 역사에서 농경이 존재한 시간은 1만 년이 채 안 되며, 아주 미세한 비율만을 차지한다. 농업이 시작된 이래, 인류의 체질에는 획기적인 변화가 일어나지 않았다. 체격에서 지능, 언어에 이르기까지 모두 농업시대 이전에 이미 정형화되었다. 여기서 '농업이 인구의 질에 영향을 끼쳤다'고 언급한 것은 인구 구성이 변화되었다는 의미다. 즉, 구성원들의 사회적 역할이 변했다. 식량의 축적은 관료, 상인, 군인, 노동자를 만들어냈고, 복잡한 사회로 진입하도록 이끌었다. 즉, 농업은 종의 진화 차원이 아니라 문명의 기원 차원에서 인류를 변화시켰다.

그러나 위대한 문명의 첫 출발에 역행하는 듯한 사실도 있다. 바로 개개인의 삶이 더욱 고생스러워졌다는 점이다. 미시적으로 볼 때 이는 분명하고 애통한 일이다. 방금 이야기한 채집-수렵민들의 평균 노동시간을 보면 오늘날 농민의 평균 노동시간이 그들에 비해 훨씬 길다는 사실을 확실히 알 수 있다. 당대 고고학적 발견은 초기 농민의 생존 상황을 암시한다.

> 그들의 유쾌하지 않은 상황은 현재 그들의 골격에 그대로 드러나 있다. 이런 골격은 인류가 처음으로 농업을 알게 된 시기에 존재했다. 그들은 골격의 전체 길이가 짧고 관절염을 앓았으며, 골격 외층에 골다공증이 보이고, 게다가 종기와 충치도 있었다. 이 모든 것은 섭취 음식의 심각한 불균형을 증명한다. 식량 생산의 전문화는 인류 음식의 다양성을 심각할 정도로 훼손했다. 이런 현상은 음식물 유적에서도 분명히 드러난다.(Haim Ofek, 2001, p. 239)

이런 격차를 인류 문명사에서 하나 더 볼 수 있는데, 산업혁명 초기 노동자 계급의 상황이다. 단, 농업의 기원과 산업은 다르다. 후자는 자본가의 분명하고 명확한 동기가 있었고, 그들은 노동자가 일하도록 끌어내어 통제했다. 하지만 많은 수렵-채집민은 생존방식의 관성과 스스로의 타성으로 인해, 농업이 거의 형태를 갖춰가는 상황을 목격한 뒤에도 여전히 농업을 선택하길 거부했다. 그리하여 미시적 상황과 거시적 문제가 충돌했다. 농업은 어떻게 시작되었을까? 더구나 농경을 하면 고생하는 것은 물론이고 채집과 수렵에서는 겪지 않아도 될 엄청난 위험이 뒤따르지 않는가? 바로 파종과 수확 사이의 간격 말이다. 즉, 투자와 생산 사이의 시간차다. 물론 채집과 수렵에도 위험은 따른다. 하지만 여기에는 기본적인 차이가 있다.

> 수렵-채집민은 상황의 변화를 관찰한 후에 결정을 내리지만, 농민의 중대한 결정(과 투자)은 통상 상황 변화가 관찰되기 아주 오래전에 이미 끝난다. 이런 생각지도 못한 자연재해는 양자(兩者) 모두에게 수확 손실을 입혔다. 단, 농민의 손해는 두 배로 컸는데 그들은 수확할 농작물뿐 아니라 종자도 손실을 봤다.(Ibid., p. 220)

후대인들은 이런 갖가지 상황을 모두 이해하지 못한다. 선조들은 왜 농업을 선택했을까. 아마도 이런 질문 자체가 상당히 문제시될 것 같다. 왜냐하면 전혀 이성적인 '선택'이 아니기 때문이다. 어쩔 수 없이 질문을 바꾸어야 할 것 같다. 그렇다면 농업은 어떻게 발생했고, 왜 이 돌아오지 못할 길에 오른 것일까?

이에 대해 최선을 다해 생각하고 해석할 수는 있지만 거대한 진보관을 내놓을 수는 없다. 그랬다가는 거기서 사고가 막혀버릴 것이다. 당대 진화론 사상가는 다윈의 학설에서 '자연선택'은 단지 종(種)이 바로 그때의 환경에만 적응하게 만든다고 본다. 당사자들 개인의 동기와 행위가 종의 위대한 진보를 위한 것일 리는 없다. 더욱이 자연선택이 만물의 영장이 되려는 이 종의 야심을 따르지는 않을 것이다. 설득력 있는 해석은 반드시 미시적이고 구체적이며 당사자들의 상황에 부합해야 한다.

# 3

# 농업을 둘러싼 두 가지 시각,
# 단선진화론과 전파론

인류학과 고고학은 농업의 기원에 대해 가장 먼저 깊이 생각한 학문이다. 과학 발전의 초기 단계에서 인류학은 다른 학문에 비해 기원 문제를 더 깊게 연구한 까닭에 사고 방법 측면에서 다른 학문에 영향을 끼쳤다. 초기 인류학에는 두 학파가 있었다.

첫 번째 분파는 타일러와 모건으로 대표되는 단선진화론(unilinear evolution) 지지자다. 그들은 각 민족은 생리적·심리적인 면에서 기본적으로 일치하기 때문에 동일한 방식으로 진화한다고 생각한다. 각 민족의 차이는 단지 진화 발전의 속도 차이 때문에 생겨나며, 각기 진화 과정의 다른 단계에 있는 것뿐이라고 본다. 같은 경로를 따라 진화하는 것이 법칙이고, 서로에 대한 영향력은 중요한 요인이 아니라고 여기기 때문에 단선진화론은 평행진화라고도 불린다. 즉, 각자 독립적으로 비슷한 길을 가고 있는 것이다. 이 학파는 사실 다윈의 진화론 사상을 아주 얄팍하게 이해하고 있다. 다윈의 학설에 따르면 같은 종의 두 집단이 서로 단절되면, 각자 다른 환경에서 적응하게 된다. 바꿔 말해 서로 다른 환경에서의 자연선택을 거치며 둘의 차이는 분명 점점 더 커진다. 만약 시간이 충분히 길게 주어지면 그들은 두 개의 다른 종으로 분화할 것이다. 영장류 동물 중에서 이에 대한 가장 최근의 증거는 400만 년 전에 생긴 지구(地溝)로 인해 하나의 종이 침팬지와 보노보로 분화된 예를 들 수 있다. 차이를 없애는 유일한 방법은 교류와 전파다.

두 번째 분파가 바로 전파론 지지자다. 영국의 그래프턴 스미스(Grafton Elliot Smith)와 독일의 로버트 그레브너(Robert Fritz Graebner)가 대표적 인물이다. 그들에 의하면 문화는 인류의 창조물이지만 인류의 창조력은 극도의 희소성을 지닌다. 그래서 역사는 특별한 것이고, 문화 혁신은 일회성을 띤다. 또한 문화는 비평행적으로 진화하기 때문에 서로 다른 지역에서 독립적으로 똑같은 사물이 창조되기란 거의 불가능하다. 한 지역에서 문화를 공유한다면 이는 전파로 이루어진 결과다. 옷, 장신구, 마약 등은 쉽게 따라서 제조할 수 있지만, 야금(冶金)*이나 마구(馬具) 제작은 전수받아야만 할 수 있다. 문화의 기원에 대한 극단적인 인식이 하나 있는데, 바로 모든 문화가 이집트에서 최초로 만들어졌다는 생각이다. 이보다 온건한 인식으로는 몇 개의 중심지역에서 문화가 생성되었다는 의견이 있다.(C. A. ToKapeB, 1978, pp. 138~165; Carol R. Ember, 1985, pp. 58~59; Robert Francis Murphy, 1986, p. 246)

지금 보면 두 분파 모두 어설퍼 보이지만 둘 다 중요한 사항은 인식하고 있었다. 단선진화론파는 인류의 동질성을, 전파론파는 발명의

---

● 광석에서 금속을 골라내는 일이나 골라낸 금속을 정제, 합금, 특수 처리하여 목적에 맞는 금속 재료를 만드는 일.

희소성을 인식하고 있었다. 뒤를 이어 심리학자인 장 가브리엘 타르드(Jean Gabriel Tarde)부터 로버트 보이드(Robert Boyd)까지 모두 논증을 통해 혁신이 아닌 모방이야말로 인류가 지닌 지적 능력의 우수성이라는 결론을 내렸다.(鄭也夫, 2001, p. 36)

러시아의 식물학자이자 유전학자인 니콜라이 바빌로프(Nikolai Ivanovich Vavilov)는 농업의 기원에 대한 연구를 개척했는데, 1923~1931년에 걸쳐 몇 개의 대륙에서 대규모 조사를 실시하여 여덟 개의 중심지를 제시했다. 만약 이오시프 스탈린(Joseph Stalin)과 트로핌 데니소비치 리센코(Trofim Denisovich Lysenko)의 박해로 감옥에서 죽지 않았다면, 바빌로프는 보다 큰 성과를 거뒀을 것이다. 1971년 미국의 식물학자인 잭 로드니 할런(Jack Rodney Harlan)은 새로운 고고학 자료, 고식물학, 화분학, 고생태학, 방사성 탄소 연대 측정법 등의 지식을 이용해 바빌로프의 이론을 수정했고, 3대 중심지(비옥한 초승달 지대**, 중국 북방, 중앙아메리카)와 3대 비중심지(아프리카, 남아시아 및 남태평양, 남아메리카)에 대한 견해를 제시했다. 1997년 미국 생물지리학자 재레드 다이아몬드(Jared Diamond)는 저서에서 동식물 가축화 및 작물화가 이루어진 지역 다섯 곳과 후보 지역 세 곳을 열거하였다. 이는 모두 "상세하고 설득력 있는 증거의 제시가 가능하며" 구체적 내용은 [표 2-1]과 같다.(Jared Diamond, 1997, p. 84)

아직 고고학적으로 발견되지 않은 상황은 차치하고, 어째서 이처럼 큰 지구에서 이 5~8개 지역에서만 식물 경작과 동물 사육이 성공했을까? 몇몇 지역에서는 기를 만한 야생 동식물이 없었다는 것이 가축화·작물화의 중심지가 극히 드물었던 가장 주요한 이유 중 하나다.

---

** 나일강과 티그리스강과 페르시아만을 연결하는 고대 농업지대.

〔표 2-1〕 동식물 가축화 및 작물화가 이루어진 지역 및 시기

| 지역 | 농산물 | 가축 | 시기 |
|---|---|---|---|
| 서남아시아 | 밀, 완두콩, 올리브 | 양, 염소 | B.C. 8500년 |
| 중국 | 벼, 기장 | 돼지, 누에 | B.C. 7500년 이전 |
| 중앙아메리카 | 옥수수, 콩, 호박 | 칠면조 | B.C. 3500년 이전 |
| 안데스산맥 및 아마존강 유역 | 감자, 카사바 | 기니피그, 알파카 | B.C. 3500년 이전 |
| 미국 동부 | 해바라기, 명아주과 식물 | 없음 | B.C. 2500년 |
| 사헬 지대 | 수수, 아프리카 벼 | 뿔닭 | B.C. 5000년 이전 |
| 열대 서아프리카 | 아프리카 마, 기름야자 | 없음 | B.C. 3000년 이전 |
| 에티오피아 | 커피, 테프 | 없음 | ? |
| 뉴기니 | 사탕수수, 바나나 | 없음 | B.C. 7000년? |

이 논점은 의심할 여지가 없다. 따라서 단선진화론 사상도 설득력 있게 반박할 수 있다. 동일한 종의 구성원이 각지에 떨어져 있으면 서로 다른 적응을 한다. 이는 환경으로 인한 것이며, 환경적 요소에는 야생 동식물 품종 분포의 지역적 차이가 포함된다. 야생 보리, 벼, 조, 옥수수 등은 모든 곳에 존재하지 않으며, 자연적으로 자랄 방법이 없다. 하지만 이는 단지 사건의 한 측면일 뿐이다. 다른 측면에서 볼 때, 이러한 야생식물이 있다고 해서 반드시 재배가 이루어지고 완성될까? 다이아몬드는 명확한 대답을 제시한다.

대체적인 결론은 다음과 같다. 사람들은 유용한 식물을 식별할 수 있기 때문에, 대략 어떤 토종식물이 현지에서 재배하기 적합한지도 알고 있다.

만약 이런 식물이 존재했다면 그들도 문화적 보수주의나 금기 때문에 재배를 안 하지는 않았을 것이다. 하지만 이 문장에는 반드시 '오랜 시간에 걸쳐 그리고 광대한 지역에서'라는 중요한 수식어를 덧붙일 필요가 있다.(Ibid., p. 151)

필자는 다이아몬드의 이 저서를 통해 얻은 바가 매우 많지만 이 판단에 있어서는 그보다 내가 더 보수적이다. 필자는 다음과 같은 다이아몬드의 판단을 믿는다. 원시인은 자신의 생존지에 있는 모든 식물을 샅샅이 알고 있었지만 그것만으로는 여전히 부족하다고 여겼다. 재배의 완성에 이르는 여정에서 그들은 여전히 매우 특수하고 이루어내기 힘든 조건에 의존하고 있었다. 이 조건은 종족의 우열이 아니다. 다이아몬드는 농업의 기원에 있어서 종족 차별에 반대한다. 단, "농업의 기원은 누구나 이루어낼 수 있다"는 전제에 기대어 그 근거를 찾고 추론을 전개할 필요는 없다.

같은 종족의 구성원은 야생 벼, 밀, 조가 자라는 지대에 살았지만 절대로 개개인 각자가 독자적으로 농업의 길로 가고 있지는 않았다. 여기서 '독자적'이라는 말이 중요하다. 혁신은 드물다. 이 사실은 전파론에서 중요하고, '인간 본성에 따른' 근거라 할 만하다. 사실, 전파론에는 '실제적' 근거도 있다. 즉, '장기적으로 봤을 때' 어쩌면 그들은 독자적인 길을 걸었을지도 모른다. 하지만 실제 상황에서 그들은 전파된 것을 받아들여서 독창성에 이르렀다. 다시 말해 독창성은 전파와 경쟁관계에 있을 뿐이다. 즉, 사람들에게 잠재된 독창성이 어떻든 간에 현실 속에서 독창적인 것은 드물게 존재한다.

환언하자면 전파의 효과는 심지어 '장기적으로 봤을 때'의 가능성조차 제거해버린다. 필자의 식견이 부족하여 당시의 전파론 학자들이

나와 같은 소견을 언급한 적이 있는지는 모르겠다. 근대와 전근대에 더딘 속도의 전파는 독립적 창조를 기다렸을지 모르지만, 당대에서는 이를 잠시도 기다리지 않는다. 아이작 뉴턴(Isaac Newton)과 고트프리트 빌헬름 라이프니츠(Gottfried Wilhelm Leibniz)의 발명권 논쟁, 다윈과 월리스의 이야기는 오늘날에는 존재할 수 없을 듯하다. 한 가지가 발명되면 그 즉시 전 세계에 퍼지기 때문이다.

모르는 사이, 우리는 발견과 발명에 대해 이야기했다. 다수의 위대한 발견 혹은 발명은 당연히 중대한 사건이었다. 인류의 생활을 빠르게 변화시켰기 때문이다. 당대의 몇몇 고고학자들은 농업의 기원을 "중대한 비(非)사건"이라고 부르는데(Joachim Radkau, 2000, p. 73), 핵심을 찌르는 한마디라고 할 수 있다.

길고 긴 점진적 역사는 존재하지만 돌발적이고 분출적으로 발생하는 수익(收益)은 없다. 즉, 농업의 기원은 하나의 사건으로 그 운명이 결정되지 않았다. 하지만 우리는 농업이 발견과 발명을 거치지 않고 생겨났다고 말할 수는 없고, 단지 특수한 발견과 발명이었다고 말할 수밖에 없을 것 같다. 농업은 일련의 발견과 발명, 인식과 기능의 축적과 집결로 이루어졌다. 맷돌, 낫, 호미, 쟁기는 의심할 바 없이 모두 기술의 발명이지만 반드시 한곳에 모여야만 효과와 수익이 생기고 농업이 이루어진다. 물론 이것만으로는 부족하다. 왜냐하면 농업의 핵심은 식물 재배이기 때문이다. 따라서 농업의 기원은 이중의 점진적 변화를 포함하고 있다고 말할 수 있다. 일련의 기술 발명은 단번에 이루어진 것이 아니며, 더욱이 재배는 식물의 무수한 세대에 걸친 생명 역정에 힘입어 변천해왔다.

필자의 견해를 거듭 밝히자면, 설령 어떤 지역에 야생 보리, 벼, 조 등이 자란다 하더라도 농경과 재배로 발전할 확률은 극히 미미하다. 이유는 아주 간단하다. 관성이야말로 생존에 있어서 최상의 규칙이기 때문이다. 이미 갖춰진 습관이 편안하고, 변화에는 위험이 따르는데 왜 구조를 바꾼 것일까? 사람들은 스트레스가 변화를 가져온다고 즐겨 말한다. 하지만 틀렸다. 생존 스트레스는 종의 구성원 감소를 초래할 가능성이 더 크다. 일반적으로 이러한 방법으로 종의 운명이 조절된다. 스트레스가 너무 커지면 멸종할 수도 있다. 이는 결코 드문 결과가 아니다. 생명의 세계에서는 늘 연주되는 레퍼토리일 뿐이다.(Edward Wilson, 1996, 11장) 엄청난 스트레스로 멸종될 확률은 생존방식에 혁명이 일어나 극적으로 회생될 확률보다 높다. 되돌아보면 농업은 일련의 기술 축적에 의해 세상에 나왔다. 갑자기 들이닥친 압박감을 해소하고 곤경에서 벗어나기 위해 과연 농업을 시도할 수 있었을까? 또한 그들이 겪은 압박감이란 어떤 것이었을까? 가장 일반적으로 언급되는 것은 바로 인구의 증가다.

# 4

# 정착, 인구 증가,
# 농업의 복잡한 관계

농업의 기원을 촉진한 요소 중 가장 많이 논의되는 것이 정착과 인구 증가다. 한편 농업이 양자에 끼친 영향은 양자가 농업에 미친 영향에 버금간다. 정착과 인구 증가 사이에도 일련의 관계가 있는 것 같다. 따라서 농업의 기원을 고려할 때 삼자 간의 상호작용 관계에 대한 인식은 빼놓을 수 없다.

인간은 동물에 속한다. 중국어의 조어법(造語法)은 '동물(動物)'이라는 단어에 일종의 선입관을 부여했다. 바로 '동(動)-움직이다'라는 의미를 덧씌운 것이다. 다른 언어에서는 대부분 이 단어(예를 들어 영어의 animal)에 이런 암시를 주지 않는다. 특히 '식물(植物)'과 대응하기 때문에 중국인은 자연스럽게 가장 먼저 이 시각으로 동물의 속성을 이해하게 된다. '움직인다'는 속성에 대해서는 상세하게 이야기할 수 있다. 그 안에는 두 가지 판단이 함축되어 있다. 첫 번째 판단은 확실하다. 동물은 움직일 수 있지만 식물은 주요 부분을 움직일 수 없다.

두 번째 판단은 판단자의 동물학 지식을 검증한다. 필자가 생각하기에 식물은 '정착'했고 대다수 동물은 하나의 둥지를 고수하지 않는다.

많은 동물은 자신의 영지가 있지만 여러 둥지를 갖는다. 왜냐하면 이동해야 했기 때문이다. 초기 인류 구성원의 대다수는 유동적이었기 때문에 정착을 하지 않았다. 생존논리에 의해서다. 이동이 식량의 지속적 획득을 더 보장해주었기 때문이다. 식량을 위해 이동했던 것인 만큼, 식량원의 일부 특징 또한 인류가 다른 종류의 특별한 선택을 하도록 만들었다. 정착지의 식량자원은 더없이 풍족해야 하고 오래도록 지속될 수 있을 만한 곳이어야 한다. 그런 지대는 쉽게 구하기 힘들기 때문에 정착의 예가 드물다. 하지만 아예 없지는 않았다. '정착 어부'가 그 실례이며, 에스키모인과 호주의 원주민이 그 '최후의 대표'다.(Vladimir Kabo, 1985) "19세기 캐나다 태평양 연안의 어렵(漁獵) 마을에서는 모두가 튼튼하고 장식이 화려한, 거의 사치에 가까운 큰 목조 가옥을 소유하고 있었으며 영구적 촌락을 형성하고 있었다." (Gordon Childe, 1951, p. 57) 결론적으로 정착은 초기 인류의 생존방식 중에서 작은 선택항목 중 하나였다.

하지만 이런 비교적 드문 예증은 정착이 매번 반드시 농경을 유발하지는 않았음을 증명한다. 예를 들어 풍족해진 연어는 에스키모인의 정착을 야기했을 뿐만 아니라, 그들의 어렵 생존방식도 고정시켰기에 그들은 재배 일까지 돌볼 수가 없었다. 물론 이치상으로 농업은 상대적으로 정착한 생존지에서만 시작될 수 있다. 정착은 인류가 특정 야생식물과 더욱 밀접하게 접촉하게 해주고, 오로지 정착만이 종자의 저장을 가능하게 만들기 때문이다. 즉, 정착이 농업을 유발했을 것이고, 특정 정착 유형이 농업을 유발했다고 가볍게 말할 수는 없다.

다른 한편으로 농경생활에도 이주가 있었다. 심지어 초기 농업 시기에는 지력이 오래가지 못하는 탓에 반드시 토지를 번갈아 쉬게 해야 했기에 이주는 빠질 수 없는 절차였다. 고고학자 안즈민(安誌敏)은 중국의 신석기 문화유적의 특징을 다음과 같이 분석하였다. "유적의 분포가 조밀하다는 것이 훗날에 비해 인구가 더 많았다는 증거가 될 수 없으며, 오히려 양사오(仰韶)● 문화에서 인류의 이주가 빈번했다는 사실을 증명한다. 농사가 낙후되어 어쩔 수 없이 토지를 방치한 채 거주지를 옮겨야 했기 때문에 유적이 비교적 조밀한 것이다."(黃其煦, 1983B 재인용) 이는 확실히 신뢰할 만한 이야기다.

초기 농경민은 수시로 이주해야만 했는데, 농업은 일정 기간의 정착이 전제되어야 하기 때문에 분명 수렵-채집민의 이주와는 달랐다. 다시 말해 농업과 정착의 관계는 상당히 미묘하다. 아마도 아주 특수한 정착 유형이 농업을 야기했고 초기 농업은 일시적 정착일 뿐이었다가, 아주 오랜 과정을 겪고 난 후 영구적 정착 상태로 들어섰다고 볼 수 있다. 농업의 기원을 찾는 열쇠는 농업을 야기한 그 특수한 정착 유형이 쥐고 있다.

종의 구성원 수는 항상 그 종의 첫 번째 과제였다. 다윈 학설의 핵심 개념인 '적응'은 생존과 번식이라는 의미를 내포하지만, 번식이 더 큰 관건이고 번식의 차이가 선별되는 형질을 결정한다. 현대 고고학에서는 농업이 신석기시대에 발생했다고 본다. 하지만 농업시대 이전, 즉 구석기시대에 인류가 어설픈 석기를 만들기 시작하면서부터 인류는 종의 경쟁에서 두각을 나타내며 당연한 듯 '적자'가 되었다. 적응이 곧 번식이라는 철칙으로 볼 때, 인류는 말 그대로 명실상부한 적자다. 번식의 성공은 두 가지 요소에 달려 있다. 바로 출산과 생존

---

● 허난(河南)성 양사오에는 신석기시대 농촌 취락 유적이 있다.

이다. 생존 보장을 위해서는 천적 방어가 가장 중요하다. 인류가 무기를 보유함으로써 수세에서 공세로 전환했을 때, 생존경쟁에서 살아남을 확률은 이미 다른 종을 넘어섰다. 특이하고 놀랍게도 훗날 이 '대적자(大適者)'는 생존뿐 아니라 초기 출산에서도 영장류 사이에서 점차 우위를 차지하게 된다.

> 암컷 침팬지는 6년에 한 번씩 새끼를 낳는 반면, 훨씬 풍요로운 환경에서 사는 보노보(이들은 식량이 더 풍부한 환경에 산다)는 5년에 한 번씩 새끼를 낳는다. 4~5년 동안 새끼에게 젖을 물리고, 또 거의 같은 기간 동안 데리고 다니며 보살피는 유인원으로서는 최선의 출산율일 것이다. 암컷 보노보는 가끔 짧은 터울로 새끼를 낳아 동시에 두 마리에게 젖을 먹일 때도 있다. (…) 한 마리가 배에 들러붙고 먼저 태어난 다른 녀석은 말 타듯이 어미의 등 위에 올라탄 채 돌아다닌다. 이는 감당하기 어려운 짐으로 보인다. 보노보는 편모 제도의 극단을 보여준다.(Frans de Waal, 2005, p. 71)

인류 초기에 무엇으로 출산에서 우위를 점할 수 있었을까? 바로 일부일처제다.

> 아버지의 도움이 있으면 젖을 좀 더 일찍 뗄 수 있는데 유인원이 아니라 인간이 지구를 지배하게 된 이유가 여기 있다.(Ibid., 2005, p. 70)

인류 출산의 우세는 계속 강해졌는데, 이를 가능하게 한 첫 번째 요인이 일부일처제의 혼인제도라고 한다면, 두 번째는 정착이라고 할 수 있다.

수렵-채집민인 어머니가 야영지를 옮길 때는 몇 가지 소지품과 더불어 단 한 명의 아이만 데리고 갈 수 있을 뿐이다. 그러므로 먼저 태어난 아이가 뒤처지지 않고 부족을 따라갈 수 있을 만큼 걸음이 빨라질 때까지는 다음 아이를 낳을 수 없다. 실제로 유랑생활을 하는 수렵-채집민은 수유기의 무월경, 금욕, 유아 살해, 낙태 등을 통해 4년 정도의 터울을 유지한다. 그와 대조적으로 정착형 사회에서는 어린아이들을 데리고 다니는 문제로 고민할 필요가 없으므로 제대로 먹일 수만 있다면 얼마든지 낳을 수 있었다.(Jared Diamond, 1997, p. 70)

다시 말해 일부일처제는 침팬지가 6년에 한 번 새끼를 낳던 데서 한 단계 더 진전하여 여성이 4년에 한 번 출산할 수 있도록 했고, 정착은 2년에 한 번 출산할 수 있도록 하는 성과를 이루어냈다. 정착의 초기 형태는 농업 이전 시기에 나타나며, 정착의 최종적 형태는 농업의 산물이다. 어떤 학자는 인구 증가의 궤적을 이렇게 추산했다.

15만 년 전 세계 인구는 2만 명 정도였다가 천천히 증가하여 6만 5000년 전에는 100만 명이 되었다. 그 후 다시 농업이 발명되기 전에 600만 명으로 증가했다. (…) 그러다가 기원전 1세기에는 2억 5000명으로 늘었는데, 그 증가폭이 40배에 달한다. 1만 년 전, 모든 인류는 물고기를 잡고 사냥과 채집으로 생계를 꾸려나갔으나, 서기 원년이 되자 전 세계 대부분의 인구는 식물 재배와 동물 사육에 의존해 생활했다.(Steve Olson, 2002, p. 93)

신석기로 진입한 후의 인구 급증에는 고고학적 근거가 있다.

유럽의 신석기시대 유골만도 구석기시대의 전체 유골보다 몇백 배 더 많다. 유럽의 신석기시대는 아무리 길어도 2000년이 안 넘는데, 이는 구석기시대가 차지했던 시간과 비교하면 100분의 1에도 못 미친다.(Gordon Childe, 1951, p. 57)

다이아몬드는 인구와 농업의 관계를 이렇게 요약한다.

고고학자들은 전 세계 모든 지역에서 인구밀도의 상승이 식량 생산의 등장과 관계가 있다는 증거를 발견하고 있다. 그렇다면 어떤 것이 원인이고 어떤 것이 결과일까? 이 문제에 대해서는 오랫동안 논쟁이 계속되고 있는데, 이는 닭이 먼저냐 달걀이 먼저냐 하는 문제와 마찬가지다. 과연 사람들은 인구밀도의 상승 때문에 식량 생산을 시작할 수밖에 없었을까, 아니면 식량 생산 덕택에 인구밀도가 상승했을까? (…) 이는 긍정적 피드백 안에서 일어나는 자가촉매 과정으로, 일단 시작된 후에는 스스로 촉매작용을 되풀이하여 점점 더 가속화된다.(Jared Diamond, 1997, p. 98)

다이아몬드가 언급한 내용 중 묘미는 '상호적이고 자가촉매적 과정'을 제기한 데 있다. 필자는 그 견해에 두 가지 결함이 있다고 생각한다. 첫째는, 전통적 의미에서 인구 증가는 농업을 유발할 수 없다. 생태 문제에 대해서라면 이미 늑대, 양, 풀의 관계에 대한 오래된 레퍼토리가 있지 않은가. 늑대가 많아지면 양이 줄어들고, 뒤이어 양을 먹지 못한 늑대가 줄어든다. 풀을 먹던 양이 줄면 풀이 증가하고, 그 후 늑대가 줄면서 양이 증가한다. 이것이 사라지면 저것이 증가하는 상황이 끝없이 반복되는 것이다. 이 모형이 생태계의 전부는 아니지만 생태계에서 벌어지는 상황 중 하나이긴 하다. 이런 상황에서는 어느 한쪽도 지속적으로 증가할 수 없다. 따라서 인구 증가 뒤에는 통상적으로 인구 감소가 발생할 것이다. 인구 증가 자체가 지속가능하다고 말할 수는 없다. 또한 늑대가 많아지면 그들이 스트레스 하에서 새로운 길로 들어서게 되어 더 이상 무모하게 양을 포획하지 않을 것이라고도 말할 수 없다. 인구 증가는 그저 배경조건일 뿐, 새로운 길에 들어설 수 있었던 것은 새로운 요소가 진입했기 때문이다. 배경조건은 자주 나타나지만, 그로 인한 변화는 드물게 나타날 것이다. 그중 새로운 요소가 바로 중요한 열쇠다.

둘째, 농업과 인구의 상호 촉매작용뿐만 아니라, 농업의 '자가잠금식(self lock)' 논리에 대해서도 재인식이 필요하다. 최초에 닭이 먼저였든 달걀이 먼저였든 상관없이, 일단 농업이 시작되면 되돌아갈 수 없다. 농업이 인구 급증을 초래했다면, 이런 규모의 인구는 이미 구시대의 수렵이나 채집에 의존해서는 먹고살 수가 없으므로 그 노동 정도가 훨씬 고되더라도 그저 묵묵히 농업에 의존할 수밖에 없다. 또한 농업이 발전함에 따라 수렵과 채집을 하는 지역이 심하게 줄어들어, 몇 세대만 지나가도 수렵-채집 기술은 낯설어지고 곧 단절되고 말 것이다. 그 후 사람들은 모두 농사를 짓게 될 것이다.

이후에도 인구 증가는 멈추지 않았다. 인구와 토지 문제의 갈등은 이민을 초래했고 이에 셀 수 없이 많은 부산물이 생산되었다. 아마 그 초기 단계에서부터 이민은 농업의 기원과 서로 연관되어 있었을 것이다.

따라서 농업의 기원에 대한 연구에서 관건은 바로 '최초의 농업을 촉발하고 인구 증가를 초래한 특수한 정착지는 어디였는가, 또 어떤 유형이었는가'다.

# 5

# 농업을 가능케 한
# 하늘의 선물, 성미

필자는 허빙디(何炳棣)의 저서에서 처음으로 고대 문헌에 기재된 야생 벼에 관한 내용을 읽었다. 이를 '성미(聖米)'라고 부르며, 필요한 부분만 뽑아 간추리자면 다음과 같다.

1. "오(吳)나라 손권(孫權) 황룡(黃龍) 3년(서기 231년), 유권(由拳)에 야생 벼가 자라자, 유권을 화흥(禾興)으로 개명하다."(『송서(宋書)』)(유권과 화흥은 지명이다.)

2. "송문제(宋文帝) 원가(元嘉) 234년(서기 446년), 오군(吳郡) 가흥(嘉興) 지방의 염관현(鹽官縣)에는 야생 벼 30여 종이 자생하였다."(『송서』)

3. 양무제(梁武帝) 대동(大同) 3년(서기 537년) 9월, "북서주(徐州) 내에 논피 2000경(頃) 정도가 자생하였다."(『양서(梁書)』)

4. "양무제 대동 3년 가을, 오흥(吳興)에 야생 벼가 자라, 배고픈 자들을 이롭게 하였다."(『문헌통고(文獻通考)』)

5. "개원(開元)* 19년(서기 731년) 4월 1일, 양주(揚州)에서 아뢰길, 야생 벼 211경, 벼 1800경이 있는데, 그 쌀알이 일반 벼와 다르지 않았다."(『당회요(唐會要)』)

6. "대중(大中) 6년(서기 852년) 9월, 회남(淮南) 지역 절도사** 두종(杜悰)이 아뢰길, 해릉(海陵)과 고우(高郵) 두 현의 백성들이 관하(官河)에서 안 좋은 쌀을 걸러 삶아 먹었는데 이를 성미(聖米)라 불렀다."(『문헌통고』)

7. 창주(滄州) 노성현(魯城縣)에서 "건부(乾符) 원년(서기 874년), 2000여 경의 야생 벼와 수경작물이 자라 연나라와 위나라의 굶주린 백성들이 그것을 먹었고, 이로 인해 이름을 (건부로) 바꿨다."(『신당서(新唐書)』)

8. "태평(太平) 흥국(興國) 4년(서기 979년) 8월, 숙주(宿州) 부리현(符離縣)의 비호(卑湖)에 벼가 자생하여 백성들이 그것으로 배고픔을 달래니, 그 맛이 면과 같아 그것을 성미라 불렀다."(『문헌통고』)

9. "대중(大中) 상부(祥符) 3년(서기 1010년) 2월, 강릉(江陵) 공안현(公安縣)의 밭에서 자생한 벼 400곡(斛)***을 수확했다."(『문헌통고』)

10. "대중(大中) 상부(祥符) 6년(서기 1013년) 2월, 태주(泰州) 관내 4개 현에서 성미가 자랐다."(『문헌통고』)

11. "천성(天聖) 원년(서기 1013년) 6월, 소(蘇), 수(秀) 두 개 현의 호전(湖田, 호수 주변을 개간한 논)에서 성미가 자라, 굶주린 백성들이 이를 가져다 먹었다."(『문헌통고』)

12. 산동(山東) 몽성(蒙城)현에서 "만력(萬曆)**** 8년(서기 1580년) 9월, 교외의 농촌에 성미가 수백 곡(斛)이 자랐다."(『도서집성(圖書集成)』)

---

* 당(唐) 현종(玄宗)의 연호.
** 당(唐) 대에 설치한 지방 군정의 최고 장관.
*** 과거 용량의 단위로, 1곡은 본래 10두(斗)였으나, 나중에 5두로 바뀜.
**** 명대(明代) 신종(神宗)의 연호.

13. 산동 비향현(肥鄉縣)에서 "만력 41년(서기 1613년) 계축(癸丑)년 가을 7월에 큰물이 져, 야생 벼가 풍년이 들었으니, 한 묘당 12석(石)을 수확했다."(『도서집성』)

또한 허빙디는 사료 두 항을 인용해 사실과 사료의 차이를 증명했다.

역대 각지에서 야생 벼가 나타났던 횟수를 보면, 현존하는 사료에 열거된 사례보다 그 숫자가 훨씬 더 많았다. 마단림(馬端臨)의 『문헌통고』에서 이를 확실히 증명하고 있다. "우삼조(右三朝)의 서부지(瑞符志)에 기재된 바에 따르면, 건덕(乾德)에서 천희(天禧) 때까지 군과 현에서 이삭, 귀리, 야생곡물 등이 자랐다. 다 열거할 수가 없어 우선 뛰어난 한두 개만 골라 여기에 쓴다." 명청사(明淸史) 기록에 이런 종류의 일은 기재하지 않았는데, 그 이유는 『대명회전(大明會典)』에서 가장 명확하게 설명하고 있다. "조종(祖宗)은 하늘의 경계를 삼가 받들어, 나중에 상서로운 일을 아뢰고 앞서 재난을 고했다. 홍무(洪武)••••• 원년(1368), 전국의 모든 관계 부서에 재해는 사실대로 상부에 고하라고 명하였다. 2년째 되던 해에는, 자연 재해가 발생하면 크든 작든 군주에게 아뢰라고 명하였다. 4년째 되던 해에는, 다시 상서로운 일은 군주에게 아뢰지 말라 명하였다."

다음과 같은 사실도 논증해냈다. 상술한 내용 중 '성미'가 기재된 달이 "일반적으로 벼를 재배할 때 익는 시기와는 현저하게 차이가 나는 것으로 보아, 특수한 품종임에 틀림없다."(何炳棣, 1969, pp. 151~153)

---

••••• 명나라 주원장의 연호.

앞에 언급된 내용을 읽은 뒤 필자는 너무 놀라 하루 종일 이 생각에만 빠져 있었다. 그리고 다음 날 갑자기 깨달았다. '성미'가 어쩌면 바로 그 특별한 정착 유형과 농업의 기원을 이끌지 않았을까. 그래서 곧바로 '성미'와 관련된 저술을 찾기 시작했다. 그래서 찾은 것이 독일의 유명한 인류학자 율리우스 립스(Julius E. Lips)의 놀랄 만한 주장이었다. "수확민들이 농업을 발명했다." 그는 헤로도토스(Herodotus)의 저서에서 수확민의 존재를 찾아냈다. 오늘날 원시부족에서도 야생작물 수확민을 목격할 수 있다. 그는 말한다.

> 이런 민족 집단은 존재하고 있었다. 그들의 경제 유형은 채집, 수렵 및 생산경제의 부족한 점을 모든 방면에서 보완해줄 수 있었다. 우리는 그들을 '수확민'이라고 부른다. 그들은 한 가지 혹은 몇 가지 야생식물을 수확해 한 해의 식량으로 충당했다. 그들은 목축뿐 아니라 농업에도 종사하지 않았다. 모든 경제 시스템은 야생식물의 채집이 아닌 수확을 기반으로 형성되었다. (…) 수확민은 계획적 농업은 하지 않았지만 야생작물을 대하는 태도는 채집민이나 수렵민과 달랐다. 오히려 농업민족의 정신상태와 유사했다. 그들은 노래하고 의식을 거행할 때 수확한 과실을 찬양했으며 풍년을 기원했다. (…) 수확지는 부족과 사회활동의 중심이 되었다. 생활이 보장되자 부족의 구성원이 증가했고 수렵민이나 채집민과 비교했을 때 수확민의 공동체가 훨씬 컸다. 위네바고(Winnebago)인은 거주지마다 300명 정도가 살았고, 뉴기니의 와카티미(Wakatimi)인과 오보타(Obota)인은 각기 1000명 정도의 사람들로 공동체를 이루고 있었다.(Julius E. Lips, 1953, pp. 86~91)

이렇게 농사에 종사하지는 않으나 농업부족처럼 수확하는 사람들만이 농업을 발명한 사람들이라고 볼 수 있다. 립스의 놀랄 만한 주장은 의외로 허빙디가 쓴 '성미'에 관한 기술보다 훨씬 앞선다. 허빙디 저서의 참고문헌을 보면 그가 립스의 저술을 몰랐다는 사실을 알 수 있다. 서로 단절된 상태에서 논점과 소재가 일치하기에 더 강한 설득력을 갖는다. 립스 이후에 야생 벼와 밀에 관한 논증이 끊임없이 나왔다. 할런과 조하리(D. Zohari)는 터키의 야생 보리를 이렇게 묘사한다.

> 현재 보리밭에서 마치 재배한 것처럼 조밀하게 자생한 야생 보리를 몇천 헥타르의 토지에서 수확할 수 있다. 만약 지금의 풍년이 1만 년 전의 상황을 말해주는 것이라면 분명 터키 동남부의 이 야생 보리밭은 그때의 식량 채집민들을 단번에 사로잡았을 것이다.(Erich Isaac, 1970, p. 78에서 재인용)

학자들은 다른 지역의 야생 벼와 보리에 대해 다음과 같이 묘사했다.

> 인도의 각기 다른 지역에서 지금까지도 야생 벼가 자라고 있다. 현재 이 지역에서는 벼도 재배하고 있지만 많은 지역, 예를 들어 오릿사(Orissa)의 자이푸르(Jaipur) 지역 사람들은 여전히 야생 벼를 채집하고 있다. 채집과 농업이 병존하는 이런 현상은 지금으로부터 8000년 전 농업이 가장 초기 단계에 있을 때 인도 유역의 메르가르(Mehrgarh) 지역에서 아주 뚜렷하게 나타났다.(Lloyd T. Evans, 1993, pp. 47~48)

> 미네소타주 호수의 벼는 지금은 이미 미국인의 식량 중 하나로 자리잡았지만, 이전에는 현지인의 주식이었다. 그들은 적은 노동을 들여 대량

의 호수 벼를 수확할 수 있었는데, 이는 매우 경제적이고 수지에 맞았다.(Felipe Fernández-Armesto, 2001, p. 94)

할런의 직접 체험은 많은 학자들의 글에서 미담으로 언급된다.

할런은 터키에서 단지 손과 돌낫만을 사용해서 시간당 1킬로그램 이상의 깨끗한 야생 보리 알맹이를 채집할 수 있었다. 그는 뒤이어 결론을 낸다. "한 가족 단위가 (…) 3주 내지 더 많은 시간에 쉽게 야생곡물을 채집할 수 있으며, 그렇게 고생스럽지 않게 이 가족이 1년 동안 소비할 혹은 더 많은 곡물을 채집할 수 있다."(Lloyd T. Evans, 1993, p. 3; Felipe Fernández-Armesto, 2001, p. 94)

한 지대의 야생 벼와 보리의 수확은 일회성인가 아니면 지속가능한 것인가? 에리히 아이작(Erich Isaac)은 말한다. "수확이 한 지역의 생산력을 감소시킨 적은 없다. 오히려 이를 증가시켰다."(Erich Isaac, 1970, p. 89) 립스의 『사물의 기원(The Origin of Things)』 역자인 왕닝성(汪寧生)은 이 책의 재판(再版) 후기 각주에서 명나라(明代) 주맹진(朱孟震)의 『서남이풍토기(西南夷風土記)』 중 한 구절을 인용했다. 오늘날 윈난(雲南) 서쪽 지역에는 "야생 벼 이삭이 있는데, 파종하거나 김을 맬 필요도 없이 저절로 이삭이 나고 열매를 맺으니, 이곳을 천생곡(天生谷)이라 불렀다. 매 계절마다 한 번씩 수확하니 오랑캐들에게 이득이 되었다." 여기서도 그 지속성이 분명하게 드러난다.

그렇다면 수확이 지력을 쇠퇴시키지 않는다는 말인가? 두 가지 해석이 가능하다. 첫째, 작물화가 되지 않은 벼와 보리는 쉽게 떨어진다. 그래서 일부만 수확할 수밖에 없다. 심지어 일부 탈락한 종자에서 싹이 나고, 어떤 것은 비료가 된다. 따라서 이 땅의 야생 벼는 계속 성장할 수 있게 된다. 둘째, 아마 일회성 수확만 가능한 지대도 있고 지속적으로 자라나는 지대도 있을 가능성이 크다. 어쨌든 대자연은 넓고 토양이 엄청나게 비옥한 지대도 있기 마련이다. 이런 지대가 존재하기만 한다면 사람들이 이곳에 정착하고 촌락이 생길 것이다. 지속적으로 자라는 야생 벼와 보리 지대는 분명히 드물다. 하지만 농업 기원의 조건이 극단적으로 가혹하지 않은 것이 오히려 상상 밖의 일일 것이다.

그런데 이 지대가 농업지대로 발전해나가는 여정에서 여전히 중간 과정이 비어 있다. 대자연의 선물이 이렇게 넘치고, 3주면 1년 치 식량을 수확할 수 있는데 왜 또 재배를 해야 했을까? 이는 현실적 문제다. 러시아 고고학자 블라디미르 카보(Vladimir Kabo)는 말한다.

막시모프(Maksimov)는 오스트레일리아의 원주민 같은 무리는 문화 발전상 중석기시대의 전형적인 수렵-채집민에 속한다는 견해를 제시한 바 있다. 하지만 그들은 생산경제(카보의 글에서 채집·수렵은 '의존경제'로 불린다)와 매우 밀접했는데, 이미 식물을 관리하는 기술에 정통했고, 특정한 계절에 수확한다는 것도 제대로 이해하고 있었으며, 여러 방식으로 식물을 가공하여 음식으로 만들었다. (유독식물의 독소 제거, 탈곡, 탈각, 제분 및 발효되지 않은 빵 굽기 등을 포함한다.) 훗날 연구원들은 이런 원주민들이 어떤 면에서는 막시모프가 생각한 것보다 더 농업에 가까웠다고 보았다. 예를 들어, 이미 관개(灌漑)의 초기 형태(댐과 저수지 건축물)로 가뭄철에 토지가 마르는 것을 방지했다. (…) 하지만 원주민에게는 중요한 것 하나가 부족했다. 농사 준비와 재배 활동을 시작으로 하는 체계적이고 목적성 있는 식물 재배다. (…) 원주민에게는 가장 원시적인 농업으로라도 채집-수렵으

로부터 벗어날 결정적인 한 걸음이 없었다.(Vladimir Kabo, 1985)

대규모의 수확, 가공, 저장 등 수확민과 채집민 사이의 차이점은 무척이나 많다. 그래서 그들은 돌낫, 맷돌, 돌절구, 절굿공이 등 여러 가지 도구들을 개발해냈다. 인류학자들은 현존하는 원시부락을 조사하면서 그들이 여전히 채집에 의존해 살아가고 있지만 야생식물의 생산량을 증가시키는 몇몇 방법을 잘 알고 있다는 사실을 발견했다. "야생 참마를 거둘 때에는 덩이줄기를 거의 다 잘라내면서도 줄기와 윗부분은 남기고 도로 땅에 묻어서 다시 덩이줄기가 자랄 수 있게 했다."(Jared Diamond, 1997, pp. 92~93) 야생식물과 더 밀접하게 접촉했다고 여겨지는 '수확민들'은 종자가 땅속으로 들어가면 발아하고 성장하여 열매를 맺는다는 사실을 벌써 알고 있었다. 길고 긴 수확의 역사 속에서 재배에 필요한 대부분의 지식은 이미 상당히 많이 축적된 상태였다.

대량의 야생자원을 두고 재배를 한다면 이는 매우 어리석은 짓이다. 그렇다면 이 '결정적 한 걸음'은 무엇 때문에 내딛게 된 것일까? 필자는 인구의 압박 때문이라고 생각한다. 일상적으로 나타났던 인구 압박은 농업의 기원과 아무런 관련이 없고, 특이한 상황에서의 인구 압박만이 영향을 끼친다. 즉, '수확민' 집단에서만 일부 사람들이 인구 압박으로 인해 '결정적 한 걸음'을 내딛었다.

할런과 조하리는 야생곡류가 가장 풍부한 지역 내가 아닌 그 부근에서 농업이 시작되었을 것이라고 본다.(Lloyd T. Evans, 1993, p. 49)

필자의 견해는 이렇다. 농업은 '수확민' 집단 내 이민자들이 시작했다. 우리는 이런 상황을 한번 상상해볼 수 있다. 풍요로운 야생곡물 지역을 따라 정착한 수확민 집단은 하늘이 내린 자원으로 인해 놀라

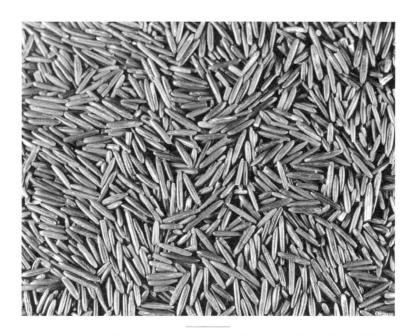

인류가 우연히 발견된 야생벼를 수확해 먹기 시작하면서 수렵-채집의 시대는 저물기 시작했다. 식량을 안정적으로 확보하면서 인구는 급속도로 증가하기 시작했고, 야생에서 자라는 야생벼만으로는 한계가 있음을 깨닫게 되면서 다른 대안을 찾아 나서야 했다. 바로 조직된 농경의 시작이었다.

울 정도로 지속적인 수익을 거뒀고 이로 인해 인구가 급증했으나, 끝내 식량 공급이 수요를 감당하지 못하게 된다. 그리하여 단체 내에서 타협을 하게 되는데, 일부 사람들이 상당한 곡물을 가지고 주변 지역으로 이주하여 재배, 채집, '수확'을 하는 복합적 경영을 시작한다. 이러한 형태의 경영에서 재배가 높은 지위를 차지하고 있는 이유는 그들이 한없이 성미를 생산해내는 지대를 스스로 만들어내길 간절히 갈망해왔기 때문이다. 예기치 않게 그런 성지(聖地)는 지속되지 못했지만, 농사를 일단 시작한 후에는 멈추기가 어려웠다.

할런은 많은 예를 제시했는데, 그는 지중해, 중국, 남아메리카든 상관없

이 농업은 하느님이 인류에게 선사한 선물이라 믿는다.(Ibid., p. 41)

'하느님'은 단지 할런의 수사적 표현일 뿐이리라 믿는다. 이는 엄청난 다양성을 가진 대자연이 하나의 독특한 주변 환경을 만들어줬다는 의미다. 세계를 답파하며 채집과 수렵을 하던 인류가 이 행운의 땅을 발견한 뒤, 환경의 힘은 사람들의 활동방식인 수확, 가공, 저장, 신형 도구 제작으로 인해 소폭 조정되었다. 사람이 너무 넘쳐나서 탈이 생긴 이후 일부 용감한 자들이 축적된 지식과 종자를 가지고 가서 재배를 시도해본 것이다. 성미와 행운의 땅은 그중 가장 중요한 요건이었다. 농업은 압박과 고생으로 생겨난 것이 아니라 반대로 야생곡물이 가장 풍요로운 지대에서 나타났다.

지금까지 고고학자들은 농업 기원의 첫 번째 중심지인 비옥한 초승달 지대가 '행운의 땅이 농업을 유발했다'는 판단을 증명한다고 생각했다. 이 지역의 우월한 자연 조건은 지구상에서 거의 유일무이하다. 비옥한 초승달 지대는 태평양, 대서양, 인도양과 멀리 떨어져 있어서 해양 순환이 유발하는 예측불가한 해양연안의 기후 요소를 차단시켰다. 게다가 비옥한 초승달 지대는 5대 수역에 둘러싸여 있다. 서쪽의 지중해, 북쪽의 흑해, 카스피해, 동쪽의 페르시아만, 남쪽의 홍해는 "비옥한 초승달 지대 상공의 대기가 변화할 가능성을 풍부하게 보여주지만, 예상 밖의 날씨는 거의 나타나지 않는다. 이런 예측 가능성, 작물과 가축의 다양성에 도움이 되는 환경과 시기가 잘 조화되었다."(Haim Ofek, 2001, p. 234)

여기에서 관건이 되는 것은 수확 가능한 야생곡물이다. 서기 3세기부터 지금까지 오늘날의 중국, 인도, 이란, 오스트레일리아, 미국 땅에서 야생곡물과 수확민이 모두 발견되었고 기록도 남아 있다. 여기서 상고시대의 비옥한 초승달 지대에는 공백이 없었을 것이라는 사실을 짐작할 수 있다. 마침 현지 야생 보리의 강력한 촉발로 이곳의 농업이 더욱 왕성하게 발전하여, 문자 기록의 시대에 들어선 이후에는 이미 논으로 다 뒤덮였을 수도 있다. 다이아몬드는 증거를 제시하지는 못했지만 비옥한 초승달 지대가 넓은 야생 보리 지대를 보유한 적이 있어서 사람들이 영구적으로 정착하게 되었다고 가정한 바 있다.(Jared Diamond, 1997, p. 129) 한마디로, 비옥한 초승달 지대의 역사는 이곳이 '인류에게 선사한 하늘의 선물'임을 보여주는 예증이라고 할 수 있다.

이론과 해석은 반드시 반례에 부딪히는 법이다. 상술한 '선물'에는 사실 벼와 보리만 포함된다. 인류가 최초로 작물화한 것은 보리, 벼, 조다. 나머지 품종의 작물화는 조금 더 늦다. 허빙디가 수집한 열세 개 항의 역대 문헌에 기록된 '성미'에는 뜻밖에도 조가 포함되지 않는다. 벼는 아마 조보다 빨리 작물화되었을 것이다. 하지만 초기 중화문명의 역사 속에서 조는 그 무엇보다 뛰어난 역할을 했다. 조의 어떤 자질이 선인들을 이끌었는지는 여러 이야기가 복잡하게 얽혀 분명하지 않다. 이 장의 마지막 부분에서 조와 벼에 대해 토론해보도록 하겠다.

# 6

# 인간은 동식물을,
# 동식물은 인간을 길들이다

농업의 기원에 대해 토론한 다수의 저작은 농작물의 작물화에 대해 언급한다. 이는 충분히 이해된다. 재배된 농작물과 야생식물의 엄청난 차이는 사람들의 관심을 끌었고 이 차이가 어떻게 생겨났는지 생각하게 만들었다. 하지만 농업의 기원에서 작물화는 상상만큼 그리 중요한 위치에 있지는 않다. 여기에서 닭과 달걀의 관계는 분명하다. 비록 작물화가 농업을 구성하는 중요한 부분이기는 하지만 농업은 작물화에서 시작되지 않았다.

필자는 작물화에 대한 두 가지 정의를 읽었는데, 그중 1982년 요하네슨(Johannessen)이 내린 정의는 다음과 같다. 작물화란 "재배와 경작이 시작된 이래 지속적으로 인류의 통제를 받아온 유전자 개량형의 효과적인 진화 과정"이다.(Lloyd T. Evans, 1993, p. 38) 다른 하나의 정의는 다이아몬드가 내놓았다. "식물의 작물화는 이렇게 정의할 수 있다. 어떤 종류의 식물을 재배함으로써 의식적으로든 무의식적으로든 소비자인 인간에게 더 유용하도록 야생의 조상을 유전적으로 변화시키는 일이다."(Jared Diamond, 1997, p. 102)

식물의 작물화가 이루어낸 주요 변화는 다음과 같다. 곡류와 콩류의 열매가 쉽게 탈락하지 않게 되었고, 신속하고 규칙적으로 발아했으며, 개화와 동시에 여물었다. 과실은 크고, 껍질은 얇고 독이 없었으며 다작이 가능했다. 과실은 익으면 쉽게 떨어져 종자가 땅에 잘 묻히도록 도와준다. 한편 불규칙한 발아와 성장은 종 구성의 다양성을 보여주는데, 이는 종이 갑작스러운 재해에도 전멸되지 않도록 도와준다. 상술한 두 가지 형질은 모두 야생종의 적응성을 보여준다.

인류의 필요에 가장 부합하는 형질을 두 가지 꼽으려면 분명 쉽게 떨어지지 않는 과실과 규칙적 발아기와 성숙기다. 곡류와 콩류, 특히 전자는 인류에게 가장 중요한 식량이기 때문에 이 두 형질의 중요성은 특별히 더 부각된다. 여기서 흥미롭고 다행스러운 사실은 이 두 가지를 모두 힘들이지 않고 손쉽게 얻었다는 것이다. 인류가 최초의 돌낫으로 야생 벼와 보리를 수확할 때 가장 큰 난제는 종자가 탈락하는 것이었다. 상상해보자. 낫으로 한번 벨 때마다 과반 이상의 종자가 탈락해서 아주 일부분만 손에 들어왔다. 하지만 그와 동시에 선별도 순식간에 완성됐다. 즉, 손에 들어온 반 이상은 쉽게 떨어지지 않는 종자다. 유전법칙은 이렇게 작용한다. 쉽게 탈락하는 종의 후대 역시 대부분 쉽게 탈락하고, 쉽게 탈락하지 않는 종의 후대는 마찬가지로 대부분 잘 탈락하지 않는다.

이런 식이라면 재배하지 않고 손을 놓고 있어도 상관없다. 일단 재배가 시작되면 첫 번째 수확을 할 때 쉽게 탈락하지 않는 형질은 그 윗대보다 훨씬 더 강해진다. 이 밑동에는 여전히 잘 탈락하는 것이 적잖이 남아 있겠지만 그들 중 대부분은 또 저절로 떨어져 수확되지 못하기 때문에, 또 한 번의 선별을 거치는 셈이다. 그리하여 수 대에 걸친 재배와 수확을 통해 인류는 본의 아니게 종자가 쉽게 떨어지지 않는 농작물을 얻게 되었다. 야생식물군 중에서 각 벼이삭의 발육기와 성숙기는 규칙적이지 않다. 야생 벼와 보리가 풍요로운 지대에서 '수확민'은 벼이삭이 비교적 많이 여무는 시기에 수확을 시작하기만 하면 된다. 수확량이 적지 않았기 때문에 늦게 여문 벼이삭은 포기해도 상관없었다.

이렇게 들판에 있는 벼이삭의 발육기와 성숙기는 일정하지 않았지만, '수확민'의 손에 들어온 종자의 발육기와 성숙기는 대략 일치했다. 재배를 하지 않아도 그만이지만 일단 재배를 시작하면, 많은 종자가 비교적 규칙적으로 발아하고 성장한다. 대대로 재배-수확을 겪으면서 농작물의 발육기와 성숙기는 점차 일정해졌다. 사실상 일찍 발아한 종자가 편안한 성장기를 보낼 가능성이 더 높다. '수확민'이 조금 일찍 수확을 시작하면 조생종(早生種)*을 얻게 된다. 이와 동시에 껍질이 얇은 종이 선택되는데, 얇은 껍질과 조숙은 밀접하게 관련되어 있기 때문이다.

이러한 몇 가지 형질은 무의식적으로 얻게 된 것이다. 농작물의 과실이 더 크고, 독이 없는 것은 부분적으로는 의도적이고 의식적인 행위의 산물이다. 딸기가 점점 커지는 것은 의심할 여지없이 선별의 결과다. 벼와 보리의 알곡 크기가 커진 것은 파종 전에 우량품종을 골랐기 때문일 것이다. 최초의 농민은 고심해서 옹골진 종자를 골랐다. 주된 동기는 발아를 보장하기 위해서였을 가능성이 높은데 어쨌든 의도적인 행위다. 독이 없는 형질은 대체로 쓴맛을 피하던 데서 비롯

---

• 같은 농작물 가운데 다른 것보다 일찍 성숙하는 품종.

되었다. 쓴맛은 항상 독소와 결합되기 때문이다. 만약 동일한 종에 쓴맛을 내는 것과 그렇지 않은 것이 모두 포함되어 있다면 인류는 후자를 골라 번식시킬 것이다. 만약 어떤 종이 높은 가치를 지니고 있지만 모두 독성이 있다면 이 문제를 해결하는 것은 오늘날의 과학 연구자들에게도 어려운 일이다. 그러니 초기 농민들은 더더욱 속수무책이었을 것이다.

이상의 분석에서 가장 중요한 작물화의 두 가지 요소는 완전히 무의식적으로 얻어졌음을 알 수 있다. 크고 독이 없는 형질이라는 목표를 꼭 직접적으로 추구했다고 할 수는 없다. 동물도 똑같이 크고 단 것을 추구한다. 사실 동물과 식물은 상호작용 속에서 진화한다. 과일은 미성숙할 때는 초록색이었다가 성숙한 후에는 선홍색을 띤다. 선명한 색 차이는 과일을 맛본 동물에게 풋풋한 열매를 피하고 미성숙할 때는 베어 물지 말라고 경고한다. 동물은 색이 선명한 먹을거리를 먹고 식물이 종자를 퍼뜨리는 것을 돕는다. 상호작용 속에서 과일은 동물의 판단력을 '개량'했고, 동물은 과일의 각기 다른 단계의 색깔을 '개량'했다. 다이아몬드는 말한다.

그러나 우리는 이러한 진화과정을 개량이라고 말할 수는 없다. 새나 박쥐를 비롯한 다른 동물들은 개량을 정의하는 다른 요소를 충족시키지 못하기 때문이다. 즉, 동물은 의식적으로 식물을 지배하지 않는다.(Jared Diamond, 1997, p. 104)

진화는 무의식적인 것이고 이성에 호소하지 않는다. 이와 대조적으로, 작물화는 의식적이고 의도적인 것으로 보인다. 하지만 역설적으로 인간은 재배와 수확에만 의식과 목적을 가졌었다. 초기 작물화에서 얻은 형질들, 예컨대 열매가 쉽게 떨어지지 않는 것, 규칙적인 발아기와 성숙기는 완전히 무의식적이고 의도하지 않은 결과다. 동물과 무엇이 다른가?

물론 일단 작물화의 길이 열리고 나서는 목적성 행위가 날로 늘어난다. 커다란 사과는 접붙이기를 해야만 했기 때문에 뒤늦게야 얻을 수 있었다. 이는 절대 무의식적인 행위의 산물이 아니다.

비록 많은 방면에서 무의식적이었지만 인간과 보리, 벼, 옥수수는 생물사(生物史)상 가장 위대한 합작을 이루어냈으며, 지구 최고의 승자가 되었다.

> 보리는 조금 특별하다. 대다수의 다른 초본들보다 더 강한 적응력을 가지고 있다. 보리와 인류는 많은 초본식물을 자연계에서 쫓아내어 자신들이 전 세계에 폭넓게 번식하고 생장할 수 있게 했다. 하지만 보리의 적응능력은 여전히 인간에 비할 바가 못 된다. (…) 인류의 생존능력은 자연에 있는 모든 생물 종을 능가한다.(Felipe Fernández-Armesto, 2001, p. 113)

보리와 벼는 같은 맥락에 있다. 이 둘은 모두 1만 년 전에 작물화가 이루어졌고 인간에 의해 공동 재배되었다. 옥수수는 늦어져서 5000여 년 전에 작물화가 이루어졌지만 나중에는 오히려 보리를 추월했다. 2006년 세계 총생산량은 보리 6.07억 톤, 쌀 6.35억 톤, 옥수수 7.78억 톤으로, 각각 약 100만 제곱킬로미터의 농지를 차지하고 있으니, 두말할 것 없이 세계 3대 식물이라 할 수 있다.

다시 인간을 보면 그 총인구수가 이미 70억에 달하는데, 이는 세계에 현존하는 모든 대형동물 개체수의 120배에 상당하는 숫자다.(Edward Wilson, 2002, p. 54) 오늘날 육지식물이 태양에너지를 전환

해서 만들어낸 바이오에너지의 20~40퍼센트는 인간이 차지하고 있다.(Edward Wilson, 1996)

이상 세 종류의 농작물이 인간에 의존하지 않았다면 당연히 오늘날의 지위를 얻을 수 없었을 것이다. 하지만 이 작물들도 각기 잠재능력을 지니고 있었기에 이 정도의 결과를 이루어낸 것이다. 보리와 벼는 영양가가 높고 맛이 좋으며 작물화하기 쉽고 잡초를 억제하는 특징이 있다. 음식으로 만들기 쉽다는 점도 장점이다. 쌀밥은 가장 만들기 쉽다. 보리는 초기에는 가공하기 좋지 않았다. 그 낟알은 찌거나 삶은 후에는 맛이 떨어져서 가루로 만든 죽도 맛이 없었다. 제빵법을 발명한 후에야 보리는 서양 음식의 왕좌를 차지하게 되었다. 하지만 제빵법이 언제 발명되었는지는 인간이 요리법을 모색해나갔던 역사 속으로 이미 묻혀버려 영원히 그 의문을 풀지 못할 것 같다. 중국의 만터우(饅頭)•도 비슷하다. 옥수수는 끊임없이 개량되어 두 큰 형님의 생산량을 추월했다. 인간이 보리, 벼, 옥수수를 다 먹는 양상이 세계 생태계 구성에 어떤 영향을 가져올지는 깊이 생각해볼 필요가 있다.

작물화·가축화에 관해 토론할 때는 당연히 동물이 빠질 수 없다. 첫 번째 문제는 바로 이것이다. 동식물의 가축화·작물화 중 어떤 것이 먼저였나? 전통적 관점에 따르면 수렵-채집-목축업-농업 순이었으나, 최근 몇십 년 동안 농업이 가장 앞선다는 견해가 주류를 차지하게 되었다.(Gordon Childe, 1951, p. 53; Erich Isaac, 1970, p. 60) 중국학자들이 중국 고고학과 역사 자료를 통해 얻은 인식과 당대 주류의 인식은 비슷하다. 리건판(李根蟠) 등의 학자는 중국에서 발견된 대량의 신석기시대 유적들은 기본적으로 모두 재배업을 위주로 한 종합경제

---

• 소를 넣지 않고 밀가루만 발효해 만든 찐빵.

의 면모를 보여주며 지금까지 아직 단 한 곳에서도 목축경제를 위주로 한 초기 농업문화 유적은 발견되지 않았다고 여긴다. 원시농업의 전체 발전 과정에서 목축업은 발전하고 있는 신생 경제 분야였고, 발전에 있어 어느 정도는 재배업에 의존하고 있었다. 강족(羌族), 흉노족(匈奴族), 동호족(東胡族) 등의 유목민족은 정착을 통한 농업문화에서 자생 혹은 분화되어 나온 것이다.(遊修齡, 2008, 서문에서 재인용)

비밀에 싸인 동물의 가축화는 어떤 과정으로 시작되었을까? 고든 차일드(Gordon Childe)는 말한다.

일단 곡물이 창고에 차면 농경민은 굶주린 무플런(mouflon, 야생 양의 하나)과 들소를 집 안으로 들인다. 이런 들짐승은 너무 약해서 도망칠 수도 없을 정도며, 너무 말라 식량으로 쓸 만한 가치도 없다. (…) 아마 저장한 곡물 중 남는 것을 먹였을 것이다. 이렇게 동물은 길들여지고 사람과 가까이 있는 습관이 든다. (…) 사람들이 촌락 주위를 배회하는 반 가축화된 동물 무리를 잡기 쉬운 사냥감으로 저장해둘 수 있다는 이점을 깨달았었다면, 바로 가축화의 길로 들어섰을 것이다. (…) 그들은 이렇게 저장해둔 육류를 사용할 때 반드시 금기를 지키고 감별을 시행해야 했다. (…) 새끼와 길들인 동물의 도살은 금지했다. (…) 가장 겁 많고 길들여지지 않는 황소와 숫양만 죽였다. 아마 처음 선종하기 시작했을 때는 복종시키기 어려운 들짐승을 제거하다가 결과적으로 온순한 동물들에게 유리해지는 결과를 낳았을 것이다. (…) 시간이 지남에 따라 양은 길들여져 온순해졌을 뿐만 아니라, 사실상 사람에게 의존했다.(Gordon Childe, 1951, pp. 61~62)

아이작은 말한다.

몇몇 동물의 가축화는 자연적으로 발생한 것 같다. 예를 들어 가축화된 개, 돼지 및 비둘기의 조상은 가축화되는 데 '심리적으로 자연스럽게 적응'했을 것이다. 멧돼지는 인간 촌락을 피하지 않는다. 아마 최초의 돼지와 개는 인간을 찾고 있었을 것이다. 하지만 인간은 점차 상호관계에서 지도자의 위치를 점하게 되었다. 야생의 작은 돼지는 권양하기 쉬웠다. 그들의 강한 움직임은 멧돼지의 사나움과는 달랐다. 그들은 '생각지도 못한 놀라운 순종성'을 개성으로 드러냈다.(Erich Isaac, 1970, p. 137)

당대 생물학자는 대자연에 존재하는 다양한 종 간의 호혜적 관계와 기생 관계를 밝혀냈다. 어메이산(峨眉山) 등의 관광명소에 있는 원숭이는 숨지 않을 뿐만 아니라 여행객을 따라가 음식물을 요구한다. 바꿔 말하면, 농업에 힘입어 인간은 여분의 양식을 획득했고, 일부 동물과 인간은 서로를 필요로 하던 관계였기 때문에 가축화는 어려운 일이 아니었다. 물론 모든 동물이 쉽게 길들여져 가축화될 수 있는 것은 아니다. 동물이 가축화되는 원인에 대해서는 다음 절에서 다시 언급하겠다.

생명의 세계는 교류와 경쟁으로 가득 차 있다. 인간이 동식물을 길들일 때 인간도 동식물에게 '길들여'진다. 아르메스토(Felipe Fernández-Armesto)는 말한다.

박물학자인 데이비드 린도스(David Rindos)는 초기 농업을 묘사하는 표현에 있어 대단한 통찰력을 보여주었다. 그는 이것이 '인간과 동물의 공통점'이며, '공통 진화'의 결과라고 보았다. 이는 일종의 무의식적인 관계로 마치 개미가 무의식적으로 진균을 배양하는 것과 같다. 인간이 품종을 골라 옮겨 심은 후에야 생겨나는 식량 작물들은 인공적 배양을 통해서만 살아남아 번식할 수 있었다. 예를 들어 초본식물의 종자는 사람이 표면의 껍데기를 벗겨주지 않으면 땅에 떨어져 발아할 수 없었다. 농업은 우연히 발생한 변혁이고, 진화의 과정 속에서 뜻밖에 배출된 일종의 새로운 메커니즘이다.(Felipe Fernández-Armesto, 2001, p. 104)

성공적으로 작물화를 이루고부터 농사와 사육으로 먹고살게 된 인간은 더 이상 과거의 인간이 아니었다. 인간은 작물화된 식물을 크게 변화시켰고 후자도 마찬가지로 인간을 길들이고 변화시켰다. 농업시대로 들어선 뒤 수천 년 동안 인간 대부분의 구성원은 더 이상 토지를 떠나서는 살 수 없게 되었다. 그들의 모든 생활리듬은 작물화된 농작물을 따라가야 했고, 반드시 엄격하게 절기에 따라 논밭을 갈고 파종을 하고 제초를 한 뒤 수확하여 저장해야 했다. 이로써 유동의 자유와는 결별해야 했다. 농업민족의 문화는 농업에 깊이 물들어 있다. 24절기가 바로 명백한 증거다. 그들은 그들이 기른 농작물에서 언어를 차용해서 썼는데, 주(周)나라 시조(始祖)는 '후직(后稷)'*이라 호를 지었고, 국가의 상징은 '사직(社稷)'**이라 했다. 시조와 국가조차 농작물과 연관시켜 이름을 지었으니 다른 것은 논할 필요도 없다.

---

* 미래의 오곡(五穀) 신.
** 토지신과 오곡신.

# 7

# 계급, 시장, 종교가
# 농업에 미친 영향

'농업이 계급사회를 만들었다.' 이것이 최근 성행하는 관점이다. 요즘 이와 짝을 이루는 비슷한 이론이 또 하나 생겨났는데, 바로 '계급이 농업을 만들었다'는 주장이다.

　사실 계급의 단초는 농업이 아닌 유전자에서 비롯되었다. 장 자크 루소(Jean-Jacques Rousseau)는 "인간은 평등하게 태어났지만 모든 곳에 속박되어 있다"고 했고, 찰스 다윈은 "플라톤(Platon)은 『파이돈(Phaidon)』에서 우리의 '상상적 이데아(imaginary ideas)'는 영혼의 선재(先在, preexistence)에서 비롯하는 것이지, 경험에서 나오는 게 아니라고 했다. 선재를 원숭이로 고쳐 읽어라"라고 말한 바 있다.(Stephen Jay Gould, 1977, p. 9) 무리를 지어 생활하는 모든 영장류 사이에 '음식과 성'이라는 두 가지 가장 기본적인 욕망에서 평등이란 찾아볼 수 없다. 인류는 이런 사촌들과 함께 진화해왔는데, 그렇다면 평등의 근원은 어디에 있는 것일까? 오히려 우리는 서로 다른 인류 구성원 간

심신의 차이 혹은 본능적으로 그 차이를 추구하는 모습을 목격해왔다. 그 이유는 모두 유전자에 기인한다. 농업은 그저 이미 유전자가 정해놓은 인간관계에 내용을 채워 넣었을 뿐이고, 구성원 간 차이를 구체화해 보여줬을 뿐이다. 다시 말해 인류의 본성이 그러하지 않았다면 농업이 시작된 사회는 완전히 다른 모습이었을 것이다. 물론 그 근원은 유전자에 있지만 농업이 이루어낸 결과도 절대 작지는 않다.

(그 단초가 아닌) 계급, 시장, 종교는 모두 농업 바로 전후로 인류 사회에 도래했다. 이 거대한 세 세력이 당시 인류에게 새롭게 떠오른 생존방식인 '농업'에 영향을 주지 않았다면 오히려 이상한 일이다. 문제는 그 영향이 어느 정도였느냐에 있다. 농업의 기원은 모호하기도 하고 또 그 요인이 너무 많기도 해서 이를 확정하기 매우 어렵다. 하지만 그렇기에 이 세 세력에 대해 한번 생각해보는 것도 의미 없진 않을 것이다.

많은 작가들이 농업의 기원에 대해 토론할 때 '원예'를 언급한다. 요아힘 라트카우(Joachim Radkau)는 이렇게 말한다.

> 단 한 번도 큰 면적의 원시적 경작을 해보지 않은 지역에도 화원은 있다. "인공 재배된 1만 2000종▪의 거의 모든 식물들은 논밭으로 옮겨져 다각 영농의 대상으로 대량재배되기 전에 정원에서 길러지는 과정을 거친다." 근대 초기에 화원은 농작물 생산량을 높이기 위한 실험실이었다. 화원은 어떤 의미에서 경작 초기 단계만이 아니라 마지막 단계에서도 여전히 존재했다고 말할 수 있다.(Joachim Radkau, 2000, p. 63)

---

▪ 이 수치에는 오류가 있지 않나 의심스럽다. 아니면 생물 계통분류에서 말하는 '종'의 의미로 쓰인 것일 것이다.

밭은 왜 존재하는 것일까? 다이아몬드는 다음과 같이 말했다.

거의 1만 1000년 전에 시작된 첫 채소밭의 역할 중 우리가 짐작할 만한 것은 야생에서의 식량 공급이 부족해질 때를 대비한 식량 저장소의 기능일 것이다.(Jared Diamond, 1997, p. 94)

필자가 판단하기에 밭은 어떤 중요한 인물이나 사항 때문에 만들어진다. 부족함에 대한 대비는 그 역할 중 하나일 뿐 절대로 전부가 아니라고 생각한다.

여기서 중요한 인물이란 권력자를 말한다. 1980년대 캐나다의 고고학자 브라이언 헤이든(Brian Hayden)은 기발한 생각 하나를 내놓는다. "부자가 농업을 발명했다."

헤이든의 주장은 다음과 같다. 세계 각지의 다른 문화권에서 처음으로 인류가 재배한 작물은 마약과 맛있는 음식이었으며, 뿐만 아니라 연회용 그릇 제작에 사용되던 식물(조롱박)까지 포함된다. (…) 그는 고대에 일종의 정치적 필요에 의해 손님을 초대해 연회를 베풀었다고 생각한다. (…) 일단 이런 사람들이 재배한 작물로 어떻게 자신의 명망과 연회의 가치를 높일 수 있는지 알게 되면, 곧이어 재배한 작물의 실질적 용도도 알아차렸을 것이다. 그들은 재배한 보리를 빚어 맥주를 만든 후에, 보릿가루를 반죽하면 빵을 만들어 먹을 수 있다는 사실도 발견했을 것이다. 인류는 바로 이렇게 농업에 뛰어들게 된 것이다.(Richard Conniff, 2002, pp. 72~74)

이 견해가 아주 터무니없지는 않다. 아르메스토도 다음처럼 말한다.

일부가 다른 사람들보다 더 많은 식량자원을 장악하기 시작하면, 식량이 곧 사회계층을 분화하는 역할을 하면서 계급의 상징이 되고, 사회적 등급을 매기는 척도가 된다. (…) 오늘날 발굴되는 석기시대의 무덤은 통상적으로 고인의 영양 상태와 그 사회적 지위가 아주 밀접한 관계에 있음을 보여준다.(Felipe Fernández-Armesto, 2001, p. 125)

앞서 말한 농업이 본래 가졌던 고정된 역할을 제외하고 일단 농업의 초기 형태가 만들어지면 권력자는 이를 견고하게 만들 것이다. 왜냐하면 그것이 통치자에게 물질적 기초를 제공할 테고, 농민이 사냥꾼보다, 또 정착민이 유랑민보다 착취하기 쉽기 때문이다.(Joachim Radkau, 2000, p. 74)

만약 당시 존재했다면 그 중요성을 무시할 수 없는 것이 '교역'이고, 그 배경에는 '시장'이 있다. 하임 오펙(Haim Ofek)은 '농경 기원 시장설'의 변호자이지만 그는 주로 시장의 목축업에 대해, 특히 양의 사육에 대해 강도 높은 주장을 했다.

수렵에서 목축업으로 전환되기까지는 상상도 못할 어려움이 있었다. 그 과정에서 분명 하나의 세력이 힘을 발휘했을 터인데, 바로 '시장'이다. 시장에서 육류는 영양식품이 아니라 상품이었다. 수렵은 인류가 야생동물에 바로 이웃한 경우에만 인류의 생존방식이 되어줄 뿐 농업사회에서 이는 더는 가능하지 않았다. 육류는 쉽게 부패해서 동물을 사냥한 후 먼 거리를 이동하는 경우 자칫 먹을 수 없게 변해버리기 때문이다. 관리할 수 없다는 점 외에 보통 사람들이 미처 생각하지 못한 더 중요한 측면이 있다. 방목은 반드시 어느 정도 규모가 있어야 가능하고 그 규모가 작으면 오히려 더 어렵다는 사실이다. 이처럼 육류는 농업사회에서 거의 도태되었다. 반면 사육된 양은 특수성을 띤다. 신선한 양고기는 수년간 보존이 가능하고 양은 운동능력도 뛰어나 목장에서 네 발을 내디뎌 시장과 구매자를 향해 나아갈 수 있었다. 이 길고 지루한 수렵-채집 시대에 형성된 인류의 잡식 욕망은 시장에서의 구매력으로 전환되어 양 사육과 목축업에 촉매로 작용했다.(Haim Ofek, 2001, 13장) 물론 이런 구매자와 시장은 계급 형성과 분명히 관계가 있다.

또 하나의 세력은 '종교'다. 칼 사우어(Carl Ortwin Sauer)는 닭 사육에는 경제적 동기가 없다고 믿는다. 닭이 알을 낳고 살이 차오르는 특징은 근대의 결과이기 때문이다. 대신 종교적 목적이 있는데, 신화 속 신의 전투의식을 재현하는 것이다. 투계(鬪鷄) 역시 신탁 표명에 사용된다.(Erich Isaac, 1970, p. 149) 사우어와 아이작은 닭 사육의 동기는 경제적 측면이 아니라 비이성적 측면에 있다고 보았다. 단지 기르는 과정이 끝난 후 재빨리 경제 영역으로 전환될 뿐이다.(Ibid., 6장)

상술한 여러 내용은 모두 일리가 있다. 채소밭은 권력자가 만들었을 가능성이 크고, 양의 방목도 시장이 촉매작용을 한 듯 보인다. 하지만 계급, 시장, 종교가 농업 기원에 가장 큰 작용을 했다거나 결정적 역할을 했다고 말하는 건 조금 억지스러워 보인다. 앞서 말했듯 핵심역할은 하늘이 내려주신 거대한 유혹에서 비롯됐고, 그 후 기술이 누적되고 인구가 급증하여 이주할 수밖에 없었을 뿐이다. 반면 계급, 시장, 종교는 농업에 자극을 받은 직후 분명 각기 다른 방식으로 농업을 평가하고 추진했으며 이를 견고하게 했을 것이다.

# 8

# 중국인이 최초로 작물화한
# 조와 벼

중국인은 조와 벼를 최초로 작물화하여 인류 농업의 기원에 공헌했다. 다이아몬드는 중국인이 최초로 작물화한 두 농작물이 기장과 벼라고 했는데(Jared Diamond, 1997, p. 84), 이는 '조(粟)'를 '기장(黍)'이라고 잘못 말한 것이다. 조와 기장을 혼동하는 일은 이미 유래가 깊고 국내외로 파급되어, 중국 농업의 기원에 대해 토론할 때는 이름을 바로잡는 일부터 시작해야 할 정도가 되었다. 조(Setaria italica)와 기장(Panicum miliaceum)은 다른 속(屬)의 식물로 계통상 아주 멀리 떨어져 있다. 하지만 식물 형태는 달라도 종자는 흡사하다. 그래서 '좁쌀'이라는 호칭은 보통 양자를 모두 포함한다. 게다가 양자의 지리적 분포와 재배조건이 너무나 비슷하여 내국인도 자주 이 둘을 혼동할 뿐만 아니라, 외국의 생산지와 국내외 학술계에서도 똑같은 문제가 발생한다.(遊修齡, 1999, p. 11)

중국 선조들이 최초로 작물화하고, 중국 초기 문명을 키운 것은

'직(稷)'이다. 옛 선인들이 이르기를, 직은 '곡물의 으뜸'이라 했으니 직이 바로 조다. 하지만 여기에서 의견이 엇갈린다. 명대(明代) 이시진 (李時珍)부터 당대 허빙디에 이르는 유파는 '직'이 '기장'이라는 관점 을 가졌다. 이 견해에 대해 '조(粟)'파 학자들이 교정한 내용을 간단히 요약해보도록 하겠다.

『맹자(孟子)』 이후 고서에 '오곡(五谷)'이라는 단어가 출현했다. 오곡과 관 련해서는 두 견해가 있는데, 벼(稻), 기장(黍), 조(稷), 보리(麦), 콩(菽)이라 는 설이 첫 번째고, 두 번째는 마(麻), 기장(黍), 조(稷), 보리(麦), 콩(菽)이라 는 설이다. 두 학설 모두 조와 기장을 포함하고 있으니, 양자는 같은 식물 일 리 없다. 그렇다면 '곡물의 으뜸'인 '직'은 무슨 곡물일까? 우선 신석 기시대의 고고학 발굴을 살펴보자. 요우시우링(遊修齡)은 저서에서 1949~1990년 49곳에서 출토된 신석기시대의 기장(黍)과 조(粟)의 상황 을 열거해 보여준다. 기장(黍) 18곳, 조(粟)는 36곳, '곡식, 곡물 재, 겨, 곡 물 흔적'은 총 7곳이다.[註] 그중 두 출토지에서 기장(黍)과 조(粟)가 함께 나 타났다.(遊修齡, 1999, pp. 31~32)

이상의 내용은 조(粟)가 신석기시대에 압도적 우세에 있었다는 사 실을 보여준다. 또한 "조(粟)는 인간 거주지의 저장용 땅굴뿐 아니라 부장품 속에서도 나타난다. 이는 당대인의 의식관념 속에서 조(粟) 가 어떤 위치를 차지하는가를 고찰하는 데 큰 시사점을 준다. (…) 지 금까지 유일하게 부장품에서 발견된 작물이 바로 조(粟)다."(黃其煦, 1982) 선사시대 유적에 나타난 기장(黍)의 수는 조(粟)에 한참 못 미친

---

[註] 좁은 의미의 '곡(谷)'은 조(粟)의 별칭이지만, 넓은 의미의 '곡(谷)'은 조(粟), 기장(黍), 벼(稻), 보리(麦), 옥수수(玉米) 등을 포함한다.

다. 하지만 위성우(於省吾)는 기장(黍)이 상(商)나라 갑골문(甲骨文)에서는 특별히 많이 출현한다는 사실을 지적한다. 원인은 어디에 있을까? 혹자는 술을 좋아하는 상나라의 풍조와 관련이 있다고 판단한다. 장광직(張光直)은 말한다. "태곳적 사람들은 술이 귀신과 통한다고 생각했다."(張光直, 1990, pp. 63~64) 갑골은 점을 치는 데 쓰였다. 초기 농작물 중에서 술을 담글 수 있는 작물만 특별하게 여겨 점을 치는 문자와 연계시켰다고 한다. 그렇다면 앞뒤가 맞는 듯 보인다. 기장(黍)을 하찮은 것으로 여겼다면 후대 사람들도 조(粟)와 혼동하지는 않았을 것이다. 기장(黍)은 신석기시대부터 황하 유역에서 조(粟)에 버금가는 농작물이었다.(黃其煦, 1983A)

조(粟)의 기원에 대해서는 일찍이 이집트설과 인도설이 있었다. 황치쉬(黃其煦)의 연구에 따르면, 이집트설은 고고학적 증거가 없지만 인도에서 발견된 것은 손가락조(학명 Eleusine coracana)라 불리는 것으로, 조(粟)와는 전혀 다른 종류에 속한다. 멕시코의 타마울리파스(Estado de Tamaulipas) 유적에서 조(粟)가 발견된 적이 있으나 기원전 4000년경 옥수수가 출현한 뒤 방치되었다. 조(粟)는 기원전 3000년경의 중유럽 호상가옥 문화에서도 발견된 적이 있다. 서아시아 지역에는 기장(黍)만 있고 조(粟)는 발견된 적이 없다. 중국인이 최초로 조(粟)를 재배했다는 것은 분명한 사실이다.

기장(黍)의 기원에는 몇 가지 견해가 있다. 오귀스탱 피라무스 드 캉돌(Augustin Pyramus de Candolle)은 기장(黍)은 이집트-아랍 지역 원산으로 인도로 전래되었다가 다시 중국으로 전해졌다고 보고 있다. 한스 헬벡(Hans Helbaek)은 에티오피아에서 발원했다고 보았다. 야생 기장(黍)의 존재는 고고학 유적에서 발견된 초기 농작물로 판단하는데, 만약 이 지역에 다른 야생종이 없었다면 이집트-아랍 지역에서 유입된 것일 가능성이 크다. 중국 학자 리판(李璠)은 중국에 야생 기장이 존재했다고 밝힌다. 중국의 야생 기장(黍)과 재배된 기장(黍) 간의 관련성이나 실험으로 증명된 혹은 증명이 필요한 사실에 대해서는 아직 알려진 바가 없다. 즉, 중국이 최초로 기장(黍)을 재배했을 가능성이 크다.(黃其煦, 1983A)

우시우링(遊修齡)은 '직(稷)'과 '기장(黍)'이 동일한 작물이라는 유파의 구성원들은 주로 식물학자와 초본식물 전문가이고, '직(稷)'과 '조(粟)'가 동일한 작물이라 주장하는 유파는 대부분 쟈스시에(賈思勰) 같은 농학자이기 때문에 후자가 더 전문가라는 사실을 지적한다.

신기한 사실은 조(粟) 외에도 중국 선인들은 벼도 제일 먼저 심었으며, 더욱이 벼를 심은 시기가 조(粟)보다 앞설 가능성이 크다는 것이다. 남중국은 강수량이 충분하며 기후가 온난하다. 게다가 쌀알이 아주 크고 향도 구수하고 맛있어 식품으로 만들기 좋다. 이런 주객관적 조건을 다 갖췄으니 벼야말로 '곡식의 으뜸'이 되어야 할 듯하다. 특히 농업이 이미 주도적 생존방식이 된 시대에서조차 대량의 야생 벼가 끊이지 않고 나타나니, 전(前) 농업시대라면 이런 가능성은 분명 더 크다. 이런 갖가지 요소는 인간에게 선택된 벼의 뛰어난 장점을 분명하게 보여준다.

하지만 중국 초기 농업 역사의 흐름은 벼로 치우치지 않았을 뿐만 아니라 두 곡물이 쌍벽을 이루지도 못했고, 조(粟)만 단독으로 세력이 커져 최고의 곡물이 되었다. 조(粟)를 주로 경작하는 농업에서 역법, 도량형, 문자, 도시, 왕조가 탄생했고, 더불어 화하문명(華夏文明)●은 북에서 남으로 전파되는 정세를 보여준다. 벼와 조가 가진 역사적 기

---

● 염왕시대부터 시작한 5000년 중국 역사의 발상지인 허난성과 산시성 지역을 이르는데, 광범위하게는 중국 전역을 포괄한다. '화하'는 '중국'의 고대 명칭이다.

능의 격차는 이해하기 어렵다. 농업은 여러 가지 행운의 요소가 한곳에서 집결해 시작되었기 때문에 하나라도 빠졌다면 얼마나 긴 세월이 지체되었을지 가늠할 수 없다.

반드시 알아야 할 것이 하나 있다. 상고시대에 화남지역의 토지에서 이 많은 호재, 즉 일조, 기온, 강수량을 누린 것은 야생 벼가 아니었다는 사실이다. 심지어 많은 식물 간의 생존경쟁에서 벼 같은 초본식물은 그저 단역일 뿐이었다. 그 시대 중국 강남의 대지는 무성한 숲으로 뒤덮여 있었기 때문에 인간과 벼는 힘을 쓰지 못했다. 고고학자 샤나이(夏鼐)는 돌도끼와 구리도끼는 베는 힘이 부족하여 철기가 나온 뒤에야 삼림을 바꿔 농지로 만들 수 있었고, 또한 논을 경작하는 데도 철제 쟁기가 필요했기 때문에 양쯔강 유역에서는 춘추전국시대에 철기를 사용한 뒤에야 그 찬란한 문명이 시작될 수 있었다고 여긴다.(遊修齡, 1999, p. 88)

조(粟)의 성공을 돌이켜보면 여러 가지 독특한 이점에 의존하고 있음을 알 수 있다. 먼저 지리적 이점을 이야기해보자. 첫째, 황토고원은 산림을 농토로 개조하는 벌목공정이 필요 없었다. 둘째, 토질이 푸석해서 천파(淺播)나 직파(直播)가 쉬웠다. 게다가 황토는 수직으로 결이 나 있어서 하층의 거름기와 수분이 모세관 작용으로 지표까지 쉽게 운반되었다.(黃其煦, 1983B)

다시 조(粟)의 형질에 대해 이야기해보자. 그 최대 특징은 가뭄에 강하고 관개할 필요가 없다는 점이다. 여기서 북방지역의 가뭄은 마침 조(粟)의 초강력 내건성(耐乾性)과 일치한다. 조(粟)가 일으킨 한전(旱田)농업은 '큰 강이 평원으로 범람하여 농업이 시작됐다'는 이론을 뒤집었다.(何炳棣, 1969, pp. 107~120) 사실 비옥한 초승달 지대도 두 강 사이에 있었을 뿐, 그곳의 농업도 유프라테스강과 티그리스강의 관개에 의존하지는 않았다. 농업은 산지, 구릉에서 발원했다.(Jared Diamond, 1997, p. 13; Haim Ofek, 2001, p. 223) 나일강의 농업방식이 보편적인 것은 아니다.

하지만 조(粟)의 성공에서 여전히 이해가 안 되는 부분이 있다. 앞서 '하늘의 선물'이 농업 기원의 계기를 만들었다는 점을 강조했었다. 동서고금을 막론하고 대면적의 야생 벼와 보리에 관한 기록이 있지만, 대면적의 야생 조에 관한 사료는 보기 드물다. 이 글의 논리에 따르면, 특별한 일을 시작하려면 반드시 특별한 힘을 빌려야만 한다. 그렇지 않으면 생존방식의 근본적 변화는 생각조차 할 수 없다. 이런 논리를 따른다면 조의 특별한 이점을 찾아야만 한다.

조의 최대 이점은 당시(唐詩) 한 구절에 여실히 드러난다. "봄에 한 알의 조를 심어 가을에 만 알의 곡식을 거두었네(春種壹粒粟, 秋收萬顆子)." 수년간 필자는 이것이 "물줄기 날아 떨어지길 3000척(飛流直下三千尺)"과 같은 이백(李白) 식의 수사법이라고 생각했었는데, 까오청웬(高成鳶)의 책을 읽고 나서야 알게 되었다. 조는 한 포기당 90여 개의 작은 이삭이 달리고, 한 이삭에 100여 개의 낟알이 여물기 때문에 계산하면 한 그루당 1만 개의 종자가 생산된다.(高成鳶, 2001, p. 105; p. 120) 사실 이는 농작물과 긴밀했던 옛사람들 입장에서는 상식적인 이야기로, 주희(朱熹)도 "한 이삭에는 100개의 낟알(壹穗百粒)"이라고 말한 바 있다. 그저 훗날 현대인들이 농사를 잘 알지 못할 뿐이다. 보리를 살펴보면 한 그루에 한 이삭, 한 이삭에 30~40알이 여문다. 즉, 조와 보리의 종자 생산율은 250배 차이가 나니 천양지차라 할 만하다. 주요 농작물의 토지 1묘(畝)당 파종 양은 각각 옥수수 7근, 벼 9근, 보리 40근, 조 반근이다. 조의 파종 양이 다른 세 작물보다 훨씬 적다. 이렇게 비교하는 이유는 전체적인 이미지를 보여주기 위함이다.

| 연도 농작물 | 1931 | 1932 | 1933 | 1934 | 1935 | 1936 | 1946 | 1947 |
|---|---|---|---|---|---|---|---|---|
| 벼 | 336 | 383 | 351 | 281 | 347 | 355 | 339 | 247 |
| 보리 | 146 | 146 | 154 | 153 | 137 | 151 | 140 | 138 |
| 조 | 164 | 167 | 161 | 168 | 172 | 176 | 166 | 139 |

吳慧, 『民國政府農林部 1948年統計手冊』, 1985, p. 201.

　　1만 년 전 선조들이 조 재배를 준비할 시기에는 이런 비교는 존재하지도 않았고, 남방의 벼와 서아시아의 조 모두 아직 황토고원에 전래되기 전이다. 비교해보지는 않았지만 이런 조의 우성형질은 재배를 북돋기에 충분하다. 이 정도의 적은 투자라면 왜 하지 않겠는가? 그렇다면 이로 인한 산출은 어떤가? 물론 초기에 재배한 조의 생산량은 알 방법이 없고, 학자들이 추정한 4000~5000년 전의 생산량밖에는 모른다. 중국 전국시대 때 조의 1묘당 단위 생산량은 247근이었다. 많은 학자들은 한(漢)나라 때의 '1묘당 3석'을 오늘날 계량단위로 환산하면 1묘당 281근이라 믿는다.(吳慧, 1985, p. 125; p. 130) 만약 이전의 파종 양이 반근이었다면, 투입 대비 산출이 500배 이상이나 된다. 설령 처음 재배했을 때는 100근밖에 수확하지 못했다 해도 이는 하루 치 식량을 아껴 종자로 만들기만 해도 반 년 치 이상의 식량 수확을 기대할 수 있다는 뜻이다. 여기서 세 작물의 1묘당 단위 생산량을 다시 한번 비교해보는 것도 좋을 듯하다(표 2-2).

　　예민한 독자라면 우선 이렇게 질문할 것이다. 한나라 때 조 밭에서는 281근이 생산됐는데 어째서 1931년에는 164근으로 폭락했는가. 이에 대해서는 학술계도 지금까지 철저히 밝혀내지 못하고 있다. 그래서 어떤 학자는 줄곧 한나라 때 200여 근을 생산했다는 기록을 믿으려 하지 않는다. 필자가 생각하기에 벼와 보리는 파종 면적이 증대되면서 단위 면적당 생산량도 점차 증가했는데, 조는 길고 긴 시기 동안 파종 면적이 줄어들면서 단위 면적당 생산량도 감소한 것이 그 원인 중 하나인 듯하다.

벼와 보리가 맛에서 우세한 탓에 파종 면적에 중심 이동이 일어났다. 1931년 벼와 보리의 파종 면적은 각각 조의 2.4배, 2.8배였고, 1936년에는 각각 2.6배, 2.9배였다.(吳慧, 1985, p. 201을 참고하여 계산함) 두터운 신임을 받는 작물일수록 더 깊이 연구하게 되기 때문에 자연히 생산량도 더 늘어난다. 반대로 날로 비주류화되는 농작물은 종자의 퇴화를 포함해 전면적으로 쇠퇴하기 마련이다. 게다가 내부에는 다모작이라는 문제 요소도 존재했다.

하지만 1931~1947년까지의 단위 면적당 생산량을 세심하게 대조해보면 이미 쇠퇴해가는 조의 단일 면적당 생산량이 여전히 보리보다 많다는 것을 알 수 있다. 1931년 조와 벼의 토지 1묘당 투입과 생산을 비교해보면, 조는 반근/164근, 벼는 9근/336근이다. 수확량의 비율에서는 조가 우위를 차지했고, 수확량의 절댓값으로는 벼가 우세했다. 이는 오늘날의 산술논리다. 만약 원시시대였다면 위험회피에 대한 고려사항이 그대로 유지되었을 것이다. 즉, 조는 보기 드물게 위험성이 거의 없는 선택지다.

"봄에 한 톨의 조를 심으면, 가을에 1만 개의 낟알을 거둔다"고 말하지 마라. "가을에 1000개의 낟알을 거둔다"고만 해도 엄청난 유혹이다. 조는 하늘이 내려준 선물이라 일컫는 '성미'의 형질은 갖지 못했지만 그 월등한 번식력은 끊임없이 지속되었다. 어쩌면 이 형질로 인해 조의 지위가 크게 향상되어 곡식의 왕이 되었고, 선조들을 농업의 길로 이끌었던 것일 수도 있다.

阿莫斯圖, 2001/2005, 『食物的歷史』, 中信出版社.
작가의 몇몇 관점을 보면 다음과 같다. ①초기 농업은 종종 야생작물이 풍부한 지역에서 발생했는데, 표면적으로는 농사를 지을 이유가 없어 보였다. ②농업과 공업의 초창기에 생활 형편은 나빠지고 있었다. ③밀의 생산량 증가는 빵의 등장 말고는 납득할 만한 해석이 아직 없다(전에 밀로 만든 음식은 맛이 없었다). 빵으로 인해 밀은 거대한 식량자원이 되었다.

奧爾森, 2002/2006, 『人類基因的歷史地圖』, 生活·讀書·新知三聯書店.
한국에서는 『우리 조상은 아프리카인이다』(스티브 올슨 지음, 이영돈 옮김, 몸과마음, 2004)로 소개되었다.

奧菲克, 2001/2004, 『第二天性: 人類進化的經濟起源』, 中國社會科學出版社.
작가는 농업이 농민에게 편안함을 가져다주지는 못했다고 말한다. 고고학의 골격 검측 결과가 이를 증명한다. 튀넨(Johann Heinrich von Thünen)의 말을 인용하여 이렇게 말한다. "도시는 농경의 분업에서 기원한다."

賓福德, 1983/2009, 『追尋人類的過去』, 上海三聯書店.
작가는 다음처럼 말한다. 변화는 내적 원리의 작용도 아니고 외부의 압력도 아닌 생태적 관계 변화의 누적에서 기원한다.

柴爾德, 1951/2008, 『人類創造了自身』, 上海三聯書店.
작가는 농사꾼에게는 아이들이 쓸모 있는 노동력이지만, 사냥꾼에게 아이는 부담이 된다고 보았다. 또한 야수를 길들이는 방법에 대해서도 토론한다.
한국에서는 『신석기혁명과 도시혁명』(고든 차일드 지음, 김성태·이경미 옮김, 주류성, 2013)으로 소개되었다.

戴蒙德, 1997/2000, 『槍炮, 病菌和鋼鐵』, 上海譯文出版社.

더할 나위 없이 훌륭한 책이다. 책에서 가장 솔깃했던 견해는 아프리카, 오스트레일리아, 남북아메리카에서 조생(早生)한 농업이 왜 유라시아 대륙에서처럼 보편화될 수 없었는가에 대한 대답이다. 그 해답은 각 대륙의 위도 차이에 있다. 유라시아 대륙의 가로축(즉, 위도) 길이는 세로축(즉, 경도)보다 길지만, 다른 대륙의 경우 세로축 길이가 가로축보다 길다. 동시에 유라시아 대륙의 위도 길이는 다른 대륙의 배 이상 길다. 동일한 경도는 종종 온도, 강수량, 낮의 길이, 계절의 변화, 질병 등의 상황이 비슷함을 의미한다. 따라서 작물화에 성공한 식물이 전파되기 쉬웠다. 그는 이렇게 말한다. "농업은 어떤 결과가 나올지 모르는 상황에서 내린 결정들의 부산물이다. 농업은 또한 자가촉매 과정으로 일단 그 과정이 시작되면 속도가 점점 빨라진다. 딸기는 자연선택을 통해 진화했다. 왜냐하면 인간은 항상 크기가 큰 야생딸기를 채집했고, 딸기의 씨를 배설하면, 배설한 곳은 작물 재배의 시험장이 되었다." 이 책 속에는 새롭고 독특한 견해가 가득하다.

한국에서는 『총·균·쇠』(재레드 다이아몬드 지음, 김진준 옮김, 문학사상, 2013)로 소개되었다.

恩伯, 1985/1988, 『文化的變異-現代文化人類學通論』, 遼寧人民出版社.

한국에서는 『문화인류학』(멜빈 엠버·캐롤 R. 엠버 지음, 양영균 옮김, 피어슨에듀케이션 코리아, 2012)으로 소개되었다.

高成鳶, 2001, 『食·味·道: 華人的飮食歧路與文化異彩』, 紫禁城出版社.

何炳棣, 1969, 『黃土與中國農業的起源』, 香港中文大學.

작가는 이렇게 주장한다. "중국 농업은 작은 강 유역에서 기원했다. 시냇물을 따라 있던 대지는 물과 가까웠지만 수해 걱정은 없었다. 강남의 농업이 늦어진 이유는 삼림 때문이다. 철기가 전해진 후에야 벌목과 개간이 가능했기 때문이다. 앙소(仰韶) 시기에 좁쌀(조와 기장)을 재배했는데, 내한성(耐旱, 내한계수)이 좋고, 생산량이 높으며, 성숙기가 짧다는 이점이 있다. 서한(西漢) 시대에 이르러서도 관중(關中) 지역은 여전히 밀을 심기가 어려웠다."

黃其煦, 1982, 「黃河流域新石器時代農耕文化中的作物-關於農業起源問題的探討」, 『農業考古』, 2期.

黃其煦, 1983A, 「黃河流域新石器時代農耕文化中的作物-關於農業起源問題的探討(續)」, 『農業考古』, 1期.

黃其煦, 1983B, 「黃河流域新石器時代農耕文化中的作物-關於農業起源問題的探討(三)」, 『農業考古』, 2期.
작가는 이렇게 말한다. "조와 같은 작물은 관개 조건에 그리 엄격하지 않다." 필자는 이 점이 조의 강점이라고 생각했다. 작가는 결론 부분에서 다음처럼 말한다. "인류가 길들인 다수의 농작물은 벼과에 속하고, 그 안에는 다량의 들풀이 포함된다. 들풀의 조상들은 자신의 특징에 더 적합한 환경을 차지하기 위해 다른 작물들과 치열한 경쟁을 벌인다. 토질이 비옥한 지역은 관목과 교목이 차지하고 있기 때문에 발붙일 자리가 없다. 토질이 척박하고 건습이 분명한 곳은 큰 나무가 생존할 수 없는 지역이기 때문에 들풀이 쉽게 뿌리내릴 수 있다. 농업은 아마도 임야 주변의 잡초 지역에서 시작되었을 것이다."

卡博弗拉基米爾, 1985/1988, 「食物生産經濟的起源」, 『農業考古』, 1期.

康尼夫, 2002/2004, 『大狗, 富人的物種起源』, 新世界出版社.
작가는 이렇게 주장한다. "농업이 부자를 만든 것이 아니라 부자들이 농업을 만들었다. 그들의 연회에 특별한 음식이 필요했기 때문이다."

拉德卡, 2000/2004, 『自然與權力』, 河北大學出版社.
작가는 원예가 농사보다 앞선다고 주장한다. 농업의 보급은 권력과 관계가 있다. 농민은 사냥꾼보다 착취하기가 쉬워 통치의 기반을 제공했다. 정치는 사람들이 정착하는 데 큰 역할을 했다.
한국에서는 『자연과 권력』(요아힘 라트카우 지음, 이영희 옮김, 사이언스북스, 2012)으로 소개되었다.

利普斯, 1949/2000, 『事物的起源』, 敦煌文藝出版社.
이 책은 처음엔 그리 주목을 끌진 못했는데 나중에 보니 필자가 관심을 가지고 있던 타파천(닥나무 껍질로 만든 천) 등의 기원에 관한 여러 문제를 두루 다루고 있었다.

墨菲, 1986/1991,『文化與社會人類學引論』, 商務印書館.

薩林斯, 1972/2009,『石器時代經濟學』, 生活·讀書·新知三聯書店.
오래도록 깊이 곱씹어볼 만한 관점으로 쓰인 책이다. 사냥꾼들은 그리 가난하지 않았고, 저장은 이동하는 삶의 포기를 의미한다. 또한 채집민의 노동시간은 노동자들보다 훨씬 적었다.
한국에서는『석기시대 경제학』(마셜 살린스 지음, 박충환 옮김, 한울아카데미, 2014)으로 소개되었다.

托卡列夫, 1978/1983,『外國民族學史』, 中國社會科學出版社.

瓦爾, 2005/2007,『人類的猿性』, 上海科技文獻出版社.
한국에서는『내 안의 유인원』(프란스 드 발 지음, 이충호 옮김, 김영사, 2005)으로 소개되었다.

威爾遜, 1996/2004,『生物多樣性』, 湖南科學技術出版社.
'다양성'은 이미 당대 사회에서 가장 스타일리시한 단어가 되었다. 하지만 다양성의 존재 기반을 설명할 수 있는 사람은 박물학자뿐이다. 그리고 의심할 바 없이 에드워드 윌슨이 바로 이에 가장 적합한 인물이다. 이 책의 빛나는 견해는 일일이 열거할 수가 없다. 생물 다양성의 기본 단위는 유전자가 아닌 종이다. 모든 종은 각각의 폐쇄된 유전자 창고다. 생물의 다양성은 생식 격리에서 비롯되었다. 몇천만 년 혹은 1억 년마다 대멸종이 일어났고, 이는 지금까지 지구상에서 다섯 번 발생했다. 대멸종 후 복구될 때까지 500만 년은 단지 시작일 뿐이고, 회복되는 데 수천만 년이 걸린다. 왜 멸종을 걱정하는가? 새로운 종은 대부분 질이 낮은데, 인류가 활동하게 되면 종의 멸종 가능성은 1000배에서 만 배로 증가하기 때문이다. 생물의 다양성을 살리면 살릴수록 인류 발전의 잠재력은 더욱 커지고 더욱 안전해진다.
한국에서는『생명의 다양성』(에드워드 윌슨 지음, 황현숙 옮김, 까치, 1995)으로 소개되었다.

威爾遜, 2002/2003, 『生命的未來』, 上海人民出版社.
한국에서는 『생명의 미래』(에드워드 윌슨 지음, 전방욱 옮김, 사이언스북스, 2006)로 소개되었다.

吳慧, 1985, 『中國歷代糧食畝産研究』, 農業出版社.

伊薩克, 1970/1987, 『馴化地理學』, 商務印書館.
작가는 말한다. "유목은 농업의 부차적 갈래 중 하나로 목축하는 농민의 거주지 근처에는 없으며, 수렵사회에서 유목사회로 발전하지는 않는다."

遊修齡, 1999, 『農史研究文集』, 中國農業出版社.
오랫동안 계속된 조와 기장의 혼동에 관해 잘 정리해서 분명히 밝혀냈다.

遊修齡, 2008, 『中國農業通史·原始社會卷』, 中國農業出版社.
이 책에서는 이렇게 이야기한다. "말은 기후와 풍토에 적응하지 못해 남쪽으로 내려오기 힘들었다. 중국에서 농업이 목축업으로 전환된 이유는 춘추전국시대에 날씨가 추워졌기 때문이다."

張光直, 1990, 『中國青銅時代, 二集』, 生活·讀書·新知三聯書店.
한국에서는 『중국 청동기 시대(하)』(장광직 지음, 하영삼 옮김, 학고방, 2013)로 소개되었다.

鄭也夫, 2001, 『信任論』, 中國廣播電視出版社.

鄭也夫, 2009, 『神似祖先』, 中國青年出版社.

Evans, L. T., 1993/2005, 『作物進化, 適應性與産量』, 中國農業大學出版社.
작가는 말한다. "작물의 재배는 인류학, 고고학, 생화학, 유전학, 지리학, 언어학, 분자생물학, 생리학, 사회학, 계통분류학 등 여러 학문 분야에 흥미를 불러일으켰다. 실제로 정말 그렇다. 왜냐하면 동식물의 사육은 인류의 생활방식을 근본적으로 바꿔놓았음을 의미하고, 사실 이것이 바로 인류 문명의 시작이기 때문이다."

# 말은 어떻게 글이 되었나: 문자

# 1

# 문자란 무엇인가

이번 장의 주제는 문자의 기원이다. 일단 정의부터 내리면서 이 글의 요지를 밝히고자 한다. 당대의 학술적 관습을 답습하려는 취지는 아니고 2000여 년 전 동서양의 선현이 보기 드물게도 우리에게 '문자'의 정의를 남겼고, 쉽게 갖기 힘든 편리한 시각을 제공했기 때문이라고 하는 편이 낫겠다.

아리스토텔레스(Aristoteles)는 『명제론(De interpretatione)』에서 이렇게 말한다.

말은 마음속에서 일어난 바를 상징하는 기호이고, 문자는 말을 나타내는 기호이다.

양웅(揚雄)은 『법언·문신권(法言·問神卷)』에서 다음과 같이 말한 바 있다.

言, 心聲也: 書, 心畫也.

『법언』은 종이가 발명되기 전에 세상에 나왔다. 따라서 '서(書)'는 '도서, 서적'으로 해석하지 않는다. 허신(許愼)은 『설문해자서(說文解字敍)』에서 '서' 자에 대해 누차 이야기했다. "처음 문자(書)를 만들다", "창힐(倉頡)이 처음 문자(書)를 만들다", "진대(秦代)의 문자(書)는 여덟 종류의 서체가 있다", 여기서 '서'의 의미는 분명히 '문자'이다. 한편 '화(畫)'는 '시각적 기호'라고 해석할 수 있다. 따라서 양웅이 말한 "言, 心聲也: 書, 心畫也"를 해석하면 다음과 같다. "말은 마음의 소리요, 문자는 마음의 그림이다."(曹念明, 2006, pp. 28~29)

앞의 두 정의의 차이는 이미 우열이 아닌 옳고 그름의 문제다. 확실히 아리스토텔레스보다 300여 년 늦은 양웅이 문자를 정확히 이해하고 있었다. 그렇지만 이 인식 차이는 둘의 능력이 아니라 각자의 모국어 때문에 비롯되었다고 하는 편이 나을 듯하다. 당대 학술언어로 말하자면 한자는 자원문자(自源文字)*이고, 고대 그리스문자는 차원문자(借源文字)**다. 자원문자는 상형에서 비롯했는데 이는 사물을 나타내는 기호지만 비구어적 기호다. 표음문자는 문자의 체계상 모두 후대에 만들어진 산물이다. 만약 아리스토텔레스가 고대 그리스문자는 '구어적 기호'라고 했다면 맞는 말이다. 하지만 고대 그리스 문화를 집대성하려는 그의 포부는 도시국가 아테네에 국한되지 않고, 분명 인류와 세계까지 아우른다. 그는 앞서 서술한 정의를 내린 뒤 이어 말한다.

---

* 자체적으로 창제된 문자.
** 다른 글자의 영향을 받아 만들어진 문자.

모든 민족이 공통된 문자를 가지고 있지 않은 것과 마찬가지로 말도 서로 다르다. 하지만 언어는 마음속에서 일어난 바를 기호로 나타낸 것이고, 마음속의 경험 그 자체이기 때문에 모든 인간에게 동일하다. 또한 이런 마음속의 경험이 표현하는 대상 또한 유사하다.

이로부터 알 수 있듯 언어의 정의는 인류의 말과 문자를 모두 포함하는 데 목적이 있다. 불행하게도 그의 모국어가 차원문자였기 때문에, 그 시대의 정보 전파력으로는 고대 이집트 문자, 설형(楔形)문자●●● 와 한자를 알 방도가 없었다. 그런 면에서 양웅은 운이 좋다. 그 또한 표음문자를 모른다는 그만의 한계성이 있었지만 모국어는 그에게 문자의 기원을 이해하는 데 적합한 가이드라인을 제공했다. 그래서 마침내 말과 문자의 차이 및 문자의 특수성에 대해 통찰할 수 있었다. 문자의 정의에서는 연유나 운이 어떻든 간에 옳고 그름이 매우 분명하다. 하지만 두 사람의 사후 영향력은 천지차이다. 자식의 지위가 올라가면 어머니의 지위도 올라가는 이치와 같다. 서양 문화는 후발주자였다가 근대부터 앞서나가기 시작해 아리스토텔레스의 학설은 동서양에 널리 퍼졌다. 양웅의 선지자적 혜안은 서양 사람들에게 알려지지 않았을 뿐 아니라, 본국에서조차 오랫동안 방치되었다.

1988년 출판된 『중국대백과사전·언어문자(中國大百科全書·語言文字)』는 '문자'를 다음과 같이 정의한다.

문자: 언어의 쓰기 기호, 사람과 사람이 정보 교류를 위해 사회적으로 계약을 맺은 시각적 신호체계. 이런 기호는 소리로 구성된 언어를 원활하

●●● 고대 서아시아인들이 사용한 문자.

게 표현해 정보를 먼 곳까지 보내고, 후세에까지 전해질 수 있어야 한다.(周有光, 1988)

이는 분명 상당 정도 양웅이 아니라 아리스토텔레스의 사상을 받아들인 정의다. 여기에는 이해하지 못한 점이 두 가지 있다. 첫째, 조상의 근본을 잊은 점이다. 물론 이것이 가장 중요한 점은 아니다. 공자가 말했다. "어진 이를 보면 그와 같아질 것을 생각하고, 어질지 못한 이를 보면 자신이 또한 그렇지 않은지 반성한다. 세 사람이 함께 가는 길에는 반드시 스승이 있게 마련이다." 이 말은 '누구에게나 차별 없이 교육을 행하다'와 상응하여 '누구에게서나 차별 없이 배운다'는 뜻을 암시하고 있다. 타산지석의 교훈과 마찬가지로 다른 사람의 의견이나 권고를 흔쾌히 받아들여야 한다. 옳다면 받아들이는 것이 당연하므로 조상의 근본을 잊었다고 비판할 이유는 없다. 중요한 것은 두 번째 이유다. 한자와 중국어는 아리스토텔레스의 정의를 지지할 수가 없다. 오랫동안 한자에 빠져 있었다고 해서 소학(小學)과 갑골학(甲骨學)에 대한 지식도 풍부해졌다고 말해선 안 된다. 설사 서양의 현자(賢者)라 할지라도 한자에 대해 조금이라도 제대로 이해하게 된다면 놀라고 감탄하여 더 이상 문자에 대한 아리스토텔레스의 정의를 믿지 못하게 될 것이다. 이에 대한 가장 확실한 인적 증거는 고트프리트 라이프니츠(Gottfried Wilhelm Leibniz)다.

마테오 리치(Matteo Ricci)●를 필두로 한 대중국 선교사들은 유례 없던 중국의 정보들을 유럽에 가져갔다. 상당히 불충분한 정보였음에도 유럽 지식인층에게 가장 큰 충격을 준 것은 한자였다. 한자는 넓디

● 로마 가톨릭교회의 사제이자, 중국을 비롯한 아시아 대륙에 기독교 신앙을 정착시킨 이탈리아 출신 예수회 선교사.

넓은 중국 각지에 각기 다른 방언과 발음이 존재하는데도 서로 간의 교류를 가능하게 해주었다. 한자와 그것이 가리키는 바는 직관적으로 연결되어 있다. 중국과 일본의 언어는 다르지만 놀랍게도 한자를 통해 어느 정도는 교류가 가능하다. 한자의 이런 특징은 한자를 참고로 '보편문자'를 만들어보자는 의견을 내세우게 했다. 아마 존 윌킨스(John Wilkins)가 그런 의견을 낸 첫 번째 사람일 것이다. 그 뒤를 이은 존 웨브(John Webb)는 중화제국의 언어가 바벨탑의 혼란 이전에 존재한 인류의 언어라고 생각했다. 이런 오해는 한자를 더욱 신격화했다. 이 사상에 흠뻑 빠진 라이프니츠는 뜻을 굽히지 않고 20세 되던 해에 한자를 참고한 '보편문자'를 만들어냈다.

별난 성격의 안드레스 뮐러(Andreas Möller)는 '중국어의 열쇠'를 쥔 자로 불리며 많은 사람들을 경탄케 했다. 1679년에 라이프니츠는 뮐러에게 편지를 보내 한자에 대한 열네 가지 문제를 제기했다. 그중 일부는 사상적으로도 매우 심도 있었는데, 예를 들면 다음과 같다.

한자는 알다시피 사물을 따라 만든 문자이므로 유한한 수의 한자로 만들어진 기본 문자표가 있는데, 다른 한자는 모두 그들의 조합으로 만들어지는 것인가? 추상적 사물도 물질적이거나 가시적 사물을 빌려 표현하는가? 한자는 인위적으로 한 번에 창조된 것인가, 아니면 다른 언어처럼 사용과 발전에 따라 변화한 것인가?(Gottfried Wilhelm Leibniz, 1699, p. 107)

뮐러는 회신에서 이 문제에 대해서는 한마디도 하지 않았다. 나중에 라이프니츠는 뮐러에게 『맹자』를 부쳐주며 번역을 부탁했으나 성사되지 못했다. 성격이 별났던 뮐러는 타인의 방문을 거절했으며 세상을 뜨기 전에 유품을 전부 불에 태워버렸다. 라이프니츠는 어쩔 수 없이 재중(在中) 전도사들을 통해 한자와 중국 문화를 이해할 수밖에 없었다. 그렇게 얻은 정보를 집대성하여 1697년 『최근 중국 소식(中國近事)』을 출판했고, 이 책은 유럽 지식인층에 큰 영향을 끼쳤다. 이 듬해 재중 전도사, 프랑스 왕립 과학원 원사, 강희(康熙) 황제의 선생이었던 백진(白晋)*은 이 책을 읽었고, 이로써 라이프니츠와의 오랜 관계가 시작됐다. 1699년 『최근 중국 소식』의 제2판에는 백진이 저술한 「강희제전(康熙帝傳)」을 수록했다. 라이프니츠는 뛰어난 지혜로 중국 문화의 가치를 통찰하는 데 오랫동안 관심을 보였다. '보편문자'를 만드는 데 좌절을 맛본 뒤에도 그의 마음은 여전히 중국 문화의 각 방면에 가 있었다. 그는 줄곧 중국인들이 유럽에 와주기를 청했지만 성사되지 않았다. 라이프니츠는 중국어를 배울 방법이 없었지만, 백진 등 선교사의 소개로 스스로 한자에 대해 다음과 같은 인식을 형성했다.

> 관찰해보면, 형태가 없는 어떤 관념은 선천적으로 청각장애인 사람에게 매우 중요할 것이다. 우리는 통상 이런 것들을 말로 묘사하지만 우리가 말하는 것과 같은 의미를 가진 개념이라 할지라도, 청각장애자는 완전히 다른 방식으로 묘사할 것이다. 비록 한자와 알파벳의 차이가 그야말로 엄청나고, 한자가 마치 청각장애자가 발명해낸 것처럼 보인다고 해도, 중국 문자의 서체와 알파벳의 서체가 동일한 효과를 나타내는 것과 같다.(Gottfried Wilhelm Leibniz, 1765, p. 115)

> 우리는 중국 문자에서 바로 이 점을 보았다. (…) 멀리 떨어진 민족과 쉽게 교류할 수 있도록 해준다는 점이다.(Ibid., p. 461)

---

* 프랑스의 루이 14세가 중국에 파견한 선교사로, 본명은 조아심 부베(Joachim Bouvet)다.

여기서 우연성은 모종의 역할을 한다. 어떤 때는 정신적 측면에서 발현 되기도 하지만, 여기서는 선택이 그 역할을 하고 있다. 어쩌면 사람이 만 들어낸 일부 언어는 오로지 선택으로 만들어졌고 완전히 독단적일지도 모른다. 예를 들어 어떤 학자는 중국의 언어가 예전에 이런 상태였다고 생각한다.(Ibid., p. 296)

언어는 발화를 통해 사상적 기호를 제공하고, 문자는 종이 위의 필획을 남겨 사상적 기호를 제공한다. 후자는 꼭 발화와 연계될 필요가 없다. 우 리는 한자를 통해 이 점을 명확하게 알 수 있다.(라이프니츠의 미출간 원고; Jacques Derrida, 1967, p. 115에서 재인용)

한자는 어쩌면 철학적 특징을 더 가지고 있고 더 많은 이성적 고려에 기 반을 두고 있는 듯하다. 이는 수, 질서, 관계로 결정되기 때문에 사물과 닮지 않은 필획 자체만 존재한다.(라이프니츠의 미출간 원고; Ibid., p. 116에서 재인용)

이상의 논술에서 라이프니츠가 아리스토텔레스의 문자관에서 빠 져나왔음을 분명하게 볼 수 있다. 배우기 쉬운 '보편문자'를 창조하여 서로 다른 언어를 쓰는 유럽 민족들 간의 의사소통을 원활하게 하고자 했으니, 이 문자관에 담긴 이상은 중국인보다 더 중국인답다. 이 이상 은 한때 일부 극소수 유럽 지식인들의 마음속에 자리잡은 적이 있다. 단지 라이프니츠가 더 집착을 보였을 뿐이다. 상술한 세 단락의 문장 은 라이프니츠의 『신(新)인간오성론(Nouveaux essais sur l'entendement humain)』에서 인용했는데, 이 책은 존 로크(John Locke)를 반박하는 데 주력했다. 탈고한 해에 공교롭게도 로크가 세상을 떠나버리자 라이프니츠는 상대할 자가 사라졌는데, 출간이 무슨 소용이냐고 개탄하며 출판을 포기한다. 이 책은 그가 죽은 후인 1765년에 세상에 나왔다. 한자에 대한 논술은 라이프니츠의 명성으로 인해 이미 발표된 저서든 그와 친구들 간의 서신을 통해서든 유럽 문화계에 널리 알려졌을 것이다.

장 자크 루소가 이를 증명한다. 『참회록(Les confessions)』에서 루소는 라이프니츠의 저작은 그가 읽은 최초의 철학도서 중 하나였다고 분명히 밝힌 바 있다. 라이프니츠의 언어·문자에 관한 논술도 루소의 작품에 반영된다. 하지만 라이프니츠의 관점과는 상반되게 루소는 말을 숭상하고 문자를 폄하했는데, 전자는 자연에 속하지만 후자는 인위적이며 문자와 인간사회의 도덕적 타락은 떼어놓을 수 없는 관계라고 여겼다. 문자에 대한 견해가 이렇게나 다른 두 사상가가 문자에 대해 어떤 공통된 인식을 가지고 있다면, 이는 아마 상당 부분 당시 유럽 사상계의 인식을 반영한 결과일 것이다. 루소가 1761년 완성한 논문 「언어 기원에 관한 시론(Essai sur l'origine des langues)」은 1763년 윤문 과정을 거치고 장과 절을 나누어, 사후인 1781년에 출판된다. 이 글의 영문 번역자는 "이는 루소가 가장 심혈을 기울인 작품"이라고 밝혔다. 루소는 책에서 이렇게 말했다.

문자의 최초 형식은 말소리를 묘사한 것이 아니다. 멕시코인처럼 직접 대상 자체를 묘사하거나 아니면 고대 이집트인처럼 상형(像型)의 방식으로 대상을 묘사했다. (…) 문자의 두 번째 형식은 사회적으로 일반화된 언어적 약속으로 단어와 명제를 표현한다. 언어가 완전히 발전해 민족 전체가 공유하는 법률적 응집이 있어야만 이런 문자 형식이 가능하다. 왜냐하면 이런 형식은 이중적 약속을 포함하고 있기 때문이다. 한자가 바

로 이런 유형이다.(Jean-Jacques Rousseau, 1781, pp. 25~26)

루소가 쓴 한자에 대한 묘사의 정확성 여부와 상관없이, 한 가지 인식은 명확했다. 인류 최초의 문자는 말소리를 묘사하지 않았다. 루소는 언어 연구를 통해 많은 것을 얻었다. 그는 「언어 기원에 관한 시론」 말미에 동시대 학자 샤를르 피노 뒤클로(Charles Pinot Duclos)의 말을 인용했다.

한자와 대응하는 것은 사상이지 말소리가 아니다.(Jacques Derrida, 1967, p. 435 재인용)

루소는 거대한 논쟁성을 지닌 만큼 그 영향력도 대단했다. 라이프니츠의 뒤를 이은 루소를 통해 18세기에 와서 유럽의 문자 기원관은 이미 아리스토텔레스의 그늘을 벗어났다는 사실을 확신할 수 있다.

루소 이후 언어학 연구는 대부분 전공 학자들의 영역으로 들어갔다. 언어학 저서로 전공 영역을 초월해 중대한 영향을 끼친 인물로는 아마도 가장 먼저 소쉬르(Ferdinand de Saussure)를 꼽을 수 있을 것이다. 흥미로운 사실은 그의 대표작 『일반 언어학 강의(Cours de linguistique générale)』(1916)가 라이프니츠의 『신(新)인간오성론』과 루소의 「언어 기원에 관한 시론」처럼 사후에 출판되었을 뿐만 아니라 친필원고도 아니고, 후대 사람이 3학기 동안 '일반 언어학' 강의를 들으며 필기한 것을 정리해 만든 책이라는 사실이다. 더구나 이 저서는 소쉬르가 이루지 못한 위업 같은 것이 아니었다. 그는 아예 글을 쓸 생각이 없었다. 소쉬르는 다음과 같이 자백한다. "넌더리가 나요. 언어학 문제에 대해서 열 줄도 제대로 쓰기 힘들게 느껴질 정도예요."

(Jonathan Culler, 1976, p. 12) 뜻밖에도 이런 책이 언어학 사상 소위 기념비적 저서가 되었다. 소쉬르의 책에서 주로 다룬 내용은 음소학에 기초한 언어로, '문자'에 대한 토론은 적다. 다음은 그중 일부를 발췌한 내용이다.

언어와 문자는 완전히 다른 두 기호체계다. 후자가 존재하는 목적은 오직 전자를 나타내기 위해서다. 언어학의 대상은 단어의 서면 형식에 이에 상응하는 구어 형식을 더한 것이 아니다. 오로지 구어 형식 자체만이 언어학의 대상이다. 하지만 입말의 단어와 서면 형식의 결합이 긴밀해져 주객이 전도될 가능성이 있다. 사람들은 음성기호의 서면 형식이 이 기호 자체보다 더 중요하다고 생각한다. 이런 착오는 마치 어떤 사람의 사진을 보면 본인을 직접 볼 때보다 그 사람을 더 잘 이해할 수 있다고 말하는 것과 같다.

문자의 영향은 어떻게 해석해야 할까? 우선 우리는 단어의 문자 형식을 영원하고 안정된 존재라고 생각한다. (…) 다수의 사람들은 시각적 인상에 더 주의했다. (…) 문학적 언어로 인해 문자가 원래 가져서는 안 될 중요성이 추가됐다. (…) 그리하여 문자는 원래 차지해서는 안 될 중요한 지위를 얻게 되었다.

문자에는 두 종류의 체계만 있다. 표의체계는 모든 단어가 하나의 독립적인 기호로 대표되지만, 이 기호와 단어 자체의 음성은 무관하다. (…) 통상적으로 '표음'체계는 단어를 구성하는 일련의 연속된 음을 재현하기 위해 끊임없이 노력한다. (…) 우리는 표음체계, 특히 오늘날 사용되고 그 원형이 그리스문자인 표음체계에 대해 토론할 것이다.(Ferdinand de Saussure, 1916, pp. 29~32)

문자에 관한 이 내용은 상당히 의미심장하다. 어떤 이는 소쉬르가 말을 중시하고 문자를 경시한다는 점에서 루소로 회귀했다고 생각한다. 또 어떤 이는 소쉬르가 전적으로 타당하다고 생각한다. 그는 분명히 표의와 표음 두 문자체계를 제시했고 분명히 후자에 관해 토론하겠다고 말했다. 따라서 문자의 정의는 후자에 국한된다.(曹念明, 2006, p. 16) 아리스토텔레스는 세상에 표의문자가 존재한다는 사실을 전혀 몰랐다. 따라서 현대 학자들이 아리스토텔레스의 우매함으로 회귀하기란 더 이상 불가능하지만 말을 중시하고 문자를 경시하는 루소로의 회귀는 가능하다. 허나 소쉬르의 저서를 읽으면서 필자가 가장 놀란 것은 이 거장의 논술에 보이는 어지러운 논리와 타협할 수 없는 모순이다.

첫 번째 모순은 겉으로 가장 많이 드러나고 눈에 띄는데, "오로지 구어 형식 자체만이 언어학의 대상이다"라고 분명히 말해놓고 이어서 "우리는 표음체계만을 토론할 것(즉, 표음'문자'체계)"이라고 말한다. 그러나 후자도 결국은 문자체계이지 않은가. 두 번째 모순은 문자의 중요성에 대한 자신의 말을 합리화할 수 없었다는 점이다. 그는 문자가 '사진'에 불과하다며 다음과 같이 말한다. "하지만 문자의 횡포는 여기서 그치지 않는다. 표음 자모는 대중에게 주입되고 강요되어, 언어에 영향을 주고 언어를 변화시킬 수도 있다. (…) 사람들은 지금 사실상 두 번째 형식에 따라 발음하고 있다."(Ferdinand de Saussure, 1916, p. 38) 만약 문자가 단지 사진일 뿐이고 힘이 없다면, 어떻게 분수도 모르고 전횡하여 본분을 넘어설 수 있겠는가? 소쉬르는 스스로 구어연구에 문자가 없어서는 안 된다고 명확히 밝혔다. 세 번째 모순은, 이미 두 문자체계가 있다는 사실을 알고도, 왜 양자를 함께 토론하지 않고 그중 하나만 다뤘는지 그 이유를 제시하지 않았다. 양자 중에서 표의체계가 먼저였기 때문에 이를 포기했다는 것은 문자의 기원에 대한 연구를 포기한 것과 마찬가지다. 하지만 필자는 소쉬르를 통해 기표(記表, signifier)와 기의(記意, signified), 공시(共時)와 통시(通時) 그리고 언어는 하나의 체계이고 구어는 음소에 근거한다는 사실을 알게 됐고 이 고견은 언어학 연구의 기념비적 저서를 만들어냈다. 하지만 소쉬르는 문자를 다루는 데 있어 아리스토텔레스로 회귀했다. 아리스토텔레스는 표의문자의 존재에 대해 알지도 못했지만 소쉬르는 이를 알고도 전혀 관심이 없었기 때문에 깊이 연구하지 않았다. 소쉬르의 문자관은 거의 반세기 동안 서양 언어학계를 지배했다. 이후 서양에서 소쉬르에 반기를 들고 '문자학'이 발전하기 시작한 것은 소쉬르의 약점을 찔러, 그 이론의 큰 틀을 전복시킨 뒤다. 사실 그 명성은 반세기 동안 문자학 토론에서 수시로 수면 위로 떠올랐다. 하지만 이는 서양에서가 아니라 중국에서였다. 천왕따오(陳望道)는 『수사학에 나타나는 중국 문자관(修辭學的中國文字觀)』에서 이렇게 말한다.

> 만약 문자의 기원으로 거슬러 올라가본다면, 문자는 확실히 언어와 어깨를 나란히 할 만한 관계로 기원이 같지 않다. 문자는 원래 언어의 토대가 되는 기호가 절대로 아니다. 사람들은 목소리로 생각을 나타낼 수 있다. 즉, 구체적 이미지로 생각을 표현하는 법을 안다는 의미다. 입에서 귀로 전달하는 법을 알고, 또 한편으로는 손가락에서 눈으로 전달하는 법을 안다. 입과 귀, 손과 눈이라는 두 갈래 생각의 경로가 지금은 물론 합병 단계에 이르렀지만, 사실 처음에는 이렇지 않았다.(陳望道, 1925)

1935년에 탕란(唐蘭)의 『고문자학개론(古文字學導論)』이 세상에 나왔고, 1939년에 천명쟈(陳夢家)의 『중국문자학(中國文字學)』이 출판되었다. 이어서 1949년 탕란의 『중국문자학(中國文字學)』이 나온 후 그는 책에서 문자학의 취지를 정확히 밝혔다.

> 입으로 말하는 언어, 펜으로 쓰는 문자, 양자는 확실히 다르다. 서양 사람들의 언어와 문자는 거의 일치하기 때문에 그들은 언어를 연구하기 위해 문자를 연구했다. (…) 이와는 반대로, 중국의 문자는 주음(注音) 방식이고, 언어와 문자는 이미 오래된 고대시기부터 일치하지 않았다. 문자만으로는 실제로 하는 말을 거의 알 수가 없다. 그래서 중국에서는 언어학이 거의 없었다고 말할 수 있다. 하지만 중국인은 고대와 현대의 문자를 통일하고, 동서남북에 무수히 갈라진 언어도 통일했다. 그래서 기원전에 이미 문자학이 있었고 지속적으로 발전해왔다. 서양의 언어학과 중국의 문자학은 서로 다른 분야이며, 성향이 다른 두 문자가 만들어낸 뚜렷한 차이를 충분히 보여준다. (…) 물론 문자학에 언어학이 포함될 수 없는 것처럼 언어학에도 문자학이 포함될 수 없다. (…) 진정한 언어학은 19세기에 수립되었다. 중국의 언어학이 막 시작되었을 때, 우리는 언어학이 크게 발전하리라 믿었다. 하지만 절대로 이 신흥과학을 만능이라고 여겨서는 안 된다. 중국 문자의 특수한 상황을 잊은 채 언어와 문자의 경계가 뒤섞이면 2000년 고유의 중국 문자학이 몰살될 수 있다.(唐蘭, 1949, p. 3)

세상을 놀라게 한 자크 데리다(Jacques Derrida)의 『그라마톨로지(De la Grammatologie)』(1967)는 소쉬르의 『일반 언어학 강의』이후, 서양 사상계가 51년간 쌓아온 성과를 분출해냈다. 이 책에서 우리의 현 주제와 관련된 내용을 다음 세 가지 의미로 정리해볼 수 있다. 첫째는, '아리스토텔레스-루소-헤겔-소쉬르'로 이어져 내려온 언어를 중시하고 문자를 경시하는 사상에 대한 비판이다. 이 언어 중심주의자들은 문자를 말의 종속물이라고 생각한다. 언어가 중심인 이유는 "언어와 존재가 절대적으로 더 밀착되어 있기" 때문이다.(Jacques Derrida, 1967, p. 15) 그들의 프레임으로 표현하면, 말은 내재적·현실적·현장적·자연적이고 이와 반대로 문자는 외재적·인상적·재현적·인위적이다. 루소가 볼 때 문자는 "시체"이고(Jean-Jacques Rousseau, 1781, p. 82), 소쉬르가 볼 때 문자는 "사진"이다.(Ferdinand de Saussure, 1916, p. 38) 데리다는 루소와 헤겔의 문자관을 다음과 같이 평가한다. "문자 자체는 비음성적 요소를 통해 생명을 배신했다. 동시에 호흡과 정신 (…) 그 실체성을 위협하고 있다."(Jacques Derrida, 1967, pp. 34~35) 소쉬르는 음소가 언어의 기초이고, 음소학이 언어학을 과학이 되게 한다고 생각했다. 이는 옳은 생각이며 그의 공헌 중 하나다. 하지만 데리다는 소쉬르가 의미와 감각기관의 유일한 자연적 연결고리는 음성(Ibid., p. 48)이라고 생각한 점은 어불성설이라 보았다. 데리다는 이렇게 말한다.

> 이 전통을 해체한다는 것은 전통을 무너뜨린다는 의미가 아니며, 문자의 무죄를 선포하겠다는 것도 아니다. (…) 문자의 원시적 폭력이 존재하는 이유는 우선 언어가 바로 문자이기 때문이며, 이 점은 갈수록 명확해지고 있다.(Ibid., pp. 50~51)

둘째, 데리다는 문자학을 언급하며 방법론을 탐구하였다. 그는 지금까지의 문자사 연구는 결정적 문제에 대해서는 목적론 식으로 간단히 설명하고, 사실 설명으로 빠르게 넘어가는 결점이 있다고 생각했다. 취약한 이론과 풍부한 문헌이 만들어낸 선명한 대조라고 하겠다.(Ibid., p. 39) 그는 인정한다.

문자는 완전히 역사적인 존재이기 때문에, 문자에 대한 과학적 흥미는 한결같이 문자사의 형식을 취한다. (…) (그러나) 한편으로, 문자학은 분명 인문학에 속하지는 않는다. 또 다른 한편으로는, 분명 하위 분파의 학문도 아니다. (…) 문자에 대한 깊은 사색이 드러난 이런 근본적 합리성과 과학성이 한 인문학 분야에 담길 수는 없다. (…) 모든 과학 분야에 입각해야만 문자사학자의 문제를 파악할 수 있다. 수학, 정치, 경제, 종교, 기술, 법률 등의 학문의 본질적 성찰과 문자사의 성찰 및 문자사의 정보 간에는 깊은 관련이 있다.(Ibid., p. 107; p. 123; p. 129; p. 132)

셋째, 문자의 기원 문제다. 데리다는 말한다. 언어중심주의에서는 문자의 기원과 지위는 제쳐두고 논하지 않는다.(Ibid., p. 59) 하지만 "문자학자들은 기원에 관한 문제를 제기하는 방식으로 대상의 본질을 캐물을 수밖에 없다. '문자란 무엇인가?'"(Ibid., p. 38) 단, 경험과 실증연구에만 완전히 위임할 수 없는 기원 문제에 직면하면서 데리다는 이럴 수도 저럴 수도 없는 상황에 봉착하는데, 여기에서 그의 불가지론자(不可知論者)적 면모가 드러난다.

언어과학은 반드시 구어와 문자, 즉 내외간의 간단하고 원시적인 자연스러운 관계를 회복시켜야만 한다. 반드시 초기의 생동감과 기원의 순수성을 회복시켜야만 한다. 이런 기원에는 역사가 없다.(Ibid., p. 48)

기원 문제는 처음부터 본질적 문제와 뒤섞여 분간하기 힘들었다.(Ibid., p. 107)

흔적에 대한 고찰은 우리에게 기원의 부재를 분명하게 밝힌다. 즉, 단순

한 기원은 존재하지 않으며 기원 문제 자체가 바로 형이상학 안에 포함된다.(Ibid., p. 106)

한편으로는, 억누를 수 없는 그의 적극적 사고를 보여준다.

흔적이 있을 가능성이 없다면 법률도 없다.(Ibid., p. 139)

문자의 기원은 천차만별한 문화 속에서도 항상 비슷했던 데다가, 복잡하지만 규칙에 부합하는 방식으로 정치권력의 분배와 밀접하게 관련되어 있고, 가족 구조와도 상통한다. 자본축적의 가능성, 정치-행정 기구의 가능성은 처음부터 끝까지 서기의 손을 거쳐야 한다.(Ibid., p. 138)

구어와 분리된 경험의 다양성은 문자 발전이 가진 모종의 자율성을 증명했다. 문자는 '민족의 번성'과 분리될 수 있을 뿐만 아니라 늦을 수도, 이를 수도 있고, 천천히 혹은 갑자기 생겨날 수도 있다.(Ibid., p. 435)

일종의 돌발적 사건으로 갑자기 철자가 생겨났고, 협의로서의 문자가 갑작스럽게 나타나는 일도 가능하게 되었다.(Ibid., p. 123)

문자의 기원 문제와 언어의 기원 문제는 분리하기 어렵다. 일반적으로 훈련을 통해 역사학자나 금석학자, 고고학자가 된 문자학자 중에 그들의 연구와 현대 언어과학을 연결시키는 이는 매우 드물다.(Ibid., p. 39)

고대 표의문자사를 연구한 적 없는 학자가 문자의 기원을 밝혀내리라고 기대하면 안 된다. 우리가 중요하게 여기고 강구해야 하는 바는 서양의 지혜로운 사람의 태도와 방법론, 언어중심론에 대한 비판 및 그 비판 전후로 나타난 서양 문자관의 흐름이다.

라이프니츠에서 데리다에 이르기까지 우리는 아리스토텔레스-소쉬르가 정의한 협의로서의 문자가 근대 서양학자의 문자관을 절대 뒤덮지 못한다는 사실을 분명히 보았다. 1986년 『브리태니커 대백과사전』의 중역판▪에서 문자(writing)의 정의는 다음과 같다.

인간이 커뮤니케이션을 하기 위해 사회적으로 약속한 가시적 표기체계.

이 광범위한 정의는 두 단계의 중요한 역사 발전을 포함하고 있다.

1. 초기 단계: 하나의 도형이나 몇몇 도형의 조합으로 사건을 기록했다. 도형 자체가 의미를 나타내기 때문에 언어성분과 대응할 필요가 없다. 여러 문자의 초기 형식은 모두 이 표의문자 단계에 속한다.

2. 후기 단계: 그림문자든 선형문자(線形文字)의 철자든 상관없이 모두 구두로 된 언어부호(단어, 음절, 단음)의 시각적 대체 형식이 된다. 이를 충분히 발전된 문자를 포함한 표음부호 단계라 부른다.

하지만 이 책의 2005년 제15판에 기재된 'writing'의 정의는 다음과 같다.

Writing, system of human visual communication using signs or symbols that are associated by convention with unites of

---

▪ 책의 영문판은 매년 업데이트 되는데 중역판은 주석만을 더했다. 어느 해의 판본에 근거해 주를 달았는지는 밝히지 않았다.

language—meanings or sounds—and are recorded on the surfaces of such substances as paper, stone, clay, or wood.

문자: 의미 또는 음성의 단위로 관습에 의해 서로 연관된 기호나 부호를 사용하는 인간의 시각적 의사소통 체계이며 종이, 돌, 점토나 나무와 같은 물질의 표면에 기록된다.[■]

서양의 권위 있는 사전에 수록된 정의는 아리스토텔레스의 "문자는 언어의 기호체계"나 소쉬르의 "문자가 존재하는 목적은 오로지 언어를 표현하기 위해서다"라는 정의와는 분명히 다르다. 하지만 가장 놀라운 것은 중국인 스스로 편찬한 『중국 대백과사전(中國大百科全書)』에서 '문자'를 '언어의 철자체계'라고 정의한다는 사실이다. 이는 모국어의 특징을 무시한 채 고집스럽게 아리스토텔레스를 따른 결과다. 특히 『중국 대백과사전』(1988)은 『브리태니커 대백과사전』의 중역본(1986)이 나온 지 2년이 지난 후 출판되었는데도, 표제어 저자는 국제 학술계의 진전을 완전히 무시했고 새로운 정의와 한자의 호환성이 더 높다는 점을 고려하지 않았다.

이런 고질적인 경직은 참으로 이해하기 어렵다. 게다가 이런 황당한 일은 하나로 끝나지 않는다. 중국 고대의 정치가와 문인 눈에는 '봉건과 집권'보다 구별하기 쉬운 개념은 없었다. 기본적으로 진(秦)나라 이후 정치체제는 분명히 봉건체제가 아닌 집권체제였다. 마르크스의 '봉건사회-자본주의 사회'는 유럽 역사에 근거해 제기된 것이

---

■ 필자는 convention을 '관습에 의해'라는 말로 번역하는 것이 적절하다고 생각하지 않는다. 언어에는 사회적으로 약속된 요소가 있지만 문자에는 이런 현상이 거의 드물다. 그러한 관습은 인간이 규정을 만든 후 반복적으로 사용해서 생겼지만 '관습에 의한' 것이라 함은 무의식적인 것으로 '인위적인 규정'이 아니다.

다. 그는 자신을 잘 알지 못하는 동양사회에 면밀하고 신중하게 '아시아적 생산양식'을 제시했으나 '봉건사회'로 개괄하려는 욕심은 부리지 않았다. 그러나 황당하게도 중국의 많은 학자가 굳이 본인들 사회에 '봉건사회'라는 꼬리표를 붙였다. 문자의 정의가 중국에서 겪은 상황은 사상의 왜곡은 이념에서 시작되었지만, 훗날 그 흐름이 미치지 않는 곳이 거의 없었다는 사실을 알려준다.

# 2

# 도기에 그려진 부호,
# 도기는 문자체계의 시초인가

인류 문자의 기원에 대한 탐구가 시작되자 일원설(一源說)과 다원설
(多源說)의 구별이 생겨났다.

　일원설을 주장하는 혹자는 인류 문자는 메소포타미아 유역에서
시작되었다고 하고, 또 어떤 이는 이집트에서 기원했다고 본다. 그러
나 인류 초기 주요 문자 간에 나타나는 큰 차이를 직면한 후 일원설
측에서는 '자극식 전파' 사상을 제기한다. 즉, 문자는 실용성과 상징
성이 매우 크기 때문에 주변 민족과 접촉하고 이들을 자극하면서, 자
신들만의 특징을 가진 비슷한 문자를 창조하게 된다는 것이다.(Steven
R. Fischer, 1999, p. 62) 다원설에서는 극히 소수의 지역에서 몇 개의 문
자체계가 각각 독립적으로 생겨났다고 본다. 이는 기원전 3500년 고
대 이집트의 성각(聖刻)문자, 기원전 3200년의 서아시아 설형문자(어
떤 학자는 이 두 문자가 사실은 하나의 발원지에서 시작되었다고 보기도 한다),
기원전 1200년 중국 상(商)나라의 갑골문, 기원전 800년 중앙아메리

카의 문자를 말한다.

이 몇 개의 주요 문자체계가 인류 최초의 문자인가? 이는 일원설과 다원설을 제외한 또 하나의 논쟁이다. 몇몇 학자는 근원을 찾던 시선을 도기에 그려진 부호인 '도부(陶符)'로 돌렸다. 필자는 다원설에 동의하기 때문에 중국, 이집트, 서아시아에 초점을 맞추어 문자와 도부의 관계에 대해 논의하도록 하겠다.

갑골문 연구가 최초의 성과를 거둔 뒤, 학자들은 도부에서 문자의 근원을 찾는다. 이와 관련된 저술은 매우 많은데 내나수는 도부와 갑골문의 공통점과 유사점을 세부적으로 보여준다. 여기서 핵심 논점은 세 가지다. 첫째, 갑골문의 체계는 너무 성숙하기 때문에, 이전에 분명히 기나긴 문자 형성 역사가 있었을 것이다. 둘째, 갑골문이 고대 이집트의 성서와 수메르의 설형문자보다 늦게 형성됐다는 사실에도 불구하고 출토된 중국 도기와 도문(陶文)의 역사가 가장 오래됐고 그 수도 가장 많다. 이로써 도부가 변천하여 갑골문이 되었는가를 증명할 수 있는지는 논하지 않더라도, 이것만으로도 일원설의 이집트 중심론에는 충분히 도전적이다. 이집트 메소포타미아 유역의 문자 형성에는 자신들의 문자가 아니라 도부가 영향을 주었고, 그 도부는 중국보다 늦게 출토되었는데 왜 그 영향이 나타나지 않는 것일까? 셋째, 상술한 세 고대문자 중에는 본고장의 도부와 같거나 비슷한 모양의 문자가 있는데, 이런 문자의 수는 중국이 가장 많고 그다음으로는 이집트, 서아시아가 뒤를 따른다.(拱玉書·顔海英·葛英會, 2009, pp. 141~144)

필자는 도부설에 대한 주장과 반박을 회고함으로써 문자의 기원을 숙고해볼 수 있으리라 생각한다. 천명쟈는 말한다.

현재 보이는 갑골문자는 상(商)나라 무정(武丁) 때는 상형자(象形字)였다가, 두 세기 반도 지나지 않아 형성자(形聲字)로 변했다. 우리는 여기서 300년도 안 되는 시간 동안의 문자 변천 속도를 알 수 있다. 초기의 갑골 문은 상형자가 많아서 원시문자와 그리 멀리 떨어지지 않았음을 추측할 수 있다. (…) 심지어 나는 문자는 상(商)민족 특유의 문화가 아닐까라는 의심마저 들었다. (…) 신점기(辛店期) 시대 도기에 그려진 그림문자를 보 고 우리는 이것이 단순한 무늬거나 기껏해야 '그림으로 이름을 기록한' 부족의 명문 정도라고 생각했다. 부족의 명문은 그저 일종의 출정 깃발 정도를 의미할 뿐이다. (…) 신점기 시대의 그림문자는 '유의미한 문자'라 고 간주할 수 없다.(陳夢家, 1939, p. 11; p. 16)

쉬종슈(徐中舒)는 다음과 같이 말한다.

문자나 원시한자는 하(夏)나라 때 출현한 것인가? 현존하는 (출토된) 유물 및 문자 발생과 발전의 역사에 근거해볼 때, 대답은 '아니오'다. (…) 허난 (河南) 옌스(偃師) 얼리토우(二裏頭) (…) 정조우(鄭州) 얼리강(二裏岡), 난관 와이(南關外), 가오청(槁城) 타이시(臺西)촌과 장시(江西) 칭장(淸江) 우청(吳 城) 등지의 유적에서 (…) 도기 위에 그려진 부호는 정식 문자라고 볼 수 없으며, 기본적으로 일부 사실을 기록한 부호라 할 수 있다. (…) 하(夏)나 라의 경제사회는 비교적 방대한 복인(卜人, 점치는 사람) 집단이 아직 형성 될 수 없는 상황이었기에 기존에 새겨진 부호 등의 그림이 사회적으로 일반화될 만한 조건은 갖추지 못했던 것 같다. 따라서 은(殷)상(商) 후기 에 상형문자는 나타날 수 없다. (…) 문자 없이 지휘명령이 가능한 국가가 형성된 예는 상당히 많다.(徐中舒, 1981, p. 203; p. 204; p. 215)

장광직은 말한다.

내 생각에는 상(商)나라와 선사시대를 포함해서 절대 다수의 도문 부호는 모두 가정, 가족, 씨족이나 그들의 지파 등의 부호와 휘호로, 그들과 우리가 이미 알고 있는 한자를 대조하고 해독하여 유의미한 문장으로 만들어보려는 시도는 거의 불가능하다고 본다. (…) 반포(半坡)촌의 도기는 각 가정에서 직접 만들었을 가능성이 크다.(張光直, 1978, p. 230)

치우시꿰이(裘錫圭)는 다음처럼 말한다.

딩공(丁公) 유적지의 1235호 롱산(龍山) 구덩이에서 열한 개의 부호가 새겨진 소래기*의 밑부분 한 조각이 발견되었다. (…) 이 부호들은 분명 그림도 아니고 목적 없이 임의로 새긴 결과물도 아니다. (…) 하지만 나는 이것이 성숙한 문자 발전으로 가는 정상적 과정 속의 원시문자가 아닌, 샛길로 들어선 원시문자라고 생각한다. (…) 극소수의 사람만이 사용하는 데다가 일부 특수한 장소에서만 사용하여, 일종의 업계 '문자' 또는 비밀 '문자'가 되었다. 이런 상황에서, '문자' 부호는 일반인이 식별하기 어렵게 변해버릴 가능성이 충분히 컸다.(裘錫圭, 1993)

한자가 일부 기호를 흡수했다고 말한다고 해서, 우리가 이 기호들이 원래 문자였다고 인정하는 것은 아니다. 원시사회 말기―양샤오(仰韶), 마쟈야오(馬家窯), 롱산(龍山)과 량주(良渚) 문화―의 기호는 분명 완전한 문자체계를 구성할 수 없을 뿐만 아니라 원시문자도 아닌 듯하다. (…) 일부 기호가 한자에 흡수되었다고 그것이 원래부터 문자였음을 증명할 수는 없다. (…) 다원커우(大汶口) 문화의 상형부호는 이미 비언어적 도형이 아

---

* 높이가 조금 높고 굽이 없는 접시 모양으로 생긴 넓은 질그릇.

닌 원문자였을 것이다. (…) 다원커우 문화의 원시문자는 발견 당시 단지 종족의 이름으로 쓰이는 몇몇 글자뿐이었다. (…) 상(商)나라 후기, 많은 상형문자가 이미 그다지 상형문자 같지 않게 변했고, 문자를 새기는 기술도 매우 숙련된 것으로 볼 때 한자가 원시문자 단계를 벗어난 지 꽤 시간이 지난 듯 보였다. 하지만 다른 한편으로는 상(商)나라 후기 문자에서도 일부 비교적 원시적인 흔적을 여전히 찾을 수 있다. (…) 이런 흔적으로 보자면, 상(商)나라 후기가 기본적으로 완전한 문자체계를 형성한 시대와의 거리도 멀지 않은 것 같다. (…) 한자가 기본적으로 완전한 문자체계를 형성한 시대는 아마 하(夏)상(商) 즈음일 것이다.(裴錫圭, 1978)

문자가 탄생하기 전, 이집트도 도부를 널리 사용했다. 이집트에서 도기가 가장 많이 출토된 유적지는 나카다(Naqadah)*와 타르한(Tarhan)**이다. 나카다의 도부는 몇백 종류가 있는데, 구상적인 것에서 추상적인 것으로의 변천 과정을 보여준다. 이집트 도부에 나타나는 독특한 현상 중 '카르투슈(Cartouche)'***라는 것이 있는데, 보통 이 틀 위에 매의 신 호루스(Horus)****가 서 있는 모양을 하고 있다. 틀 내부의 윗부분에는 국왕의 이름이 적혀 있고, 아랫부분에는 세로줄로 궁전을 표시했다. 과거 왕조 말기에 보이는 다수의 카르투슈는 포도주 항아리에 새겨졌다. 카르투슈도 변천 과정이 있었다. 초기에는 그림이었지만 나중에는 좀 더 추상적인 무명(無名) 틀로 변했다가, 다시 유명(有名) 틀로 바뀐다. 학계에서는 대체로 이집트 도부는 문자

---

* 기원전 4000년 상(上)이집트 권력의 중심으로, 이미 2200개의 선사시대 무덤이 발견됨.
** 카이로에서 40킬로미터 거리에 있으며, 이미 2000개의 무덤이 발견됨.
*** 왕명 틀, 고대 이집트의 기념비 따위에서 보이는 국왕의 이름을 둘러싼 장식 테두리.
**** 하(下)이집트의 다산의 신이자 죽은 왕들의 화신인 오시리스와 보호의 여신인 이시스의 아들이다. 매를 상징하는 호루스는 모든 자연물과 동일시한 신의 상징물이라고 할 수 있다.

에 소재를 제공한 원천 중 하나지, 이집트 문자의 전신(前身)은 아니라고 본다.(拱玉書 等, 2009. pp. 74~96) 카르투슈가 있는 도기는 의심할 여지없이 왕실을 위한 전문적 물건이었다.

고대 서아시아에서 도기와 도부가 출토된 유적은 매우 광범위하다. 학자들은 다음과 같은 분석을 내놓는다. 일부 유적의 출토물 중 어떤 것에는 도부는 있지만 문자가 없고, 일부에는 문자는 있는데 도부가 없다. 다음 세 유적에는 도부와 문자가 모두 있었다. 첫 번째, 이란 북부의 고고학 유적지 야흐야(Ya hya)의 IVc층•••••에서 문자 점토 판과 도부가 출토되었다. 어떤 것이 먼저인지 전후 년도는 판단하기 힘들지만, 이 문자들은 그 지역에서 생성된 것이 아니라 원시 이집트 문자를 차용한 것인데, 엘람문자(Elamite script)••••••는 IVc층보다 훨씬 더 이른 시기에 생겨났다. 둘째, 현재 시리아 지역의 텔 브라크(Tell Bräk)에서는 기원전 3500년의 도부와 기원전 3200년경의 문자가 출토되었다. 문자는 외부에서 전래되었고, 문자와 도부는 외형상 일치하는 부분이 없었다. 셋째, 에블라(Ebla)에서 출토된 문자도 외부에서 전래된 것으로, 그 지역의 도부와는 완전히 다른 체계였다. 서아시아 도부 연구자는 도부의 기능에 대해 아홉 가지 가능성을 제기했다. 도공(陶工) 휘장, 공방 표기, 고객 표기, 용량 표기, 용기 내용 표기, 도기를 제작한 가정(家庭)의 표기, 숫자, 주술적 기호, 고인의 이름이 그것이다.(Ibid., pp. 40~70; pp. 130~132)

앞에 서술한 사실과 그 변론에 대한 정리는 필자로 하여금 다음과 같은 문제를 생각하게 만들었다.

---

•••••• 기원전 3400~2900년경의 고고학 문화층.
•••••• 원(原) 엘람문자 또는 원시 엘람문자는 고대의 엘람어를 기록하는 데 사용된 청동기시대 초기의 문자로, 후대에 엘람 쐐기문자가 도입되기 전에 사용되었다.

첫째, 왜 태고시대에 인류가 창조하여 현존하는 '도부'와 '문자' 간에 인과적, 단선적 관계가 나오지 않는 것일까? 아마도 우리가 발굴해서 볼 수 있는 것들은 그저 불완전한 역사이기 때문일 가능성이 크다. 돌, 도기, 점토 판, 갑골 등 우리가 볼 수 있는 상고시대 부호의 운반체는 모두 견고한 재질에 힘입어 유구한 역사를 지나왔다. 아마 또 다른 다양한 재질의 부호 운반체들은 이미 흙과 공기 중으로 사라져버렸고 사실의 전모는 영원히 드러날 수 없을 것이다. 따라서 남아 있는 유물 간의 선형관계를 반드시 구축해야만 한다.

도부는 아마도 문자 이전의 역사에서 인류가 창조한 다양한 부호 중에 남겨진 혁혁한 업적 중 하나일 것이다. 예를 들어, 원시시대의 많은 도부가 그저 왕명이나 부족의 표지 등을 의미한다면, 선인들은 왜 오직 도기만을 표식의 운반체로 이용했을까? 도기시대 이전에는 부족의 표지가 없었을까? 왜 도기나 청동 외에 더 가공하기 쉬운 재료를 골라 부족의 표지를 새기지 않았을까? 아마 문자 이전 시대에 인류는 이미 여러 종류의 부호 운반체를 제조한 적이 있을 것이다. 그들은 문자 부호의 여러 발원지를 구성했고 도부는 그저 그중 한 갈래일 뿐이다.

둘째, 고고학 발굴로 볼 때 갑골문은 출현해서부터 성숙할 때까지 분명히 200여 년밖에 걸리지 않았다. 이것이 실제로 완전한 문자체계가 배양되는 기간인가? 다시 말해 더 긴 성장기가 꼭 필요할까? 어떤 조건에서 단기간 내에 하나의 문자체계가 완성될 수 있을까? 필자는 문자가 상(商)나라만의 독특의 문화라는 천명쟈와 쉬종슈의 판단을 받아들이면서도, 또 한편으로는 문자체계의 배양-탄생에는 긴 시간이 걸린다는 점도 인정한다. 하지만 장기간과 단기간의 결합으로 이루어질 수도 있다고 본다. 전자는 다양한 시각적 부호형식(도부를 포함한)의 출현 시기이고, 후자는 문자체계의 창립 시기다. 다시 말해 칼등은 칼 전체의 99퍼센트가 넘는 부분을 차지하지만, 최종적으로 문명의 여정을 개척하는 것은 칼 전체의 1퍼센트도 안 되는 칼날이다.

셋째, 도부는 문자인가? 이 중요한 판단을 어떻게 내려야만 할까? 고고학 연구를 하지 않는 철학자가 고고학자들에게 도움이 될 수 있는 이유는 바로 방법론의 중요성 때문이다. 데리다는 다음처럼 말한다. "비록 언어학이 문자학을 배제하고 있기는 하지만, 문자학이 과학이 되려면 반드시 언어학을 참고해야 한다."(Jacques Derrida, 1967, p. 39) 우리는 씻은 목욕물은 버리더라도, 소쉬르의 목욕통 속 아기까지 버려서는 안 된다.● 그가 현대 언어학에 남긴 초석은 바로 이것이다. "언어는 개념을 표현하는 기호체계다."(Ferdinand de Saussure, 1916, p. 18) 조너선 컬러(Jonathan Culler)는 소쉬르의 이 사상을 다음처럼 해석한다. "갈색과 다른 색의 관계를 알아야만 갈색이 무엇인지 알 수 있다. 이 이치는 바로 갈색이 몇몇의 근본적 성질이 규정한 하나의 독립적인 개념이 아니라는 데 있다. 갈색은 색을 나타내는 많은 단어 중 하나이며, 그 의미는 다른 단어와의 관계가 확정한다."(Jonathan Culler, 1976, p. 28)

초기의 언어는 체계성이 없었나? 소쉬르는 단호하게 없었다고 답한다. "만약 초기의 특징이 영구불변한 특징과 다르다고 생각한다면 완전히 잘못 호도된 것이며, 우리는 그저 악순환에 빠져 있는 것일 뿐이다."(Ferdinand de Saussure, 1916, p. 10) 만약 우리가 방법론상에서

---

● 엥겔스는 『루트비히 포이어바흐와 독일 고전철학의 종말(Ludwig Feuerbach und Ausgang der klassischen deutschen Philosophie)』(1888)이라는 책에서, 마르크스가 포이어바흐의 한계를 지적하며 헤겔의 관념론을 비판한 건 긍정적이지만 변증법까지 부정한 건 실수라며 "아기를 씻기고 구정물만이 아니라 아기까지 버렸다"는 유명한 말을 했다.

자욱한 안개를 헤치고 나온다면, 도부와 문자의 성질은 확실히 구별될 것이다. 도부의 기능은 무엇인가? 표식이다. 그것이 왕의 이름이든, 종족의 표지든, 아니면 도공의 이름, 도자기 공방의 이름, 고객의 이름, 고인의 이름이든 관계없이, 전부 하나의 표식과 부호로 되어 있는데, 다른 어떤 사물과 관련되어서도 안 되고 될 필요도 없기 때문에, 한 도기에 한 부호(一器一符)는 대다수의 도기에 새겨진 도부의 특징이다. 두 개 이상의 부호를 가진 도기는 극히 드물기 때문에 '체계'를 논할 필요도 없다.

넷째, 도기와 도부의 제조자는 도공이다. 장광직은 다음처럼 생각한다. "반포(半坡)촌의 도기는 모든 가정에서 각자 만든 것일 가능성이 크다."(張光直, 1978, p. 230) 서아시아의 도기 연구자는 도부가 도기 생산 가정의 명칭일 것이라는 가능성을 제시한다.(拱玉書 等, 2009, p. 58) 우리는 조금 더 큰 규모의 도기 생산도 배제해서는 안 된다. 치우시페이는 도부는 업계 '문자'라고 말한다. 그러나 그는 문자에 따옴표를 붙여 도부를 협의(狹義)의 문자라고 생각하지 않음을 보여준다. 업계 문자 혹은 업계 부호란 마치 내재된 어떤 통일성을 넌지시 가리키는 것 같지만, 내부적으로 소통하던 도기업계의 존재는 우리의 상상을 넘어선다.

설사 가내수공을 뛰어넘는 도자기 공방이라 해도, 문자의 대상은 단지 상품을 필요로 하는 사용자일 뿐이지 다른 공방과 교류할 필요는 전혀 없었다. 게다가 하나의 공방은 반드시 비교적 넓은 지역을 차지하고 있었기 때문에, 공방 간의 교류를 위한 비용도 분명 적지 않았을 것이다. 더군다나 관건은 따로 있다. 공방 간에 통일된 도부가 필요한가? 한 공방에 모든 공방의 도부를 통일할 권력이 존재하는가? 다시 말하자면, 영세하고 고립되어 체계가 잡히지 않은 공방과 도공은 도부를 통일하지 않고 서로 달리하기로 정했다. 따라서 오로지 아주 협소한 시간과 공간에서만 식별이 가능하다. 혹시 가내수공을 넘어선 공방이라는 예외가 존재할지도 모른다. 이집트 도기의 카르투슈는 이런 터무니없는 생각을 하게 만들었지만, 아쉽게도 오늘날 알고 있는 사소한 정보 한 자락만으로는 더 큰 상상이나 추론을 지지하기 어렵다.

다섯째, 언어와 문자의 형성 메커니즘에 관해 토론할 때 사람들은 늘 이 한 단어로 요약하곤 한다. 바로 '사회적 계약(사물의 명칭이나 관습은 장기간 사회적인 실천 속에서 형성된다)'이다. '계약'은 언어와 문자 모두에 적합하지만 문자가 '사회적'으로 형성되었는지에는 의문이 남는다. 스티븐 피셔는 "아마 언어는 진화한 것이고, 문자는 인류가 목적성을 가지고 만들었을 것"이라고 말한다.(Steven R. Fischer, 1999, p. 63)

『사해(辭海)』*에서 '사회적 계약'은 다음과 같이 해석된다. 사물의 명칭은 사람들의 공통된 의사에 따라 제정된다. 이는 언어에서는 실행 가능하지만, 문자에는 적용할 수 없다. 같은 언어는 부지불식간에 광대한 군중과 지역을 덮을 수 있으며, 이 메커니즘은 사회적 계약에 상당히 부합한다. 하지만 문자는 이와 달리 수취인에게 도달했을 때 발신자가 '현장'에 없다. 게다가 '문맥'과 해석도 없이 오로지 무미건조한 한마디 혹은 몇 개의 단어만 있을 뿐이어서 이해하지 못하면 그저 이해하지 못한 채로 남을 수밖에 없다. 따라서 하나의 문자체계가 형성될 때는 '사람들의 공통된 의사'에 기댈 수가 없다. 문자 기호체계는 '사회 시스템'을 통해 전파된다. 시스템 내의 구성원은 이미 이 문자를 알고 있기 때문에, 설사 서로 멀리 떨어져 있어도 이 문자를

---

• 1936년에 처음 발간된, 단어와 각종 영역의 어휘를 수록한 종합적인 대형사전.

보면 모두 이해할 수 있다. 이 문자체계를 안다는 것은 외부와 소통할 수 있다는 전제가 되고, 같은 사회 시스템에 산다는 것은 '문자를 아는 것'의 전제가 된다. 표의문자 체계는 사회적 약속으로 형성되기가 매우 어렵기 때문에, 확장하려면 반드시 특정한 사회 시스템에 의존할 수밖에 없다. 시장체계는 스스로 자생할 수 있지만, 문자체계는 스스로의 자생을 도울 힘이 없다. 문자를 사용한 최초의 사회 시스템은 분명 국가권력이다. 이에 대해서는 뒤에서 토론해보겠다.

여기서 특별히 설명해야 할 사항은 어떻게 그 두 형제가 스스로 자생할 수 있었는가 하는 점이다. 즉, 문자의 형님뻘인 언어는 어떻게 여러 사회적 권력에 알리지 않고서도 광대한 군중과 지역을 뒤덮을 수 있었을까. 이는 모국어, 네오테니(Neoteny)*와 인구의 끊임없는 이동, 이 세 요소가 모여 이루어진 것이라고 생각한다. 어머니는 자녀를 양육하면서 자연스럽게 아이들에게 말하는 법도 가르친다. 어린아이의 더딘 성장기는 한 아이가 열여덟 살이 되어서야 어머니와 자란 곳을 떠날 능력을 갖도록 만들었다. 이때 모국어는 이미 마음속에 정착된 상태고, 만약 그렇지 않다면 분명 그는 집안 어른들을 따라 같이 이주할 텐데 어른들은 이미 모국어가 확고한 상태이기 때문에 앞으로도 계속 모국어를 사용할 것이다. 이민자 집단이 어느 곳에 자리를 잡든, 그들이 새로운 곳에서 얼마나 많은 새로운 단어들을 개발해내든, 모국어는 그들의 언어에서 확고부동한 토대가 된다. 뿌리가 같은 다른 집단을 만났을 때, 그들은 각자 70~80퍼센트의 모국어와 20~30퍼센트의 새로운 단어로 원활히 소통할 수 있으며, 동시에 서

---

* 유형성숙(유아화)이라고도 부르며 어린이의 속성을 지니고 어른이 되어가는 경향성이나 어른 안에 있는 유아기적 속성을 뜻함.

로 새로운 어휘를 늘릴 수 있게 된다. 아마도 이것이 바로 언어의 자연진화일 것이다. 이는 문자와는 독립된 메커니즘이다.

# 3

# 종교적, 상업적 필요와
# 문자의 탄생

1929년 한 독일 학자가 우루크(Uruk, 현 이라크 남부)에서 대량의 설형 문자 점토 판을 발굴했는데, 제작년도는 대략 기원전 3200년경이다. 지금까지 발견된 것 중 가장 오래된 설형문자다. 그 형상은 사람들이 기대한 것과는 차이가 크다. 즉, 상당 부분이 상형문자 같지 않는데 이런 다양한 요소가 설형문자 기원에 대한 학자들의 탐구열을 불러 일으키고 있다. 앞서 서술한 바와 같이 도부가 원시 설형문자라는 가 설은 성립되기 어렵다. 하나의 가설이 사라지면서 또 다른 해석이 점 차 틀을 갖추기 시작했다.

1921년 프랑스 학자 레옹 르그랭(Leon Legrain)은 수사(Susa, 현 이 란 남서부)의 출토물 중에 구형(球形)의 봉니(封泥)*가 있다는 사실을 알게 되었다. 1959년 아돌프 레오 오펜하임(Adolf Leo Oppenheim)은

---

* 서신·공문이 쓰인 죽간 등을 묶은 곳에 봉해진, 도장이 찍힌 점토덩이.

누지(Nuzi)**에서 출토된 구형 봉니에 새겨진 설형문자를 연구했는데 그중 '돌멩이'와 비슷한 단어가 여러 차례 출현했다. 그런데 안타깝게도 상술한 두 구형 봉니 안에 있던 물건들은 이미 유실되고 없다. 1966년 프랑스 학자 피에르 아미에트(Pierre Amiet)는 완전체인 구형 봉니와 그 안의 내용물을 목격했는데 그중 오펜하임이 말한 '돌멩이'를 식별해내고 이를 칼쿨리(calculi)***라고 불렀다.

그 후 뒤를 이은 학자들은 봉인에 대해 더욱 잘 이해할 수 있게 되었다. 데니스 슈만-베세라(Denise Schmandt-Besserat)가 이 연구를 집대성했는데, 그녀는 1969년부터 열네 개 나라 30개 박물관을 두루 방문하고 보관된 문물들을 연구해 1992년에 저서 『문자 이전(Before Writing)』을 탈고했다.(拱玉書 等, 2009, pp. 150~151)

슈만-베세라의 이론을 '점토물표'라고 부르는데, 중국학자인 꽁위슈(拱玉書)가 이 이론을 체계적으로 소개한 바 있다. 그런데 그는 구형 봉니에 들어 있는 산가지를 '도기물표(陶籌)'라고 불렀는데 이는 필자가 보기에 타당치 않다. 슈만-베세라는 이를 '작은 점토덩어리'라고 불렀는데 그녀가 통계 분석한 바에 따르면 이 덩어리의 14퍼센트는 돌과 아스팔트 제조물이고, 나머지는 모두 점토덩어리였다. 따라서 필자는 슈만-베세라가 말한 점토덩어리, 즉 'clay token'이 '점토물표'라고 번역되어야 한다고 생각한다. 우선, 햇볕이나 바람, 불에 건조된 점토제품은 아직 굽기 전의 도기와는 완전히 다르다. 도기는 이후 가마에 들어가 구워지는 제조과정을 거친다. 따라서 이를 '도기물표'라고 부르면 도기와 혼동되어 독자를 오도할 수 있다. 또한 이것의 원료와 제작방식은 설형문자 '점토 판'과 동일하다. 따라서 '점토

---

** 티그리스강과 가까운 이라크 키르쿠크의 남서쪽에 위치한 고대 메소포타미아의 도시.
*** 수를 세거나 계산용으로 쓰는 산(算)가지.

물표'라고 부르는 것이 이치와 명분에 맞다.

　대략 기원전 8000년경부터 서아시아인, 특히 수메르인은 점토물표를 사용해 물품을 기록했고 이 전통은 점차 발전되었다. 화물 운송이 시작된 이후 배달원들은 분실을 방지하기 위해 수취인이 물건을 확인할 방법을 생각해냈다. 대략 기원전 4000년경, 뷜(bulle)이 출현했다. 중국 내에서는 이를 '봉투'라고 번역하는 학자도 있는데, 수사에서 출토된 뷜은 원형이거나 타원형이므로 '구형 봉니'라고 번역하는 편이 낫다. 배달원들은 화물과 대응되는 점토물표를 공 안에 집어넣고, 점토 공이 마르기 전에 봉인했는데 처음에는 평면 인장(stamp seals), 나중에는 원통 인장(cylinder seal)을 사용했다. 당시 점토물표는 이미 장족의 발전을 이룬 상태였다. 원래의 점토물표에는 구멍조차 새겨진 것도 없었는데, 이때는 구멍이 있거나 표면에 여러 선이 새겨져 있었다. 구멍이나 선의 의미는 아직 밝혀지지 않았다. 이렇게 수취인이 공을 깨뜨려서 점토물표와 물건을 확인하는 것은 오늘날 사람들이 화물송장에 따라 물건을 인수받는 것과 같다. 아마도 배달원들은 봉인 후 공 안에 들어 있는 점토물표의 개수를 자주 잊어버렸을 것이다. 그래서 편리를 위해, 봉인할 때 선이 새겨진 점토물표를 마르지 않은 구형 봉니 바깥에 하나하나 눌러 찍었다. 처음에는 잊어버리는 것에 대한 보완책으로 시작했던 이 방법이 수취인에게도 편리함을 가져다주자 더 이상 공을 깨뜨려 점토물표를 확인하지 않고 공 밖에 새겨진 날인만으로 물건을 확인하게 되었다.

　우연히 시작된 이 약빠른 행동은 뜻밖에도 엄청난 변혁을 가져왔다. 사람들은 점토물표 대신 인문(印紋, 찍힌 무늬)을 사용하기 시작했고, 2차원이 3차원을, 부호가 현물을 대신하기 시작했다. 물론 사실상 점토물표도 현물부호이기 때문에, 이렇게 얘기하자면 인문도 '2차

부호'나 '부호의 부호'라고 할 수 있다. 기왕 인문이 점토물표를 대신하게 되었다면 공 안에 점토물표를 갖춰 넣을 필요도 없고, 점토물표를 넣지 않을 것이라면 수고스럽게 공은 만들어서 무엇하겠는가. 인문이 점토물표를 대신한 후, 인문의 운반체인 구형 봉니가 점토 판으로 전환된 것은 피할 수 없는 추세였다. 이것이 바로 '점토물표 이론'의 설형문자 기원에 대한 해석이다.[Steven R. Fischer, 2001, pp. 15~18; 2009(개정판), pp. 149~157]

이 이론에 제기된 가장 큰 의문은 다음과 같다. "대략 1500여 개의 수메르 부호 중에서 아주 일부만이 이 이론의 해석과 관련이 있을 뿐이다. 만약 점토물표 부호가 수메르 체계를 만들었다면 이는 분명 대다수의 부호에 영향을 끼쳤을 것이다."(Ibid., p. 18) 몇몇 학자는 설형문자는 점토물표를 제외하고도 도부와 원통 인장에서도 기인한다고 변호한다.(拱玉書 等, 2009, pp. 68~69; pp. 289~292) 앞에서 말했듯 도부는 이미 같은 시기에 나타난 사람들이 만든 여러 부호 중에서도 겨우 남아 있는 몇 안 되는 유물일 것이다. 필자의 생각은 이렇다. 점토물표가 공헌한 바는 초기 설형문자의 동력이 된 메커니즘을 탐구하는 데 있지, 설형문자의 전신을 확인하거나 이 지역에서 이전에 어떤 부호가 설형문자의 이미지 형성에 가장 큰 영향을 끼쳤는지를 밝히는 데 있지 않다.

하지만 다른 문제가 하나 있다. 필자는 스티븐 피셔가 다음과 관련된 논술을 한 적이 있는지, 또 이론적 도전을 받아본 적이 있는지는 모르겠다. 최초의 점토물표는 실물을 모방한 상징으로, 수취인이 알기 쉽게 하기 위해 생겨났다. 그것이 점토 판 설형문자로 전환되는 과정에서 수취인은 어떻게 배달원이 제작하는 부호의 변화와 확장을 따라갈 수 있었을까. 물론 직접 교환하면 모든 것이 처리하기 쉬웠겠지만, 점진적으로 변화하는 문자체계가 도처의 상인들 손에 들어왔을 때 그들은 무엇을 근거로 이를 해독할 수 있었을까?

스티븐 피셔는 '점토물표 이론'을 소개하는 첫 문장에서 다음과 같이 말한다. "완전한 문자는 일상생활을 기록하기 위해 출현했음에 틀림없다."(Steven R. Fischer, 2001, p. 15) '일상적 필요'는 태곳적 모든 인간 집단에 존재했는데, 왜 오직 드문 지역에서만 문자가 탄생했을까? 같은 맥락으로 상업적 필요도 일상적 필요처럼 문자를 불러내지는 못한다. 로만 야콥슨(Roman Jakobson)은 문자를 탄생시킨 수많은 사회적 역량 중에서 경제적 필요가 가장 두드러진 위치를 차지한다고 말한다. 메소포타미아의 설형문자는 경제적 필요에 호응해 출현했고, 수메르인은 이를 고도로 성숙한 규제기관의 도구로 발전시켰다. 이 기관은 물품, 서비스, 사회특권의 분배를 통제했다.(Florian Coulmas, 2009, p. 384 재인용)

이집트의 성각문자와 중국의 갑골문은 모두 경제적 이유가 아닌 종교적 이유로 탄생했다. 이는 마치 '경제는 중요한 위치를 점할 필요가 있다'는 주장에 이의를 제기하는 듯하다. 하지만 필자는 문자 기원의 가장 중요한 원인이 종교라고 생각하지 않는 것과 마찬가지로, 경제도 가장 중요한 원인이라고 보지 않는다. 가장 중요한 원인은 분명 이집트와 중국의 종교적 가치추구와 수메르인의 경제적 가치추구 배후에 있는 힘일 것이다. 즉, 국가권력이다. 3대 국가권력은 각기 자신의 종교와 경제적 추구 속에서 문자의 탄생을 촉진했다. 따라서 야콥슨이 기술한 전후관계는 잘못되었다. 먼저 경제적 필요가 생기고 설형문자가 탄생하고 그 후에 다시 규제기관의 도구로 바뀐 것이 아니라, 반대로 규제기관이 문자의 탄생에 가장 큰 힘으로 작용했다.

상술한 논증의 미묘한 차이는 보충설명이 필요하다. 국가권력이 문자의 탄생을 기대했다는 것이 모든 국가권력이 반드시 문자를 창조할 것이라는 의미는 아니다. 다시 말해, '문자는 국가권력에 의존하고, 국가권력은 문자에 의존한다.' 이 두 명제는 대등하지 않다. 전자의 관계는 그것이 아니면 안 되지만, 후자의 관계는 그것이 편리하다는 의미다. 쉬종슈는 말한다. "문자 없이도 지휘명령에 따라 움직이는 국가사회는 건설될 수 있으며, 그런 선례는 상당히 많다."(徐中舒, 1981, p. 215) 물론 칭기즈칸(成吉思汗)의 몽고제국이 유일한 예증은 아니지만, 통치지역이 광활했기 때문에 무(無)문자 국가권력의 전형이라 할 만하다.

> 1204년 내만왕국(乃蠻)●이 패한 후, 칭기즈칸이 죽은 탑양(塔陽)의 장인관(掌印官)●●을 거두어주자, 위구르족 타타통아(塔塔统阿)는 그를 위해 일하게 된다. 타타통아는 칭기즈칸의 아들들이 위구르족의 문자로 몽고문을 쓸 수 있도록 가르쳤고, 동시에 그들이 황제의 옥새로 공문에 서명하도록 했다. 이것이 바로 국무를 보는 관아의 초기 형태였다.(René Grousset, 1939, pp. 246~247)

문자가 없던 시기에도 또 그 이후에도 문서관리 시스템은 단기간에 형성되지 못했다. 그래서 내만왕국의 위구르족을 끌어들인 것은 칭기즈칸 제국의 문자관리를 증명한 것이라고 보기보다는, 문자관리 부재의 면모를 그대로 드러낸 것이라고 보는 편이 낫다.

잉카제국은 무(無)문자 국가권력의 또 다른 예증이다. 우리가 통

---

● 10~13세기에 알타이산맥 지방에서 세력을 떨쳤던 터키계 유목민족이 세운 나라로 몽고에 의해 멸망했다.
●● 관인을 관리하던 직책.

상 말하는 '선사시대'는 사실상 '문자 이전의 역사'다. 기물들에 대한 고고학적 검증과 유전자에 대한 생물학적 검증이 가능하기 전까지는 고대 문헌이 당대 역사를 이해하는 거의 유일한 수단이었기 때문이다. 복잡한 사회에서의 무(無)문자 관리는 분명 간결한 구술전달, 뛰어난 기억력 및 기억을 돕는 비문자적 수단을 기반으로 했을 것이다. 그런 구체적이고 세밀한 관리기술을 이해하기란 매우 어렵지만 비범한 가치를 지닌 일이기도 하다. 그러나 그들이 무엇을 기반으로 했든 간에, 아마 무(無)문자 국가권력이 한때 존재했었다는 사실을 뒤집을 수는 없을 것이다.

다시 수메르문자와 경제생활의 관계에 대한 토론으로 되돌아가보자. 점토물표와 구형 봉니는 경제활동에 사용되었다. 따라서 어떤 경제활동이었는지가 문제의 핵심이 된다.

앞서 서술한 프랑스학자 피에르 아미에트는 수메르의 생산자는 그들의 상품과 명세서, 즉 구형 봉니와 안에 든 점토물표를 함께 중개인에게 줬고 이를 국가 관리센터로 보냈다고 본다.(拱玉書 等, 2009, p. 300)

페트르 샤바트(Petr Charvát)는 우루크 중기에 물자의 '재분배'가 일어났다고 보고 있다.(Ibid., p. 299) 필자가 아는 바로는 통상적으로 재분배는 국가권력이 시행한다. 이 두 학자가 서술한 바에 따르면 점토물표는 일반적 경제활동이 아닌 국가권력의 관리하에 있던 경제 시스템에서 설형문 점토 판으로 발전했다.

수메르 국가권력의 형성은 문자보다 앞서며, 그 방증은 충분하다. 첫째, 초기 설형문의 내용이다. 우루크에서 나온 5000여 개의 초기 점토 판 중에서 650개는 단어 목록에 해당한다. 총 15종의 단어 목록에는 인명과 관직 목록이 포함되어 있는데, 두 목록에서 다양한 관직

을 볼 수 있다. 또 다른 증거는 기원전 3500~3200년경에 이미 신전
과 궁전 같은 대형 건축물이 생겨났다는 것이다.

> 만약 노동분업, 사회계급의 형성 및 이렇게 복잡한 관리 계급제도의 확
> 립을 위해 하나의 과정이 필요하다는 사실을 인정한다면 일찍이 문자가
> 탄생하기 전, 즉 우루크의 IVa층*이 형성되기 전에 이들이 이미 존재했
> 음을 인정하지 않을 수 없을 것이다.(Ibid., p. 293)

수메르 국가권력의 존재가 앞선다는 사실로 설형문자 탄생에 대
한 해석은 이치에 들어맞게 된다. 국가권력은 스스로 방대한 관리체
계를 갖는다. 한편으로 앞선 사회에서 국가권력은 광범위하게 존재하
는 가지각색의 인공부호를 기반으로 하나의 문자체계를 마련해냈다.
또 한편으로 이 문자를 식별하는 관리직을 배출하여 그 관리 시스템
에 두루 배치했다. 문자 시스템과 문자를 식별하는 인력 시스템이 일
치해야만 문자가 효과적인 매개로써 상업에서 운용될 수 있다.

상고시대의 역사는 확실히 매우 불완전하다. 우리는 다른 민족의
상고시대의 역사적 사실을 서로 보충하고 대조한 후에야 인류 초기
문명에 대해 비교적 많이 이해할 수 있었다. 우리는 지금까지도 설형
문자의 창제자들에 대해 아는 바가 전혀 없다. 다행히 인류 초기에 스
스로 발원한 또 다른 문자체계 속에서 어렴풋하게 문자 창제자들의
희미한 형체를 발견할 수 있었다. 바로 중국 상(商)나라의 갑골문과
정인(貞人, 점을 친 결과를 보고 예언하는 사람)이다.

---

● 각력질 암쇄류층.

# 4

# 은나라의 점복활동으로 탄생한
# 갑골문자

1890년 전후로 중국 허난 샤오툰(小屯)촌에서는 은(殷)나라 갑골이 자주 발견되었다. 마을의 이발사인 이성(李成)은 10여 년간 이것들을 빻아서 가루로 만들어 도상(刀傷)을 치료하는 데 쓰기도 하고, 나중에는 그 지방의 약국에 팔기도 하면서 가게를 운영했다. 생각 있는 골동품상들이 갑골에 새겨진 계각(契刻)을 발견하고, 바로 베이징(北京)으로 가져가 왕의영(王懿榮), 왕양(王襄), 맹정생(孟定生) 등에게 보여주었다. 금석학에 정통한 왕의영은 "그것을 보고 미칠 듯 기뻐하며" 이를 상고문자(上古文字)라고 결론 내렸다. 이것이 1899년의 일이다.(陳夢家, 1956, pp. 647~648) 이 소식은 순식간에 퍼져 샤오툰 촌민들이 발굴과 판매를 선도했다. 1899~1928년에 그 지역 촌민은 아홉 차례의 사굴(私掘)을 통해 약 10만 조각의 갑골을 얻어냈다. 1928년 중앙연구원 역사언어연구소가 설립되었고, 같은 해에 은허(殷墟)● 발굴이 시작되었다. 1928~1937년에 총 열다섯 차례에 걸쳐 발굴이 이루어졌고, 2만 4918조각의 갑골이 나왔다. 1949년 이후에는 5669조각이 발굴되었다.

여기에는 몇 가지 보충설명이 필요하다. 첫째, 이상의 내용은 문자가 있는 갑골에 대해서만 언급한 것이다. 발굴된 것 중에는 문자가 없는 갑골도 있다. 리지(李濟)는 은허에서 이루어진 초기 여섯 차례(1928~1932)의 고고학적 발굴에 대해 최종 평가하며 다음처럼 말한 바 있다. "문자가 있는 갑골은 10분의 1도 되지 않는다." (宋鎭豪, 1999에서 재인용) 리우이만(劉壹曼)은 이렇게 말한다. "설령 갑골복사(甲骨卜辭)●●가 샤오툰에서 가장 많이 출토되었다고 해도, 문자가 없는 갑골의 수는 통계 내기가 어렵기 때문에 아마 문자가 있는 갑골의 수가 훨씬 더 많게 여겨질 것이다."(劉壹曼, 1997) 그녀는 1950~1991년에 22개 지역에서 출토된 갑골에 통계를 냈는데, 문자 없는 갑골이 5975조각, 문자가 있는 복골(卜骨)●●●이 5604조각, 문자가 없는 복갑(卜甲, 갑골의 일종)이 1609조각, 문자가 있는 복갑이 662조각이 나왔다.(제一曼, 1997)

둘째, '조각'은 "단지 '숫자'일 뿐이지 '양'은 헤아릴 수가 없다." (董作賓, 1955, p. 15) 큰 조각과 작은 조각의 차이 때문이다. 완전한 귀갑(龜甲)은 20~30센티미터 정도의 길이로 각문이 많은 것은 100여 자 정도였고, 부서진 작은 조각들은 손톱 크기 정도로 한두 개의 글자만 적혀 있었다. "'숫자'상으로 볼 때, 후기 때가 전기 때보다 많고, '양'적으로 볼 때는 전기 때가 후기 때보다 많다."(Ibid., p. 17)

셋째, 초기의 사굴과 밀매는 각자(刻字)의 위조를 조장했다. 게다

---

● 중국 허난성 안양(安陽)현에 있는 은나라 후기 도읍 유적지.
●● 상주시대에 거북의 껍질이나 짐승의 뼈 등에 기록한 점복을 위한 문자.
●●● 점을 치는 데 쓰던 뼈나 뼈로 만든 도구.

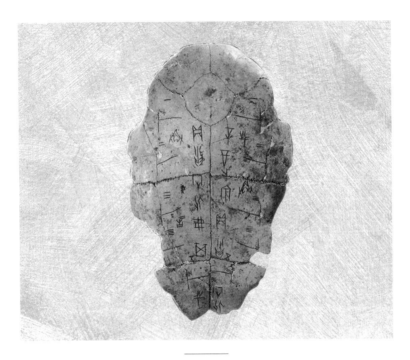

갑골문은 본래 은나라의 점복문자였다. 은나라 황실에서는 거북의 등껍질이나 소의 견갑골을 불에 구워 글의 갈라진 모양을 해석하여 길흉을 물었다.

가 사람들이 은나라의 문자 없는 갑골 위에 일부러 진짜처럼 보이는 글들을 새겨 연구에 많은 장애를 초래했다.

　땅속에 3000여 년간 묻혀 있던 갑골이 근래 20~30년 사이에 10만여 조각이 나왔으니, 이로 인한 파문은 가히 짐작할 만하다. 동쭤빈(董作賓)은 갑골 발견 50주년 되던 해에 다음처럼 말했다. "근 50년 동안 이런 학문이 당대 저명한 학파로 꾸준히 성장했고, 이제는 전 세계 학자들이 경쟁적으로 연구하게 되었다."(Ibid., p. 11) 현재 갑골학은 이미 인류 문자의 기원을 꿰뚫는 중요한 학문이 되었다. 갑골문을 둘러싼 110년간의 연구는 깊이로 보든 범위로 보든 모두 장족의 발전을 이루었다.

갑골문은 은나라의 점복문자다. 즉, 은나라 왕실에서 거북의 등 껍질이나 소의 견갑골을 불에 구워 글의 갈라진 모양을 해석하여 일의 길흉을 물었다. 이후 학자들은 불에 굽는 점복술의 기원이 매우 오래되었고 거의 범세계적인 현상이라는 사실을 발견했다.(傅邏文, 2009, p. 86; p. 89) 중국에서 불에 굽는 점복술과 관련된 유물 중 가장 오래된 것은 내몽고(內蒙古) 바린쥐치(巴林左旗) 까오허꼬우먼(高河溝門)의 소 견갑골이고, 연대는 기원전 3318±181년으로 지금으로부터 5300여 년 전이다. 처음에는 사슴, 곰, 양, 돼지, 소의 뼈가 쓰였고 이후에는 소 견갑골이 더 보편적이었다가 다시 갑골이 사용됐다. 사라 알란(Sarah Allan)은 말한다.

> 물소(또는 황소)의 견갑골을 사용해 점복을 한 이유는 그것의 평면이 일반적인 짐승의 뼈 중에서 가장 넓어서 점괘 옆에 복사(卜辭)*를 쉽게 새길 수 있었기 때문이라고 추측해볼 수 있다.(Sarah Allan, 1991, p. 132)

문제는 점을 보는 데 소 견갑골을 사용한 시기가 복사의 출현보다 더 일렀다는 데 있다. 고고학자들은 기본적으로 은허의 바이자쟝(白家莊), 얼리터우(二裏頭)의 유적보다 소 견갑골이 더 앞선다는 데에 의견이 일치한다. 그래서 처음에 뼈의 평면이 편평하고 널찍해서 소 견갑골이 선택되었다는 주장은 설득력이 떨어진다. 당연히 복사를 새겨야 할 필요성이 생기면서 이전에 이미 사용했던 수많은 수골 중 소 견갑골이 첫 번째로 선택됐을 것이다. 하지만 역으로 점복을 행하고 태운 후 넓고 평평한 소 견갑골이 점복자들로 하여금 최초로 새기고

---

● 은대에 점을 본 시간·원인·결과 등을 수골(獸骨)이나 귀갑에 새겨놓은 기록, 갑골문.

자 하는 욕망을 자극했을지도 모른다. 점복에 사용된 갑골 역시 은허 이전의 얼리터우 유적지에 나타났다.(傅邏文, 2009, p. 87) 점복 활동에는 이미 여러 짐승의 뼈가 사용되었지만 복사는 아직 만들어지지 않았는데, 만약 새로운 짐승의 뼈를 추가한 것과 복사가 정말로 관계가 없다면, 왜 귀골(龜骨)을 추가했을까? 아마도 거북의 장수와 그 형상이 가져오는 특유의 신비감 때문에 사람들은 귀골 점복이 영험하다고 느껴 이를 더 선호했을 것이다. 또한 점복하며 태운 편평하고 널찍한 소 견갑골과 귀골은 분명 점복자들로 하여금 복사를 새기고 싶은 욕구를 불러일으켰을 것이다. 복사가 탄생하고 나서야 점복에 쓰이는 수골은 귀갑(龜甲)과 소 견갑골로 고정되었는데, 특히 점복에서의 귀갑의 지위는 이때 확실해졌다.

왕실이 전 국가시대에 유행하던 점복을 그대로 이어받은 것은 쉽게 이해가 된다. 왜냐하면 당시는 모두 하나의 사유방식만을 공유한 시기였기 때문이다. 그러나 왕실이 점복을 시작한 이래 점복의 횟수는 갈수록 늘어날 수밖에 없었는데, 왕실의 활동에 위험이 따르는 출행이 많았기 때문이다.

> 열흘마다 반드시 '순무화(旬無禍)'●를 점쳤는데, 이는 관례에 따른 공무였다. 반경(盤庚, 중국 상나라 20대 왕)이 은으로 도읍을 옮긴 후부터 상나라가 멸망하기까지 열두 명의 왕이 273년간 매월 상순·중순·하순, 반드시 열흘마다 점을 보았다.(董作賓, 1955, p. 129)

이외에도 왕실 또는 왕실과 밀접한 관계가 있는 대귀족들은 점복

---

● 열흘 동안 화가 없는지를 점치는 것.

방식이나 풍격에서도 소귀족, 평민들과 큰 차이를 보였다. 다섯 가지 측면에서 이를 엿볼 수 있다.

첫째, 왕실이나 대귀족이 아닌 이들은 소 견갑골을 사용했지만, 왕실은 귀갑을 더 많이 사용했다. 당연히 등껍질보다 뼈를 더 쉽게 구할 수 있고, 등껍질이 뼈보다 귀하기 때문이다.

둘째, 왕실이 사용한 귀갑이 비(非) 왕실의 것보다 컸다. 왕실과 대귀족의 소재지에서 길이 30센티미터 이상의 귀갑이 많이 출토되었는데 왕실과 대귀족이 아닌 출토지에서는 28센티미터 이상의 귀갑을 볼 수 없었다. 소귀족들은 현지 귀갑만을 사용할 수밖에 없었는데 북방에는 큰 거북이 살지 않았고, 은(殷) 왕이 점을 치는 데 사용된 귀갑은 남쪽에서 온 공물이었으며 더욱이 특대형 거북은 말레이반도에서 났기 때문이다.

셋째, 점복을 위해 불에 굽기 전 갑골을 손질하는 방식이다. 왕실에서는 갑골을 아주 세심하게 손질한다. 귀갑을 예로 들면 먼저 머리와 꼬리를 자르고 옆은 곡선으로 먼저 다듬고 파낸 다음, 뼈를 제거하고 귀갑 위에 한 줄 한 줄 가지런하게 깊고 둥근 구멍을 파낸다. 그러나 완전히 구멍을 뚫지는 않고 "얇은 층을 남겨 정면에 점괘의 징조를 보여줄 틈이 보이도록 준비한다."(馬如森, 2007, p. 113; 앞의 서술은 모두 劉一曼, 1997 참고) 비(非) 왕실에서는 갑골을 대충 손보거나 아예 손질하지 않았다.

넷째, 복사가 있는 갑골은 기본적으로 은왕 또는 은왕과 밀접한 관계에 있는 지위 높은 대귀족의 것이며, 소귀족과 평민의 점복 갑골에는 기본적으로 복사가 없다.

다섯째, 왕실·대귀족이 점복 후 갑골을 처리하는 방식은 소귀족·평민의 방식과는 확연히 다르다.

일반적인 유적에서 복자(卜者)는 점복 후 갑골을 쓰레기처럼 재빨리 버린다. 그러나 샤오툰 화웬좡둥디(花園莊東地)의 복자는 점을 친 후의 갑골을 마음대로 버리기도 했지만, 일반적으로 한동안 보관하다가 한꺼번에 땅굴에 묻었다.(劉一曼, 1997)

왕실의 갑골이 산실되거나 폐기되는 경우는 소수다.(董作賓, 1955, pp. 58~61)

이상 존재하는 여러 차이점을 정치학과 사회학의 일반적인 의미에서 보면 더 쉽게 이해할 수 있다. 왕실은 말할 것도 없고 모든 상류층은 각종 수단을 이용해 희귀자원, 지식, 가공기술을 독점했고 이로써 기타 계급과 확실히 구별된다. 그러나 미시적으로 구체적인 부분을 살펴보면 다섯 종류의 차이점 사이에도 서로 다른 점이 있다. 앞의 두 차이점, 즉 귀갑을 훨씬 많이 사용한다거나 큰 귀갑을 독점한 것은 어떤 의도가 있음을 명백히 보여준다. 하지만 뒤의 세 가지 차이점은 차별성을 명시하는 데 있어서 심지어 앞의 두 가지 항목보다 더 지나친 면이 있다. 여기서 큰 의문이 남는데, 세 행위를 한 이유는 무엇일까? 독점과 독단은 의심할 여지가 없다. 그러나 거기에는 헛된 추구가 아니라 분명 모종의 실용적 가치가 존재한다. 실용성과 과시는 서로 호응하는 관계로, 후자는 전자를 벗어나서는 존재할 수 없다. 전혀 쓸모없는데 무슨 과시를 하겠는가? 점복하기 전의 갑골 손질, 복사, 즉 문자의 계각, 점복 후 갑골의 처치, 이 세 활동 중에서도 가장 흥미로우면서도 난해하게 여겨지는 것은 문자 발명의 의도다. 그러나 앞뒤 전후 활동의 의미를 생각해보면 중간의 그 활동, 즉 문자 계각의 의미 이해에 도움이 된다.

점복 전 구멍 뚫는 행위는 아주 전문적으로 이루어지며, '전문적인 훈련과 기술 연마를 거친 복자'가 아니면 행할 수 없다.(劉一曼, 1997) 그렇다면 손질은 왜 하는 것일까? 논리적으로 두 가지 가능성이 존재한다. 첫째, 점복을 태울 때 작은 노력으로 더 큰 성과를 얻기 위해서이다. 일부 오래된 기술의 역할은 종종 그 일을 완수할 수 없을 때야 비로소 깨닫게 된다. 당대 일본 황실의 점복과 관련된 일화를 보자.

일본에서는 역대 천황이 등극 제전을 거행할 때 우라베(卜部)의 관원이 귀복(龜卜)을 행해야 했다. 점복의 방법은 아버지가 아들에게 구전으로 전했다고 한다. 다이쇼시대 천황이 등극할 때 우라베의 모든 집은 귀복 의식을 행하도록 명령했다. 우라베 사람의 말에 따르면 기슈(紀州)의 한 어부가 어렵게 바다거북의 귀갑을 손에 넣은 후 집 안에서 태웠는데 짙은 연기가 나왔지만 귀갑의 효과는 그리 이상적이지 않았다. 45년에 달하는 메이지 시기 동안 구전으로 전해 내려온 비결도 아마 가장 중요한 부분은 소실된 것으로 보인다.(藤枝晃, 1971, p. 19)

필자는 전문가들의 손질을 거치지 않은 것이 귀갑을 태워도 복조(卜兆)\*가 나타나지 않은 주요 원인일 것으로 생각한다. 둘째, 이렇게 고심해서 손질하는 목적이 부조가 잘 나타나게 하는 데에만 국한되지는 않았을 것이다. 사라 알란의 판단은 다음과 같다.

(점복의 사유방식은) 우주를 통제하는 수단의 일종이다. (…) 상인(商人)은 갑골에 인위적인 징조를 만들어 서술된 건의에 상응토록 했다. (…) 정인은

---

• 점괘, 점본 결과를 보여주는 징조.

점복이 전체 우주를 내포하길 바라며, 어떤 흉조도 원치 않는다. (…) 점복의 근본 목적은 미래에 대해 예언하는 것이 아니라 신령이 제수품에 만족했는지 확인하기 위함이다. 재앙이 사라질 수는 없지만, 미래에 일어날 일에 대한 답은 얻고자 했다. 만약 제수품이 괜찮으면 미래에는 '망화(亡禍)'■다. (…) 제1기 복사에서 불길한 점사는 결코 드물지 않다. 그러나 제5기가 됐을 때는 그저 관례에 따라 '길(吉)'이라고만 쓸 뿐이다. (…) 이는 아마도 갑골에서 더는 흉조가 나타나지 않았기 때문일 것이고, 점복은 단순히 신령들에게 제수품을 올렸다는 것만 증명했을 뿐이다.(Sarah Allan, 1991, p. 210; p. 150; p. 149)

라오종이(饒宗頤)는 이 논쟁을 기술하며 자신의 견해를 밝혔다.

샤한이(夏含夷)는 다음과 같이 말했다. "점복은 더 이상 미래를 알기 위한 수단이 아닌 일종의 미래를 통제하고자 하는 시도다." (…) 고대 왕이 점복을 행할 때는 완전히 거북점으로 결정을 내리겠다는 것이 아니라, '먼저 황제가 뜻을 정한' 후 거북점을 행했다는 사실을 알 수 있다. 다시 말해서 사람이 미래를 도모하는 것이 먼저다. (…) 니더웨이(倪德衛) 교수는 말한다. "『금등(金騰)』에 기록된 점복은 귀신에게 점복자의 청을 들어달라고 기도하는 것이지 의문을 풀기 위해서 행하는 것이 아니다." 고대에 중요한 일에 대해서는 분명 '우선 목적을 감춘' 후 거북점을 보러 갔기 때문에 사람이 내리는 결단이 아주 중요하다. 그러나 점복이 의문 해결과 완전히 관계없다고 말할 수는 없다. 『좌전(左傳)』에서 "점으로 의문을 해결하는데, 의문이 없다면 어찌 점을 치겠나?"라고 말한 것을 볼 수 있

---

■ '재앙이 없다', 복사 중에 가장 자주 보이는 단어이다.

다.(饒宗頤, 2009, pp. 843~844)

필자 생각에 군왕도 점복의 목적을 인식한 이상 전처럼 취급할 수는 없었을 것이라 본다. 점복이 군왕의 손에 들어가 빈번하고 일상적인 업무가 되기 시작하면서, 당사자의 마음 상태와 수법도 점차 변해 갔을 것이다. 사라 알란은 1기 점사에서 5기 점사까지 나타난 흉조의 급감은 되새겨볼 가치가 있다고 말했다. 필자는 구멍을 뚫는 일이 여기에 작용했을 가능성이 아주 높다고 생각한다. 고대인의 마음 상태나 수법이 절대 오늘날 가짜를 만드는 사람들과 같으리라고 생각하지 않는다. 그들은 아마 귀갑에 구멍을 내는 일이 운명을 탐색하고 통제하는 일이지, 운명을 왜곡하는 것은 아니라고 생각했을 것이다. 모의로 구멍을 내보거나 각기 다른 형태를 구웠을 때의 효과를 분석해 보면 아마도 앞에서 말한 추측과 논쟁을 분명히 하는 데 도움이 될 것이다.

은나라 왕실이 갑골 저장에 세심하게 공을 들인 사실은 다음의 묘사로 증명된다.

'존(存)'은 일부러 보존한다는 의미이며, '저(儲)'는 일부러 저장한다는 뜻이다. 모든 왕은 자주 순수(巡守, 왕국을 순시하는 행위), 정벌(征伐), 사냥, 유람 등의 활동을 했는데, 활동 시에는 항상 점복을 했으나 은나라 도읍(殷都)에서 행하지 않았다. 대체로 복석(卜夕)*문자는 모두 왕이 외부에 있었을 때의 것이다. 따라서 복석문에는 '어느 어느 지역에서 점복을 한다(在某地卜)'는 글이 자주 기록돼 있는데, 사냥, 정벌, 유람한 해당 소재지 역

---

* 밤에 다음 날의 재앙을 점치는 행위.

시 기록되어 있다. 이런 갑골은 분명 수레로 가져갔다가 다시 실어 온 것임에 틀림없다. 그렇지 않고서야 은나라 도성(샤오툰)에서 발견될 수는 없었을 것이다. 확실한 예는 제신(帝辛)이 오랑캐를 정벌한 때에서 볼 수 있다. 제신 10년 9월부터 11년 7월까지 제신은 동남부 쪽으로 크게 한 바퀴 돌았는데, 남으로는 화이허(淮河)●까지 동으로는 해변을 지나 제(齊)나라까지 갔다. 천도한 후 점을 치는 데 사용했던 갑골은 모두 완전하게 가지고 돌아왔다.(董作賓, 1955, p. 59)

1936년 3월 18일에서 6월 24일까지 중앙연구원 역사언어연구소는 샤오툰촌의 열세 번째 은허 유적을 발굴했다.

갑골문자를 완벽하게 보존한 저장 구덩이는 원형으로 지름은 약 2미터이며, 깊이는 1미터가 넘었으며(1.6미터), 귀갑이 가득 저장되어 있었다. 이 구덩이에는 완전한 귀복갑(龜腹甲)이 200여 개 있었고, 번호를 매기니 총 1만 7804조각이었다. (…) 구부러진 채로 거꾸로 놓인 유골 한 구가 북쪽 벽에 바짝 붙어 있었는데 몸 대부분이 갑골 무더기 속에 들어가 있는 것으로 보아 같이 묻혔다는 것을 알 수 있다. 이 발견은 갑골문자 일부를 고의로 매장했음을 증명한다. 스장루(石璋如, 이 발굴의 책임자)는 이 구덩이는 고분이 아니며, 이 사람은 갑골을 보관하던 사람이었는데 갑골을 매장하면서 순직하여 같이 들어간 것으로 보았다.(Ibid., p. 51; p. 58)

만약 점복을 문자로 기록하지 않았다면, 점을 친 귀갑을 보관한들 무슨 소용이 있을까. 이는 상상하기 어렵다. 그것은 마치 똑같은 귀갑

---

● 허난성에서 발원하여 안후이(安徽)성을 거쳐 장쑤(江蘇)성으로 유입되는 강 이름.

한 무더기가 쌓여 있는 것과 같다. 점복은 어떤 행동을 실시하는 것이 적절한지 계시를 받고자 함이었다. 이미 신으로부터 가부(可否)에 대한 답을 얻었다면 점괘의 임무는 종결된 것이기에, 사명을 완수한 그 조각은 폐기되는 것이 마땅하다. 일반적으로 '실재' 점복의 의미에서 볼 때 보관한다는 것은 이해하기 어렵다. 앞서 언급한 '복원된 갑골(甲骨整治)'을 분석한 후에야 비로소 보관에 다음과 같은 의미가 있음을 상상해볼 수 있게 되었다.

첫째, 모든 조각의 복사는 왕이 무엇을 했는지 기술하고 있다. 둘째, 모든 조각의 복사는 거의 다 확실한 복조를 통해 신이 상나라 왕의 행위를 윤허했음을 보여주었다. 셋째, 한두 조각으로는 증거가 부족했다. 오직 대량으로 보관된 갑골문자만이 신이 상나라 왕을 보우하고 있다는 연속된 증명일 수 있었다. 그중에는 약간의 흉조를 보인 복사도 적지 않아, 전반적으로 그 진실성이 더욱 부각된다. 사실 왕의 일과는 백성과 마찬가지로 평범해서 드물게 일어나는 큰 사건을 제외하면 처음에는 누구도 기록에 의미가 있다고 생각하지 않았다. 하지만 그것들이 '귀갑-조상-신'이라는 겉옷을 입고 연결되는 순간 바로 위대한 서사시가 되고, 그 안에 차별성, 합법성, 신성성이 모두 다 들어가게 된다. 문자기록의 원동력은 어쩌면 바로 이렇게 왕성한 기운으로 생겨난 것인지도 모른다. 다음 의문은 갑골문의 최초 창제자들은 누구인가이다.

"계사 일에 복을 하며 정인 빈이 묻습니다. 열흘간 왕실에 화가 없겠습니까? 열한 번째 달에(癸巳蔔賓貞旬亡禍十一月)." 이 단락의 복사(또는 갑골문)는 '대귀사판(大龜四版)'** 중 네 번째 판에서 발췌한 것으로

---

** 복사가 새겨진 네 개의 비교적 완전한 귀복갑.

여기에서 일반적인 복사의 격식을 알 수 있다. 즉, 우선 복일(卜日)●의 '간지(干支)'를 기록한다. 그다음에 '복(卜, 점치다)'을 쓰고 뒤이어 '정(貞, 묻다)'을 쓴다. 그 뒤에는 길거나 혹은 짧게 점괘를 묻는 말이 나온다. 보통 많은 복사(또는 갑골문)에서 '복'과 '정' 두 글자 사이에 한 글자가 끼어 있다. 1899년 갑골문이 발견된 이후 30년간 '정'이 어떤 의미인지는 줄곧 보류되었다. 류티에윈(劉鐵雲)은 '정'을 '묻다(問)'로 해석한다. 이렇게 하면 '정' 앞에 있는 글자를 해석할 수가 없지만 다른 사람들도 달리 더 좋은 견해를 내놓지 못했다. 끊임없이 바뀌는 '정' 자 앞의 글자는 연구자들의 입을 더욱 무겁게 만들었고, 이 의문덩어리는 갑골문 해독에 큰 장애가 되었다. 1929년 12월 12일 중앙연구원 역사언어연구소가 3차 발굴 구덩이 안에서 완전한 '대귀사판'을 발굴해냈다. 그중 복순판(卜旬版)●●에는 9개월간 지속된 22줄의 복사(또는 갑골문)가 새겨져 있었고, '복' 자 뒤 '정' 자 앞에는 총 여섯 개의 다른 글자가 출현했다.

동쭤빈은 이것들이 지명[地名, 왜냐하면 앞에 '~에서(在)'가 없다]과 관명(官名, 같은 업무를 하는 여섯 종류의 관직이 있을 수 없다)이라는 해석을 차례로 제외한 후, 마지막으로 그것이 인명(人名)이라는 판단을 내렸다. '정'은 바로 '정인'이다. 예를 들어 '빈정(賓貞)'은 바로 이름이 빈(賓)인 정인(貞人)이다. '윤정(尹貞)'은 바로 이름이 윤(尹)인 정인(貞人)이다. 동쭤빈은 '정인'이 무엇인지 명확히 하려면 우선 복(卜), 정(貞), 왕(王)을 구분해야 한다고 보았다.

복과 정은 본래 두 가지 다른 업무로, 초기에는 태복(太卜)이 복을 관장하

---

● 점을 쳐 좋은 날을 가림.
●● 정기적으로 점을 친 기록.

고, 태사(太史)●●●가 정을 관장했는데, 가끔은 왕이 친히 정을 행하기도 했다. (…) 복인은 오직 태복으로 제한되었을 것이다. 그들만이 구워진 거북에서 징조를 보고 길흉을 판단하는 능력을 가지고 있었다. 복사에는 가끔 복인의 이름이 보이기도 했다. (…) '정인'은 점을 치는 사람으로 대부분은 당시의 사관(史官)이었으나 전부 그런 것은 아니었다. 어떤 때는 은나라 왕이 친히 점을 쳤는데 이는 '왕정(王貞)'이라 기록되어 있다. 이 왕도 '정인'이라 부를 수 있다. 왕비, 왕자, 제후도 가끔 점을 쳤는데 이때도 모두 그들의 이름을 적었고, 이들도 '정인'이라 부를 수 있다. 하지만 사관이 정인을 기록한 복사는 그들이 쓰고 새긴 것이기 때문에 우리는 그들의 실재 필적과 솜씨를 볼 수 있고, 동시에 글자의 예술성과 기교를 비교해볼 수도 있다. 왕이 정인일 때 복사의 글은 자연히 사관이 대신 써야 했다. 제을(帝乙)과 제신(帝辛) 부자는 친히 점복하길 즐겨해, '왕복정(王卜貞)'●●●●에 관한 기록을 자주 볼 수 있다. 하지만 기록자는 태사로, 왕이 직접 글을 쓰지는 않았다.(Ibid., pp. 96~97)

다시 말해, 점을 치는 일은 대부분 사관이 했고, 사관은 왕을 대신해 신에게 물어 답을 구했다. 따라서 복과 정 사이의 글자는 다음과 같이 해석할 수 있다.

정 앞에 있는 인명은 왕 대신 대사를 묻는 사람으로 '정인'이라 한다.(Ibid., p. 143)

동쭤빈의 '정인'에 대한 판단/추론은 갑골문 연구의 이정표와 같

---

●●● 중국에서 기록을 담당하던 관리.
●●●● 왕이 점을 쳐 물음.

으며, 그 의의는 두 가지로 볼 수 있다. 첫째, 갑골문을 기록한 소그룹의 범위를 명확히 했다. 이는 문자 기원 연구에서 큰 의미를 갖는다. 둘째, '정인'은 방대하고 뒤죽박죽인 10만여 편의 갑골문의 년도를 확정하는 데 도움을 준 중요한 수단 중 하나였다. 동쮀빈이 제기한 '정인설(貞人說)'은 바로 갑골문의 시대 구분에 온힘을 쏟고 있다.

필자 같은 갑골문 비전문가가 볼 때, 동쮀빈의 저서 이래 가장 뛰어난 갑골문 저서로 주저 없이 천멍쟈의 『은허복사총술(殷墟蔔辭總述)』이 지명되는 이유는 이해하기 쉽기 때문이 아니라 문자를 초월한 고증으로 미시와 거시를 관통하고 있기 때문이다. 천멍쟈는 다음 몇 가지 측면에서 동쮀빈의 관점에 도전했고 이를 발전시켰다.

첫째, 천멍쟈는 왕궈웨이(王國維)와 동쮀빈이 제시한 반경 이후 무정(武丁, 중국 상나라 23대 왕, 반경의 조카) 이전의 복사는 성립될 수 없고 확실하지 않다고 여러 차례 제기한 바 있고, 따라서 그는 은나라의 복사는 무정 시기에 시작되었다고 본다.(陳夢家, 1956, p. 33; p. 75; p. 139) 이후 40년간의 발굴과 연구를 거치며 리쉐친(李學勤)과 펑위상(彭裕商)은 다음과 같은 판단을 유지하고 있다.

즉, 지금까지 아는 바로는 은허에서 출토된 갑골문자는 모두 그 연대를 정확히 판단할 수 있었고, 가장 이른 것은 무정 시기였다. 아직까지 확실하게 무정 이전 시기에 속하는 갑골각사(甲骨刻辭)●는 발견되지 않았다.(李學勤, 彭裕商, 1996, p. 328)

이 판단은 결정적이고 핵심을 짚었다고 볼 수 있다. 왜냐하면 반

---

● 갑골에 새겨진 글.

경은 통치 14년째가 되던 즈음에 수도를 엄(奄)에서 은(殷)으로 옮겼다.▪ 만약 은허에서 반경 시대의 복사를 발견했다면 당연히 이렇게 추론할 수 있었을 것이다. 복사의 전통은 중국 상나라 왕 반경, 남경(南庚, 중국 상나라 18대 군주), 상나라 수도 엄, 더 나아가 이보다 앞선 상나라 왕과 그 수도에서 비롯되었을 가능성이 있다. 이와 반대로 만약 샤오툰촌의 발굴과 검별에서 뚜렷하고 완전히 새로운 연대의 단면이 나타난다면, 갑골복사의 시작 연대를 거의 분명하게 밝힐 수 있을 것이다. 하지만 샤오툰촌의 제한된 공간과 계속된 발굴은 복사가 무정 시기에 시작되었다는 설을 더욱 명확하게 만들었다.

『서경·무일(書經·無逸)』은 무정이 "나라를 누리심이 59년이 되었습니다(享國五十有九年)"라고 기록하고 있다. 『역경(易經)』에 기재된 바에 따르면, 한 번은 서북 지역의 소수민족과 전쟁을 했는데 3년을 지속해서 승리를 거뒀다. 『맹자·공손추상(孟子·公孫醜上)』에는 "무정은 제후들의 조공을 받고 천하를 손바닥 위에서 움직이듯 통치했다(武丁朝諸侯, 有天下, 猶運之掌也)"고 기록되어 있다. 무정 시기의 복사에 기재된 방(方), 방백(方伯), 후(侯), 자(子), 남(男) 등의 제후는 이 기록이 사실임을 증명해준다. 은허에서 본 가장 큰 귀복갑 조각은 무정 왕 시기의 것이다. 이는 각지에서 왕에게 조공하고 귀복이 흥성했다는 사실을 말해준다. 의심의 여지가 없는 것이 "59년간 나라를 누리는 동안(享國五十有九年)" 복사 같은 번잡하고 전례 없던 일이 시작되었고 성과도 마침내 계승되었다.

둘째, 정인에 대한 분석이다. 천명쟈는 『백관(百官)』 1장에서 복사에 나타난 20여 개의 관직명을 기술했다. 그중에 '복(卜)'은 있지만

---

▪ 엄은 현재 산둥취푸(山東曲阜) 지역이고, 은은 현재 허난샤오툰(河南小屯) 지역이다.

'정(貞)'은 포함되어 있지 않다. 그는 말한다. "빈(賓), 단(丹), 즉(卽)은 모두 복인(卜人)의 이름이다. 각각의 이름 앞에 관직명인 '복(卜)'을 붙였다."(陳夢家, 1956, p. 519) 이 논리에 따르면, '癸巳卜賓貞旬亡'은 다음과 같이 해석할 수 있다. "계사 일에 복인 빈 아무개가 묻습니다. 열흘간 화가 없겠습니까." 이는 동쭤빈의 해석과는 많이 다르다. "계사 일에 점을 치며, 빈이라 하는 정인이 묻습니다. 열흘간 화가 없겠습니까." 천밍쟈는 동쭤빈이 '빈(賓)' 등의 글자를 인명이라고 판단한 점을 인정하며 높이 평가했다. 하지만 그는 '점을 치는 일'은 분업이라고 보았다. '명귀(命龜, 점복할 때 신에게 묻는 일)'는 그중 하나일 뿐이다. 점을 치는 일(卜事)은 복인이 행하였고, 명귀를 하는 사람(동쭤빈이 말하는 정인)은 복인 그룹에 속해 있다. 하지만 은나라 왕이 경우에 따라서는 친히 명귀를 행한다는 점을 고려할 때, 모든 복인이 이 임무를 맡을 수는 없다는 사실을 알 수 있다. 따라서 복인 중에서도 가장 높은 자질을 가진 자만이 명귀를 할 수 있었다고 볼 수 있다. 또한 필자는 설령 당시 복사에서 '정'이 관직명이 아니었다 해도 오늘날 연구에서는 명귀를 하는 자와 다른 복인을 구별하기 위해, 전자를 '정인'이라 부르는 것이 좋다고 생각한다. 하지만 천밍쟈의 또 다른 판단은 무시할 수 없다.

동쭤빈은 늠신(廩辛) 왕의 복인인 적(狄)이 쓴 여러 복사 중에서 종종 '서법의 불일치'가 나타남을 발견했다. 심지어 같은 판에 있는 자기 서명에서조차 다른 글자체가 나타났는데, 그는 이것이 적의 글씨가 너무 제멋대로이고 불규칙해서라고 설명했다. 우리는 이런 현상이 점을 치는 자와 점괘를 새기는 자가 동일인이 아니라는 점을 증명하는 데 충분하다고 여겼다. 우리는 동일한 복사를 많이 보았고, 이는 같은 복인의 복사이다. 그 글자의 구조와 작풍이 같지 않은 점은 바로 복인이 꼭 새기는 사람은 아니라는 점을 증명한다.(陳夢家, 1956, p. 16)

그가 여기서 말하는 복인은 동쮜빈이 말한 소위 정인과 같다. 즉, 정인이 반드시 새기는 사람이라고는 할 수 없다. 그는 또 다른 곳에서 다음과 같이 말한다.

동쮜빈이 정인으로 연대를 판단한 것 자체가 본래 중요한 발명이다. 하지만 그는 정인이 명귀를 행하는 복인일 뿐만 아니라 사관이며, 복사를 새길 뿐만 아니라 복사를 기록하는 사람이라고 생각했다. 이런 확대는 너무 지나치다.(Ibid., p. 15)

이상의 견해는 이치에는 맞으나 원래 글을 새긴 자들의 고생을 재확인시켜 씁쓸하게 만든다. 동쮜빈의 말에 따르면 정인이라는 관직은 글을 새기는 일을 담당하였으니, 문자의 발명을 연구하는 자는 정인에만 집중하면 된다. 천멍쟈의 말에 따르면 정인은 명귀를 행하는 자로, 그들이 '꼭 새기는 사람'은 아니다. 필자가 추측하건대 정인 중 일부는 직접 글을 새기고 또 일부는 다른 이에게 이 일을 위임했을 것이다. 그 원인은 아마 글을 새기는 기술적 문제일 것이다. 즉, 모두가 글씨를 새기는 데 능하지는 않기 때문이다. 하지만 정인이라면 거의 다 글을 알고 있었다. 그렇지 않고서야 무엇 때문에 갑골문을 그렇게 정성스럽게 모아두었겠는가? 은나라 왕과 명귀를 행하는 계층의 종교 인사들에게 읽히기 위해 간직했을 것이다. 즉, 필자는 '본인이 꼭 글을 새기는 사람은 아니다'라는 말이 문자 발명자의 범위를 축소한 것이 아니라 문자 발명자는 복인(卜人) 그룹에 있고 분명히 정인을 포함하고 있으니 정인에 국한되는 것은 아니라고 본다.

셋째, 천멍쟈는 연대를 고증하고 시기를 구별하는 것이 그 시기 갑골문 연구의 기본이었음을 인정한다. 연대를 확정하는 중요한 증거는 가계(家系), 호칭, 점치는 사람 간의 상호 증명이다. 천멍쟈가 삼자 중에서도 정인을 끝까지 복인이라고 불렀다는 점은 특히 중요하다. 천멍쟈는 동쮀빈의 '정인왕조(貞人王朝)' 구분이 너무 엉성하다고 생각했다. 그는 분기의 세분화를 시도했고 최종적으로 '정인집단(貞人集團)'을 '정인조(貞人組)'로 바꾸었다. 천멍쟈는 여기에 세 가지 공헌을 했다. 동쮀빈은 차례로 두 번에 걸쳐 복사 안에서 정인을 찾아냈는데, 처음에는 26명, 두 번째는 77명으로 늘어났다. 천멍쟈의 공헌은 다음과 같다. 하나, 갑골 복사 안에서 120명의 정인을 찾아냈다. 둘, 정인들이 소속된 왕조를 재검정하여 동쮀빈이 고증한 몇몇을 수정했다. 그중에서도 동쮀빈이 제4기에 찾아낸 열일곱 명의 정인이 무정 시기에 속한다고 본 것이 가장 크게 다른 점이다. 셋, 당시 갑골문 학계에서는 상당히 앞선 관점을 제기했다.

> 우리의 견해에 비추어 말한다면, 예를 들어 제도라는 것도 점진적으로 진화해나가는 것이기 때문에, 글자체 또한 기계적이고 독단적으로 왕조를 기준으로 나눌 수 없다.(Ibid., p. 155)

그는 단지 제한적으로 이 원칙을 실행했을 뿐이다. 즉, 정인의 이름이 없는 복사와 정인의 이름이 있는 복사를 구분하여 글자체 예문에 근거해 판단한 후 정인이 '속한 조와 속하지 않은 조'로 분류했다. 그리고 모든 '정인조' 안에 있는 구성원을 시간 순서별로 구분한다. [표 3-1]은 필자가 동쮀빈과 천멍쟈 두 사람의 저서에 근거해 작성한

[표 3-1] 동쭤빈과 천멍쟈의 정인/복인 연대표

| 동쭤빈의 정인 연대표 | | 천멍쟈의 복인 연대표 | |
|---|---|---|---|
| 왕조 | 정인 수 | 왕조 | 복인 수 |
| 무정, 반경, 소신(小辛), 소을(小乙)을 포함하여 조경(祖庚)왕조까지 | 25 | 무정 | 42 |
| | | 무정 말기 | 31 |
| 조경 일부, 조갑(祖甲) | 18 | 조갑 | 6 |
| | | 조갑 | 16 |
| 늠신, 강정(康丁) | 13 | 늠신 | 18 |
| 무을(武乙), 문무정(文武丁) | 17 | 무을 | 1 |
| 제을, 제신 | 4 | 제신 | 6 |
| 합계 | 77 | 합계 | 120 |

정인 연대표다.(董作賓, 1955, pp. 109~116; 陳夢家, 1956, pp. 203~205)

천멍쟈로부터 학술사상의 유산을 물려받았든 아니든, 오늘날 일부 갑골문 연구자는 글씨체와 복인의 서로 다른 속성에 중점을 둔다. 리쉐친과 펑위샹은 다음처럼 말한다.

> 복인을 분류하는 척도는 비교적 느슨하고, 글자체 분류의 척도는 비교적 엄격했다. 바꿔 말하자면 복인과 관련된 복사가 글자체와 관련된 복사보다 많다. (⋯) "같은 복인이 점 친 점괘가 글자체로는 서로 다른 분류에 속할 수도 있다." 사실상 이는 극소수의 예외적 현상이며, 각종 사물에는 보편적으로 예외적 현상이 존재한다. 하지만 우리가 분류 기준으로 정한 복인은 사실 복인 집단을 말한다. 사실이 이미 증명하듯 복인 집단의 복사는 글자체 상에서 모두 서로 섞이지 않으며 극소수의 예외 현상 때문에 사물의 본질을 완전히 부정할 수는 없다.(李學勤·彭裕商, 1996, p. 19)

앞에서 보았듯 현대 연구자들은 시대 구분 방법에서 이미 글자체를 더 중시하고 있지만, 천명쟈의 복사에 대한 시대 구분을 완전히 뒤집지는 않고 이를 선별하고 발전시켰다. 필자가 관심을 갖고 있는 무정 시대, 즉 갑골문이 처음 만들어진 시기에 정인의 규모는 현대 연구자들이 확정한 수량만 대략 100명이 넘는다.(Ibid., 부록 표 1; 宋鎭豪·劉源, 2006, p. 204)

본문에서 주시하던 정인에 대한 의문은 운 좋게도 한 갑골 연구자의 통찰에 의해 밝혀졌다. 라오종이는 1959년에 출판된 그의 대작에서 이렇게 말한다. "정인의 인물 명칭 중 원래는 지명인 것이 적지 않다. 어떤 때 이런 칭호는 한 사람 개인의 이름이 아니라 여러 사람을 가리키는 경우도 있다. 예를 들어 춘추시대의 제후(齊侯) 진후(晉侯)는 여러 대의 제나라와 진나라의 군주를 가리키는 말일 수도 있으며, 꼭 소백(小白, 춘추시대 제나라의 제후로 뒷날 환공이 됨)과 중이(重耳, 춘추시대 진나라의 문공)만 뜻하지는 않는다."(饒宗頤, 1959, p. 1200) 얼마 지나지 않아 장빙첸(張秉權)은 다음과 같은 글을 쓴다. "갑골문 안의 인명은 마치 개인의 이름이 아니라 그 사람의 식봉(食封)*이나 국가 이름처럼 쓰여 세대가 다른 사람의 이름도 같을 수 있다."(饒宗頤, 1987에서 재인용) 일본 학자 이토 미치하루(伊藤道治)는 이 같은 연구를 계속 이어나갔다.

동일한 제1기 복사 3510, 10 경진(京津) 1681호에 따르면, (…) 길(吉)은 제1기 모 시기에 은(殷)에게 정벌당해 복속되어, 그 일족의 일부는 은의 왕을 위해 봉사하고 그들 본래의 거주지는 왕의 사냥터가 되었다. (…) 인

---

* 고대 봉건 제후가 경(卿)·대부(大夫)에게 분봉한 전답. 제후의 영지를 경작하는 노예도 포함됨.

문(人文) B0962호 복사에 나타난 길(吉) 역시 제3기의 정인이다. (…) 제3기의 길족 출신 정인은 은에 재직 중이었다.(伊藤道治, 1975, pp. 50~51)

조갑은 즉위한 후 재야에 있을 때 통솔했던 몇몇 집단의 관습을 제도에 반영했다. 정인도 조갑이 즉위 전 그와 친했던 집단에서 선발했을 가능성이 크다. (…) 또 다른 한편으로 '대(大)'를 다시 보면, 이들은 비록 무정 시대에 정복당한 부족이지만 은나라와의 관계에서는 무정 시대의 보수파들보다 더 가까워 조경 시대 때는 정인으로 출현했다.

은나라가 강대해진 후 그 지배하에 있던 소국에서도 정인은 여전히 국가의 중추에 있었다. 정인은 소국 내 사람들의 행동이 선한지 악한지를 판단하는 능력이 있었는데 그야말로 주술사라 부를 수 있었다. 은나라는 정복한 국가에서 이런 정인을 은의 수도로 불러들여 은나라 왕실은 점을 보는 방면에서도 기타 국가보다 우월한 능력을 갖추게 되었다. 더 나아가 아마 정신적으로도 당시의 세계를 지배했을 것이다. 제1기에서 기준이 되는 복사, 즉 왕조의 복사에서 점복을 판단하는 자는 오직 왕에 국한되며 왕도 정인 신분으로 출현했다. 이는 왕이 정인 집단에서도 제일 우월한 능력을 가진 정인이라는 점을 드러낸다.(Ibid., p. 55)

라오종이는 정인의 이름이 지명일지 모른다는 의문을 제기한 지 28년이 되던 해에 자신의 판단을 내놓는다.

점을 묻는 것을 주관한 인물 중에는 방국(邦國)●● 군주의 지체 높은 부인이 많은데 하, 은의 권세가 출신이었을 가능성이 있다.(饒宗頤, 1959)

---

●● 중국 초기 국가 형태.

앞에서 언급한 세 학자는 공통적으로 정인들이 은나라 방국(邦國)과 방국(方國)*에서 왔고 일부 정인은 '방국(邦國)의 귀부인'이라는 인식을 갖고 있다. 은 왕조는 이런 정인들을 독점하고 거북점을 유례없는 수준까지 끌어올렸다. 바로 이렇게 도처에 있는 정인들의 손을 거쳐 복사, 즉 문자가 탄생했다.

앞에서 말했듯 문자의 발전은 '하나의 긴 기간과 짧은 기간의 결합이며 전자는 많은 종류의 시각부호 형식(도부 포함)이 나타난 기간이고 후자는 문자체계의 초창기'일 가능성이 높다. 각국에서 온 정인은 각자 전해진 지 오래되지 않은 형형색색의 시각부호들을 은나라에 가져와, 많은 가문을 회합하여 하나로 단결시키는 문자의 창세기를 열기 위한 준비를 마쳤다.

복사가 간혹 방국(方國)에서 싹트기도 했는데, 이 정보가 일단 은왕 무정의 귀에 들어가면 그는 기필코 약탈해서 더 발전시켰다. 이는 그가 거북점의 주도권을 갖기 시작했고 또 갖고야 말겠다는 포부를 품고 있었기 때문이다. 그는 어마어마한 거북점을 갖기 위해 수많은 지혜로운 정인을 차지했다. 이웃 나라에 복사가 있다면 그가 어찌 무관심할 수 있었겠는가?

내용을 종합하자면 갑골 복사는 은왕 무정 치하 100~200명의 정인의 손을 거쳐 처음 모양새를 갖추게 되었고, 또 그 후 여덟 명의 은왕이 있었던 150년의 시간 동안 완비되어갔다. 신령과의 대화 기록은 은왕의 종교적 추구도 만족시켰고, 또 적이 흉내 낼 수 없는 정치적 합법성을 얻을 수 있게 했다. 이 설은 복사가 처음 탄생한 동기를 설명하는 데 있어 상당한 설득력이 있다. 하지만 다른 시각부호도 눈

---

● 중국 제후부락과 국가, 방국(邦國) 다음 단계의 국가 형태.

에 담아둘 필요가 있는데 마침 복사에서 '작책(乍冊)'이라는 두 글자가 나왔다. 작책은 주나라가 상나라를 그대로 따른 사관의 명칭이다.

천명쟈는 "나는 심지어 문자가 상 민족 특유의 문화가 아닌지 의심된다"(陳夢家, 1939, p. 11)고 말했다. 뒤이어 그는 또 이렇게 말한다. "무정이 있기 전 적어도 500년 정도 발전한 역사가 있을 것이다."(陳夢家, 1956, p. 644) 하지만 무정 전 상나라는 오직 280년 정도의 역사만 갖고 있는데 어떻게 200년이 더 늘어나는가? 오늘날 연구자 입장에서 볼 때, 더 오래된 문자 매개체가 출토되기를 꿈꾸기보다는 무정 시기의 복사를 분석하여 더 세밀하게 시대를 나누는 데 주력하는 편이 낫다. 복사가 세상에 나온 그 순간과 단어 양, 미숙한 정도, 그 후 몇십 년간의 발전궤도를 확정하여 그것이 최초의 문자인지 아니면 더 오래된 전신이 있는지 판단하면 된다.

은나라의 죽간, 목간이 복사 전인지, 같은 시기인지 아니면 그 후인지에 대해 필자는 개방적 태도를 가지고 있다. 다만 최초의 죽목간도 점을 보는 일에 수반된 물건, 즉 갑골복사의 자매품이라는 쪽을 더 믿고 싶다. 왜냐하면 우리는 문자의 다른 용도를 보여주는 어떤 실마리도 본 적이 없기 때문이다.

# 5

## 상형문자의 필연적 귀결,
## 음차

앞서 티그리스강과 유프라테스강 유역의 설형문자와 중국 은나라의 갑골문에 대해 다루었다. 여기서는 고대 이집트의 가장 오래된 문자인 신성문자(神聖文字, Hieroglyph)에 대해 이야기해보고자 한다. 이집트 문자의 독창성 여부에 대해서는 지금까지도 논쟁이 이어지고 있다. 이집트 문자는 독창적이고, 심지어 세계에서 가장 오래된 문자라고 여기는 학파가 있는가 하면(Steven R. Fischer, 1999, p. 62) 다수의 학자들은 설형문자가 이집트 신성문자보다 조금 더 이르다고 본다. 이들은 이집트가 메소포타미아와 빈번하게 접촉하던 시기에 이집트 문자가 형성되었으며 원통 인장을 증거로 이집트가 메소포타미아의 문화를 흡수했다고 여기고 있다. 비록 신성문자와 설형문자는 자형상으로 완전히 다르지만, 문자 이념적으로 메소포타미아의 영향을 받았다고 생각한다. 이것이 바로 '자극식 전파'이다.(Henry George Fischer, 2009, p. 119)

필자는 앞에서 설형문자의 탄생은 정부가 경제활동을 할 때 점토 물표를 사용한 것에서 파생된 것과 직접적 관련이 있고, 갑골문자의 탄생은 은나라 국왕과 그 정인 집단이 종사했던 점복활동과 직접적 관련이 있다고 지적한 바 있다. 이집트 신성문자가 그 시작부터 어떤 단일한 용도로 사용되었다고 구체적으로 지적하는 학자는 지금껏 많지 않았다. 오히려 최초의 신성문자는 여러 방면에서 다목적으로 사용되었지 엄중하고 신성한 용도로만 쓰이지 않았다. 이는 손으로 쓸 수도 있었고 새겨 넣을 수도 있었다. 이후 손으로 쓰던 글자체(신관문자, hieratic)는 점차 간편화되고, 신성문자는 신성하고 장중한 용도로만 쓰이게 되었다.(陳永生, 2013, p. 3)

자연적으로 형성된 문자는 대부분 구체적인 사물에서 기원하고, 다른 사람들의 기예를 거울삼아 여러 방면에서 응용되기 시작한다. 이러한 특징은 어쩌면 고대 이집트 문자에 독창성이 결여되어 있음을 소극적으로 뒷받침하는지도 모른다. 그러나 일본 학자 이토 미치하루는 이러한 논점을 '가설 위에 세워진 가설'(伊藤道治, 1975, p. 232)이라 평가했는데, 이런 평가는 비단 미치하루의 갑골문 연구뿐만이 아니라 고문자를 연구하는 대다수의 학자가 피해갈 수 없는 것이기도 하다. 사실의 진실을 제대로 파악할 수 없을 때는 논리적 진실이 쟁론의 핵심이 될 수 있다.

신성문자와 갑골문의 해독은 거의 동시에 이루어졌다고 할 수 있다. 신성문자의 해독은 원래 전기적 성격을 띠었는데, 훗날 더욱 과장되게 각색되었다.

1798년 나폴레옹은 3만 8000명의 관병을 이끌고 이집트 원정을 떠났다. 그런데 보기 드물게 이 원정에는 프랑스 국가 연구원 150명도 종군했다. 8월 19일, 한 사병이 로제타(Rosetta)*라는 마을에서 파손된 담장 밑에 있던 높이 1.2미터 정도의 회홍(灰紅)색 석비를 발견했다. 이 석비의 한쪽 면에 명문이 있었는데, 군관이 이를 학자들에게 보여주었다. 학자들은 이 석비에 세 가지 종류의 문자가 새겨져 있다는 것을 발견했다. 이 세 가지 문자는 바로 이집트 상형문자(신성문자), 희랍문자, 그리고 고대 이집트의 '민중문자'였다. 이들은 크게 기뻐하면서 같은 내용이 세 가지 문자로 쓰여 있을 것이라 확신했다. 따라서 신비의 베일에 가려진 이집트 상형문자를 해독할 날이 얼마 남지 않았다고 여겼다.

그들은 로제타 석비를 파리로 운반한 후 그 탁본을 유럽 각국으로 발송하여, 유럽 전역에 이집트 신성문자 해독의 광풍을 불러일으켰다. 그러나 당초 기대와는 달리 신성문자 해독에는 23년이라는 긴 시간이 걸렸다. 프랑스의 천재 언어학자 장 프랑수아 샹폴리옹(Jean-François Champollion)은 로제타 석비의 탁본을 접하기 전부터 이미 이집트의 콥트어(Coptic language)**를 비롯한 여러 문자에 정통했다. 그는 로제타 석비를 해독하는 데 수년간 온힘을 쏟았다. 샹폴리옹은 이 세 종류의 문자를 비교하다가 희랍문자는 486자인 데 반해 이집트 상형문자는 1419자로, 글자 수에서 큰 차이가 난다는 것을 발견했다. 그는 이집트 상형문자가 단순한 표의문자가 아니라 두 가지 혹은 여러 부호가 하나의 의미단위를 구성하는 것은 아닌가 하는 의혹을 품었다. 그는 기존에 각 상형문자를 낱자로 파악하려던 패턴을 바꾸어 사고의 틀을 넓혔다. 거시적 차원에서 접근하는 방식으로 시작하여 석비에 새겨진 민중문자를 신관문자***로 번역한 다음 다시 신성

---

● 이집트 북동부 나일강 삼각주 끝에 있는 도시로, 이집트어로는 라시드(Rashīd)라고 한다.
●● 고대 이집트어에서 파생한 언어로 그리스도교 콥트교회 교도들이 16세기경까지 일상어로 사용하던 언어.

문자로 번역하는 방법을 통해 미시적인 부분까지 전면적으로 이해하고자 했다. 그는 신성문자에서 인명을 표시할 때, 상형부호를 표음부호로 사용하여 기록했다는 것을 발견했다. 게다가 신성문자의 표음적 용법이 여기에 그치지 않는다는 것을 발견하고 나서 마침내 어떤 깨달음을 얻었다.(Lesley & Roy Adkins, 2000, p. 176; p. 174)

샹폴리옹은 1822년 9월 27일에 있었던 학술보고에서 다음과 같이 말했다. "나는 이집트 사람들이 표음부호를 이용하여 기록한 것이, 이미 상당히 오랜 역사를 가졌다고 생각한다. 표음부호는 원래 표의부호의 기본 구성 부분이었다." 이 보고는 10월 말에 『표음적 상형문자의 알파벳에 관해 다시에 씨에게 보내는 편지(Lettre à M. Dacier relative à l'alphabet des hiéroglyphes phonétiques)』라는 이름으로 출판되었다. 이 글의 제목에는 샹폴리옹의 놀라운 발견이 반영되어 있다.

수년 후 그는 이집트 상형문자에 대해 다음과 같이 정의했다. "이는 복잡한 서사체계로 표의와 표음을 겸비한 문자다. 한 단락, 한 구절, 심지어 한 글자 내에서도 이 두 가지 특징이 동시에 나타나기도 한다."(Ibid., pp. 160~180) 샹폴리옹은 무수한 석각과 파피루스를 봐왔지만 사실 일찌감치 로제타 석비의 번역을 포기했다. 그는 당초 자신이 확보한 로제타 석비의 탁본이 선명하지 않다고 여겼는데, 훗날 로제타 석비의 상형자 부분이 원래부터 파손되어 있었음을 알았다. 그러나 유럽 학자들이 이집트 상형문자를 해독하도록 처음 자극한 것이 바로 이 로제타 석비였기 때문에, 이런 통속적 이야기 또한 샹폴리옹이 로제타 석비를 해독했다고 와전되면서 끝이 난다.

이집트 고대문자와 중국 고대문자는 모두 상형문자에서 기원했

---

●●● 이집트 신성문자의 흘림체.

다. 여기에서는 이집트 상형문자가 표음기능을 겸하고 있었다는 샹폴리옹의 발견에 비교의 초점을 맞추려 한다.

먼저 신성문자와 고대 한자의 형상을 비교해보도록 하겠다. 이 두 문자를 본 사람이라면 대체로 신성문자는 구체적이고 사실적이며, 고대 한자는 추상적이고 사의(寫意)˙적이라는 인상을 받는다. 그러나 이것이 문자의 성숙도 차이를 나타내지는 않는다. 즉, 고대 이집트 문자가 원시적이지 않다는 뜻이다. 신성문자는 기원전 3000년경에 나타나 기원전 4세기에 사라졌다. 이는 중국 고대 갑골문이나 금문(金文)처럼 새로운 글자체—전서(篆), 예서(隸), 해서(楷)—의 출현에 따라 폐기된 것이 아니다. 신성문자는 3000여 년간 사용되었고, 글자 구성의 형식도 거의 변함이 없었다. 이 두 문자의 기본적인 풍격 차이는 문자가 새겨지는 재료에 의한 것도 아니다. 비록 갑골문이 귀갑과 소 견갑골에 새겨졌고 이집트 신성문자는 주로 돌에 새겨졌지만 이 재료는 모두 딱딱한 재질이었다. 이러한 풍격의 차이는 두 민족의 선사시대 도기부호 속에서 이미 나타나기 시작했다.(陈永生, 2013, pp. 46~55) 이러한 풍격 차이가 나타난 원인을 탐구하기란 거의 불가능하다. 그 원인으로 인해 나타난 결과에 대해서는 어쩌면 상상의 공간이 조금 필요할지도 모른다.

필자는 앞으로 자가증식, 즉 새로운 문자가 탄생하는 데 있어서 사실(寫實)적인 문자는 사의(寫意)적인 문자보다 힘이 약할 수밖에 없다는 이야기를 하고자 한다. 사의적 공간이 사실적 공간보다 크기 때문이다. 실제로 갑골문은 대략 3000자 정도가 있었지만 "이집트 문자는 기원전 342년 파라오 시대가 끝날 때까지 겨우 400개 정도만

---

˙ 중국화의 전통 화법(畵法) 중 하나. 정교함을 추구하지 않고 간단한 선이나 묵색(墨色) 또는 채색(彩色)으로 사람의 표정이나 사물의 모양을 묘사하는 것.

필요로 했다"(Henry George Fischer, 2009)고 한다. 고대 이집트 문자와 고대 한자는 전 세계적으로 가장 아름다운 문자로 공인받았지만, 심미적으로 보면 각자의 개성이 뚜렷하다. 고대 이집트 문자는 그림문자가 많아서 살아 움직이는 것 같기 때문에 심미적으로 더욱 뛰어나다고 볼 수 있다. 그러나 고대 한자는 단조롭고 간소한 선으로 구성되어 있어서 심미적으로 약간 떨어지는 것 같다. 하지만 말로는 형용할 수 없는 질서와 조화 그리고 신비로움이 글자에 감돌고 있다. 이 밖에 문자가 발전하는 과정에서 이집트 신성문자는 글자를 계속 쌓아나갔지만, 고대 한자는 엄정하고 일정한 사각형 공간 속에서 글자를 구성했다는 데도 차이가 있다. 이는 어쩌면 각 언어적 특징 때문에 나타난 것이 아닌가 싶다. 문자가 비록 언어를 기록하기 위해 탄생한 것은 아니라 해도, 결국 발음의 영향을 받지 않을 수 없다. 중국의 대다수 한자는 단음절로 하나의 음소가 하나의 뜻을 나타내어 군더더기가 없는데, 이러한 특징이 문자의 형태에 영향을 주었을 가능성을 배제할 수 없다.

이어서 문자구조 방식을 중국 고대 학자들이 이야기한 '글자를 만드는 근본(造字之本)'을 이용하여 비교해보도록 하자. '글자를 만드는 근본'과 관련하여 가장 오래된 이론은 '육서(六書)' 이론이다. 탕란은 육서를 전국 말년의 문자학 이론이라고 정의하며 다음과 같이 말했다. "서한(西漢) 시대의 대학자 유흠(劉歆)이 『칠략(七略)』에 육서를 기록하였고, 『한서(漢書)』, 『예문지(藝文誌)』가 그것을 수록하였으며, 이후 허신(許愼)이 이를 활용하여 체계화시킴으로써 중국어의 문자구조를 탐구하고 토론하는 기초를 마련하였다고 했다."(唐蘭, 1949, pp. 54~60)

중국에 육서 이론이 처음 등장했을 때 이집트 고대문자는 이미 죽은 문자가 되어 있었다. 어쩌면 고대 이집트 문자가 너무 일찍 사라졌기 때문에 그 문자구조 방식에 대한 해석이 남아 있지 않은 것이 아닌가 싶기도 하다. 그러나 상형문자의 진화에는 몇 가지 유사점이 발견되기도 하는데, 이는 대체로 허신이 『설문해자』 '서문'에서 개괄한 '육서' 이론에서 살펴볼 수 있다.

『주례(周禮)』에 보면 어린아이가 8세가 되면 소학(小學)에 입학했다고 한다. '보씨(保氏)'는 나라의 자제들을 먼저 '육서'로 가르쳤다. 첫 번째는 '지사(指事)'이다. 지사라 함은 보이는 대로 인식하고, 이를 고찰하여 그 뜻을 보는 것으로, '상(上)'과 '하(下)'가 이것이다. 두 번째는 '상형(象形)'이다. 상형은 그 구체적 사물을 그림으로 나타낸 것으로, 사물 형태의 다름에 따라 그림의 모습이 달라지니 '일(日)'과 '월(月)'이 이것이다. 세 번째는 '형성(形聲)'이다. 형성은 사물로 명칭을 삼고 비유를 통해 서로 뜻을 이루는 것이니, '강(江)'과 '하(河)'가 이것이다. 네 번째는 '회의(會意)'이다. 회의는 부류에 견주어 뜻을 합하여, 그 가리키는 바를 볼 수 있는 것으로 '무(武)'와 '신(信)'이 이것이다. 다섯 번째는 '전주(轉注)'이다. 전주는 동류의 한 부수를 세우고, 같은 뜻을 서로 주고받는 것으로 '고(考)'와 '노(老)'가 이것이다. 여섯 번째는 '가차(假借)'이다. 가차는 원래 그 글자가 없었는데, 소리에 의거하여 의미를 다른 글자에 의탁하는 것이니, '영(令)'과 '장(長)'이 이것이다.

육서가 비록 글자의 구조를 해석하는 방법의 시초였지만, 이 여섯 가지 방법은 오히려 두 가지 성질에 속하는 것을 함께 놓아서 혼란을 야기하기도 했다. 첫 번째 성질은 바로 글자의 구성으로, 어떤 사물의 형상(象形), 뜻(象意), 가리키는 방향(指事), 소리(形聲)를 육서에 대한 회의론자들은 '체(體)'라고 일컬었다. 두 번째 성질은 문자의 증가와 파생 수단인 전주와 가차로, 육서에 대한 회의론자들은 이를 '용(用)'이라 일컬었다.

필자의 소견으로 육서에 대한 회의는 명나라 시기의 조고강(趙古剛)에서 비롯되었다. 조고강은 다음과 같이 언급하였다. "사서(四書, 지사, 상형, 형성, 회의)로는 부족했기 때문에 그 소리의 같음으로 통할 수 있게 가차한 것이다." 양신(楊愼)은 이러한 생각을 계승하여 다음과 같이 말했다. "사상(四象)을 씨줄로 하고 가차와 전주를 날실로 하였으니, 사상의 조자법은 한계가 있지만 가차와 전주는 한계가 없다." 만력(萬曆, 1573~1619) 연간의 오원만(吳元滿)은 거의 명확한 '사체이용(四體二用)'설을 제기했다.(李芳芳, 2008) 이후 청나라 소학가(小學家)인 단옥재(段玉裁)는 『설문해자주(說文解字注)』에서 그 스승인 대진(戴震)의 '사체이용'설을 인용했는데, 『설문해자주』의 유행으로 인하여 세상 사람들은 '사체이용'설이 대진에게서 비롯된 것으로 여기기도 했다. 육서를 '체'와 '용'으로 분류한 논의는 이후 아주 큰 영향을 끼쳤다. 이를 통해 육서의 두 가지 속성을 인식했고, 또 글자가 부족했기 때문에 '그 소리의 같음으로 통하게 가차'했음을 인식했다.

현대 학자 탕란은 육서에 대한 회의를 더욱 체계화하여, '사체' 중의 '상사(象事)'는 불필요하고 이는 대체로 '상형'에 속하는 것으로 볼 수 있다고 했다. 그는 이를 바탕으로 '삼서(三書)'설을 제기했다.

상형, 상의, 형성은 '삼서'라 부를 수 있다. 모든 중국 문자는 상형이 아니면 상의이고, 상의가 아니면 형성으로 귀속시킬 수 있다. 형, 의, 성은 문자의 3요소이기 때문에, 이 삼서로 분류하면 헷갈리지 않고 분명치 않은 부분이 없어질 것이다. (…) 상형과 상의는 상고시기 도화문자고, 형성문자는 근고시기의 성부문자로 모든 중국 문자는 이 세 가지로 망라할 수 있다.(唐蘭, 1949, p. 63; p. 61)

탕란은 전주와 가차를 '이용(二用)'으로 보는 인식을 계승하여 이를 '새로운 문자를 파생시키는 방법'으로 여겼다. 따라서 그가 문자의 변화 과정을 완전히 경시했다고 말할 수는 없다. 사실 상형에서 상의, 다시 형성으로 이어지는 과정은 문자의 진화와 발전을 포함하는 것으로 생각할 수 있다.

다만 탕란의 논의가 문자의 진화와 발전을 포함했다고는 하지만, 열심히 탐구하는 모든 학자를 만족시키기엔 역부족이었다. 천명쟈는 탕란보다도 앞서서 이미 '상형', '음차', '형성'의 '삼서'설을 더욱 체계적이고 분명하게 제기한 바 있다. 그는 '문(文)', '명(名)', '자(字)'가 한자 발전의 세 단계를 대표한다고 여겼다. '문'은 곧 '형(形)'으로 '상형자'라 부르고, '명'은 곧 '성(聲)'으로 '음차자'라고도 부르며, '자'는 곧 '형'에다 '성'을 더한 것으로 '형성자'라고도 부른다.(陳夢家, 1939, pp. 18~21; pp. 69~87) 그러나 많은 후학들은 그가 '상의'를 방기하여 문자를 구성하는 해석력을 결핍시켰다고 여기기도 했다. 탕란은 그의 저작에서 수차례 다음과 같이 지적했다. "순전히 그림문자(圖畫文字)만을 사용하던 시기, 상형문자를 제외하면 모두 다 상의문자였다."(唐蘭, 1949, p. 62; p. 74) 이러한 상식을, 하물며 탕란을 비판하기도 했던 천명쟈가 '상의'의 중요성을 몰랐을 리 없다. 다만 그는 '상의'를 '상형'의 범주에서 인식했다. 천명쟈는 '삼서' 가운데 '음차'에 중점을 두었다. 그의 관점에서 보면 육서 가운데 중복되고 번잡한 것을 버리고 그 핵심만을 유기적으로 재구성한 것이라 인식할 수 있다.

상술한 두 학자의 '삼서'설은 현대 중국 문자학 사상 첨예하게 대립하는 두 학설이라 생각한다. 정태적으로 모든 한자를 검토해보면 탕란의 삼서설로도 모두 다 해석할 수 있다. 그러나 동태적으로 살펴보면 한자가 진화하고 발전해온 과정에서 가장 큰 혁명이 바로 '음차'를 '상형'과 연결지어 '형성자'를 탄생시켰다는 점이다. 탕란은 갑골문자를 가장 많이 식별해낸 학자 가운데 한 사람이었지만, 형태가 굳어진 한자 속에는 '음차자'가 존재하지 않는다는 입장을 견지했다고 할 수 있다. 천멍쟈의 경우 갑골문 가운데 이미 '음차자'가 많이 보이기 때문에, 이후의 한자는 이러한 '음차'의 과정을 통하여 풍부해졌다고 보았다. 천멍쟈의 후학 가운데 리우요우신(劉又辛)은 한자의 발전을 3단계로 나누고 그 시기를 다음과 같이 구분했다.

> 상형자 단계 (…) 그 시간적 하한은 바로 상대 갑골문자 이전이다. (…) 가차자 단계는 (…) 갑골문에서 시작하여 진나라의 통일까지이다. (…) 형성자 단계는 진한 시기부터 현재까지 이른다.(劉又辛, 1981)

그렇다면 무엇이 음차자인가? 요즘 학자 말로 하면 바로 '별자(別字)' 혹은 '백자(白字)'가 그것이다. 별자가 나타난 까닭은 다음 두 가지 가능성에서 벗어나지 않는다. 첫 번째는 글자를 잘못 쓴 것이고, 두 번째는 다음과 같은 상황이다. 예컨대 아는 글자가 적었던 어떤 사람이 아이를 데리고 나가면서 부인에게 "아이가 호랑이(老胡)와 사자(師子)를 보고 싶다고 해서 공원(公元)에 간다"는 쪽지를 남겼다고 가정해보자. 이 쪽지에서 '胡', '師', '元'은 모두 '虎', '獅', '園'의 별자가 된다. 이는 착오가 아니라 일종의 수단으로 생각할 수 있다. 아는 글자가 적었기 때문에 이렇게 할 수밖에 없었던 것이다. 한 민족의 문자가 막 생겨났을 무렵에는 모두 이렇게 할 수밖에 없었을 것이다.

또 외국에서 중국에 없는 동물을 진상(進上)했는데, 동물을 진상하는 사람이 이를 'shizi'라 칭했고, 황실의 도필리(刀筆吏)[*]들이 이를 '師子(사자)'라 적었는데, 시간이 흐른 후 'shizi'를 구별할 필요가 생겨서 '師' 자에 '犭'라는 편방을 덧붙여 '獅子'라 불렀다고 해보자. 여기서 '師'가 곧 음차이고, '獅'는 형성자에 속한다. 음차는 물론 이런 외래 사물에만 국한되지 않았다. 예컨대 상형자에는 원래 '나'를 뜻하는 '我' 자가 없었다. 이는 상형이나 상의의 방식으로는 표현하기 힘들었기 때문이다. 마침 나 자신을 표현하는 말과 '아'라는 무기(武器)의 독음이 같았기 때문에 '아(我)'라는 무기의 상형자를 빌어서 자기 자신을 표현하게 된 것이다. 이렇게 오랜 시간이 흐른 후, '我'라는 무기가 사라지면서 '我'는 더 이상 무기를 가리키는 말이 아니라 나 자신, 즉 주체를 표현하는 용법으로 지금까지 남게 되었다.(陳夢家, 1939, p. 20)

상형자가 발전하는 과정에서 음차는 반드시 나타날 수밖에 없는 현상이다. 상형자가 일단 사회생활에 쓰이면 글자가 턱없이 부족해지는 문제에 직면하기 때문이다. 상형과 상의에만 의존하면 새로운 글자를 만들기가 매우 어렵다. 오늘날 아는 글자가 적은 사람은 다급할 때 '별자'를 쓴다. 그래서 고대 사람들의 음차 현상은 아주 쉽게 이해할 수 있다. 음차는 상형자가 발전하는 단계에서 보이는 일반적인 과정이기 때문에, 음차를 통해 이집트 신성문자와 중국 고문자를 비교해보도록 하자.

음차는 당연히 '빌리는 것'으로, 글자의 뜻과 단어의 뜻을 완전히 바꾸는 것이 아니다. 그러므로 한 글자를 두 가지 용법 내지는 수많은

---

[*] 구실아치를 낮잡아 이르던 말. 아전이 죽간에 잘못 기록한 글자를 칼로 긁고 고치는 일을 했던 데서 비롯되었다.

용법으로 쓰는 현상이 나타나기 마련이다. 당시 사람들은 그다지 어렵지 않게 글의 상하 문맥에 따라 그 글자의 뜻을 판단할 수 있었을 것이다. 그러나 수천 년이 지난 지금 사람들이 이를 해독하기란 결코 쉽지 않다. 따라서 나진옥(羅振玉), 왕국유(王國維), 샹폴리옹 같은 학자들이 얼마나 위대한지를 알 수 있다.

　신성문자와 고대 한자는 음차에서 몇 가지 큰 차이를 보인다. 첫째, 고대 한자는 '글자 단위' 음차였다. 만약 이집트 신성문자와 대조하지 않았다면 글자 단위 음차라는 특징을 인지할 수 없었을지도 모른다. 예컨대 '사' 자가 음차될 때 그 글자의 독음을 빌리는 것이지, 자음(Sh)을 빌리는 것은 아니다. 이는 거의 당연하게 보이지만 예외도 있다. 신성문자에서는 '반글자' 음차를 한다. 즉, 자음을 빌린다. 자음만 빌려 쓰고 모음을 빌려 쓰지 않는다면 이를 이해할 수 있겠는가? 언어학자들은 다음과 같이 이야기한다.

> 대부분의 언어에서, 자음자모(1)만 표출하는 것이 모음자모(2)만 표출해
> 낸 것보다 더 알아보기 쉽다.
> (1) W cn rd cnsnnts, bt nt vwls
> (2) e a ea oooa, u o oe
> We can read consonnants, but not vowels—이것이 위 두 행의 자음
> 과 모음을 갖춘 문자 표현이다.(Steven R. Fischer, 2001, p. 72)

　둘째, 신성문자의 자음 차용은 하나의 문자로 고정되었다. 예컨대 ◠는 t로 읽는다. 물론 신성문자의 다른 문자 가운데도 t로 시작되는 것이 있지만, 자음을 차용할 때는 ◠만 사용했다는 것이다. 이처럼 신성문자 가운데 음차되는 글자는 고정되어 있었기 때문에 그 수 또

한 확실히 제한적이었다. 이렇게 차용할 때 쓰던 자음은 30개였다. 그런데 차용된 단어가 이중자음인지 삼중자음인지는 사람들을 헷갈리게 했다. 예컨대 ⬜는 이중자음 pr로 차용되었는데, pr 중간에 여러 모음이 더해지면서 많은 단어가 만들어진다. 게다가 어떤 모음은 문장의 상하 맥락 속에서 파악해야 한다. ⬤는 삼중자음 spr을 차용하는데, 여기에는 모음 두 개를 더할 수 있었고 그 원리 또한 같다. 이중자음과 삼중자음은 비록 '글자 단위'의 음차는 아니지만 결코 단자음 같은 최소 성부 단위의 차용도 아니다. 어쩌면 이를 통해 고대 이집트 사람들이 왜 '글자 단위' 차용을 하지 않고 '성부 단위' 차용을 했는지 투시해볼 수 있을지도 모른다. 다만 그 단어 독음의 장단이 다르고 음소 수량도 다르기 때문에, 단자음, 이중자음, 삼중자음을 차용하게 된 것이다. 곧 이중자음, 삼중자음의 존재는 고대 이집트 사람들이 음차를 시작하게 된 고충과 글자를 만들지 않고 병합하려던 의도를 설명해준다. 한자는 그렇지 않다. 어떤 발음을 차용할 때, 고정된 글자만 차용하지 않았다. 갑골문 가운데는 같은 발음을 나타내는 수많은 성부가 존재했다.

셋째, 신성문자에서 자음을 음차할 때 사용되던 단자음은 30개, 이중자음이 136개, 삼중자음은 73개, 모두 239개로 그리 많지 않았다. 반면 한자는 아주 많은 한자가 음차로 사용되었다. 치우시꿰이는 다음과 같이 말했다. "원칙적으로 한자는 모두 성부로 차용될 수 있다. 실제로 성부로 차용되는 글자의 수량 또한 아주 많았다(지금까지 성부로 쓰인 글자는 1000자가 넘는다). 독음이 같으면 차용하여 쓸 수 있었다."(裘錫圭, 1978, p. 13) 음차로 쓰이는 글자가 적으면 그 글자가 구성하는 어휘량이 늘어나고 음차자가 많으면 각 글자가 구성하는 어휘량은 적어지게 마련이다. 리궈잉(李國英)의 통계에 의하면 『설문해자』에는 성부가 1670개, 이 성부가 구성하고 있는 형성자는 8233개로 평균 어휘 구성 양은 4.97개이다. 반면 이집트 신성문자의 음차 자음은 모두 239개로, 이 음차 자음이 구성하는 어휘는 5000여 개에 이르러 평균 어휘 구성 양은 20여 개나 된다. 이중자음, 삼중자음의 어휘 구성 양은 비교적 적은 데 반해 단자음의 평균 어휘 구성 양은 40개를 초과한다.(陳永生, 2013, p. 115)

두 가지 음차 방식의 차이 속에는 어떤 큰 가능성이 잠재되어 있었다. 사실 바로 이러한 차이에서 상형자로 출발한 이집트 신성문자와 고대 한자의 운명이 갈라졌다고 할 수 있다.

# 6

# 자모 탄생의
# 역사

신성문자와 고대 한자의 발전과 그 외부적 영향을 나누어 이야기하고자 한다. 우선 신성문자를 보자.

고대 이집트에서 신성문자와 동시에 나타난 또 다른 문자가 있다. 바로 신관문자다. 이 두 문자는 체계는 완전히 같지만, 다른 목적으로 만들어져서 문자가 서로 판이하게 다르다. 신성문자는 신성한 일에 사용되었는데, 주로 기념비 위에 새겨졌다. 이에 반해 신관문자는 일상적인 일에 많이 쓰였고 파피루스(paperus) 위에 많이 쓰였다. 전자는 미관에 중점을 두었고 후자는 간결함을 추구했기 때문에, 후자는 전자가 선형적으로 간소화된 문자라 할 수 있다. 이집트 고대문자의 사용은 부기계원 계층이 강대해지는 결과를 낳았다. 이 계층은 매우 높은 사회적 지위를 누렸는데, 중국 은나라의 복인, 정인 계급과 비슷하긴 하나 평범한 지위의 메소포타미아 부기계원과는 달랐다.(Steven R. Fischer, 2001, p. 36; p. 41)

서로 다른 목적을 위해 두 종류의 문체가 형성되었다면 이는 분명 부기계원의 손을 거쳤을 것이다. 부기계원 계층은 문자를 옮길 때 음차를 이용했는데, 음차는 반대로 그들의 글쓰기에 영향을 주었다. 이에 대해서는 몇 가지 견해가 있는데 그중 한 가지는 기원전 2200년경 이집트의 부기계원들이 수고를 덜기 위해 자음만으로 글을 썼다는 설이다.(Ibid., p. 72) 또 한 가지 견해는, 왕조에 의해 외진 사막 지대로 파견된 부기계원의 글쓰기 능력이 중심부의 부기계원을 따라가지 못한 데다가 셈족(Sem)● 용병과 노동자들을 명부에 등록해야 했던 데 원인이 있다는 것이다. 그런 연유로 그들은 자음만을 사용해 글을 쓰기 시작했다.(王嘉明, 2010, p. 134)

명부 등록은 분명 가장 절묘한 기회였을 것이다. 그로 인해 상호작용이 생겨났고, 한편으로는 부기계원의 자음 사용에 촉매작용을 했는데 그렇지 않으면 외지인의 이름을 등록할 수 없었기 때문이다. 다른 한편으로 셈족 용병과 노동자들은 이런 쓰기 방식에 엄청난 충격과 자극을 받았다. 하지만 자음 철자 쓰기는 단지 일부 이집트 부기계원의 일부 행태였을 뿐이다. 공공연한 장소에서는 여전히 상형자에 자음 음차를 결합한 문자체계를 사용했다. 고대 이집트인과 표음문자의 관계에 관해서는 두 가지 관점이 있다.

중국어의 구조 원리는 논거를 중시하기 때문에 표음 방식을 표의화(表意化)하는 개조를 통해 서로 조화를 이루어 호흡을 맞출 필요가 있었다. 하지만 고대 이집트어의 신성문자 등은 당연히 반대로 발전해야 한다. 표의 방식을 표음화하는 개조는 소리와 뜻이 강제성 없이 자연스럽게 연결

---

● 함족, 아리안족과 함께 유럽 3대 인종의 하나.

되는 특징이 있다. 하지만 신성문자 등은 이런 개조를 미처 실현하지 못한 채 사라지고 말았다.(徐通鏘, 2009, p. 259)

권터 드라이어(Günter Dreyer)는 페니키아 문자가 이집트 땅에서 발명된 것이 아니라고 보았다. 왜냐하면 페니키아 문자는 "이집트인들을 억눌러온 오래된 전통과 풍속, 권력을 가진 제사장들이 초기에 이미 발전하지 못하도록 '없애버렸을 것'이기 때문이다."(J. Goody, I. Watt, 2009, p. 344 재인용)

쉬통장(徐通鏘)의 설명은 확실히 고대 이집트인들이 그들과 표음문자 사이를 가로막은 종이 한 겹을 뚫어버리기를 바라는 주관적 기대를 드러낸다. 2000여 년 동안 그들이 문자에 대한 '개조'를 '실현'하지 못한 데 대해 우리는 그저 이집트인들에게는 그럴 만한 동기가 부족했다고 말할 수밖에 없다. 당시 문자는 사용 범위가 넓지 않아 신성문자나 신관문자만으로도 충분했기에 그들은 문자를 변화시킬 이유가 없었다.

한편 셈족은 이집트 문자의 자음을 바로 받아들였다. 이는 상형과 표음 중 어떤 방식이 더 나은가의 문제가 아니다. 왜냐하면 셈족은 표음문자만을 접했고 상형자는 배우지 못했기 때문이다.

1993년에서 2004년까지 존 다넬(John Darnell)은 나일강 서쪽의 와디 엘-홀(Wadi el-Hol) 사막 지대에서 약 열세 차례 발굴을 진행했는데, 이때 셈족의 문자로 보이는 부호가 암석에 새겨진 것을 발견했다. 이 부호들은 확실히 이집트 상형문자의 흔적을 담고 있었다. 이는 셈족이 이집트 상형문자를 빌려 자신들만의 문자체계를 만들었음을 증명하는 최초의 흔적이다.(王明嘉, 2010, pp. 133~134)

이집트 자음을 개조한 후 셈족이 사용한 자모는 30개를 넘지 않는다. 물론 셈족의 표음문자에는 이미 이집트 상형문자의 표의적 특징이 거의 남아 있지 않았다. 자음을 빌려온 것 이외에도 그들은 이집트 문자의 '한정(限定) 부호'●도 빌려와 셈어의 모음발음을 나타내도록 했다. 이것이 바로 기원전 16세기에 만들어진 '가나안 문자'다. 이후 가나안 문자는 중동, 지중해 해안가 지역의 셈족 사회로 퍼져나갔는데, 이 중에는 북셈족, 즉 페니키아인들도 포함되어 있었다.

기원전 1225년에서 1175년 사이 히타이트 왕국이 멸망한 후, 필리시테인(Philistines)들이 에게해 지역의 수많은 도시를 파괴했는데 크레타 문명이 이때 사라졌다. 운 좋게 하나의 문자체계만 살아남았는데 이것이 바로 페니키아 문자다. 기원전 1000년경 페니키아 문자는 이미 거의 완전히 발전된 상태로, 22개의 자음을 포함하고 있었다. 이 문자는 이후 1000년간 사용되다가 카르타고 문자로 발전했다. 그리고 기원전 3세기까지 지중해 서안과 페니키아인 후손에 의해 사용되었다.(Steven R. Fischer, 2001)

서양 역사학의 아버지 헤로도토스(Herodotos)는 『역사(Historíai)』에서 이렇게 말한다.

카드모스(Cadmus) 왕자와 함께 그리스에 온 페니키아인들은 그리스에 정착해 살기 시작하면서 새로운 발명을 많이 했는데, 그중 가장 중요한 것은 문자였다. 내가 생각하기에 이는 그리스인들이 전에는 전혀 알지 못했던 일종의 예술이었다.

---

● 어떤 의미를 한정지어 나타내고자 할 때 사용하는 문자기호로 문맥 속에서 기호가 구체적으로 어떤 대상이나 사물을 지칭하는지 알려주는 부호이다. 의미의 혼동이나 애매함을 방지하는 기능을 한다.

| 고대 이집트<br>기원전<br>3200 | 셈족<br>기원전<br>1500 | 페니키아<br>기원전<br>1000 | 그리스<br>기원전<br>600 | 로마<br>기원후<br>114 | 고대 이집트<br>기원전<br>3200 | 셈족<br>기원전<br>1500 | 페니키아<br>기원전<br>1000 | 그리스<br>기원전<br>600 | 로마<br>기원후<br>114 |
|---|---|---|---|---|---|---|---|---|---|
| 소머리 | | | Alpha | A | 물 | | | Mu | M |
| 집 | | | Beta | B | 뱀 | | | Nu | N |
| 부메랑 | | | Gamma | C | 눈 | | | Omicron | O |
| 문 | | | Delta | D | 입 | | | Pi | P |
| 소리치는<br>남자 | | | Epsilon | E | 원숭이 | | | Koppa | Q |
| 고리 | | | Digamma | F | 사람 머리 | | | Rho | R |
| 부메랑 | | | Gamma | G | 코끼리의<br>엄니 | | | Sigma | S |
| 꼰 로프 | | | Eta | H | 체크 부호 | | | Tau | T |
| 손 | | | Iota | I | 고리 | | | Upsilon | V |
| 오무린 손 | | | Kappa | K | 물고기 | | | Chi | X |
| 막대기 | | | Lambda | L | 고리 | | | Upsilon | Y |
| | | | | | 화살 | | | zeta | Z |

근현대 사학자 대부분이 기원전 850년경에 페니키아 문자가 그리스에 전해졌다는 데 동의한다. 그리스인들은 페니키아어에 대대적 개량을 실시한다. 페니키아 문자 중 쓸데없는 자음은 그리스인에 의해 모음으로 바뀌었고, 이렇게 그리스인들이 바꾼 문자는 모음과 자음 기능을 겸비해 여태 만들어진 어떤 언어보다 더 충실하게 구어에 맞게 변화했다. 이런 선물을 존중하는 마음으로 그리스인들은 이 문자를 여전히 페니키아 문자라고 불렀다.

그리스인들이 이런 문자상의 개혁을 이룰 수 있었던 것은 그들의 재능과 기백 덕분이기도 하지만, 기본적으로 두 언어에 근본적 차이가 있었기 때문이기도 하다. "페니키아어의 모든 단어는 자음으로 시작하지만, 그리스어의 대부분은 모음으로 시작한다."(Ibid., p. 112) 언어상의 차이가 반드시 문자 개혁으로 이어진다는 의미는 아니지만 만약 그 언어와 셈족의 언어가 비슷했다면, 틀림없이 이전에 가나안 문자의 영향을 받은 다른 민족처럼 모음 없는 문자체계를 답습했을 것이다. 현대의 히브리어와 아랍문자는 자음자모만 있고 모음자모는 없는데 이를 통해 이 문자의 전신과 같은 셈족의 문자가 자음에만 의지하는 것이 문제가 되지 않는다는 사실을 알 수 있다. 왜냐하면 모음을 발명할 필요가 없기 때문이다.

기원전 332년 알렉산더 대왕이 이집트를 정복했다. 이후 수백 년간 이집트에서는 신성문자, 신관문자, 민중문자와 그리스어가 혼용되었는데 이 중에서 특히 그리스어가 이집트 문건에서 가장 많이 발견되었다. 이후 이는 콥트어로 자리잡았다. 고대 이집트인들은 거의 모든 자모에 손을 댔다. 하지만 239개의 단자음, 쌍자음, 삼중자음을 병행하여, 모음 없는 글을 읽으려면 꽤 높은 이해력이 요구되었다. 다시 말해 그들이 자모문자의 편리함을 누릴 수 없었다는 뜻이다. 물론 고대 이집트 귀족들이 이러한 편리함을 누리고자 했는지도 의문이다. 간접적으로 이집트 문자로부터 이득을 얻은 그리스문자는 일격에 자모문화를 배양한 신성문자를 멸망으로 이끌었다. 알렉산더 대왕이 물론 큰 공을 세우긴 했으나 문자의 편리성이 문자 변화의 가장 큰 요인이기 때문에, 알렉산더 대왕 시대가 없었다고 해도 그리스문자는 여전히 유럽에 영향을 미쳤을 것이다.

그리스문자는 이탈리아 반도까지 전파되어 그 위대함을 드러내기 시작했다. 기원전 753년, 로마인들은 중간에 에트루리아어를 거쳐 그리스문자를 전수받았다. 기원전 1세기에 빈틈없고 엄격한 라틴어 문자가 만들어졌다. 이후 로마제국과 기독교 세력의 확장으로 라틴어는 유럽 전체에서 보편적으로 사용되는 문자가 된다. 이는 동일한 차원, 즉 통치 판도 내에서 문자와 언어의 괴리라는 측면에서 봤을 때 중국의 한(漢), 당(唐), 송(宋), 원(元), 명(明), 청(淸)의 동방제국을 뛰어넘는다. 한자는 은주 왕조 때부터 일맥상통하게 내려와 한자와 그 제국 내 지역 언어는 일정한 관계가 있으며, 각 언어의 추가적 전파를 규제한다. 그런데 라틴문자는 기원 전후로 유럽으로 퍼져나가 라틴문자와 민족언어는 철저하게 괴리되었다.

1000여 년 이후 유럽의 각 민족이 각자의 언어를 갖게 된 후(프랑스어는 10세기, 중세영어는 12세기, 독일어는 16세기에 탄생했다), 라틴문자는 실권을 잃고 결국 사(死)문자가 되었다.

유럽의 모든 민족국가는 예외 없이 오랫동안 라틴어에 빠져 있었는데도, 결국 각 국가에서 만들어진 언어는 모두 표음문자였다. 자모는 먼 동쪽 땅의 베트남에서까지 사용되는, 가장 많은 국가가 사용하는 문자가 되었다.

이는 과연 이성의 승리인가? 반드시 그렇다고는 할 수 없다. 중국의 문자에 대해서는 차차 이야기하겠지만, 한 가지 밝히자면 인류 문명의 궤적을 보면 우연성으로 가득하다. 물론 이성의 영향이 적지는 않지만, 절대로 순수하게 이성의 설계만으로 이루어지지는 않았다. 표음문자의 한 가지 결점, 즉 자모와 음소의 분리는 이 이론의 각주 격이라고 할 수 있다. 음소, 즉 음위(音位, Phoneme)는 언어의 가장 작은 소리 단위를 말한다. 만일 어떤 표음문자가 완벽하게 이성적으로 설계되었다면 자모는 음소와 일대일로 대응하고 서로 대등해야 한다. 하지만 실제로 영어는 26개 자모(모음 5개, 자음 21개)에 44개 음소(모음 20개, 자음 24개)로 이루어졌고, 독일어는 26개 자모(모음 8개, 자음 18개)에 42개 음소(모음 19개, 자음 23개)로 이루어져 있다. 이렇게 대등하지 않는 불균형한 언어는 확실히 학습하고 익히는 데 매우 어렵고 경제적이지 못하다.

우리는 없는 사실을 꾸며낼 수 없다. 각자의 언어 특징, 문화전통과 외래문화의 차용, 현재 가지고 있는 제한적 지혜가 하나의 선택으로 이어진다. 이처럼 절대 완벽하지 않은 선택은 다시 빠르게 새로운 문화전통과 유산이 되고, 우리는 이러한 제약 속에서 다시 다음 선택을 해야 하는데 이때 우리의 지혜는 여전히 매우 제한적이다.

# 7

# 한자의 발전 과정과
# 주변국에 미친 영향

왜 고대 한자가 표음문자로 발전하지 않았는가에 대해 자크 데리다
는 분명하게 이는 목적론이라 확신한다. 즉, 가짜 문제라는 것이다.

이러한 분석은 마치 '언어의 말소리 분석'과 표음문자를 하나의 정상적
인 '결과'로, 하나의 역사적 목표로 간주하는 것과 같다. 한자는 항구로
빠르게 향하는 배처럼 목적지에 다다랐을 때 어느 정도 좌초되어 난항을
겪었다. 우리는 한자 체계가 하나의 미완성된 자모체계라고 말할 수 있
을까?(Jacques Derrida, 1967, p. 136)

일본의 한학자 미야자키 이시사다(宮崎市定)는 이렇게 말한다.

음성기호가 있음에도 왜 한자가 순수한 표음문자로 발전하지 못하는가
에 대해서는 여러 이유를 들어 설명할 수 있다. 한자가 완전한 표음문자

로 변하지 못하고 시간만 낭비하던 과정에서 표음문자화될 기회를 점차 잃어가고 말았다.(宮崎市定, 1959)

이 의견은 미야자키가 생각하기에 한자가 왜 표음문자로 나아가지 못했는가를 설명하는 한편, 한자 역시 표음문자로 나아갈 기회가 있었다고 생각한다는 사실을 반영한다.

필자는 다음과 같은 측면에서 당혹스러웠다. 먼저, 무엇이 '가짜 문제'인가? 각 민족이 서로 단절된 지역에 생활하면서도 같은 길을 간다는 확신을 전제로 하고 어떤 민족이 왜 이 길을 함께 가지 않았는지 묻는 것은 '가짜 문제'라고 할 수 있다. 왜냐하면 잘못된 전제가 이러한 의문을 제기하게끔 만들었기 때문이다. 각 민족의 역사적 선택은 엄청난 우연성을 포함하고 있기 때문에 방향의 차이는 당연하다. 하지만 만약 각 민족이 영향을 주고받았다면 이는 또 다른 상황이다. 외부 영향에 대한 토론은 '가짜 문제'라고 할 수 없다. 더 구체적으로 말하자면 토론은 두 가지 방향으로 전개될 수 있다. 첫째로, 고대 한자는 어떤 궤도를 따라 진화했는가. 둘째로는 한자의 내재적 특성으로 인해 자모가 있는 표음문자를 접한 후에도 결국 표음문자로 나아가지 못했던 것인가.

이번 절의 주요 내용은 한자의 진화 과정이다. 한자와 신성문자는 음차(音借)가 일어난 이후 각자의 길을 가게 된다. 이집트어는 다음절(多音節)언어이고 자음을 음차한다. 빌려온 자음부호를 연결해 각각 새로운 단어를 만들고, 모든 새로운 단어는 서로 다른 조합을 통해 구별된다. 어떤 한 자음의 소리가 하나의 부호에만 고정적으로 대응된다면, 이는 여러 문자 부호와 나눠 쓸 때보다 당연히 더 효율적일 것이다. 하나의 소리가 여러 부호를 갖고 있다면 의미도 없이 기억하기

| 발음 | 음차자 | 형성자 |
|------|--------|--------|
| qiu | 丘 | 邱, 俅, 蚯, 垢, 敠, 觩 |
| | 秋 | 楸, 湫, 鰍, 敠, 螫, 秋 |
| | 求 | 球, 裘, 述, 球, 淶, 銶, 梂, 殏, 盉, 絿, 莍, 蛷, 賕 |
| | 酋 | 遒, 鰌, 崷, 湭, 焴, 蝤, 趙 |
| tong | 同 | 铜, 筒, 桐, 恫, 酮, 侗, 茼, 垌, 烔, 峒, 峝, 峂, 胴, 痌, 眮, 桐, 狪, 餇, 詷, 絧, 絧 |
| | 童 | 瞳, 潼, 曈, 橦, 膧, 氃, 燑, 犝, 獞, 穜, 朣 |
| | 甬 | 通, 桶, 痛, 捅, 硧, 筩 |
| ming | 名 | 茗, 銘, 洺, 銘, 酩, 詺, 佲, 姳, 眳, 榠, 溟, 鄍 |
| | 冥 | 溟, 暝, 瞑, 螟, 蓂, 滨, 覭, 嫇, 慏 |

만 힘들어져서 완전히 쓸모없어진다. 중국어는 대부분 단음절이다. 한 글자 전체를 음차하며, 조합된 형태는 발생하지 않는다. 같은 글자를 두고, 읽는 이는 맥락에 따라 글자가 의미하는 바를 알아내야 한다. 음차한 하나의 소리는 여러 문자에 분산되어 차별성을 과도하게 상실시키는 작용을 일으킨다. [표 3-3]에 제시한 예는 이 이론을 이해하는 데 도움이 될 것이다.

제시된 세 개의 음차 중 'tong'을 분석해보겠다. 만일 'tong'이라는 발음을 음차할 때 '同' 한 글자만 선택하고, '同', '童', '甬'에 균등 분할하지 않으면 상용자(常用字)만 포함하더라도 '同'은 다음의 열두 가지 의미로 쓰이게 된다. 즉, 铜, 筒, 桐, 恫, 酮, 瞳, 潼, 曈, 通, 桶, 痛, 捅 등이다. 이렇게 되면 글을 읽을 때 '同'이 어떤 의미를 가지고 있는지 알아내기가 무척 힘들어진다. 'tong'을 음차할 때 세 개의 단어로 나눈다고 가정해보자. 예를 들어, 글을 읽을 때 '同'이 나오면 이 단어가 의미하는 바는 铜, 筒, 桐, 恫, 酮이고, '童'은 瞳, 潼, 曈을 의미하며, '甬'은 通, 桶, 痛, 捅을 의미한다고 할 때 각 단어당 선택 범위는 세 개에서 다섯 개가 된다. 즉, '일성다부(一聲多符)'는 음차된 글자를 읽을 때 조금 편리하도록 해준다. 중국어의 특징상 '일성다부' 음차 전략이 결정되었을 때, 이미 알파벳 자모의 논리와 간격은 벌어졌다.

비록 '일성다부'라는 음차의 차이를 만들었지만, 음차 이후의 구별성과 식별성 문제는 여전히 존재한다. 왜냐하면 이로 인해 하나의 단어가 여러 뜻을 갖고, 하나의 모양이 여러 뜻을 갖는 일이 빈번하게 일어나 모양과 의미가 서로 연관성이 없어지는 현상이 생길 것이기 때문이다. 이러한 형식과 다의적 구별성 문제를 해결하기 위해 고대인들은 음차자에 성부(聲符)—의부(義符)라고도 부름—를 사용했다. 이것이 바로 형성자의 시작이다.

상형문자는 의심할 여지없이 인류 최초의 문자 수단이다. 상형문자는 무척 이해하기 쉽지만, 매우 광범위한 표현력을 갖지는 못하기 때문에 앞서 말했듯 상형문자 시대에 상형자는 소수였고 대다수는 상의(象意)자였다. 그러나 상형과 상의자를 합쳐도 여전히 사각지대가 존재했는데, 바로 그들의 표현력이 구어체의 진화 역사보다 훨씬 약하다는 것이었다. 그래서 할 수 없이 그들은 음차에 더욱 의존했다. 음차는 임의의 어휘에 사용될 수 있으나 중국어 단음절의 특성상 식별성이 워낙 약하기 때문에 이러한 약점은 형부(形符) 혹은 의부(意符)로만 극복될 수 있었고, 그렇게 형성자가 급격히 늘어났다. 『설문해자』에는 9000여 개의 글자가 있는데 이 중 형성자가 80퍼센트 이상이다. 비록 형성자의 비중이 높지만 '성부(声符)'가 정확하게 형성자의 표음 부분이 되는 경우는 형편없이 적다. 쩌우요우광(周有光)은

『한자성방독음편사(漢字聲旁讀音便查)』(1980)에서 다음과 같이 말한다. "1979년에 출간된 『신화자전(新華字典)』을 기준으로, 현대 한자 중 성부의 유효 표음률은 39퍼센트이고, 이는 물론 성조의 구분을 포함하지 않았을 때다."(陳舒眉, 1993에서 재인용) 시간과 공간 모두 성부 실패의 원인이고, 기나긴 시간의 흐름은 발성의 변화를 가져왔으며, 광활한 지리의 구획은 서로 다른 말소리를 만들어냈다.

만일 음차와 자모가 그렇게 멀리 떨어져 있지 않다고 하면, 한자의 음차 전략, 즉 일성다부는 조합 법칙에서 자모의 근본에 위배된다. 음차는 형성자를 향해 가면서, 즉 하나의 음차자가 여러 개의 형성자로 변화되어 자모와의 거리는 이미 상당히 멀어진다. 형성자 중 반 이상이 모두 음의 변화가 있었는데, 이는 결국 음차시대의 '동정'은 이미 상실되었고, 자모와의 사이에 잠재되어 있던 한 가닥 남은 애정마저 사라졌음을 의미한다.

이상은 한자 발전의 역사적 맥락을 짚어본 것으로, 한자의 역사적 흐름에는 항상 엄청난 우연성이 포함되어 있었다. 이집트의 신성문자는 자모와 종이 한 장 차이였는데, 언어의 특징과 자음자모의 발전이 거의 같아 미처 표음문자의 길로 들어설 수 없었고 마케도니아 왕국 시대에 와서야 표음문자에 귀의할 수 있었다. 한자는 이와 다르게 역사적 우연성 외에도, 단음절, 성조언어라는 두 특징으로 인해 표음문자가 되기 무척 힘들었다. 단음절이라 함은 한 글자가 하나의 음절과 하나의 뜻을 가진다는 것을 의미한다. 탕란은 이러한 관점에 동의하지 않고, 중국어 중 3음절 이상의 단어는 거의 사용되지 않고 쌍음절의 단어가 대부분이라고 보았다. 그는 외래어인 푸타오(葡萄, 포도),* 본토어인 천츠(參差, 가지런하지 못하다), 야오티아오(窈窕, 정숙하고 예쁘다) 등을 예로 들었다.(唐蘭, 1949, pp. 20~37)

필자는 중국어에 쌍음절 단어가 있고 단일글자로는 의미가 성립될 수 없는 단어가 있다는 데 동의하지만, 한편으로 단음절어가 쌍음절어보다 많다고 생각한다. 성조언어란 우리가 말하는 모든 음에 네 가지 성조가 있음을 의미한다—평(平), 상(上), 거(去), 입(入)/혹은 음평(陰平), 양평(陽平), 상성(上聲), 거성(去聲). 같은 음의 단어라도 성조가 다르면 서로 의미가 다르다. 표음에는 성조가 포함되어 있지 않기 때문에 표음만으로 표기된 한자의 뜻을 해석하기란 매우 어렵다. 만일 표음문자에 음조를 더하면 이중으로 귀찮아진다. 표기하기 까다롭고 글을 읽으며 판단하기 어려워지기 때문이다. 현재 컴퓨터에 한자를 입력할 때도 이 번거로움은 아직 극복되지 못했다.

한자는 세계의 여러 문자들 중 매우 독보적인 문자로 한자의 세 가지 특징은 세계에서 유일하다. 먼저, 한자는 제일 넓은 지역에서 제일 많은 인구에 의해 사용되고 있다. 두 번째, 한자는 3000여 년의 시간의 기록을 담고 있는 살아 있는 화석이다. 현재 중국인은 한자의 가장 초기형태인 『좌전』과 『논어』를 접할 수 있다. 세 번째, 20세기 초엽 백화문 혁명**이 일어나기 전, 한자는 자체 언어와 벽이 있는 가장 큰 문자 시스템이었다. 라틴어도 이전에 비슷한 체계를 가지고 있었으나 이는 다른 민족의 정복으로 인한 것이었다. 또한 문자가 발달한 땅에서 창조된 문자체계가 아니었으며, 그 역사 또한 한자보다 훨씬 짧다. 한자는 언어의 독립성과 등진 채 근대 서방의 편협한 문자관에

---

● 이와 같은 쌍음절 단어는 각각의 단음절만으로는 어떠한 뜻도 포함하고 있지 않고 쌍음절로만 존재할 수 있는 단어이기 때문에 탕란이 단음절의 정의에 동의하지 않는 근거로 제시했다.
●● 백화문(白話文)은 문언(文言)과 상대되는 개념으로 중국어 글말 중의 하나이다. 아주 오랜 기간 동안 중국어의 글말 형식은 문언문이었는데, 후대로 갈수록 점차 입말과 거리가 생기면서 1919년에 백화문 운동이 크게 번졌다. 이 운동의 결과로 400여 종의 백화체 신문을 발행하고 초등학교 교과서도 백화체로 바꾸어 쓰게 되었다.

도전해 문자, 언어와 문명사에 대해 다시 생각하게끔 도왔다.

언어의 자연적 진화와 비슷하게 문자도 사람이 만든 것으로 권력의 산물이고, 권력의 도구로 쓰였다. 앞에서 언급했듯 설형문, 갑골문도 왕권에 의해 만들어졌고, 라틴문자의 흥망성쇠도 권력에 기인한다. 한자의 운명과 특징은 중국 역사의 정치권력 구조와 떼려야 뗄 수 없는 관계다. 어떠한 문자를 사용한 정치권력이 어디까지 확장되었느냐가 바로 그 문자의 확장 범위가 된다. 이는 다시 말해 문자가 정치군사적으로 특수한 의의를 갖는다는 것을 의미한다. 그리고 고대문자의 전파에 있어, 문자가 영향을 미치는 지역과 인구의 규모에 따라 그 문자의 특징이 빚어진다.

은나라에서 200년간 사용된 갑골문은 한자의 기초가 되어 바람처럼 사라지지 않았다. 직접적인 원인은 서주(西周) 왕조가 은 왕조를 대체한 후, 문자를 새로 만들기보다 충실하게 은나라 문자를 이어받아 사용했기 때문이다. 주공(周公)은 중국 역사상 가장 방대하고 엄격한 봉건제 제도를 정비했다. 비록 분봉제(分封制)를 실시하면서 주나라 군주가 파견한 자들로 각 제후국의 사관이 구성되었음에도 불구하고 하나의 문자를 잘 사용했다. 동주(東周)에서 춘추전국시대에 이르기까지 500년간의 역사 속에서 문자는 약간씩 변화하기 시작했다. 이렇게 문자가 여러 개로 나뉘어 분열될 때 쯤, 진시황이 중국을 통일하면서 곧바로 문자도 통일시켰다. 이후 한(漢)나라 왕조가 진(秦)왕조를 이어받으며 관리와 서신들을 고도로 잘 정리해 한나라 문무관들은 한자를 사용했다.

한자 문체의 진화 과정은 쓰기 도구의 변화와도 관련이 있다. 진시황은 진나라 이사(李斯)가 만든 소전(小篆)체를 사용했다. 소전체는 화려하고 아름다우나 글을 베껴 쓰기가 무척 어렵다. 방대한 양의 일을 처리해야 하는 진나라 관료들은 소전체를 사용해 글을 쓸 인내심과 시간이 없었고, 결국 진나라 관료들은 예서(隸書)체, 즉 관리가 사용하는 문체를 만들어낸다. 이후 전서(篆字)는 진황제에게 속한 언어가 되어 황족의 비석머리 등에 쓰이게 되고, 고귀한 지위를 차지하게 된다. 한대에 종이가 발명됨에 따라 문자는 더욱 많은 곳에 쓰이게 된다. 종이, 붓의 결합으로 글씨를 쓰는 데에 있어 해서(楷書)체가 매우 유행하게 된다. 종이가 없는 과거에는 상상도 할 수 없을 만큼 수당시대에는 과거가 부흥하여 한자의 눈부신 발전이 이루어진다.

중국 문화가 다른 주변국에 미친 영향에 비해 한자의 영향은 무척 적은 편이다. 크메르 문자, 태국어, 미얀마어는 모두 표음문자이다. 그들은 모두 7~12세기 사이 브라만교의 유입으로 브라흐미 문자의 영향을 받았다. 브라흐미 문자는 페니키아 문자와 어느 정도의 관련이 있고, 인도 마우리아 왕조(기원전 324~기원전 187)에서 만들어진 문자 체계다. 산스크리트어(범어)의 가장 초기 형식은 브라흐미 문자로, 이후 4세기, 6세기에 다른 문체로 변화했다. 타이 문자는 1283년에 그 체계가 확립되었다. 크메르 문자 역시 비슷한 시기에 만들어진 것으로 보인다. 라오스 문자는 크메르 문자에서 비롯되었다.

동남아시아 국가 중 유일하게 한자의 영향을 크게 받은 곳은 베트남이다. 베트남어와 중국어는 모두 단음절에 성조언어라는 특징이 있다. 한자는 기원후 186년에 베트남으로 유입되었다.(Steven R. Fischer, 2001, p. 167) 오랜 기간의 종주국 관계로 인해 한자는 베트남어의 문자가 되었고, 중국어는 이전부터 베트남의 제2언어로 쓰였다. 1174년에 베트남 정부는 한자를 베트남의 유일한 문자로 확립한다. 14세기에 베트남인이 한자를 이용해 '자남(喃字 혹은 字喃)'이라는 자체 문자를 만든다. 그들은 이 자남으로 한자를 대체하기 위해 부단한 노력을 했는데, 예를 들어 『논어』 같은 중국 경전을 자남으로 번역하기도 했다. 하지만 17세기에 전도사들이 베트남으로 들어오기 시작하며 베트남에서는 서면어(書面語)로 로마자를 사용하기 시작한다. 19세기에 프랑스 식민지가 되며, 그들은 본국 언어를 표기하는 데 프랑스 문자를 사용하기 시작했다. 비록 자남이 민간에 거의 보급되었지만 정부가 표음문자를 사용하면서 자남은 거의 소멸되었다.

한국어는 교착어로, 중국어와는 매우 다르다. 하지만 중국과 국경을 맞대고 있는 나라로 중국의 중심지와 비교적 가깝고, 그래서 한국어는 한자의 영향을 많이 받았다. 현재까지 발견된 한자로 한국어를 쓴 비석 중 가장 이른 것은 기원후 414년 것이다.(Ibid., p. 168) 한자를 이용해 한국어를 쓴 것을 '이문(吏文)'이라 부른다. 왜냐하면 이 둘은 큰 차이가 있기 때문이다. 이문은 쓰기가 매우 힘들다. 15세기 조선은 스스로의 문자를 만들어내는 데 성공한다. 왕실은 이를 '훈민정음(訓民正音)'(1446)이라 부른다. 이 문자는 배우기 쉽고 우수한 점이 많은 표음문자다.

일본은 조선을 통해 한자를 접했다. 그러나 일본은 중국 주변국 중 중국 문화와 한자의 영향을 받고서도 표음문자로 발전하지 못한 유일한 국가이다. 원인을 살펴보면 아마도 일본은 한자를 일본 문자로 변환하는 데 큰 공을 들였지만, 한국과 베트남 등 다른 동남아 대표 국가에 비해 인구가 많고 문화가 발달하고 글을 읽을 줄 아는 계층이 넓어서였을 것이다. 이 계층은 중국 문화와 한자에서 거듭난 일본 문자에 깊이 빠져 있었다. 심지어 이후 표음문자를 접한 후에도 이미 거대한 본토 문화의 유전자가 누적된 일본 문자를 크게 바꾸고 싶어하지 않았다.

한자는 분명 멀리서 전해진 표음문자보다 주변국에 약한 영향을 미쳤다. 그 이유는 이상할 만큼 간단하다. 자모를 이용해 그 민족의 구어를 표현하기는 쉬우나, 한자를 이용해 문자를 만들기는 매우 어렵다. 만일 자모의 영향이 없었다면, 그들은 어쩔 수 없이 한자와 구어를 결합해 사용할 수밖에 없었을 것이다. 그러나 문화적으로 누적된 내용이 아직 그리 풍부하지 않을 때 자모를 접하면 어려움을 피해 간단한 길을 택하게 된다. 일본의 예는 이를 생동감 있게 보여준다. 한 사회가 사용하는 문자가 역사, 문화와 밀접하게 결합되어 있을 때, 한편으로 새롭게 문자를 바꾸기에는 그 대가가 너무 크고, 또 한편으로는 문화보수주의가 더욱 강해질 수 있다.

# 8

# 문자와 철학, 예술,
# 과학기술의 관계

고대 역사에서 그리스와 중국은 그 특징에 있어서 인류 문명 중 극과 극에 속한다. 그와 동시에 두 곳의 문자도 각각 인류 문자 계보의 양 극단에 위치해 있다. 한쪽은 지금까지 살아남아서 3000여 년 동안 전해지고 발전되어 여전히 생명력이 왕성한 형성문자이고, 또 다른 한쪽은 모음과 자음을 겸비하고 직접 혹은 간접적으로 세계의 반이 모방하고 배웠던 고대 그리스의 표음문자다. 서로 완전히 다른 두 문자가 어떠한 방식으로 두 민족, 더 나아가 중국과 서양의 판이하게 다른 철학, 예술, 과학기술에 깊은 영향을 끼쳤는지에 대해 알아보는 것이 이번 절의 취지다. 필자는 형성문자와 표음문자가 사고방식과 문화에 끼치는 영향에 대해 세 가지 견해를 발견했다.

그중 첫 번째는 '서로 다른 문자에 대한 뇌의 처리 방식'이다. 일부 학자는 표음문자는 주로 좌뇌가 처리하고, 한자는 형태와 소리가 동시에 있으니 좌뇌는 발음을 처리하고 우뇌는 이미지를 담당할 것이라고 생각했다. 즉, 표음문자는 단뇌(單腦) 문자이며 한자는 복뇌 (復腦)를 개발하기 때문에 사고능력을 향상하는 데 유리하다. 하지만 임상병리 분석에서는 독해 장애가 있는 동서양 환자 중 우뇌 손상이 있는 사람의 비율은 대체로 비슷하며, 모두 4퍼센트 정도에 머물러 있다고 말한다. 다른 실험을 봐도 중국어가 우뇌를 더 많이 사용하게 한다는 사실을 지지하지는 않는다. 이에 코넬리아 쉰들린(Cornelia Schindelin)은 다음과 같은 결론을 내린다.

> 한자의 읽기와 자모문자 읽기는 동일한 읽기 메커니즘을 기초로 형성되었다.(Cornelia Schindelin, 2009)

두 번째는 '문자 추상 능력'이다.

> 창조된 문자 중 제일 처음 사용된 '상형'문자의 제자원리는 오직 형체가 있는 지칭물(指稱物)만 모방 가능하고 형체가 없고 모방할 수 없는 추상적인 개념에 대해선 힘을 못 쓰는 듯 보인다; 청각에 의거한 구어는 완전히 추상적인 것을 표현하는 단어를 창조해낼 수 있다. (…) 한자를 이용하는 중국인은 서양 학술문화가 도입되기 전까지 완전히 추상적인 개념을 거의 파악하지 못했다. (…) 바로 이러한 이유 때문에 한자는 지칭하는 대상과 주객이 합쳐진 관계지만, 서양의 표음문자는 지칭하는 대상과의 관계에서 주객이 분리되고 주체가 이끈다. 때문에 중화 문화와 서양 문화는 아주 극명한 차이를 보인다.(曹念明, 2006, p. 102; pp. 132~133)

이 견해의 치명적인 약점은 한자의 근원이 물론 상형에 있지만 상주(商周), 진한(秦漢) 시대부터는 음차(音借)와 형성(形聲)의 시대로 접어들었으며 그 음은 진즉 문자로 들어왔다는 것이다. 중국 고대 철학자들의 추상 능력이 고대 그리스 철학자들과 어깨를 나란히 했다고 말할 수는 없지만 추상 능력의 차이에 대해 깊이 따지고 들자면 아마 다른 원인을 찾아야 할 것이다.

세 번째 견해는 변론과 쓰기다. 필자는 자오니엔밍(曹念明)의 저작 (2006)에서 영감을 받아 이 명제에 대해 깊이 생각했으며, 최종적으로 서양이 변론과 연설을 중시하고 중국이 문장과 암송을 중시하는 경향이 예로부터 지금까지 일관된다고 여기게 되었다.

고대 그리스의 변론 풍습은 입법과 철학이 막 나타나기 시작할 때쯤 흥하기 시작했다. 고대 그리스 철학의 아버지 탈레스(Thales)와 아테네의 헌법 개혁을 이루어낸 솔론(Solon)은 모두 자유변론 원칙에 찬성했다. 고대 그리스 과학 역사 연구가인 로이드(George E. R. Lloyd)는 이렇게 말한다.

> 밀레투스(Miletus)▪ 사람들은 자연세계를 이해함에 있어 새로운 비판정신 도입이라는 실질적 공헌을 했다. 이는 당시 전체 그리스의 정치와 법률 환경 아래서 자유변론과 공개토론을 하는 진척에 대한 대응물 혹은 산물로 봐야 한다.(George E. R. Lloyd, 1970, p. 13)

변론은 소피스트 시대에 제일 흥했다.

소피스트는 새로운 운동의 대표적 인물이다. 소피스트라는 단어의 어원은 총명하고 재능 있는 사람이지만 이 시기에는 직업 교사를 일컫는다.

---

▪ 고대 그리스 첫 철학 학파를 배출한 곳으로, 이 학파의 창립자가 탈레스다.

그들은 각지를 돌며 돈을 받고 사고방식과 변론술을 전수하여 청년들이 정치활동에 종사할 수 있도록 도왔다.(梯利, 1914, p. 44)

소피스트들과 이전 시대, 즉 밀레투스학파, 피타고라스학파, 엘레아학파에는 여러 가지 차이점이 있다. 소피스트들은 선배들과 천진하고 두려움 없는 탐색을 하며 인간의 인식능력과 보편적인 지식에 의혹을 품고 사변과 지식론의 지평을 열었으며, 수업과 교류 중에 대화체를 창립했다. 하지만 진리를 추구하는 신념을 잃어버린 일부 소피스트들은 연설과 변론에 승리해서 더 많은 학생과 수업료를 얻는 데 집착했다.

고대 그리스에서 가장 높은 명성을 누리던 의사 히포크라테스는 기본적으로 동시대 소피스트들의 논쟁에 발을 들여놓지 않았기 때문에 그가 저작 중 무심결에 언급한 당시 사회의 연설과 변론에 대한 내용은 더 큰 진실성과 객관성을 가질 수 있었다. 하지만 아쉽게도 너무 조리가 없고 간략했다.

어떤 사람들은 연설자가 의학과 무관한 인성에 대해 토론하는 것을 듣는 데 익숙해져서 내가 하는 말에 조금의 흥미도 느끼지 못할 수 있다. (…) 똑같은 청중에게 똑같은 문제에 대해 변론해도 변론에 참가하는 모든 사람은 세 번 연속 우승하지 못한다. 이번에 이 사람이 우승하면 다음 번에는 다른 사람으로 승자가 바뀌고 세 번째는 또 다른 사람이 청중들 앞에서 말재간으로 승리를 거머쥔다. 만약 한 사람의 지식이 참되고 동시에 그것을 정확히 표현해낸다면 정상적으로는 그가 논쟁에서 계속 승자가 되어야 한다. 하지만 내가 보기에 이 사람들은 많이 알지 못해 토론 중 스스로 모순을 만들어 결국 멜리소스(melissus)●이론을 확립하게 된다.

플라톤은 자신의 대화체 저서 『소피스트(Sophist)』(기원전 357)에서 한 파르메니데스(Parmenides)<sup>●●</sup> 추종자의 말투로 소피스트 단체의 생활에 대해 진술했다.

논쟁도 반드시 두 종류로 규정을 세웠다. 그중 하나는 논쟁이 공개된 장소에서 발생했을 때 정의와 불의에 대한 내용을 다루고, 긴 연설과 긴 연설의 대항으로 표현된다. 이것이 바로 '법정공방'이다. 또 다른 하나는 정반대로 비공식 장소에서는 일문일답 방식으로 단계를 나눠 진행해야 한다. (…) 우리 모두 알다시피 소피스트는 자기 자신이 논쟁에 정통할뿐더러 다른 사람도 그들과 똑같이 만들 수 있다. (…) 소피스트들은 모종의 방법을 통해 젊은이들이 이러한 견해를 갖게 하여 곧 그들이 모든 것에 제일 지혜로운 사람이 된다. 매우 뚜렷하게도 만약 그들의 논전(論戰)이 젊은이들에게 정확하지 않게 '표현됐다'거나 혹은 그들이 정확하게 '표현했다' 하더라도 젊은이들이 '보기에' 더 지혜롭지 않다면, 당신이 말한 대로 이 사람들에게 돈을 지불하면서 그들의 학생이 되고자 하는 사람은 거의 없을 것이다. (…) 내 생각엔 그들이 이런 것들에 대해 논쟁할 때 지식이 많아 '보이기' 때문이다. 그들은 모든 것에 관해 이렇게 논쟁하기 때문에 학생들에게는 모두 지혜롭게 '보여'진다.

고대 그리스 철학사 전문가는 소피스트 운동의 부정적인 면을 이렇게 설명한다.

---

● 고대 그리스 엘레아학파의 세 번째이자 마지막 일원. 존재는 하나이며 생성되지도 파괴되지도 나뉘지도 변화하지도 않으며, 운동하지 않고 언제나 같다고 하였다.
●● 고대 그리스의 철학자로 엘레아학파의 시조다. 이성만이 진리이며, 감각은 모두 오류의 근원이라고 주장했다.

여기엔 거대한 위험이 잠복해 있다. 형식이 그야말로 내용을 압도한다는 점이다. 웅변술은 진실을 추구하는 마음을 질식시키려 했다. 소피스트 학설은 그들 철학의 회의주의로 사람들로 하여금 과학의 가능성을 의심하게 할 뿐만 아니라 그들의 상대주의 이론과 일부 구성원들의 철저한 개인주의 때문에 근본적으로 종교, 국가와 가정에 현존하는 권위를 흔들리게 했다. 그들이 제기한 문제는 해결해야 할 문제를 초월했다.(Eduard Zeller, 1980, p. 102)

고대 그리스 철학이 중대한 위기에 처했을 때 소크라테스가 등장했다. 그는 의심하는 태도를 유지하는 동시에 진리와 정의에 대한 넘쳐흐르는 신념을 가지고 있었다. 비록 소크라테스와 플라톤은 신랄한 글로 소피스트들을 비판했지만 사실 그 둘은 소피스트들과 많은 것을 공유했다. 연구의 방향을 자연철학에서 인간으로 바꾸고, 의심하는 태도, 대화와 변론을 몹시 좋아했던 것 등이 그러하다. 플라톤의 저서는 기본적으로 소크라테스와 여러 사람의 대화를 기술한 것으로, 사실을 묘사한 부분은 적고 대부분은 플라톤이 이런 종류의 스타일을 이어받아 소크라테스의 입을 빌려 자신의 소감을 이야기한 내용이 많다.

플라톤 철학 방법의 주요 특색은 변론법으로 지식을 탐구한다는 것이다. (…) 변론법은 이름 그대로 처음엔 변론의 예술을 일컫는 말이었지만 후엔 문답 방식으로 과학 지식과 예술을 발전시키는 의미로 변했다.(Ibid., p. 140; p. 141)

변론과 대화를 고도로 중시한다는 사실에 대응하여 소크라테스와 플라톤은 문자에 대한 멸시를 드러냈다. 이는 후세 사람들을 매우 놀라게 한다. 플라톤은 스무 살 때부터 소크라테스를 따르며 공부했고 『파이드로스(Phaedrus)』는 그의 나이 스물일곱에 쓰였는데, 이는 소크라테스가 심판을 받아 죽기 1년 전이다. 이 책이 소크라테스의 의견을 비교적 진실하게 기술했다고 여기는 이유가 여기 있다. 『파이드로스』에서 소크라테스는 문자에 대한 그의 세 가지 시각을 드러냈다. 첫 번째, 문자는 사람들의 기억을 도와주는 것이 아니라 사람들로 하여금 잘 잊어버리게 한다는 점이다. 두 번째는 문자가 학생들에게 주는 것은 '오직 진실 같은 겉모습일 뿐 그 자체가 아니'라는 점이다. 세 번째는 필자가 생각하기에 가장 중요한 내용이다.

그림 속 인물이 당신 앞에 서 있을 땐 마치 살아 있는 것 같지만 막상 사람들이 그에게 질문을 던지면 그는 준엄한 얼굴을 하고 한마디 말도 하지 않는다. 쓰인 문장도 이와 같다. 문자에 의식이 있다고 믿어도 되지만 막상 당신이 그것에게 배움을 청하거나 그것에게 어떤 말의 의미를 더 명확히 설명해달라고 하면 그것은 원래의 말을 반복하는 것밖에 하지 못한다.

이것은 확실히 문자를 대화나 변론과 비교했을 때의 단점이며, 더 나아가 소크라테스 교육학의 정수다. 이 좋은 점을 오랫동안 누려온 그리스 국민, 그리고 문화 계승자들은 지혜를 한 단계 올리고 점검할 수 있는 이 무기를 아끼고 사랑하며 버리려 하지 않았기에 독해와 암송으로 교체될 일이 없었다. 변론의 전통은 심지어 시간의 통로를 지나 지금의 서양 학술과 교육 영역에 여전히 존재한다. 학생을 선발할 때는 꼭 구술고사를 거친다. 이유는 한 단락을 외워 쓰는 것은 아무것도 설명하지 못하고 대강 처리되는 필기의 답도 여전히 수험생의 분석 능력을 증명할 수 없기 때문이다.『파이드로스』가 쓰인 지 2200년 후 서양 철학가 존 밀(John Stuart Mill)은『자유론(On Liberty)』에서 '토론'이 지능 개발에 있어 대체될 수 없는 위대한 역할을 한다는 점을 분명히 밝혔다.

> 만약 마음속 깊이 확실한 의견이 있지만 이것이 하나의 고정관념, 논증이 배제된 신조, 논증을 반대할 증거가 되어 마음속 깊이 웅크려 있다면, 이는 이성을 지닌 동물이 진리를 주관할 때 취할 방법은 아니다. 이는 진리를 아는 것이 아니다. 이러한 방식으로 진리를 주관한다면 그냥 미신이라 하는 것만 못하며 우연히 진실을 선고하는 글자에 매달려 있을 뿐이다. (…) 토론이 부족한 상황에서는 의견의 근거가 잊힐 뿐만 아니라 의견의 의의 자체도 종종 잊힌다. (…) 선명한 개념과 생생한 신앙은 없어지고 대신 오직 낡은 형식 속에 남겨진 문구들만 존재한다; 혹은 만약 의의에 있어서 아직 어떤 부분이 남겨졌다면 그것도 그냥 의견의 겉껍데기와 표피지, 정수는 이미 사라졌다.(John Stuart Mill, 1859, p. 37; p. 41)

플라톤이 쓴『일곱째 편지(Seventh Letter)』(기원전 354)는 자신의 이중적 생각을 진술한다. 첫 번째는 이성적인 사람은 자신의 이성적 사고를 대담하게 문자로 전하지 않는다는 생각이다. 두 번째 생각은 필자 역시 중요하다고 생각한다.

그러나 나는 이런 일을 사람들에게 알리는 것이 결코 좋다고 생각하지 않는다. 소수의 사람을 제외한 대부분의 사람들은 조금만 더 지도하면 바로 독립적으로 진리를 찾아갈 능력이 있다.

대상의 많고 적음은 두말할 것 없이 표현 방식을 선택하는 근거다. 그리고 이 선택에서 공간은 시간보다 더 가까워야 하고 지금 이 순간이 미래보다 더 우선시되어야 한다. 철학과 과학에 대한 사고는 대중들에게 전달될 필요도 없고 가능하지도 않기 때문에 조금의 의문도 없이 오직 극소수의 괴짜들에게만 전하면 된다. 그러나 그리스 폴리스 체제의 민주주의 정치와 법률생활 그리고 주변 인재들의 아테네 유입까지 더해져 대화는 그리스 철학자들에게 최선의 표현 방법이 되었다. 어떤 사람의 관점을 들을 필요가 있고 능력이 있으면 대부분 회견, 경청과 논쟁으로 실현되었다. 이러한 교류와 반복적인 토론, 연구는 '죽도록 읽기만' 하는 것과는 당연히 비교가 안 된다.

중국에는 다음과 같은 말이 있다. "그 사람이 하는 말을 듣고 행동을 보라." 원래는 어떤 사람이 자신이 한 말을 실천하는지 본다는 의미다. 하지만 격변하는 시대 속에서 사상적으로 복잡한 개인은 대개 인격이 분열될 수 있으니, 한 진실한 철학자에게 있어 행동을 보는 행위는 그의 의견 뒤에 있는 감정과 가치관을 판단하는 수단이 된다. 소크라테스와 플라톤 모두 인격이 분열되었다. 소크라테스는 문자의 가치를 깎아내렸지만 그 자신이 결코 독서를 안 한 것은 아니다. 플라톤의 인격분열은 더 심하다. 앞에서 언급한 쓰기를 무시하는 문장은 모두 그의 손에서 나왔고 그의 저작활동은 무려 50년간 지속되었다.

아주 직은 그리스 철학사 난 몇 낭반의 서서만 완전하게 보존되었고 진정 위대한 철학자의 저서는 오직 플라톤의 것만 보존되었다. 아리스토텔레스의 수많은 저서들, 특히 그의 초기 저서는 모두 산실되었다.(Eduard Zeller, 1980, p. 12)

당시 플라톤은 분명 자신은 대화를 더 중요시한다고 했지만, 결국 도시 밖의 사람들과 후대가 염려되어 글쓰기라는 신기술과 함께하지 않을 수 없었다. 이 위대한 문화보수주의자가 이루어낸 공헌은 한때에만 그치지 않을, 거부할 수 없는 신기술을 대면하고서도 냉정하게 그리스 철학자들로부터 플라톤에 이르기까지 이미 200년 가까이 전수된 변론과 대화라는 전통의 위대한 기능을 깨닫고 이를 굳건히 수호하여 구어와 문자의 보기 드문 조화를 이루어냈다는 사실이다. 그리고 이런 조화가 바로 유일무이한 그리스 문명을 이루어낸 것이다.

이제부터는 주제를 바꿔 중국의 고대 철학자에 대해 이야기해보고자 한다. 그들 중 많은 이들은 말재간과 변론을 무시를 넘어 멸시했다. 다음의 어록은 추축(樞軸)시대●의 고서에서 얻은 것이다.

사마우(司馬牛)가 인덕(仁德)에 대해 물었다. 그러자 공자가 답했다. 인자(仁者)의 말은 굼뜨다. 사마우가 또 물었다. 말이 굼뜨면 인자인가요? 공자가 답했다. 행하는 것이 쉽지 않은데 말이 굼뜨지 않을 수 있는가?(『論語』, 12. 3.)

공자께서 말씀하시길, 의지가 강하고 결단력이 있으며 마음이 순박하고 입이 무거우면 인(仁)에 가깝다.(『論語』, 13. 27.)

공자께서 말씀하시길, 군자는 말을 할 때 신중해야 하며 행동은 민첩해야 한다.(『論語』, 4. 24.)

---

● 독일의 철학자 칼 야스퍼스(Karl Jaspers)는 인류 역사상 위대한 스승인 공자, 석가모니, 예수, 마호메트 같은 존재가 살았던 시대를 '추축시대'라고 불렀다. 이들이 살았던 시대가 역사라는 거대한 바퀴를 굴리는 축과 같은 시대라는 것을 뜻한다.

공자께서 말씀하시길, 언변이 화려하고 사람 좋은 얼굴을 한 이들 중 인을 갖춘 자는 드물다.(『論語』, 1. 3.)

믿을 만한 말은 아름답지 않고 아름다운 말은 신뢰가 없다. 선량한 사람은 변론하지 않고 변론하는 사람은 선량하지 않다.(『道德經』, 81)

천지와 우주 이외의 일에 대해 성인(聖人)은 항상 보류하고 논하지 않는다. 우주 내의 일에 대해 성인은 좀 더 상세하게 연구하지만 함부로 평론하지 않는다. 고대 역사 속 사회 통치에 능한 군왕들의 기록에 대해 성인은 비록 평론은 하지만 논쟁하지는 않는다. 그러니 차이가 있어도 존재하기에 분별하면 안 되고 논쟁이 있어도 존재하기에 반박해선 안 된다. 어느 사람은 물을 것이다. 왜 그러한가? 성인은 사물을 전부 가슴에 담고 자신 안에 감추지만 일반인은 끊임없이 논쟁하여 밖으로 과시한다. 그러므로 대부분의 논쟁은 자신이 보지 못한 면이 있어 발생한다.(『莊子·齊物論』)

제자백가(諸子百家)시대의 다양하고 수많은 괴짜들 중 변론에 능한 제자가 없었을 리 없다. 장자와 혜시(惠施)의 『지어락(知魚樂)』이 바로 그런 미담이다. 하지만 혜시가 죽은 후 장주(莊周)*는 이렇게 말했다. "촉국의 한 목수가 친구의 코에 석회를 조금 바른 후 도끼를 들어 바람과 같이 내리치자 딱 석회만 베어내고 코는 아무 이상이 없었다." 후에 어띤 사람이 그 공연을 보여달라고 정하사 그는 친구가 죽었으니 다시는 공연하지 않을 것이라고 했다. 장주는 이어 말했다. "현재 혜시가 죽었으니 나는 적수가 없고 대화할 사람도 없다."(『莊

---

● 장자의 본 이름.

子·徐無鬼』) 만약 공자의 '차별 없이 가르친다(有教無類)'를 떠올리고 플라톤의 글 속 소크라테스의 '변론에 차별을 두지 않는다'를 배웠다면 장자의 변론 참여 속에 있는 우연성과 편협함을 어렵지 않게 발견할 수 있다.

놀랍게도 장자보다 한두 세대 뒤 사람인 순황(荀況)은 건너 세대의 사람인 혜시에 대해 각박한 평가를 내렸다.

고대의 현명한 제왕을 본받지 않고 예의(禮義)에 찬성하지 않으며, 기담과 괴상한 이론에 몰두하고 기이한 단어와 어구를 가지고 놀고, 아주 예리하지만 하등 쓸모가 없고, 웅변은 들을 만하지만 현실에 부합하지 않으며, 많은 일을 해냈지만 효과는 아주 미미하니 치국의 지도 원칙으로 삼을 수 없다. 하지만 그들이 견해를 밝힐 때는 근거가 있었고 논점을 설명할 때는 또 논리 정연했으니 우매한 민중을 속이고 눈을 멀게 하기에 충분했다. 혜시, 등석(鄧析)이 이런 사람들이다.(『荀子·非十二子』)

혜시보다 더 변론에 강한 공손룡(公孫龍)도 있었는데 그의 간판 이론은 '백마비마(白馬非馬)'●●와 '이견백(離堅白)'●●●이었다. 혜시와 변론을 하던 장자는 공손룡의 '이견백'을 평할 때 노자의 말투를 흉내 내며 "이런 잔기술은 사람의 심신을 피곤하게만 만든다"(『莊子·天地』)고 했다. 이 사례를 보면 장자는 변론가를 순황과 마찬가지로 각박하게 봤다는 것을 알 수 있다.

전국시대의 종횡가(縱橫家)들은 변론에 능하지 않았는가? 사실 그

●● 말은 형태를 가리키고, 희다는 것은 색깔을 가리키므로 흰말은 말이 아니라는 논리.
●●● 돌의 단단함은 촉감으로만, 색은 시각으로만 판단할 수 있기 때문에 둘은 분리되어야 하며 단단한 흰 돌은 있을 수 없다는 논리.

들의 목적은 군주를 설득하는 것이었고 유가(儒家)와 법가(法家)는 같은 염원을 품고 있었다. 그리고 군주를 설득하는 일과 상대를 반박하여 이기는 일은 전혀 다르다. 전자는 책략, 이론의 가치, 군주의 성격을 통찰하는 것 등을 중요시했지, 절대 치밀한 논리, 상대의 허점을 잘 찾는 것을 추구하지 않았다. 그 원인은 아주 간단하게도 정치의 영역이 다르고 인재의 소비자가 다르기 때문이다. 군주정치와 폴리스 민주 정치가 어떻게 같은 방식으로 이데올로기 공급자들에게 영향을 끼칠 수 있었겠는가?

이어서 중국 고대 철학자들의 문자에 대한 태도를 살펴보자.

공자는 자신의 학생들에게 문화, 언행, 충성, 성실 네 가지 방면의 교육을 했다.(『論語』 7. 25.)

공자는 이렇게 말씀하신 바 있다. 진정한 군자는 도의로 친구를 사귀고 친구를 사귀는 것을 통해 인덕(仁德)을 거든다.(『論語』 12. 24.)

우리 쪽 학생들의 포부가 크고 글재주가 좋아 그들을 어떻게 지도해야 할지 나는 모르겠다.(『論語』 5. 22.)

일을 마친 후 여력이 남으면 문헌을 공부하는 데 쓰라.(『論語』 6. 1.)

제자(諸子)들이 남긴 저서의 수는 동시대에서는 따라올 자가 없는데, 이는 춘추전국시대 때 10여 명의 최고 작가가 있었기 때문만은 아니다. 아마 작가들은 작품만큼 출중하지 않았을 가능성이 크지만 문하에서 글을 쓰는 제자들 수는 '제자'의 수보다 훨씬 방대하다. 평요우란(馮友蘭)은 이렇게 말했다.

『선진모자(先秦某子)』라 불리는 책은 모두 어떤 학파의 저서 모음이다. 비록 호는 '모자'라 불리지만 그중 몇 편은 분명 모자 자신이 쓴 것이 아닐 것이고 더욱이 모든 책을 모자가 쓰진 않았을 것이다. 이 견해에 대해서는 장학성(章學誠)이 분명하게 말했다. (…) 제목이 모자인 것은 이것이 모자를 앞세운 유파의 사람이 작성한 문장이라는 뜻이다.(馮友蘭, 1984, p. 107; p. 358)

고대 그리스의 소피스트가 변론을 숭상하는 데 반해 중국 고대 철학자는 주장을 문자로 승화하는 데 더 열중해 자신의 학파를 위해 후대까지 계속 이어질 명성을 쟁취했다. 작품의 특출함과 작가 집단의 방대함은 일말의 의심도 없이 중국 고대인이 문장을 매우 중시한다는 사실을 증명한다.

중국에는 추축시대부터 문장을 중시하고 변론을 가볍게 여기는 경향이 있었으며, 이는 서기 7세기에 과거제도가 확립되면서 굳어졌다. 리훙치(李弘祺)는 이에 대해 통찰력 있는 견해를 내놓은 바 있다.

과거시험 제도는 수(隋)나라에 이르러서야 시작됐으며 이때 필기시험이 정식으로 채택되었다. 그 전에는 아마 면접에 의존해 관리를 선발했을 것이다. 그럼에도 불구하고 구술시험은 한 번도 체계적으로 사용된 적이 없다. (…) 필기시험은 후보자와 감독이 서로 대면하지 않아, 대면하고 구술이나 변론을 보는 것보다는 어느 정도 공정하여 일정한 공평을 유지한다는 장점이 있다. 이런 공평을 지키고 과정을 공개하는 노력은 중국에서 이루어진 하나의 발명이다. (…) 이것이 바로 거의 모든 기타 주요 문명과 다른 점이다. (…) 당나라 이후 중국인은 그 어떤 면접과 변론에 아무런 공헌도 하지 않았다. (…) 서기 10세기 이후 연설은 중국 문화 전통에서 그 중요성을 잃었다. (…) 중국 학자들은 송나라 이후 이미 더 이상 대형 연설의 거행을 중시하지 않았으며 웅변의 기술은 더욱더 중시하지 않았다. (…) 중국의 귀족교육은 시종일관 토론 혹은 변론에 대한 흥미가 부족했다. (…) 중국인은 차라리 끊임없이 정면충돌을 피하려는 민족이라 말하는 편이 낫다. 그들은 특히 말로 충돌을 빚는 것을 좋아하지 않았으며, 또 그 때문에 구술시험과 변론은 학문을 하는 데 장점이 아니었다.(李弘祺, 2006)

변론을 중시하는 서양과 문자를 중시하는 중국의 문화 차이 속에는 당연히 나중에 발생한 요인도 포함된다. 예를 들면 중국의 과거제도와 서양 중세의 스콜라 철학이 그러하다. 하지만 중국과 그리스의 기질은 근원부터 차이가 있다. 초기의 요인 또한 하나만이 아니다. 제국의 통치는 공문에 의존한다. 문자는 정보를 말로 전달할 때의 축소와 변형을 극복할 뿐만 아니라 지역 방언의 차이로 인한 장애는 더 말할 것도 없다. 도시국가는 바로 말로 교류하는 것이 제일 간편하고, 한 번의 연설은 폴리스 내에 관심을 가진 모든 자들이 자세한 사항을 전부 알게 되는 데 충분했다. 그리고 본문과 밀접하게 관련되고 절대 가벼이 여기면 안 되는 요인이 하나 있는데 바로 상형문자와 음소문자의 차이이다. 차오니엔닝은 다음처럼 말한다.

자원문자는 모두 표의문자다. 표음문자는 모두 타원문자(他源文字)이며 이는 문자는 본질적으로는 표의라는 사실을 설명한다. (…) 사실 본인들이 독립적으로 창조한 자원형 문자를 가지고 있는 민족은 모두 문자의 지위나 역할이 구어보다 높다고 여긴다. 그리스에서는 그저 다른 민족의 문자를 차용해서 기록했기 때문에 문자를 회화의 부산물 정도로 여긴다.(曹念明, 2006, p. 52; p. 164)

이는 문제를 간파한 통찰이며, 깊숙이 탐구해볼 필요가 있다. 왜 직접 창조한 자원형 문자를 사용하는 민족은 문자를 더 중시할까? 필자는 상형에서 비롯된 문자는 신비롭고 익히기 어렵고 문턱이 높다는 점이 한데 모여 사람들 마음속에 고귀함으로 자리잡았기 때문이라 생각한다. 반대로 표음문자의 특징을 보자면 숙달하기 쉽고 문턱이 낮아 사용하는 사람들에게 특권이 있다는 느낌을 주기 어렵다. 이것이 중국과 그리스 문화의 특징이 나뉘는 부분이다.

그 후 고대 중국과 그리스 더 나아가 각 민족은 문자를 발굴하는 잠재력에 있어서 전후 차이만 있을 뿐 힘쓰지 않는 민족은 드물었다. 오히려 구어의 개발에서 고대 그리스인은 홀로 새로운 길을 개척해 변론, 연설, 대화가 포함된 대형 희극을 연출해냈다. 이것은 우선 인구의 규모와 정치체제의 이중 요인으로, 즉 소위 폴리스 민주정치 때문이다. 이 '게임'에는 변론과 연설이 필요하며 후자는 그 시공간에서 제일 좋은 표현 수단이다. 그리고 정치생활 속 표현의 무기는 재빠르게 사상적 활동과 교육 영역에 적용되어 구어의 잠재력이 유례없이 크게 개발된다. 형성문자를 사용하는 민족에게 이런 개발은 당연히 전혀 어렵지 않고 활발했을 것이다. 하지만 자모문화를 가진 민족 중 그리스는 유일하게 변론, 대화 그리고 연설을 깊이 있게 발전시킨 민족이다.

문자가 없었다면 그리스 문명은 존재할 수 없었을 테지만, 마찬가지로 구어의 잠재력에 대한 심도 있는 개발이 없었다면 위대한 그리스

문명은 없었을 것이다. 미시적으로 말하자면 회화와 문자를 함께 중시했기에 소크라테스와 플라톤 같은 인물이 나올 수 있었고, 전자는 당연히 후자의 글쓰기에 도움을 받아야 했다. 거시적으로 말하자면 회화와 문자를 함께 중시했기에 고대문명이 절정을 이룰 수 있었다.

필자는 인류의 지능생활 중 과거, 현재 그리고 미래를 막론하고 미시적이든 거시적으로든 회화와 문자를 똑같이 중시하는 것이 지극히 중요하다고 생각한다.

艾蘭, 1991/2010, 『龜之謎-商代神話, 祭祀, 以上和宇宙觀研究』, 商務印書館.
한국에서는 『거북의 비밀, 중국인의 우주와 신화』(사라 알란 지음, 오만종 옮김, 예문
서원, 2002)로 소개되었다.

柏拉圖, 400BC/1963, 『斐德若篇』; 載於『文藝對話錄』, 人民文學出版社.
한국에서는 『플라톤의 대화』(플라톤 지음, 천병관 옮김, 숲, 2015)로 소개되었다.

柏拉圖, 357BC/2011, 『智者』, 商務印書館.
한국에서는 『플라톤: 소피스트』(플라톤 지음, 이창우 외 옮김, 이제이북스, 2011)로 소
개되었다.

柏拉圖, 354BC/2003, 「第7封信」, 『柏拉圖全集』第四卷, 人民出版社.
한국에서는 『편지들』(플라톤 지음, 강철웅 옮김, 이제이북스, 2009)에서 '일곱째 편지'
로 소개되었다.

曹念明, 2006, 『文字哲學』, 巴蜀書社.

策勒爾, 1980/2007, 『古希臘哲學史綱』, 上海世紀出版集團.

陳夢家, 1939/2011, 『中國文字學』, 中華書局.
필자가 생각하기에 이 책과 탕란의 동명 저서는 중국 문자학의 양대 산맥이라 할
만하다.

陳夢家, 1956/1980, 『殷虛蔔辭綜述』, 中華書局.
이 책은 동쭤빈의 『갑골학 50년(甲骨學五十年)』보다 1년 늦게 발간됐다. 천명쟈가

갑골문 발굴에 참여한 적은 없다. 하지만 이 책의 시각, 규모, 갑골문으로부터 드러난 제도, 문화는 동쭤빈과 비교할 수 없다. 우요우쉰(吳有訓)은 다음처럼 말한 바 있다. "천멍쟈는 천하를 평정한 사람이다. 이는 물론 그의 능력과 학문을 가리켜 말한 것이다."

陳舒眉, 1993,「形聲字與漢族的表音趨向」,『語文建設』, 8期.

陳望道, 1925/2011,「修辭學的中國文字觀」,『陳望道全集·第壹集』, 浙江大學出版社.

陳永生, 2013,『漢字與聖書字表詞方式比較研究』, 人民出版社.
상당히 칭찬할 만한 연구다. 필자는 이 책으로부터 얻은 수확이 많다.

德裏達, 1967/1999,『論文字學』, 上海譯文出版社.
한국에서는『그라마톨로지』(자크 데리다 지음, 김성도 옮김, 민음사, 2010)로 소개되었다.

董作賓, 1955,『甲骨學五十年』, 藝文印書館(臺灣).
이 책을 읽으면 갑골학의 시작을 알 수 있다. 동쭤빈은 갑골학의 복장(福將)이라 부를 만하다.

費希爾, 1999/2012,『語言的歷史』, 中央編譯出版社.
작가는 다음처럼 말한다. "언어는 진화할 것이다. 문자는 인류의 의도적 창조물이다."
한국에서는『언어의 역사』(스티븐 로저 피셔 지음, 박수철/유수아 옮김, 21세기북스, 2011)로 소개되었다.

費希爾, 2001/2012,『書寫的歷史』, 中央編譯出版社.
한국에서는『문자의 역사』(스티븐 로저 피셔 지음, 박수철 옮김, 21세기북스, 2010)로 소개되었다.

馮友蘭, 1964/1984,『中國哲學史新編』, 人民出版社.

일반적으로 말해서, 필자가 볼 때 『신편(新編)』의 장점은 데이터가 풍부하다는 점이고, 『약편(問編)』의 관점은 좀 더 개성이 강하다. 하지만 선진(先秦)시대 저서는 대부분 개인의 이런 관점이 아닌 문파(門派)에서 탄생했다. 이러한 내용은 『신편』에서 제기되었을 뿐 아니라 반복적으로 언급된다. 이 관점은 지식 사회학적으로 매우 중요한 의의를 지닌다.

佛斯科爾, 2009, 「埃及文字的起源」, 載於黃亞平, 白瑞斯, 王霄冰編 『廣義文字學研究』, 齊魯書社.

傅羅文, 2009, 「貞人: 官員早期中國施 灼占蔔起源與發展的壹些考慮」, 『多維視域, 商王朝與中國早期文明研究』, 科學出版社.

格魯塞, 1939/1991, 『草原帝國』, 青海人民出版社.

拱玉書·顏海英·葛英會, 2009, 『蘇美爾, 埃及及中國古文字比較研究』, 科學出版社. 수메르와 이집트 부분 모두 필자에게 도움이 되었다. 필자 생각에 각 전문 분야의 세 학자가 교류를 하면 분명 각자가 얻어가는 수확이 있기 마련이다. 나중에 각자 실력을 발휘해서 독립적으로 글을 쓴 후 하나로 모아 출판하면 된다. 책 내용이 꼭 유기적으로 연결될 필요는 없다. 난이도가 너무 높아지기 때문이다.

宮崎市定, 1959/1965, 「中國文化的本質」, 載於 『宮崎市定論文選集』(下), 商務印書館.
작가의 첫 번째 강연을 담은 책이다. 그는 '문(文)'과 '질(質)', '문(文)'과 '무(武)'의 대구(對句) 형식으로 요점을 풀어나갔다. 그는 이렇게 말한다. "소수 민족은 문자가 없었다. 중국이 중국이 될 수 있었던 것은 바로 문자가 있었기 때문이다. (…) 중국 문화의 특징이 바로 한자 문화라고 할 수 있다."

古迪沃特, 2009, 「文字的社會功能」, 載於黃亞平·白瑞斯·王霄冰編 『廣義文字學研究』, 齊魯書社.

何丹·方柯, 2003, 『漢語文化學』, 浙江大學出版社.

黃亞平·白瑞斯·王霄冰(主編), 2009, 『廣義文字研究』, 齊魯書社.

卡勒, 1976/1989, 『索緒爾』, 中國社會科學出版社.
한국에서는 『소쉬르』(조너선 컬러 지음, 이종인 옮김, 시공사, 2002)로 소개되었다.

庫爾馬斯, 2009, 「東亞書面語言的功能和地位」, 載於黃亞平, 白瑞斯, 王霄冰編 『廣義文字學研究』, 齊魯書社.
작가는 다음처럼 말한다. "서면어와 권력의 결합으로 권위의 후광을 얻었다." 이어서 이렇게 말한다. "중국의 문학 언어는 누구의 모국어도 아니다."

萊布尼茨, 1699/2005, 『中國近事』, 大象出版社.

萊布尼茨, 1765/1996, 『人類理智新論』, 商務印書館.

萊斯利, 亞京斯, 2000/2007, 『破解古埃及』, 生活·讀書·新知三聯書店.
한국에서는 『문자를 향한 열정』(레슬리 앳킨스 지음, 배철현 옮김, 민음사, 2012)으로 소개되었다.

勞埃德, 1970/2004, 『早期希臘科學』, 上海科技教育出版社.
한국에서는 『그리스 과학사상사』(G. E. R. 로이드 지음, 이광래 옮김, 지성의샘, 1996)로 소개되었다.

李芳芳, 2008, 「'四體二用' 說倡始者再認識」, 洛陽理工學院學報社科版, 3期.

李弘祺, 2006, 「中高科學考試及其近代解釋五論」, 載於劉海峰主編 『科擧制的終結與科擧學的興起』, 華中師範大學出版社.

李學勤, 彭裕商, 1996, 『殷墟甲骨分期研究』, 上海古籍出版社.

劉壹曼, 1997, 「安陽殷墟甲骨出土及其相關問題」, 『考古』, 5期.
고고학 발굴에 대해 세세하고 충실하게 정리하고 분석하여, 이 논문은 이후에 여러 학과의 연구자들에게 끊임없이 본보기가 되고 인용되었다.

劉又辛, 1981/1993, 「論假借」, 『文字訓詁論集』, 中華書局.

盧梭, 1781/2003, 『論語言的起源』, 上海人民出版社.
한국에서는 『언어의 기원』(장 자크 루소 지음, 한문희 옮김, 한국문화사, 2013)으로 소
개되었다.

馬如森, 2007, 『殷墟甲骨學』, 上海大學出版社.

密爾, 1859/1959, 『論自由』, 商務印書館.
한국에서는 『자유에 대하여』(존 스튜어트 밀 지음, 이주영 옮김, 필맥, 2003)로 소개되
었다.

裘錫圭, 1978, 「漢字形成問題的初步探索」, 『中國語文』, 1~4期.

裘錫圭, 1988, 『文字學槪要』, 商務印書館.
한국에서는 『중국 문자학의 이해』(구석규 지음, 이홍진 옮김, 신아사, 2010)로 소개되
었다.

裘錫圭, 1993/2012, 「究竟是不是文字」, 『裘錫圭學術文集·語言文字與古文字學
卷』, 復旦大學出版社.

饒宗頤, 1959/2009, 「殷代貞蔔人物通考」, 『饒宗頤二十世紀學術文集』卷二, 人民
大學出版社.

饒宗頤, 1987/2009, 「貞人問題與坑位」, 『饒宗頤二十世紀學術文集』卷二, 人民大
學出版社.

饒宗頤, 2009, 「說筮」, 『饒宗頤二十世紀學術文集』卷二, 人民大學出版社.

沈孟坤雅, 2009, 「心理語言學中漢字認讀的幾個觀點」, 載於『廣義文字研究』, 齊魯書社.

宋鎮豪, 1999, 「再談殷墟蔔用甲骨的來源」, 『三代文明研究』, 科學出版社.

宋鎮豪, 劉源, 2006, 『甲骨學殷商史研究』, 福建人民出版社.

索緒爾, 1916/2009, 『普通語言學教程』, 中國社會科學出版社.
한국에서는 『일반 언어학 강의』(페르디낭 드 소쉬르 지음, 최승언 옮김, 민음사, 2006)로 소개되었다.

唐蘭, 1949/2013, 『中國文字學』, 上海世紀出版集團.
작가는 이렇게 말한다. "근대에 이르기까지 소학(小學) 연구와 경학(經學) 연구의 지위는 거의 비슷했다." '소학'은 지금까지 서양인들은 이해할 수 없는 특수한 학문이었다. 우리는 이를 '중국문자학'이라고 부를 수밖에 없었다. 작가는 단도직입적으로 다른 학자들의 관점을 지적하고 비판한다. 필자가 이해할 수 없는 부분은 이런 훌륭한 기풍이 언제부터 중국 학계에서 사라졌는가 하는 사실이다.

藤枝晃, 1971/2005, 『漢字的文化史』, 新星出版社.
아주 재미있는 문자학 대중서로 폭넓은 내용을 포함하고 있다.

梯利, 1914/1995, 『西方哲學史』, 商務印書館.

王明嘉, 2010/2012, 『字母的誕生』, 中國青年出版社.

吳浩坤, 潘悠, 2006, 『中國甲骨學史』, 上海人民出版社.

希波克拉底, 2007, 『希波克拉底文集』, 中國中醫藥出版社.

徐通鏘, 2009, 「語言與文字的關系新探」, 載於黃亞平, 白瑞斯, 王霄冰編『廣義文字學研究』, 齊魯書社.

작가는 말한다. "언어는 모두 '현대적'이다. 상고시대 사람들의 언어가 어땠는지 우리는 알 수 없지만, (어떤) 문자는 원시적이다." 우리는 이렇게 가설을 세워볼 수 있다. 둘은 모두 현실을 인지하기 위해 평행적이고 독립적으로 발전해 오다가 점차 하나로 통합되었고 결국 문자가 언어를 기록하는 체계가 되었다.

徐中舒, 1981/2009, 「關於夏代文字的問題」, 『先秦史十講』, 中華書局.
작가는 하(夏)나라 시기에 문자나 원시적 한자가 출현했다는 주장을 부정한다. 하나라의 사회 경제가 방대한 복인 집단이 탄생할 만한 여력을 갖추지 못한 것으로 보이기 때문이다. 당시 기존의 〈각화부호(刻畫符號)〉 등의 그림이 관습을 통해 사회적으로 일반화될 조건은 되지 못한 듯하다.

亞裏士多德, 1986, 『範疇篇, 解釋篇』, 商務印書館.
한국에서는 『범주론·명제론』(아리스토텔레스 지음, 김진성 옮김, 이제이북스, 2005)으로 소개되었다.

揚雄, 1985, 『法言』, 中華書局.

伊藤道治, 1975/2002, 『中國古代王朝的形成』, 中華書局.
본서 〈은나라의 점복활동으로 탄생한 갑골문자〉 절에서 결정적으로 중요한 관점은 이 책에서 비롯되었다. 즉 정인은 정복당한 각 부락의 우두머리고, 은나라 왕은 그들을 통해 광대한 지역의 시각부호를 계승하고 재통합했다.

張光直, 1978/1999, 『商代文明』, 中國工藝美術出版社.
필자는 오랫동안 이 책의 혜택을 받았다. 본서 역시 이 책을 수차례 참고하여 집필했다.
한국에서는 『상문명』(장광직 지음, 윤내현 옮김, 민음사, 1989)으로 소개되었다.

中國大百科全書語言文字編委會, 1988/2002, 『中國大百科全書語言文字』, 中國大百科全書出版社.

# 제4장

# 종이는 어떻게
# 만들어지고 발전했는가:

## 제지

# 최초의 종이 발명가,
# 채륜

범엽(範曄)이 445년 완성한 『후한서(後漢書)』*와 『열전(列傳)』**은 〈채륜전(蔡倫傳)〉을 포함하고 있는데, 그중 이런 기록이 있다.

채륜, 자는 경중(敬仲)이고 계양(桂陽) 출신이다. 한나라 명제(明帝) 영평(永平) 말기부터 입궁하여 장제(章帝) 건초(建初) 초기에 소황문(小黃門)이 되었으며, 화제(和帝) 즉위 후 중상시(中常侍)가 되어 정사에 참여했다. 채륜은 학식과 재주가 있고 성실하고 신중했으며 여러 차례 황제의 잘못을 간언하여 바로잡도록 도왔다. 쉴 때는 문을 닫고 손님을 들이지 않았고 들판에서 신체를 단련했다. 후에 상방령(尙方令)이 되었고 화제 영원(永元) 9년에 검과 무기를 제작했는데 모두 정교하고 견고하여 후대에 본이 되

---

● 본기(本紀), 기전체(紀傳體) 역사서 중 제왕의 전기.
●● 기전체의 역사서 중 제왕 이외의 저명한 인물을 다룬 전기. 사마천(司馬遷)의 『사기(史記)』에서 비롯되었음.

었다. 당시에 문서나 책은 대부분 죽간으로 제작되었고 비단을 얇게 만든 것을 지(紙)라 하였다. 비단은 귀하고 죽간은 무거우니 모두 사용하기에 편하지 않았다. 이에 채륜은 나무껍질, 마, 해진 천, 어망을 활용해 제지법을 고안해냈다. 화제 원흥(元興) 원년에 이르러 황제께 올리니 황제가 그 재능을 칭찬했고 이때부터 세상 사람이 이것을 이용하니 세상은 이를 '채후지(蔡侯紙)'라 불렀다.

이 정사 기록에는 '지(紙)' 자가 나오고 종이의 발명가, 발명 시기, 원료까지 서술하고 있다. 그 후 1500여 년간 사람들은 제지술의 기원을 이 전기에서 찾았다.

당대 미국과 유럽의 사전은 종이를 다음과 같이 기록했다. 미국 종이 펄프 협회(American Pulp and Paper Association)가 1965년에 만든 『종이사전(Dictionary of Paper, including pulp, paperboard, paper properties, and related papermaking terms)』에서는 종이를 "식물섬유의 얇은 막"이라고 정의했다. 1996년판은 당시 제지술의 혁신을 고려해 "각종 섬유로 짠 얇은 막"으로 변경했다.(錢存訓, 2004, p. 49) 이 정의에 따르면 확실히 채륜이 살던 당시와 이후 긴 역사에서 나타난 종이의 원료는 서로 일치한다.

『브리태니커 콘사이스 백과사전(間明不列顛百科全書)』(1986) 중역본의 '종이와 제지' 표제어에는 이렇게 쓰여 있다.

제지술은 서기 105년 중국 채륜으로 거슬러 올라간다. 채륜은 뽕나무 껍질과 어망, 해진 천, 낡은 마 등 인피(靭皮) 섬유를 이용해 종이를 만들었다. (…) 18세기까지 제지법은 대체로 변하지 않았다. 19세기에 이르러 점차 목재를 원료로 한 몇 가지 펄프 제작법이 발전했다.

세계적으로 유명한 사전이 이처럼 기록하고 있다는 것은 서방의 주요 학계가 100년 이상의 교류와 연구를 거처 독일, 프랑스, 이탈리아, 인도의 종이 발명설을 접고 제지술이 중국 채륜에서 시작되었음을 인정했다는 의미다.

# 2

# 채륜 이전,
# 물에 헹군 '서'는 무엇인가

문제는 채륜 이전에 한자 기록문헌에 이미 '지(紙)' 자가 출현했으며 중국 사회에 종이의 실물이 존재했다는 것이다.

우선 글자에 대해 말해보자. 전국시대 진나라 소양왕(昭襄王)의 죽간 『일서(日書)』"에 정확하게 글자 '지'가 나오는 단락이 있는데 악취를 마주하며 짚신을 삼아 그것을 눌렀다는 내용이 들어 있다.(錢存訓, 2002, p. 98) 이 죽간에 '지' 자가 나왔고 또 종이의 유래가 짚신, 즉 식물섬유라고 서술되어 있어 '지(紙)'에 실 사 변(糸)이 붙은 이유는 종이가 직물이기 때문이라는 추론은 깨졌다. 이 진대 죽간은 제지 기원을 탐구할 때 반드시 살펴봐야 한다.

아는 사람이 거의 없는 이 죽간과 대조적으로 『설문해자』는 모르는 사람이 없다. 채륜이 종이를 황제에게 바친 것은 105년이지만 허

---

■ 1975년 후베이(湖北)성 윈멍(雲夢)현 쉐이후디(睡虎地) 출토품.

신의 『설문해자』 초고는 서기 100년에 완성됐고 121년** 9월이 돼서야 그의 아들 허충(許沖)이 『설문해자』를 황제께 올리고 벼슬에서 물러난다. 허신은 초고 완성 후 21년간 끊임없이 내용을 수정했을 것이다. 『설문해자』에 나온 '지'의 정의가 105년 전에 완성되었는지, 그 후에 완성되었는지는 불확실하지만 초고에 분명 '지' 자가 쓰여 있다. 『설문해자』는 지(紙)와 서(絮)를 이렇게 풀이한다. "지는 대나무발한 겹의 서이다(紙, 絮壹苫也)", "서는 낡은 풀솜이다(絮, 敝緜也)." 단옥재는 이렇게 주석했다.

> 絮一苫也. 여러 판본에서 '苫'을 笘으로 잘못 기재했으나 지금 바로잡는다. '苫'은 서(絮) 찌꺼기를 별(瀎)하는 대나무발이다. '별(瀎)'은 수중격서(水中擊絮)●를 뜻한다. (…) 제지의 시작은 표서(漂絮)●●였다. 초기에는 풀솜을 썼다. 대나무발로 건져내면 종이가 된다. 지금은 대나무 재질의 나무껍질로 종이를 만든다. 역시 촘촘한 대나무발로 그것을 건져내면 된다.

『후한서』가 제지술을 소개할 책임이 있는 건 아니지만 채륜의 전기를 쓴 범엽은 말할 것도 없고 채륜보다 앞선 허신이 원료 외에 제지술의 또 다른 핵심, 바로 단옥재가 대나무발이라 주석한 '苫'을 언급했다는 사실은 주목할 만하다. 단옥재의 주석 '수중격서'와 '표서'는 후세가 제지술의 기원을 숙고하게 만든 중요한 열쇠다.

라오깐(勞幹)은 근현대 제지술의 기원을 탐구한 개척자 중 한 명인

---

** 이 해에는 국가적인 중대사가 발생한다. 3월에 등태후(鄧太後)가 죽고 안제(安帝)가 친정하면서 등태후의 수많은 측근이 자살했는데, 채륜도 그중 하나였다. 그해 7월 연호는 건광(建光)으로 바뀐다.
● 서를 물속에서 두드리는 것.
●● 명주솜을 마전하는 것.

데,『사기·회음후열전(史記·淮陰侯列傳)』을 인용하며 자신의 논점을 전개했다.

"한신은 성 아래에서 낚시를 하고 있었다. 빨래하는 나이 든 여자―표모(漂母)―가 여럿 있는데 그중 한 아낙이 한신이 주린 것을 보고 밥을 주었고 빨래를 마치기까지 수십 일 동안 이렇게 했다."『집해(集解)』는 위소(韋昭)를 인용해 "서를 물에 두드려 헹구니(漂) 표모라 불렀다"고 했다. 이를 봤을 때 표서는 일종의 장기적인 혹은 임시 직업이다. 이것이 하나의 직업이었다면 당시 이런 일이 비교적 일반적이었다는 뜻이고 그렇다면 서의 특징을 분석해볼 필요가 있다.『설문해자』의 계(系) 부에는 "絮, 敝緜也"라고 쓰여 있다. 단옥재는 "면(緜)은 여럿이 연결된 것이다. 그래서 서(絮)라고 부른다. 폐(敝)는 낡은 옷이다. 그래서 숙(孰)이라고 한다. 폐면(敝緜)은 숙면(孰緜)이다. 이것을 서(絮)라고 불렀다. 서(絮)는 모두 사(絲)로 되어 있다. 예전에는 지금의 목면(木緜)이 없었다. 서(絮)로 옷을 지으면 저(褚)라고 부른다. 장(裝)이라고도 한다. 마(䌂)로 만든 옷도 저(褚)라고 부른다"고 주석했다.(勞幹, 1948)

라오깐은 '폐서(敝絮)'는 낡은 직물이고, 수중격서는 폐서를 빠는 행위이며, 낡은 것은 두루마기 안을 채우는 데 썼다는 단옥재의 해석을 받아들였다. 종이와 유사한 직물로 얇은 비단이 있었는데 종이와 비단의 차이에 대해 라오깐은 이렇게 말한다.

종이는 서(絮)로 만든다. 그래서『어람(御覽)』권(卷) 650에서는『복건통속문(服虔通俗文)』을 인용해 "사각 서를 종이라 부른다"고 했고 이것이 바로 종이의 초기 의미인 것이다. (…) 사각 서는 붙여서 만들고, 사각 비단은 짜서 만든다. 그래서 사각 서는 사각 비단이 아니라 사각 종이다.(Ibid.)

종이는 수중격서의 부산물이다. 서를 헹구는 것이 바로 낡은 물건을 재이용하기 위한 것이라면 이는 누가 이용하는 것인가? 라오깐은 말한다.

한 성제 때 궁 안의 혁제(赫蹏)는 단단히 누르거나 붙여서 만든 사각 서로 위에 글자를 써서 약을 감싸고 작은 함 내부를 채우는 물건이었다. 이 물건은 황궁의 것으로 결코 초라해 보이지 않았다. 폐서를 가공하면 사치스런 군주인 한 성제에게 올리는 어용품이 될 정도로 훌륭해질 수 있음을 알 수 있다.(Ibid.)

이후 라오깐은 첸춘쉰(錢存訓)의 책에 쓴 후기(1975)에서 이렇게 말했다.[■]

폐서는 물에 헹궈 개량한 후 당연히 부자들이 아니라 가난한 자들이 썼다.(錢存訓, 2002, p. 149)

가난한 자를 위한 작업에서 '한 성제에게 올리는 어용품'이라는 부산물이 생기다니. 의심이 들지 않을 수 없었고 작은 의문은 큰 의혹을 안겨줬다. '여러 표모'는 사마천이 한신의 어릴 적 곤궁함을 말하

---

■ 첸춘쉰의 저서 『서어죽백(書於竹帛)』의 영문판은 1962년 출간됐다. 1975년 홍콩 중문대학이 이 책의 번역 원고를 수정한 중문판을 출판했는데 라오깐의 후기는 바로 이 중문판을 위한 것이며, 글 뒤에 1975년에 썼다고 명기하기도 했다. 본문에서 인용한 첸춘쉰의 책은 2002년 출판된 중문판 4차 개정판이다. 라오깐이 후기를 쓴 시기를 특별히 설명하는 이유는 인용한 첸춘쉰의 책과 라오깐이 후서를 쓴 첸춘쉰 책의 판본이 다르기 때문이다.

면서 무심코 쓴 표현이며 난데없이 없는 '표모'를 조작할 이유가 없다. 그런데 '여러'는 어느 정도 규모가 됐음을 말하고, 더 나아가 후세가 이를 하나의 직업으로 추정할 근거가 되었다.

고고학 출토품에는 견직물이 비교적 많지만 이를 근거로 무덤 주인의 생전 의복이 모두 능라주단이었다고 추측할 수는 없다. 고대인들은 생전보다 사후를 중시했기 때문에 그 상징물인 상복을 생전의 의복보다 신경 썼을 것이다. 견직물의 사회적 저장량에 한계가 있다면 낡은 견직물의 양은 그보다 더 적을 텐데 어떻게 직업 하나가 생기고 유지될 수 있었을까? 그게 아니라면 물에 헹군 '서'는 대체 무엇일까? 뒤에서 다시 논의하도록 하겠다.

# 3

# 채륜 이전의 종이는
# 어떤 용도였나

지금까지 채륜 이전의 고대 종이가 총 아홉 번 발견됐다.

첫 번째, 1933년 고고학자 황원비(黃文弼) 선생이 신장(新疆) 뤄부호(羅布淖爾) 봉화 유적지에서 발굴한 10.0×4.0센티미터짜리 종이다. 한 선제(宣帝) 원년(서기 49년)의 목간도 함께 출토됐는데 아쉽게도 원본은 전쟁의 불길 속에 사라졌다.

두 번째, "1935년 창사(長沙)에서 출토됐던 (⋯) 칠마(漆馬)다. 안의 원지(原紙)는 미국 골동품 수집가가 소장 중이다. 이 말은 목재로 만들어졌고 높이는 1.2미터, 나무표면에 점성 물질이 있고 위에 덧댐 종이가 덮여 있다."(錢存訓, 2002, p. 98) 보도에 따르면 14세기 연대측정법을 통해 기원전 1세기~기원후 1세기의 물건으로 확인됐다고 한다.▪

세 번째, 1942년 라오깐과 스챵루(石璋如)가 한(漢)나라 쥐옌(居延)

---

▪ 어떤 이유인지는 모르겠으나 첸춘쉰은 나중에 쓴 『중국 종이와 인쇄문화사(中國紙和印刷文化史)』에서 이 부분의 자료를 사용하지 않았다.

지역에서 베르그만 발굴지를 정리할 때, 봉화 터에서 "한나라 당시의 종이 한 장을 발굴했다. 이 종이는 뭉쳐진 상태로 발굴이 끝난 구덩이 아래, 발굴 작업을 하지 않은 흙 안에 묻혀 있었다."(勞幹, 1948) 연대를 추정해보니 "늦으면 영원(永元, 한 화제의 연호, 서기 89~105년), 이르면 한 소제(昭帝)에서 선제(宣帝, 기원전 86~49년)까지 거슬러 올라간다."(勞幹, 1975, p. 148) 종이에는 8행 56자의 문자가 쓰여 있다.(潘吉星, 2009, p. 56)

네 번째, 1957년 시안(西安)시 빠차오(灞橋) 벽돌공장의 굴삭 작업 도중 고대 무덤을 발견했다. 박물관 관계자는 시공현장 작업자가 모든 유물을 캐낸 다음 날 현장에 도착했다. 그중 "구리거울의 삼면에는 (…) 모두 삼현뉴(三弦鈕)•가 있다. 뒷면에는 정밀한 두 층의 도안이 주조되어 있었다. 정면에는 천 무늬가 있고 해진 천 조각이 여럿 있었다. 천 아래에는 비단 섬유 같은 것으로 만든 종이가 있었고 종이에 선명한 천 무늬가 있었다."(田野, 1957) "정리해보니 표본은 모두 88점, 대부분 10×10센티미터 크기였다. (…) 부장품은 서한(西漢) 무제(武帝) 전의 것으로 해당 무덤은 도굴당하지 않았다."(程學華, 1989)

다섯 번째, 1972~1976년 깐수(甘肅)성 쥐옌 고고학팀이 부서진 성 유적지 세 곳을 발굴하면서 한나라 때의 죽간 2만여 점을 발굴하고 금관에서 마지(麻紙) 두 종을 발굴해내는 등 큰 성과를 거뒀다. "종이 Ⅰ은 출토 당시 하나로 뭉쳐 있었고, 복원 작업을 통해 펼쳐보니 가장 큰 조각이 21×19센티미터였다. (…) 같은 곳에서 출토된 죽간 중 가장 늦은 연대는 한 선제(宣帝) 감로(甘露) 2년이다. (…) 종이 Ⅱ의 크기는 11.5×9센티미터이다. (…) 출토 지층은 한 평제(平帝) 건평(建平)

---

• 전국시대 거울의 특징으로 중앙에 튀어나와 있는 세 줄로 된 작은 꼭지.

이전에 속한다."(甘肅省居延考古隊, 1978)

여섯 번째, 1978년 산시(陝西)성 푸펑(扶風)현 중안(中顔)촌에서 농지 건설 당시 지하 50센티미터 위치에서 질항아리를 발견했는데 항아리 안에 청동기, 마지, 삼베 등이 있었다. "표본번호 78FTH1: 051~053 세 점의 동포(銅泡)는 납작못에 오수전(五銖錢) 한 닢이 끼여 서 입이 단단히 덮여 있다. 오수전을 떼면 동포 납작못 주위의 틈에 담황색 물건이 끼어 있다. 알고 보니 비벼 뭉쳐진 종이였다. 넓게 펴 니 가장 큰 것은 6.8×7.2센티미터에 달했다. (…) 저장 시기는 서한 평제 전이다. 마지의 연대는 한 선제일 가능성이 높다."(邏西章, 1979)

일곱 번째, 1979년 깐수성 박물관 유물팀과 현(縣)의 문화관은 마 권만(馬圈灣) 봉화 유적지를 발굴했다. 출토 유물 중 다섯 장, 여덟 조 각의 마지가 있었다. 다섯 장의 연대는 모두 달랐다. 연대가 가장 이 른 것은 크기가 32×28센티미터였고, "함께 출토된, 연호를 기록한 죽간을 보니 가장 이른 시기는 서한 선제 원강(元康), 가장 늦은 시기 는 감로 시기였다. 가장 오래된 종이와 함께 나온 연호 기록 죽간은 왕망(王莽) 시기의 것이었다."(甘肅省文物博物館, 1981)

여덟 번째, 1983년 깐수성 고고학 연구소는 천수방마탄(天水放馬 灘) 고분을 발견했다. 발굴자는 고분 구조와 부장 기물의 유형을 통해 고분의 연대가 서한 문경제(文景帝) 시기라고 판단했다. "부장 기물 중 종이 지도 한 폭이 있었는데 관에 있던 시신의 가슴 위에 놓여 있 었다. 종이는 얇고 부드러웠으며 고분 내 습기의 영향으로 불규칙한 모양의 조각들만 남아 있었다. (…) 종이 면은 평평하고 매끄러웠고 가늘고 검은 선으로 산, 하천, 도로 등의 모양이 그려져 있었다."(甘肅 省考古研究所, 1989)

아홉 번째, 1990~1992년 깐수성 고고학 연구소는 둔황(燉煌)의 한대 현천치(懸泉置) 유적지에서 풍성한 성과를 거뒀다. 마지 460여 점을 획득한 것이다. "색과 질감에 따라 두꺼운 흑색, 얇은 흑색, 두꺼운 갈색, 얇은 갈색, 두꺼운 백색, 얇은 백색, 두꺼운 황색, 얇은 황색 등 8종으로 분류할 수 있다. 글자가 쓰인 종이는 대부분 백색과 황색이었다. (…) 글자가 쓰인 조각은 총 열 점이다. 그중 한대의 종이가 아홉 점, 진(晉)대의 종이가 한 점이다. (…) 시기는 함께 출토된 죽간·목간과 지층에 따라 세 시기로 나뉜다. 서한 무제(武帝), 소제(昭帝) 시대의 종이는 세 점이다. (…) 표본 1. 정면, 예서(隸書), '부자(付子)', 18×12센티미터. 표본 2. 정면, 예서, '훈력(薰力)', 12×7센티미터. 표본 3. 정면, 예서, '세신(細辛)', 3×4센티미터. 모두 약 이름이다. 종이의 형상과 접은 흔적을 보면 약의 포장용지로 보인다. 서한 선제에서 성제(成帝) 시기까지의 종이는 네 점이다. (…) (그중 하나에) 초서(草書)로 2행이 쓰여 있다. (…) 동한 초 시기의 종이가 두 점이다. (…) (그중 하나에) 예서로 2행이 쓰여 있다."(甘肅省文物考古學研究所, 2000)

출토된 고대 종이의 제작 시기를 판단하기란 매우 어렵다. 만약 무덤 주인의 연대를 확인할 수 있다면 최소한 그 종이의 제작 시기를 매장 전 시기로 확정할 수 있을 것이다. 그러나 아홉 개 출토지 중 이를 확인할 수 있는 곳은 없었다. 그중 여섯 곳은 전문 고고학팀이 발굴했으며 함께 출토된 연호 기록 죽간의 도움을 받아 매우 면밀하고 신중하게 제작 시기의 좌표를 만들었다. 하지만 논리적으로 봤을 때 해당 종이는 함께 출토된 기물 중 가장 늦게 제작된 기물보다 더 늦게 제작됐을 수도 있다. 두 곳은 공사 중에 발견됐다. 유물·박물관 학자의 보충 기록으로는 연대 구분상 치밀함이 떨어질 것이다.

정확한 연대(年代)는 아직 확정되지 않았지만 아홉 번의 발굴은 종이가 채륜 이전에 제작되기 시작했음을 증명하는 데는 아무런 문제가 없다. 또한 고대 종이의 성질과 기능에 대한 연구는 연대만큼이나 중요한 전통 인식을 뒤엎으며 도전하고 있다.

첫 번째 도전, 최초 종이의 원료는 직물이었을까? 판지싱(潘吉星)은 1964년에는 왕쥐화(王菊華)와 함께, 1965년에는 정쉬에징(鄭學經), 리주(李竹)와 함께 파교지(灞橋紙)*에 대한 화학 실험 분석을 진행했다. 1976년부터 1990년까지 판지싱, 쉬밍치(許鳴岐) 등 다수는 일본 전문가 두 명과 협력해 파교지, 금관지(金關紙), 중안지(中顔紙), 방마탄지(放馬灘紙), 마권만지(馬圈灣紙), 현천지(悬泉纸)에 수차례 화학분석을 진행했다. 그 결과, 고대 종이의 원료는 모두 대마였다.(潘吉星, 2009, pp. 67~72; pp. 77~83) 영국 도서관이 소장한 둔황사경(燉煌寫經) 종이 60여 점과 베이징 도서관이 소장한 23점(모두 고대 종이지만 반드시 서한시대의 것은 아니다) 모두 현미경 분석 검증을 했는데 원료는 마, 닥나무 껍질, 뽕나무 껍질로 밝혀졌다.(錢存訓, 2004, p. 85)

두 번째 도전, 종이 제작은 애초에 필기를 위한 것이었을까? 라오깐은 그의 예지와 식견으로 1970년대에 다음과 같은 관점을 제시했다.▪

중국 대륙에서 발견한 '파교한지(灞橋漢紙)'가 서한시대의 것이고, 거연한지(居延漢紙)보다 제작 시기가 이를 수도 있다고 한다. 그러나 이 종이 위에는 글자가 없다. 그냥 종이 형상을 갖췄고, 역시 식물섬유로 만들어졌을 뿐이다. 이런 종이가 당시에 필기 용도였다고 하기에는 문제가 많다. 이런 종이는 필기 용도라기보다 온포(緼袍, 솜 두루마기)였을 가능성이 매

---

● 서한시대의 종이로, 중국 시안(西安)의 빠차오(파교)에서 출토되었다.
▪ 라오깐의 「중국 제지술의 원조를 논하다(論中國造紙術之原始)」는 1948년 10월 『역사언어연구소 논문집(史語所集刊)』 제19호에 발표된 글이다. 라오깐의 이 논문이 1976년 출판된 『라오깐 학술 논문집 갑편(勞幹學術論文集甲編)』에 수록될 당시 글 뒤에 후기가 있었는데, 그 후기에서 발췌한 부분이다. 필자는 이 후기가 1976년 이전에 쓰였다고 판단할 수밖에 없다.

우 높다.(勞幹, 1976)

라오깐은 1975년 첸춘쉰을 위해 쓴 후기에서도 비슷한 말을 한 적이 있다.

채륜 이전의 종이가 고르거나 가지런하지 않은 이상 그것이 필기용이 될 수는 있을지언정 본래 용도가 완전히 필기만을 위한 것은 아닐 것이다. 필기는 그저 부가 용도였을 뿐이며, 주요 용도가 무엇이었는지에 대해서는 추가 논의가 필요하다.(錢存訓, 2002, pp. 148~149)

첸춘쉰도 『중국 종이와 인쇄문화사』■에서 이렇게 말했다.

일반적으로 종이는 제일 처음 대체로 포장이나 기물을 받치는 데 사용됐으며 동한 초부터 죽간과 비단을 대신해 서적 재료로 쓰였다.(錢存訓, 2004, p. 82)

라오깐의 선견은 앞에서의 관점을 발표했을 때 드러났다. 당시 라오깐은 글자가 없는 서한시대의 종이가 발견됐다는 두 건의 보도, 즉 비전문가가 발굴한 파교지, 발굴 상황이 불분명한 옻칠한 말(漆馬)의 덧댐 종이에 관한 소식만 들은 상태였다. 금관의 종이도 발굴됐지만 공식 발표 전이었다. 따라서 라오깐의 판단은 사실이 아니라 논리와 이치에서 왔다고 생각할 수 있다.

---

■ 이 책의 영문판 초판은 1985년에 나왔다. 필자는 2004년 중역본 수정판에서 인용했다. 중간에 이 책의 또 다른 중역본이 나왔는데, 인용 단락의 내용이 언제 최초로 쓰인 것인지는 불분명하지만 1985년보다 이르지는 않을 것으로 생각한다.

지금까지 더 많은 사실, 즉 더 많은 출토가 있었다. 출토된 종이에 대해 다음과 같은 통계를 낼 수 있다. 발굴지로 계산하면, 종이 발굴지 아홉 곳 중 세 곳에서 글자가 쓰인 종이가 출토됐고 그 비율은 33.3퍼센트이다. 종이 무더기로 계산하면, 열다섯 개 무더기 중 글자가 쓰인 무더기는 다섯 개로 역시 33.3퍼센트다. 다시 말해 대부분 글자가 없다. 장례는 고대인의 대사(大事)였기 때문에 부장품은 분명히 중요한 물품이었을 것이다. 글자 없는 종이의 중요성을 현대인은 이해하기 어렵다. 종이가 필기용이 아니었다고 가정해야만 글자 없는 종이가 왜 부장품이 됐는지 이해할 수 있다.

그렇다면 그 기능은 무엇이었을까? 다행히 두 건의 사례가 있다. 옻칠한 말 "위에 덧댐 종이를 덮었다." 빠차오의 경우는 구리거울을 종이로 싸고 다시 천으로 쌌을 가능성이 높다. 중안지는 틈을 메우는 용도였던 것 같다. 현천지는 더 절묘하다. 460점 중 겨우 열 점에만 글자가 있다. 글자가 쓰인 종이 중에서 제작 시기가 비교적 이른 종이 위에는 약 이름이 쓰여 있었다. 즉 그 종이의 주요 용도는 약 포장이었을 것이다. 그렇다면 당시 종이의 주요 역할은 귀한 물건의 포장 혹은 물건의 가치 제고였다고 할 수 있다. 그러나 이것이 최초의 기능인지 여부는 좀 더 연구해볼 필요가 있다.

# 4

## 제지에 정말 낡은 직물을
## 이용했나

고대 종이는 모두 마지(麻紙)로 밝혀졌고 그중 직물형 종이는 한 장도 보이지 않는다. 이는 허신 – 단옥재 – 라오깐으로 이어진 "서(絮)는 낡은 풀솜이다", 즉 낡은 직물이라는 학설을 크게 흔들었다. 단옥재의 '표서설'을 포기하면 했지, 만약 그 설을 따른다면 반드시 서가 무엇인지 새로운 해석을 내놔야 한다. 판지싱이 바로 다른 해석을 제시한 인물이다.

단옥재가 제기한 표서설은 제지술에 대한 고민에 영감을 준 창의적 견해지만 최초의 종이가 '풀솜'이라고 여기는 것은 적합하지 않다. (…) 1907년 아우렐 스타인(Aurel Stein)은 신장(新疆)에서 서한 중기(기원전 1세기)에 제작된 가는 황색 천을 발굴했고 하나오섹(Hanaosek)은 화학실험을 통해 "뽕나무과의 수피(樹皮) 섬유를 포함하고 있으며 닥나무일 가능성이 크다"고 했다. 닥나무포, 마포, 갈포는 모두 고대 중국의 의복 재료였고 모두 식물섬유를 짜서 만들었다. 서한부터 동한 전기까지 마지를 만들 때 낡은 천을 수집하는 과정에서 닥나무 섬유로 짠 천이 마포에 섞여 들어갔고 무의식중에 소량의 닥나무 섬유가 포함된 마지가 제작됐을 가능성이 농후하다. 무의식의 과정이 의식적인 과정으로 바뀌려면 인식의 도약과 전통적인 제지 관념에 대한 돌파가 필요하다. 영민했던 채륜은 이를 해냈고 의식적으로 야생의 닥나무 껍질을 찧어서 종이를 만들었다.(潘吉星, 2009, p. 8; p. 108)

두 방향에서 이 관점을 논의해보겠다.

첫째, 닥나무포의 존재와 지위다. 스타인은 이 보잘것없어 보이는 물건의 발견을 매우 중시했다. 약 100년 후 필자도 이를 읽고 경악했다. 판지싱의 인용이 너무 단순했기 때문이다. 하물며 자신의 견해를 증명하기 위한 논거가 아닌가. 필자가 스타인의 발견을 상세히 기술해보겠다. 1907년 스타인은 둔황의 한 봉화 밑에서 다섯 점의 물건을 발굴했다. 그중 마지막 물건은 이것이다. "황색 섬유로 짜인 평평하고 치밀한 직물."(Stein, 1921, p. 770)

하나오섹은 세밀한 분석을 통해 이것이 뽕나무과 식물의 인피 섬유로 "중국과 일본의 닥나무일 가능성이 매우 높다"고 감정했다. 발굴지의 연대가 기원전 1세기라고 확신했기 때문에 이 섬유 직물의 발견은 대단한 의미를 지닌다. 채륜이 105년에 처음으로 진정한 종이를 발명했을 때 방직에 닥나무 줄기 껍질을 사용한 점은 그가 물에 담근 상태에 있는 같은 종류의 섬유를 이용했음을 가리킨다. (…) 그래서 그곳 폐품 더미에 있던 섬유는 채륜이 제지술을 발견하기 100여 년 전에 닥나무 섬유가 이미 방직에 사용됐음을 증명했다.(Ibid., p. 650)

그렇지만 이후 역사 전문가들의 방직 연구를 보면 닥나무포의 지위는 극히 미미하다. 1988년 조지프 니덤(Joseph Needham)이 주관해 편집한 『중국과학기술사·방직기술(中國科學技術史·紡織技術)』(제5권 9분책)의 「방직원료로서의 인피섬유」에서 디터 쿤(Dieter Kühn)은 방직품의 주요 원료로 네 가지 식물, 즉 대마, 모시, 칡, 마닐라삼을 말했다. 그는 '기타 섬유'라는 작은 단락에서 닥나무를 언급했다. "닥나무뿐만 아니라 여러 나무가 방직에 이용됐을 것이다. 닥나무는 제지에서는 중요했으나 방직에서는 쓰임이 적었다. 닥나무는 일찍이 중국 남부에서 수피포(樹皮布)* 제작에 널리 사용됐고 한대 종이 제작에 기여했다."(Dieter Kühn, 1988, pp. 52~59) 2002년 저술한 『중국과기사·방직권(中國科技史·紡織卷)』 중 「식물 줄기 껍질 섬유의 종류와 이용의 역사」의 저자인 짜오한성(趙翰生)은 "솔새, 황모, 닥나무, 맑은대쑥은 비주류 재료였다"고 말했다. 방직에 이용된 식물인 대마, 모시, 칡, 등나무, 어저귀, 마닐라삼, 황마, 아마, 솔새, 황모에 관한 상세한 서술 중 닥나무는 없다.(趙承澤, 2002, p. 132)

필자는 스타인의 견해와 앞에서의 두 단락 내용을 비교하며 이런 생각이 들었다. 첫째, 스타인과 하나오섹이 방직포와 부직포(즉 수피포)를 구분하지 못했을 가능성이다. 이런 맹점은 스타인의 인식에 존재했을 수도 있고 하나오섹의 화학실험에 존재했을 수도 있다. 필자는 그럴 가능성이 크다고 여기지 않지만 스타인이 발견한 '황색 직물'의 화학실험을 다시 시도할 필요가 있다고 생각한다.

둘째, 확실히 닥나무 방직포였다고 할지라도 그것이 방직품에서 차지하는 비중이 극히 적었음을 인정해야 한다. 채륜이 낡은 마포로

---

● 나무껍질을 물에 담가 부드럽게 한 뒤 두드려 펴서 만든 헝겊. 의복의 가장 원시적인 재료.

종이를 만들려 했을 때 저장량이 극히 적은 닥나무포가 '섞여 들어간 것'을 어떻게 인지할 수 있었을까? 인지하지 못했다면 어떻게 '무의식의 과정이 의식적인 과정으로' 바뀌었단 말인가? 판지싱의 추론은 스타인보다 더 멀리 갔고 심지어 불합리성까지 두드러진다.

셋째, 영감은 어디서 왔는가. 판지싱은 허신의 '표서'에서 영감을 받았다고 인정했지만 어떻게 받았는지 구체적으로 말하지 못했다. 그래서 '표서설'에 대한 인정은 형식에 그쳤다. 직물 짜기는 물리 현상이고 제지는 물리화학 현상이다. 핵심적인 중간 단계가 없으면 전자는 후자로 전환될 수 없다. 이 중간 단계가 바로 '수중타격'이다. 왜 두드려야 할까. 당시에는 종이가 뭔지도 몰랐으니 종이를 만들기 위해서는 아니었다. 타격은 활동의 일부거나 목적일 수밖에 없다.

인간이 만든 물건 중 제지와 연관 있어 보이는 것은 세 가지다. 바로 직물, 식물섬유 제품, 수피포다. 제지술과의 연관성에서 직물과 식물섬유 제품은 중간 단계, 즉 수중타격이 부족하다. '표서'가 낡은 직물을 수중에서 타격하는 것이라면 고대 종이 중 사(絲)를 원료로 한 것을 보지 못했으니 이 설은 거의 무용지물이다. 그래서 스타인－판지싱은 식물성 방직물이 제지술에 영감을 줬다고 주장했다. 그렇지만 왜 낡은 직물을 두드려야 했을까? 성과가 있었나? 효과가 있었나? 그것이 직업이 될 정도로 대량 생산되었나? 수피포는 직물이나 식물섬유 제품과 다르다. 수피포 제작의 핵심은 수중타격이고 별도의 중간 단계 없이 제지술에 영감을 줬다. 더구나 제지가 바로 수피포 제작의 부산물일 가능성이 높다.

그러나 어떤 의혹이 상술한 주장의 성립을 가로막는데, 그중 하나는 이렇다. 허신은 제지술이 개발됐던 바로 그 시대 사람이니 서한의 제지 원료가 무엇인지 모를 리 없을 것이다. 허신은 어떤 연유로 종이의 원료가 폐서, 낡은 직물이라고 굳게 믿었을까.

필자가 보기에 '수중 폐서 타격'은 장인들의 날조다. 장인들이 이렇게 말한 데는 그럴 만한 이유가 있다. 종이가 생기기 전에는 비단이 필기에 사용됐다. 비단의 품질은 의심할 바 없지만 희소성과 높은 가격이 문제였다. 초기에 종이의 질은 비단에 미치지 못했고 귀족 소비자가 받아들이고 인정하게 만들기 위해 장인들은 "이것도 잠사로 만들었다"는 간편한 거짓말을 했다. 종이를 사용하는 귀족들은 질감을 보고 잠사로 만들었는데 어찌 비단보다 못하냐고 물었을 것이다. 장인이 할 수 있는 최적의 답은 "원료는 폐서에서 나왔고, 다시 짤 수 없어서 물 위에서 두드려 만들다 보니 질감이 비단보다 조금 못합니다"다.

종이 품질이 일정 수준에 다다르지 못했을 때 장인들은 자발적으로 혹은 권유에 따라 폐서를 섞으려 했으나 섞지 않은 것만 못함을 알았을 수도 있다. 그러나 실제로 폐서를 쓰지 않은 것과 입으로는 계속 폐서로 만든다고 말하는 것은 별개의 일이다. 채륜의 전임자들은 황가와 귀족에게 충분한 비단을 공급하지 못하고 비슷한 품질의 종이(紙)를 내놓지도 못하게 되자 기꺼이 장인들의 거짓말에 동참했을 것이다. 만인이 이를 은폐하고 있을 때 관련 실무와 거리가 먼 허신이 장인들의 속임수와 변명을 통찰해내길 바라는 것은 너무 가혹하다.

『설문해자』의 경우, 앞서 말한 것처럼 초고는 서기 100년에 쓰였고 조정에는 121년에 올렸다. 영초(永初) 4년(110) 한 안제(安帝)는 류진(劉珍)과 박사 사관(허신 포함) 50여 명에게 동관에 가서 교서(校書)하라고 지시했고 "채륜에게 감독을 맡겼다."(『後漢書·蔡倫傳』) 허신과 채륜은 함께 한 황실에 봉사했으며 교류도 있었을 것이다. 필자는 『후한서』에 쓰인 것처럼 원흥(元興) 원년(105)에 제지술을 황제에게 올렸을 때 그리고 죽음을 맞이할 때까지 채륜이 종이의 진짜 원료를 상세히 아뢰지 않았다고 추측한다. 그렇지 않다면 허신이 『설문해자』에서 '종이(紙)'에 대해 결코 그런 해설을 하지 않았을 것이다. 종이의 품질이 비단에 근접하거나 넘어선 다음에야 그 비천한 출신을 밝힐 수 있었을 것이다.

채륜보다 300여 년 뒤에 태어난 범엽은 당연히 종이의 원료를 알았을 것이다. 허신처럼 아무것도 몰랐을 리 없다. 그러나 자신이 저술한 『후한서』에는 "이에 채륜은 나무껍질, 마, 해진 천, 어망을 활용해 종이 만드는 방법을 고안해냈다"와 "원흥 원년에 그를 올렸다"고만 말할 뿐 구태여 두 사실을 결합하지 않았다. 우리는 '채륜이 식물섬유를 이용해 종이를 만들었으나 제지의 성공만 아뢰고 제지 원료는 언급하지 않았다'고 이해할 수 있다. 만약 범엽의 서술이 채륜이 제지 원료를 아뢰었다는 의미라면 그것은 상소 내용에 대한 근거 없는 상상이라고 생각한다. 그렇지 않다면 어찌 동시대에 살며 교류도 했던 두 사람 중 한 명은 식물로 종이를 만들고, 또 한 명은 제지는 폐서에서 비롯됐다고 한단 말인가?

# 5

# 언어학으로 살펴본
# 수피포

수피포 연구자들의 연구 성과는 세 번째 해석을 유도한다. 표모들이
두드렸던 것은 낡은 풀솜이나 해진 천이 아니라 수피였고, 종이가 아
니라 옷을 만들기 위해서였으며, 낡은 물건의 재이용이 아니라 새 옷,
즉 수피 옷을 만들기 위해서였다.

수피 옷의 역사는 벌써 1만 년이 됐고 이에 대한 연구의 역사도
이미 400년이 되었다. 기이하게도 수피포의 발원지는 중국일 가능성
이 높은데도 중국 내에서 관련 연구는 최근에야 시작됐다. 수피포를
당대 학자들은 "일종의 부직포로, 나무껍질(수피)을 원료로 하여 타격
가공을 거쳐 제작된 옷감"이라고 정의했다.(鄭聰, 2009A) 어떤 학자들
은 부직포를 "제지술에서 비롯된 현대적 패브릭"이라고 정의한다. 이
렇게 역사의 강을 뛰어넘는 상호작용은 매우 흥미롭다. 이 역시 제지
술이 계몽의 은인에게 주는 최고의 보답인 셈이다. 물론 사람은 같은
강물에 두 번 발을 담글 수는 없는 법●, 현대의 부직포는 이제 더 이

상 나무껍질로 제작하지 않는다.

어떤 학자는 독일 인류학자 한스 스튀벨(Hans Stübel)이 1937년 저술한 『해남도민족지(海南島民族誌)』(원제는 『Die Li-Stämme der Insel Hainan』)가 중국 수피포 연구의 포문을 열었다고 하지만 이 주장은 타당성이 떨어진다. 이 책은 단 한 번 수피포를 언급한다. "고대에 해남도의 천은 최소한 까는 데 쓰는 천으로, 수피를 두드려서 만들었는데 이 일은 대단히 흥미롭다." 오히려 페이지 하단의 주석에 정보가 좀 더 많다. "그 증거로 베를린 민족학 박물관의 해남도 수집품 중 침대보를 들 수 있다. 이것은 1909년에 박물관의 소장품이 됐다."(Hans Stübel, 1937, p. 335)

중화권에서는 링춘성(凌純聲), 링만리(凌曼立) 부녀가 수피포 연구를 시작했다. 1948년 여름, 대만 '중앙연구원' 민족연구소는 화롄(花蓮)현 아메이(阿美)족의 민족학 조사를 진행했다. 훈련용 조사로 참여자 대부분이 조교와 대만대학의 고학년 학생들이었다. 링만리는 아메이족의 의복, 장식품, 방직, 편직 등 항목을 조사하면서 아메이족 중에서 수피포를 본 적 있고 제작법을 기억하는 노인을 발견했다. 링만리는 돌아와서 부친 링춘성에게 이를 알렸다. 링춘성은 이 발견이 매우 중요하다고 생각했다. 링만리는 두 차례 더 화롄현에 조사를 갔고 현지 노인이 말한 수피포의 원료, 도구, 제작 방법을 기록했다.(李亦員 等, 1962, pp. 100~103) 후에 『대만 및 환태평양의 수피포 문화(臺灣與環太平洋的樹皮布文化)』(凌曼立, 1962)를 완성했고 박학다식한 링춘성은 그 뛰어난 문헌의 힘을 빌려 수피포에 관한 역사인류학 논문 일곱 편을 잇달아 써냈다.

---

● 고대 그리스의 철학자 헤라클레이토스(Heraclitus)의 명언으로, 만물은 끊임없이 변화한다는 의미.

링춘성은 단어 '탑포(榻布)'에 대한 고증으로 글을 시작했다. 탑포(榻布), 탑포(搨布), 답포(荅布), 도포(都布)가 동의어라는 사실은 더 이상 새롭지 않다. 과거 주석가들은 이 단어의 해석을 두고 의견이 분분했다. 삼국 위나라의 맹강(孟康)은 "답포는 백첩(白疊)이다"라고 했고 진(晉)나라의 서광 역시 "탑포는 백첩이다"라고 했다. 서양의 한학자 베르톨트 라우퍼(Berthold Laufer)는 "막대한 페르시아 비단이 중국에 공물로 들어갔고 그 이름을 중국인이 음역하여 '疊(die, 첩)'이라 했다", "이는 페르시아어의 dib이나 dep과 같고, 새 페르시아어의 diba(실크)에 상응한다"고 했다.(Berthold Laufer, 1919, p. 317) 그러나 『사기』에 '탑포'라는 단어가 출현한 시기는 페르시아 비단이 중국 땅에 들어오기 전이다. 당대 초기 안사고(顔師古)는 '백첩포설'에 동의하지 않았고, 탑포는 거칠고 두꺼운 천이라고 여겼다. 명대 말기에 방이지(方以智)는 "탑포는 곧 답포다. 번포(番布)보다 약간 거칠다"라고 했다. 방이지의 견해에 따르면 탑포는 외래어라고 추론할 수 있다. 링춘성은 다수의 의견을 물리치고 새로운 견해를 제시했다.

수피포는 말레이-폴리네시아어(Malayo-Polynesian) 혹은 오스트로네시아어(Austronesian)에서 'tapa'라 부른다. 대만 토착민 어휘 중에도 tapas, tapal, tarip(ri는 이음말), tapes 같은 단어는 수피포와 관련이 있어 놀라웠다. 고대 중국에서도 수피포를 같은 이름으로 불렀다. 문자상으로 탑포, 답포, 도포, 납포(納布) 등 여러 이름이 있지만 모두 tapa의 동음이표기이거나 혹은 시대나 지역이 달라서 생긴 차이라고 할 수 있다. 예를 들어 『사기』 권 129 「화식열전」 제69에는 "일천 균*의 무명천, 일천 필의 색

---

● 고대 중량의 단위로 1균은 30근이다.

있는 비단, 일천 석의 탑포와 피혁"이라고 쓰여 있다. 명대 말기 모진(毛晉)의 급고각**에 있던『사기』판각본에는 탑포의 탑(榻)이 탑(搨)으로 되어 있는데 이는 주목할 만하다. 또『전한서(前漢書)』권 91「화식열전」제61에는 "일천 균의 무명천, 일천 필의 색 있는 비단, 일천 석의 답포와 피혁"이라고 쓰여 있다. 탑(榻)을 답(荅)으로 쓴 것 외에『사기』와 완전히 같다고 할 수 있다.『후한서』권 24「마원열전」제14에는 "(공손술과 마원이) 서로 절하여 예를 마치자마자 마원을 내보내 객관에 머무르게 했고, 마원에게 도포로 만든 홑옷과 교양관을 지어줬다"라고 쓰여 있다. (…) 고쿠부 나오이치(國分直一)는 [답포와 저고포(楮栲布)는] 짜서 만든 직물이 아니라 방망이로 두드려 만든 수피포, 즉 tapa포라고 생각했다. 고토우 슈이치(後籐守一)는 "고포(栲布)는 고포(拷布)의 잘못이다. 고(拷)는 두드린다는 의미로, 고포(栲布)는 두드려 만든 천이라는 의미다. 이것이 일본의 가장 오래된 옷감이라고 단언하기는 어렵다"고 했다. 고포(拷布)를 고포(栲布)로 오기한 것은 앞서 인용한 급고각의『사기』판각본이 탑포의 탑(榻)을 탑(搨)으로 쓴 것과 같은 맥락이다. 탑(搨) 역시 두드린다는 말이다. (…) 나를 가장 놀라게 한 것은 현재 하와이 사람도 수피포를 두드린다는 뜻의 kapa라고 부른다는 것이다.(淩純聲, 1963, pp. 2~5; p. 17)

그러나 탑포, 특히 답포, 도포는 중국어의 단어 특징과 아주 다르다. 링춘성도 이를 알아차렸기 때문에 여기서 멈추지 않았다. 링춘성은 라우퍼가 먀오(苗夷)***민족이 여전히 고대 중국어음을 보존하고 있다고 말했는데 차라리 중국어의 단어 일부가 먀오어에서 차용됐다고 말하는 편이 낫다고 생각했다.(Ibid., p. 18) 그는 차용한 것이 '탑

---

** 모진은 서적 수집에 열중했는데 그가 지은 장서관이 급고각이다.
*** 고대 중국의 남방과 동부의 각 민족을 통칭하는 말.

포', '답포'가 아니라 다음에 다룰 '지(紙)'임을 심도 있게 기술했다. 그런데 '답포'가 먀오어와 관계가 있다는 사실을 뒷받침하는 간접적인 증거가 있다. 송대『태평환우기(太平環宇記)』권 169에 이런 기록이 있다.(Ibid., p. 8)

경주(瓊州) 풍속: 생려(生黎)라는 이민족은 나무 위나 깊은 동굴에 거주하며 수피로 옷을 적(績)했다.

청대 장경장(張慶長)은 해남 정안현령을 지낸 적이 있는데『여기기문(黎歧紀聞)』에서 이렇게 말했다.

생려(먀오족의 한 갈래)는 겨울이 오면 수피를 채취해 방망이로 두드려 부드럽게 만들어 몸을 감싸거나 밤에 이로 이불을 대체했다. 그 나무의 이름은 가포피(加布皮)이고, 려에서 난다.(張慶長, 1992, p. 119)

동떨어진 두 시대의 사료를 종합해보면 생려는 계속 수피포를 제작해왔음을 알 수 있다. 둘을 종합하면 고서의 해석 부분에서 두 가지 수확을 얻게 된다. 첫째, '가포(加布)'에 대한 힌트다. 가포와 답포, 도포, 탑포. 발음이 얼마나 비슷한가. 링춘성은 논문에서 한 번 이상 '가포(楮布)─가포(加布)와 동음─'라는 단어를 사용했다. 그는 남도어(南島語 혹은 오스트로네시아어)에 tapa와 kapa라는 두 단어가 있는데 "의미는 방망이로 두드린다는 것이다. 중국 사료에서 전자는 탑포, 답포, 도포이고, 후자는 가포(楮布)다"라고 했다.(凌純聲, 1963, p. 20)『한서·남만전(漢書·南蠻傳)』에는 "그 백성들은 가포 8장 2척을 냈다"고 쓰여 있다. 이로써 가포(加布), 가포(楮布), 가포피(加布皮)가 먀오어임이 입증된다.

둘째, 사실 '적(績)'자는 두 학파 사이에서 항상 논쟁거리였다. 한 학파는 이를 항상 방직으로 풀이했고, 다른 학파는 상황에 따라 '수피 포를 제작하다'로 풀이할 수 있다고 주장했다. 이 두 사료를 봤을 때 후자가 타당하다. 즉, 고대인은 문장에서 방직포와 부직포를 엄격히 구분할 필요가 없기 때문에 문자 표현에 있어 '적(績)'은 두 가지 뜻을 모두 가졌다.

'탑포'에 이어 링춘성은 '지', '혁제'와 수피포의 연관성 및 이민족 언어의 차용 관계를 고증했다. 링춘성 이전에도 이 분야의 연구를 했 던 학자가 있다. 라우퍼는 이렇게 말한다.

> 이 페르시아 아랍 글자(즉 kāgaδ 혹은 kāgiδ)는 투르크어에서 왔다. 위구 르어로는 kagat 혹은 kagas, 튜바어, 레베드어, 쿠만두어, 킵차크어로는 kagat, 키르기스어, 카라·키르기스어로, 타란치어, 카잔어로는 kagaz이 다. 이 글자의 뿌리는 투르크어에서 찾을 수 있다. 쇼르어에는 kagǎs라 는 글자도 있는데 의미는 '수피'이다.(Berthold Laufer, 1919, p. 393)

서역 민족의 제지술은 물론 중국으로부터 전해졌고, '지'에 상응 하는 그들의 어휘가 '수피'라는 의미의 어휘에서 차용됐다는 것은 의 미심장하다.

'혁제'는 『한서·외척효성황후전(漢書·外戚孝成皇后傳)』에 나온 어휘 다. "원연 원년(서기 12년) 조비연(趙飛燕)은 작은 녹색 함을 옥중의 부 인에게 보냈는데 함에는 포장된 약과 혁제서 두 매가 있었다." 응소 (應劭)는 "혁제는 얇고 작은 종이다"라고 주석했다. 글자 구조와 구성 이 이상하고 중국어 속 다른 어휘와 연계성이 전혀 없기 때문에 이 단어는 끊임없이 해석되고 있다. 저우파까오(周法高)는 상술한 라우퍼의 고견을 접한 후 혁제의 고대 발음이 kiek-diei일 것이며 상술한 kagaz와 유사하다고 입증하며 "단정할 수는 없다"면서도 차용관계를 논하자면 "이 단어들이 중국어에서 차용됐다고 가정하면 그 가능성이 꽤 높아 보인다"고 말했다.(周法高, 1976)

링춘성은 두 학자의 생각을 따라가며 현지를 답사했던 샹시(湘西) 먀오족의 관련 어휘, 즉 나무(ko-ndu), 수피(kotei-ndu), 포(ndeiv), 종이(ndarv)를 내놓았다.


정리하면, 링춘성이 가정한 이 어휘의 차용 경로는 먀오어의 관련 어휘이고 중국어로는 혁제, 투르크어 kagăs(뜻은 수피), 페르시아 아랍어는 kāgiδ(뜻은 종이)이다. 페르시아 아랍어에서는 의미상 종이가 드러나고 수피는 숨어 있다. 투르크어에서는 종이가 숨어 있고 수피가 드러나 있다. 중국어에서 이 어휘는 고대 문헌에 잠깐 나타났다 사라진다. 아마 잠깐 중간자 역할을 한 후 바로 사라졌을 것이고 그래서 가장 난해하다. 링춘성은 중국어의 '지'는 '혁제'가 변천을 거치며 생긴 글자라고 생각한다.(凌純聲, 1963, p. 20) 링춘성의 공헌과 가르침은 의심할 바 없이 훌륭하다. 그러나 아직 불완전하여 거듭 고민해봐야 할 부분도 있다. 예를 들어, 앞서 언급한 원명현에서 출토된 전국시대 『일서』에 이미 '지' 자가 출현하며 이는 『사기』에 나오는 '혁제'보다 이르다는 것 등이다.

$$6$$

# 인류학으로 살펴본
# 수피포

문헌은 고대인의 귀중한 기록과 생각을 담아 후대에 전했고, 그 중요성은 비할 데가 없다. 그러나 언어의 모호성으로 인해 오용과 와전이 발생하고 문헌 연구의 한계가 생긴다. 다행히 수피포 연구는 고고학과 인류학이 참여할 여지가 있었다. 고고학의 실물 발견은 분명 가장 확실한 증거다. "각각의 예증은 루방앙인(Lubang Angin) 동굴 유적 및 콕 파놈디(Khok Phanom Di) 유적의 고분에서 볼 수 있다", "일부 고분 내부는 수피포 흔적으로 싸여 있다."(鄧聰, 2003, p. 95; 2008) 이런 증거는 사실 수피포 실물의 고고학적 발견이 극히 미미함을 말해준다. 수피포의 고고학적 발견이 부족한 이유는 두 가지로 설명할 수 있다.

첫째, 수피포가 고대인의 장례에 사용되지 않았을 가능성이다. 한대 초기 한영(韓嬰)의 『한시외전(韓詩外傳)』 권 1에 이런 언급이 있다.

원헌(原憲)은 노나라에 살았는데 그 집은 아주 작았고, 생풀로 이엉을 엮어 지붕을 얹었다. 쑥으로 엮어 만든 문은 온전치 않았고, 뽕나무로 지도리를 만들었으며, 누더기 갈옷으로 창을 막아놓았다. 천장에서는 비가 새고 방바닥은 축축한데 그는 정좌하고 앉아서 거문고를 탔다. 자공은 털가죽 옷을 입고 준마가 이끄는 수레를 타고 왔다. 수레의 안쪽은 푸른 비단으로 장식되었고, 겉은 흰 명주로 덮였는데 수레가 너무 커서 골목에 들어설 수 없었다. 자공은 걸어서 원헌을 찾아왔다. 원헌은 수피포로 만든 관을 쓰고, 발뒤축이 떨어진 신발을 신은 채 명아주 나무 지팡이를 짚고 문에 나가 마중했다. 자공이 말했다. "허허, 선생은 어찌 이렇게 병이 드셨습니까?" 원헌이 대답했다. "재산이 없는 것을 가난이라 하고, 배우고도 실천하지 않는 것을 병들었다 합니다. 지금 나는 가난할 뿐 병든 것은 아닙니다. 세상 눈치 보면서 행동하고 꿍꿍이 속셈으로 남과 교제하는 일, 남에게 자랑하기 위해 배우고 자기 좋은 대로 가르치는 일, 인의를 내세우며 나쁜 짓을 일삼고 자가용 수레나 치장하는 일, 나는 그런 일은 하지 않습니다." 자공은 머뭇머뭇 뒷걸음질을 치며 부끄러운 기색을 떠올렸고 말 한마디 제대로 하지 못하고 발길을 돌렸다.

글에서 '수피포로 만든 관'과 '털가죽 옷'은 선명한 대조를 이루는데 전자는 귀인의 부장품으로 보기는 힘들다.

둘째, 고대 종이 발굴지가 모두 극도로 건조한 중국 서북지대에 국한되어 있다는 것은 다른 지역의 식물섬유 제품이 2000년 역사를 뛰어넘어 오늘날까지 잔존하기 힘들다는 것을 증명한다. 보존이 잘된다는 장점이 있는 중국 서북부에서는 닥나무가 자라지 않고, 중국 남부 지역에서 수피포가 부장품이 됐다 하더라도 부식을 이겨내고 남아 있기란 어려운 일이다.

그러나 고고학적 발굴물이 없다고 해서 고대에 그 물건이 없었다고 말할 수는 없다. 수피포에 대해서는 특히 그렇다고 말하고 싶다. 어찌 됐든 실물로 수피포의 존재를 증명하는 데 있어 고고학이 할 수 있는 일은 많지 않다. 그래도 고고학자들은 간접적인 증명은 해냈다. 수피포 제작용 돌 두드리개를 찾아낸 것이다.

지금까지 발굴된 환주강(環珠江) 입구의 신석기 대만문화(大灣文化) 유적지는 20여 곳이다. 푸지엔(福建), 광동(廣東), 광시(廣西), 윈난(雲南), 하이난(海南)에서 모두 수피포 돌 두드리개가 출토됐다. 이것이 수피포를 두드리는 도구라고 어떻게 단정지을 수 있는가에 대해서는 학계 내외의 설명이 필요하다. 덩총(鄧聰)은 여섯 가지 이유를 기술했다.

첫째, 돌 두드리개의 형태상 원시시대 혹은 상고시대에 도기 제작과 수피포 타격에 쓰일 수밖에 없다. 기능이 다른 만큼 도기 제작용과 수피포 타격용은 분명 특징이 다르다. "피지 민족학 자료에 따르면 수피포 제작용 나무 두드리개와 도기 제작용 나무 두드리개는 구분이 명확하다." 도기 제작용 나무 두드리개는 가볍고 가늘어야 하고 수피포용은 두껍고 무거워야 한다. 수피포를 두드리는 도구로 반 건조된 도기를 두드리면 구멍이 생길 위험이 있다. 출토품에서 수피포 타격용 나무 두드리개가 보이지 않고 돌 두드리개만 보이는 것은 그저 나무 두드리개가 1000년의 부식을 넘어설 수 없었기 때문이다.

둘째, 출토된 돌 두드리개와 민족학이 밝힌 수피포 분포를 비교하면 그 범위가 대체로 일치한다.

셋째, 돌 두드리개가 "기술적 구조를 가졌다." 즉, 수피섬유를 무르게 하는 역할을 하는 홈이 있었다. 민족학자들의 조사 내용을 예로 들면, 수피포를 두드리는 과정에서 먼저 성기게 홈이 난 면을 이용하고 나중에 촘촘히 결이 난 면을 이용한다.

넷째, 돌 두드리개 형태를 보면 원래 나무 손잡이가 있었다. 민족학 조사로 확인한 바에 따르면 원래 손잡이를 달아 쓰는 물건인데 그렇게 하면 수피포를 타격할 때 필요한 힘을 더할 수 있다.

다섯째, 같은 유적지에서 출토된 비슷한 연대의 돌 두드리개들을 보면 무게가 명확히 다른데 마치 짝을 이루어 쓰는 도구 같다. 민족학에 의하면 먼저 무거운 것을 사용하고 나중에 가벼운 것을 사용하는 습관이 있었던 것으로 밝혀졌다.

여섯째, 출토된 돌 두드리개는 대부분 두드리는 면이 심각하게 파손되어 있었다. 시엔터우링(鹹頭嶺) 유적에서 열여덟 점의 돌 두드리개가 출토됐는데 그중 온전한 상태는 단 두 점이었다. 오랜 시간 강한 힘으로 두드렸을 테니 당연한 일이다.(鄧聰, 2008)

상술한 여섯 개 이유를 통해 알 수 있듯이 가장 힘 있는 근거는 출토된 돌 두드리개와 절대 사라지지 않을 이 공예에 대한 민족학자, 인류학자의 고찰이 일치한다는 것이다.

수피포 돌 두드리개는 수피포가 어디에 존재했었는지를 알려주는 가장 강력한 증거가 됐다. 그 출토지층과 함께 나온 출토품을 통해 수피포의 연대를 판단할 수 있다. 덩총은 고고학자들이 내놓은 돌 두드리개 출토품의 연대 판정에 의거해 시간 전후에 따라 수피포 기술의 전파 경로를 남중국 6000년 전→인도차이나 반도 4000년 전→필리핀·대만 3000년 전→중부 아메리카 2500년 전으로 추정했다.(鄧聰, 2003, p. 106)

중국 남·북 고고학 발굴물은 뚜렷한 대비를 이룬다. 중국 남부 다섯 개 성에서는 세계에서 가장 오래된 수피포 돌 두드리개가 발굴됐지만 방륜(紡輪, 중국 고대 방직도구)은 발굴되지 않았다. 반대로 중국 북부에서 출토된 방륜의 연대는 계속 앞당겨지고 있지만 수피포 돌 두드리개는 보이지 않는다. 이 사실은 중국 남·북부에 천 제작기술의 양대

계통인 수피포와 방직포가 존재했다는 상상을 가능케 한다. 둘 다 기원이 매우 오래됐는데 방직기술은 서아시아에서 시작되어 중국으로 전해졌고, 수피포 기술은 아마도 중국에서 시작됐을 것이다. 역사적으로 닥나무 생장 범위는 매우 넓었고 수피포의 기술 문턱은 매우 낮았으니 방직기술이 유입되기 전에 수피포는 닥나무가 생장하는 중국 전역을 휩쓸었을 것이다. 그러나 방직기술 유입 후 필연적으로 양자 간 시소게임이 벌어졌고 방직품의 우위가 양자의 지위 고하를 즉각 결정했을 것이다. 수피포는 북쪽에서 남쪽으로 밀려났고, 화남지역 다섯 개 성이 최후의 거처가 됐으며 근현대까지 살아남지 못했다.

그러나 2000여 년 전에 화중, 화남 지역에서 수피포는 여전히 유행했다. 그렇다면 표서에 대한 새로운 해석이 가능해진다. 덩총이 직접 했다는 '짙은 고고학 색채를 띤 민족학 조사'는 우리에게 생생한 가르침을 준다. 덩총은 취재 중 몸소 듣고 본 수피포 제작과정을 전했다.(鄧聰, 2009B)

첫째, 시솽반나(西雙板納)의 75세 극목인(克木人)**은 이렇게 말했다. "나무껍질을 벗겨내고 강물에 넣어서 수액을 씻어냅니다. 나무의 독액이 사람한테 위험하니까 중독되지 않으려면 수피포를 만든 다음에 두 손을 철저히 씻어야 해요. 수피포가 물에 씻기고 두드려져 부드러워지면 일차적으로 비틀어 짭니다."

둘째, 덩총은 하니족(哈尼族)**의 수피포 제작 시연 중 본 한 단계를 이렇게 설명했다. "나무껍질이 벗겨지면 다듬잇돌 위에 올리고 물을 뿌리면서 나무방망이의 평평한 측면으로 나무껍질을 두드렸다."

---

● 동남아의 과계민족. 과계민족이란 역사적으로 하나의 민족이면서 두 나라 또는 여러 나라에 걸쳐 거주하는 민족을 지칭한다.
●● 윈난성 지역의 소수민족.

셋째, 65세 지눠족(基诺族)● 사람이 수피포 제작에 관한 이야기를 들려줬다. "나무껍질은 나무 고갱이를 없애고 물에 다시 담가요. 나무 방망이로 두드리면서 손으로 비비는데, 나무껍질 안에 있는 수액을 모두 씻어내기 위해서죠."

필자는 이것이 바로 '표서'라고 생각한다. 수피포는 원래 선조의 의복을 만드는 원천이었고 한때는 유일한 원천이기도 했다. 당시 물가에서 나무껍질을 두드리는 일은 비일비재했고 그를 생계로 삼는 '표모'도 분명 있었을 것이다. 반직업화된 작업을 하면서 분명 횟수나 강도를 다르게 두드렸을 것이다. 두드림이 과하면 섬유 침전물이 남을 수 있다. 그러면 가볍고 얇아 옷을 짓지 못하지만 색다르고 희소해 다른 용도로 쓰일 수 있다.

수피포 제작에는 주로 닥나무 수종이 쓰였다. 오랜 기간 제지의 주요 원료도 닥나무 껍질이었다. 아마도 수피포 제작이 종이 제작을 유발했을 것이다. 그런데 출토된 서한의 종이는 마지였다. 이는 우리 주장의 성립 여부를 결정할 두 번째 의문이다.

필자는 이렇게 해석해보려 한다. 우선, 서한 종이에 행한 여러 차례의 화학실험이 대마 섬유와 닥나무 섬유를 착오 없이 정확히 구분해냈는지에 관심이 간다. 만약 그렇지 않다면 제지의 기원에 대한 미묘한 점을 분명히 하기 위해 재실험을 고려해봐야 한다. 만약 옳게 했다면 이렇게 분석할 수 있다.

수피포 제작이 거친 종이의 출현을 유발했고 즉각 제지술을 개량하는 시도가 이루어졌다. 그 시도 중 하나가 「채륜전」에서 언급한, '낡은 천'을 원료에 첨가하는 것이다. 필자는 최초의 낡은 천이 분명

---

● 윈난성 지역의 소수민족.

해진 닥나무 수피포였을 거라고 생각한다. 경제적이고 수고를 덜어주니 이는 자연스러운 선택이다. 그다음 시도는 해진 마, 갈포 같은 여러 수종의 낡은 천, 나아가 견직물까지 확대됐을 것이다. 어쩌면 대마 섬유의 어떤 특징으로 인해 최저 수준의 제지술에서 비교적 쉽게 비교적 좋은 종이를 완성할 수 있었기 때문에 그 단계 종이의 주성분이 됐을 수도 있다. 제지 기술이 첫 단계를 넘어서면서 최초 유발자인 닥나무 껍질은 대마에 잠시 자리를 내어줬지만, 다음 단계의 제지술에서는 닥나무가 더 적합했기에 빠르게 자리를 되찾고 재차 왕좌에 올랐던 것이다.

# 7

# 수피포와
# 채륜의 제지술

역사학에 조예가 깊고 수피포 연구의 문을 열었던 링춘성은 수피포
와 채륜 제지술의 관계에 대해 고민하지 않을 수 없었다. 링춘성은 채
륜의 고향이 동한시대 형주(荊州)에 속해 있던 계양군(桂陽郡) 뇌양(耒
陽)현—후난(湖南)—임을 알아냈다. 그는 수많은 사료를 끌어와 이
형만(荊蠻) 지역과 닥나무 및 수피포의 관계를 서술했다.(淩純聲, 1963,
pp. 7~8)

> 파군(巴郡)남군(南郡)의 이민족 (…) 진(秦)나라 혜왕(惠王)은 파중(巴中)을
> 통합하고 파(巴)씨를 만이(蠻夷)민족의 군장으로 삼았다. (…) 그 백성은
> 가포(賨布) 8장 2척을 냈다. (…) 진나라 소왕(昭王)은 백기(白起)를 시켜 초
> (楚)를 정벌하고 만이를 일부 취한 뒤 검중군(黔中郡)을 설치했다. 한이 흥
> 하자 이를 무릉(武陵)으로 변경했다. 무릉 지역에 사는 만이들에게 어른
> 은 1년에 포 한 필, 아이는 두 장(丈)을 바치게 했는데 이를 공물용 베, 종

포(賨布)라 하였다.(『後漢書·南蠻傳』)

　『설문해자』는 "가(檟), 남군만이의 종포"라고 설명한다. 즉, 허신의 설명에 따르면 가포와 종포는 동일한 물건이다. 이번 장 5절 「언어학으로 살펴본 수피포」에서 언급한 청대 현령 장경장이 서술한 해남 생려인의 '가포(加布)'와 연결해보면 진의 정복자가 만이에게 납부시킨 것이 바로 수피포라고 확정할 수 있다. 송대 『태평어람(太平御覽)』은 진(晉)의 배연이 쓴 『광주기(廣州記)』를 인용해 "만이는 곡(穀)나무 껍질을 취해 방망이로 다듬어 팻말을 삼았다"라고 했다. 이시진은 남조시대 제나라와 양나라 시기의 도사(道士) 도홍경(陶弘景)의 말을 인용했다.

　도홍경이 말하길 "닥나무는 지금의 곡나무다. 곡(穀)의 발음은 구(構)와 같고, 남인이 곡지(穀紙)라고 부르는 것은 닥나무 종이이기도 하다. 무릉 사람은 닥나무 수피옷을 지었는데 매우 튼튼했다.

　링춘성은 이렇게 판단했다.

　채륜이 자란 곳은 시골이다. 뇌양(耒陽)이든, 응양(應陽)이든, 극양(棘陽)이든 모두 다 형만 지역 내에 있기 때문에 수피로 탑포나 가포를 만드는 법을 당연히 알았을 것이다.(淩純聲, 1963, p. 22)

　여기서 '가포', '형만'을 언급하는 것은 채륜의 고향이 먀오족들의 고향이기도 하니 채륜은 고향에 있던 먀오족이 만든 수피포에 대해 경험적으로 알고 있었을 것이라는 의미다. 링춘성은 채륜 고향의 특징이 제지술 개량에 미친 역할에 큰 관심을 기울였고 특별히 라우퍼의 이 말을 인용했다. "채륜이 제지술을 발명한 것은 그가 초(楚)나라 출신이기 때문이며, 이는 주목할 만한 사실이다."(Ibid., p. 22; Berthold Laufer, 1919, p. 392)

사실 링춘성은 이 논문을 쓰기 전 10여 년간, 즉 1950년대에 율리우스 립스, 고쿠부 나오이치(國分直一, 1952), 찰스 위닉(Charles Winick, 1958) 같은 학자 모두가 수피포가 제지술에 영향을 미쳤을 거라는 추측을 내놓았다.(淩純聲, 1963, p. 27)

이런 예는 또 있다. 수피포를 제작하는 멕시칸 인디언이 독자적으로 수피지의 제작법을 알아냈는데 이는 수피지가 수피포를 제작할 때 비교적 쉽게 생기는 부산물이기 때문일 것이다. 같은 영감을 받은 것이라면 그들이 만든 종이는 중국 고대 종이보다 거칠 것이다. 상당 부분 그 정도로도 충분했기 때문이다. 그곳에는 더 많이, 더 좋은 종이를 생산하고 나아가 기술혁신을 추구하도록 몰아붙이는 사회적 수요나 절박함이 없었다. 중국인에게는 매끄럽고 윤이 나는 비단 종이가 있었고, 이것이 제지 장인들에게 참고 대상이자 추구할 목표였다는 것은 굳이 말할 것도 없다.

어떤 역사적 사실은 문헌과 실물의 발견 및 재탐구로 분명하게 밝힐 수 있다. 중국 한나라 때 중국 땅에서 수피포를 제작했는지 여부가 그렇다. 어떤 경우는 문헌과 실물도 우리의 이해를 돕지 못한다. 어떤 기술이 채륜이 제지술을 개량하는 데 결정적인 역할을 했는지가 그렇다. 이럴 때는 어떤 추측도 사실상 확정할 수 없고 그저 논리적으로 자기모순이 없는지, 추론이 합리적인지 아닌지만 남을 뿐이다. 이런 차원에서 수피포 제작 과정이 소위 표서이고, 채륜의 제지법은 그 영향을 받았다는 주장이 다른 것보다는 나아 보인다.

## 참고문헌

程學華, 1989, 「西漢灞橋紙斷代及有關情況」, 『科技史文集』, 15輯.

鄧聰, 2003, 「東亞出土樹皮布石拍的的考古學考察」, 『史前與古典文明』, 「中央研究院」, 歷史語言研究所.

鄧聰, 2008, 「南中國史前樹皮布文化研究新進展」, 『慶祝何炳棣先生九十周歲華誕論文集』, 三秦出版社.

鄧聰, 2009A, 「海南島樹皮布的幾個問題」, 載於詹長智主編 『海南歷史文化研究輯刊』 第壹卷, 海南出版社.

鄧聰, 2009B, 「雲南樹皮布民族學調查的啟示」, 『南方民族考古』, 第6輯, 科學出版社.

甘肅省博物館, 1981, 「敦煌馬圈灣漢代烽燧遺址發掘簡報」, 『文物』, 10期.

甘肅省文物考古研究所, 1989, 「甘肅天水放馬灘章秦漢墓群的發掘」, 『文物』, 2期.

甘肅省文物考古研究所, 2000, 「甘肅敦煌漢代懸泉置遺址發掘簡報」, 『文物』, 5期.

甘肅居延考古隊, 1978, 「居延漢代遺址的發掘和新出土的簡冊文物」, 『文物』, 1期.

利普斯, 1949/2000, 『事物的起源』, 敦煌文藝出版社.
한국에서는 『가장 인간적인 것들의 역사』(율리우스 립스 지음, 황소연 옮김, 지식경영사, 2004)로 소개되었다.

勞榦, 1948/1976, 「論中國造紙術之原始」, 『勞榦學術論文集甲編』, 藝文印書館(臺北).

勞榦, 1975/2006, 『書於竹帛』 後序; 錢存訓 著, 上海世紀出版集團.
이 짤막한 '후기'의 가치는 종이와 제지술의 기원과 관련된 여러 논문과 저서의 가치를 모두 뛰어넘는다. 이 글은 간파한다. 종이의 최초 용도는 글을 쓰는 것이 아니었다. 그는 이렇게 말한다. "글을 쓰는 것은 부차적인 용도이고, 주요 용도가 무엇인가 하는 문제는 다시 토론해야 할 필요가 있다." 라오깐이 상상한 용도가 꼭 맞다는 건 아니지만 의심한다는 글을 내보내면서 학계는 다시 한번 깊이 생각하기 시작했다.

勞費爾, 1919/2001, 『中國伊朗編: 古代伊朗與中國之文化交流』, 商務印書館.
베르톨트 라우퍼는 독일계 미국인으로 티베트학 학자다. 이 책은 식물, 동물과 기물의 명칭을 통해 고대 중국과 이란 간의 물질 문화상의 수출입을 규명한다. 이 저서의 난이도는 매우 높은데 작가의 언어적 공력은 가히 감탄할 만하다.

淩純聲, 1963, 『樹皮布印文陶與造紙印刷術發明』, 「中央研究院」, 民族學研究所.
작가의 혜안으로 수피포의 역사 문화적 가치를 통찰하여, 수피포 연구의 문을 열었다. 놀라울 만큼 뛰어난 고문헌에 대한 공력으로 고대 문헌에 기재된 수피포에 관한 내용을 정리하고 분석하였다.

淩曼立, 1962, 「樹皮布」; 李亦園 等 著, 『馬泰安阿美族的物種文化』, 中央研究院民族學研究所.

羅西章, 1979, 「陝西扶風中顏村發現西漢窖藏銅器和古紙」, 『文物』, 9期.

潘吉星, 1997, 『中國, 韓國與歐洲早期印刷術的比較』, 科學出版社.

潘吉星, 2009, 『中國造紙史』, 上海人民出版社.

錢存訓, 2002/2006, 『書於竹帛』, 上海世紀出版集團.
이 책의 초판은 1962년에 나왔고, 중역본은 2002년의 개정판을 토대로 번역되었다.

錢存訓, 2004, 『中國紙和印刷文化史』, 廣西師範大學出版社.
첸춘쉰의 두 저서 중에서 필자는 첫 번째 작품을 더 좋아할 뿐만 아니라 그 작품에서 더 많은 수확을 얻었다. 두 번째 저서는 매우 방대한 양인 33만 자에 15년이라는 기간 동안 쓴 작품인 데다 조지프 니덤의 찬사를 받았다. 하지만 필자가 볼 때 모든 면에 빈틈없고 데이터가 완전한 작품을 추구하긴 했으나, 첫 번째 책만큼 날카롭고 지혜로운 안목이 보이지는 않았다.

史圖博, 1937/2001, 『海南島民族誌』(內部讀物), 中國科學院廣東民族研究所.

斯坦因, 1921/1998, 『西域考古圖記』, 山西師大出版社.
필자는 판지싱의 스타인 관련 인용에 의혹이 생겨 아주 힘들게 영문판을 찾았는데, 이 작품의 대단함과 정교함에 감탄했다. 나중에야 이미 중역본이 있다는 사실을 발견했는데, 번역과 인쇄가 매우 훌륭했다.

田野, 1957, 「陝西省灞橋發現西漢的紙」, 『文物參考資料』, 7期.

趙承澤, 2002, 『中國科學技術史·紡織卷』, 科學出版社.

張慶長, 1992, 『黎歧紀聞』, 廣東高等教育出版社.

張震澤, 1986, 『許慎年譜』, 遼寧大學出版社.

周法高, 1948/1976, 「'論中國造紙史之原始' 後記」, 載於 『勞榦學術論文集甲編』, 藝文印書館(臺北).

Kuhn, Dieter, 1988, 『Textile Technology: Spinning and Reeling』; Joseph Needham, 『Science and Civilization in China』, Vol. 5, Part 9, Cambridge University Press.

Stein, Aurel, 1921/1983, 『Serindia(cartographic material): detailed report of explorations in Central Asia and westernmost China』, Delhi: Survey of India.

제 5 장

---

# 인류는 어떻게 하나로 여러 개를 만들게 되었나:

## 조판인쇄

---

# 1

## 인장과 종이의 결합,
## 조판을 이끌다

인쇄술에 있어 인장(印章)과 석각(石刻)은 선도자와 같다. 이 둘의 독특한 발전 과정을 하나씩 살펴보도록 하자.

인장은 일찍이 유럽과 아시아 대륙에서 크게 성행했다. 하지만 기술의 사용 과정 속에서 인쇄 대상의 한계를 뛰어넘고 다양한 범위 내의 예술적 정교함을 살려내고 고대에서 현재까지 기술을 이어온 민족은 중화민족이 유일하다. 그러나 역설적이게도 중국 학계는 인장의 역사에 대한 연구를 갓 시작했고 더디게 진행 중이다. 아마도 인장과 종이가 어느 날 갑자기 원래의 형태를 벗어나 빠른 속도로 함께 사용되기 시작해서 후대 사람들이 초기 인장 형태를 완전히 잊었기 때문이 아닐까. 인장의 전혀 다른 의외의 모습을 보고 나서야 후대 사람들은 다시 상고시대의 인장에 빠져들게 된다.

도광(道光) 2년(1822), 쓰촨(四川)의 한 농부가 밭에서 약초를 캐던 도중에 묻혀 있던 가마를 발견했다. 함께 발견된 오래되고 심오한 내용이 담긴 물건은 고물상에 의해 베이징의 유희해(劉喜海)와 공자진(龔自珍)의 손에 들어갔다. 당초 지식인들은 이를 고대 인장 주조에 사용된 '인범자(印範子)'라고 생각했다. 후에 유희해는 30개를 찾아내 1852년에 편찬한 『장안획고편(長安獲古編)』에서, 이는 '봉니'[■]라고 밝힌다.

이후 반세기가 지나고 1904년, 봉니를 소장하던 대부호 오식분(吳式芬)과 진개기(陳介祺)의 후손이 둘의 소장품과 연구 내용을 모아 『봉니고략(封泥考略)』을 펴낸다. 오씨와 진씨의 후손은 주로 관직과 지리 고증에 집중했다. 예를 들어, '호타색위(呼佗塞尉)' 봉니는 정사(正史)의 부족한 부분을 채워주는데, '호타'는 한나라가 고대 변방의 이름을 본떠 추가한 것으로, 색위(塞尉), 관위(關尉)는 모두 변방 관문을 지키는 요새의 관리였다는 사실을 증명해냈다. 오씨, 진씨 후손과 이후 연구에 합류한 주명태(周明泰)는 1621개에 이르는 전국시대의 봉니부터 한(汉)나라의 인장을 고증하여 백관표(百官表)[●]와 지리지를 거의 완성했다.(孫慰祖, 2002, pp. 63~64) 그러나 이들은 봉니문자의 내용을 연구했고 봉니에 있던 물건이 무엇인지는 알 수가 없었다. 결국 연구의 기초를 잡게 된 것은 1912년 왕국유가 『간독간서고(簡牘簡署考)』를 편찬한 후였다.

정리하자면, 왕국유는 다음 세 가지의 업적을 남겼다. 첫 번째, 왕국유는 종이가 발명되기 전 중국인이 가장 많이 사용하던 문자의 운반 수단인 죽간의 구조를 이해하기 쉽게 정리했다. 두 번째, 이러한

---

[■] 자오핑안(趙平安)은 이를 두고 한나라의 풍습을 고려해 봉니만 있고 도장이 찍히지 않았기 때문에 '봉인(封印)' 혹은 '봉장(封章)'이라고 칭하는 것이 더 알맞다고 주장했다. 그러나 유희해의 주장이 먼저 받아들여졌기에 그대로 불리게 되었다.

[●] 각 관리의 명칭, 인원, 직책 등을 정리한 표.

기초를 토대로 '검서(檢署)'가 무엇인지 파악하여 그 사용 방법을 밝혀냈다. 검서는 책의 겉을 보호하는 커버의 일종으로 죽간이 전달되는 과정에서 타인에게 노출되는 것을 막기 위해 하나로 연결된 죽간 위에 죽판을 덧대는 방식으로 사용되었다. 즉 '검(檢)'하는 것이다. 이 방식에서는 약 1미터 너비의 정방형(趙平安, 2012, pp. 122~128) 소두(小斗)의 구멍 세 개에 노끈 세 줄을 통과시켜 죽간을 얽어매어 소두 안에서 묶어 매듭지은 후, 진흙을 소두에 채워 넣고 마지막에 인장을 찍는다. 세 번째, 왕국유는 그가 일관되게 주장하던 지상(문헌)과 지하(출토된 유물)의 '이중 사증(二重史證, 이중으로 역사를 증명하는)' 방법으로 허신의 주장을 바로잡았다.

기록에 따르면, 허신은 『토부(土部)』(권 13)에서 다음처럼 말한다. "새(壐)는 왕의 도장이라는 뜻으로, 토지(나라)를 다스리는 데 사용한다. 형부는 '토(土)'를, 성부는 '이(爾)'를 따른다. 주문(籀文)●●에서는 '옥(玉)'을 형부로 한다." 단옥재가 이에 주석하여 말하길, "주나라 사람들은 이미 옥을 깎아 만들어 썼기 때문에, 주문에서는 '옥'을 형부로 한다. 즉, '토'를 형부로 삼은 것은 고문(古文)임을 알 수 있다." 단옥재가 '새(壐)'를 고문이라고 한 것은 옳은 말이다. 오직 토지(나라)를 다스리는 데만 '새(옥새)'를 사용한다면 형부로 '토(土)'를 따를 가능성이 있다. 그러나 고대에는 위아래를 막론하고 인장을 말할 때 '새(壐)'를 사용했으며, 어느 특정 지역에서만 전문적으로 쓰지 않았다. 죽간의 시대에서 새인(壐印)이 생겨날 때는 반드시 그 지역의 토지와 관계가 있었기 때문에 이 자는 형부로 '토(土)'를 따른 것이다. 『조례·취금(周禮·職金)』에서는 이렇게 말한다. "열어

●● 한자의 서체 중 하나.

보면 인장(璽)이 찍혀 있었다." 인장을 벗겨내는 데 봉니가 아니면 안 되었다. (…) 고대 사람들은 항상 새인을 점토에 찍었고, 천에 사용하는 사람도 있었다.(王國維, 1913, p. 100; p. 102)

이는 한편으로 새인(璽印)이 처음에는 천자와 제후들만 독점하고 있었다는 설을 깼을 뿐만 아니라, 더욱 중요하게도 고문자(璽는 원래 壐)와 출토된 인장 유물을 통해 봉니가 인장 기술 초기에 사용되던 방법이라는 점을 밝혀냈다. 당대 학자들이 1957년 창사(長沙)시 줘쟈탕(左家塘)과 1982년 장링(江陵)현 초(楚)나라 무덤에서 발굴한 주문(朱文)*이 찍힌 비단은 왕국유의 주장을 바로잡는다.

왕국유의 '고대에는 모든 새인을 점토에만 사용했고, 아직까지 직물에 사용한 사람은 없었다'라는 판단은 단옥재가『설문해자주』에서 "주나라 사람이 봉니를 이용해 문서 도장을 찍을 때, 인장은 대나무 판이 아닌 비단 위에 찍는다"고 주장한 것을 겨눈 것이다. 두 내용을 서로 비교해보면 옳고 그름이 확연하게 드러난다.『후한서』에서는 채륜이 대체재를 찾은 이유는 "비단은 가격이 비싸고, 대나무 판은 무겁기 때문"이라고 말한다.

가격이 비싼 비단은 문자를 전달하는 운반재로 적합하지 않았다. 간혹 비단이나 비단으로 된 책에 찍힌 인장이 발견되기는 하지만, 비단은 인장 초기에 사용하는 방법으로는 구성되지 못했다. 그리하여 이러한 발견은 봉니의 지위에 대한 왕국유의 판단을 바꾸지 못했다. 보편적인 풍속에 예외가 없던 적이 있었던가. 문맥에 맞게 말하자면, '고(古)'는 넓고 좁은 개념을 모두 포함하고 있어 필자는 "고대에는

---

* 인장의 돌출된 문자.

모든 새인을 점토에 찍었다"에서 '고대'를 '최초'라는 의미로 이해하고자 한다.

왕국유는 봉니 연구의 기초를 닦아 이후 이 분야가 중국어 학계에서 종횡 양방향으로 확장하여 발전할 수 있도록 도왔다. 종으로는 봉니가 언제 시작되었는가와 중국에서 개발되었는지 혹은 전래되었는지를 연구했다. 횡으로는 왕국유의 주장대로 인장이 고급 관리직만의 것이 아니라면 각 계층에서 봉니를 어떠한 용도로 사용했는지를 연구했다.

지금까지 고고학 전문가들은 약 1000여 개의 서주시대 고분을 발굴해 그중 괵족(虢族)** 고분에서 만여 개의 청동기 유물을 발견했다. 그중 학자들은 뜻밖에 한 개의 도장을 발견했다. 춘추시대의 것도 아주 조금 발견되었다. 전국시대로 들어와서는 인장이 혜성처럼 등장해 이미 6000개가량 발견되었는데 그중 300개는 관인 것이고 나머지는 개인 인장이었다. 만일 이것이 중국에서 만들어진 것이라면 초기 단계부터 발전된 형태까지의 과정이 남아 있을 것이다. 초기에 완성된 대량의 인장이 있었던 것으로 보여서 외부에서 전래되었을 가능성이 제기되었다. 그러나 발굴된 세 개의 상나라(商代) 도장은 중국의 인장 기술이 전국시대부터 시작되었다는 주장을 반박한다. 골동품상 황쥔(黃濬)이 1935년에 집필한 『업중편우(鄴中片羽)』, 위싱우(於省吾)가 1940년에 집필한 『쌍검치고기물도보(雙劍誃古器物圖譜)』에 실린 도감과 사진에 따르면, 세 개의 도장은 현재 타이베이 고궁박물관에 보관되어 있다.

상나라 도장의 가장 대표적 변호인으로는 리쉐친을 꼽을 수 있다.

---

** 주대 제후국의 하나인 괵나라에 살던 민족.

그는 1992년 세 개의 도장 중 '아류형 도장(亞類型)'을 분석했는데, 도장의 특징을 내세우며 "이는 위조범이 절대로 따라 할 수 없으며, 고로 고대 도장은 위조품이 아니다"라고 주장했다.(李學勤, 1992) 오래지 않아 다른 학자들이 이에 대해 반박하며 해당 특징은 위조가 가능하며 세 개의 도장은 가짜라고 주장했다.(金夷, 潘江, 1996) 이후, 리쉐친은 사람들을 오랜 기간 어리둥절하게 했던 '문자와 비슷하지만 문자가 아닌' 도형이 있는 '격자무늬 도장'에 대해 고증하고 분석했다.(李學勤, 2001)

학자들 사이의 논쟁이 발생할 즈음, 앞서 기술한 세 개의 옥새처럼 출처가 불분명한 것과는 달리 '명확하게 지층관계가 밝혀진' 한 개의 구리 도장이 1998년 은허에서 발견된다. 리쉐친은 이에 대해 다음처럼 주장한다.

이 상나라 구리 도장과 이후의 도장은 같은 것이며, 주로 봉니 혹은 비슷한 물건에 사용되었을 것이다. (…) 은허에서 이전에 발견된 세 개의 구리 도장과 좀 더 앞선 시대의 다른 옥새들 역시 진품 도장이다.(李學勤, 2004)

사실, 변호하는 학자들에게는 거시적 생태환경을 분석하기가 더욱 어려웠다. 중국 초기의 고대 도장은 대부분 청동으로 주조되었고, 청동은 부식에 강하다. 지금까지 은허에서 발굴한 2000여 개의 고분은 대부분 이전에 도굴되지도 않았고 무수히 많은 청동기가 발굴되었는데, 왜 1989년에 이르러서야 한 개의 구리 도장이 발견되었을까. 도장 한 개가 봉니에 수십 번에서 많게는 100번까지도 사용되기 때문에, 봉니는 항상 고대 도장보다 훨씬 많이 출토된다. 이에 대해 리쉐친은 그 도장이 "봉니에 사용되었다"고 말했다. 하지만 은나라 때부터 서주시대까지 봉니는 단 한 개도 발굴되지 않았다.

더 거시적인 관점에서 고대 중국과 메소포타미아 문명 혹은 더 나아가 주변 다른 민족들의 인장 역사와 비교해볼 수 있다. 예를 들어, 중국의 인장이 전국시대에서 시작되었다고 가정하면, 약 2500여 년의 역사를 지닌 셈이다. 아직 논란은 있지만 은나라 말기에 시작되었다고 가정하면 역사는 약 3100여 년이다. 게다가 이란의 수사, 시리아의 하부바카비라에서 출토된 구형의 블록, 롤러도장, 봉니 등은 메소포타미아 문명에서 인장 기술이 이미 7000년 전부터 존재했음을 증명한다.(新關欽哉, 1995, pp. 40~52; 林文彥, 2011; 拱玉書 等, 2009, pp. 149~157)

기원전 18세기경에 쓰인 『함무라비법전』 제104조에서는 "인장이 찍히지 않은 은은 계산되지 않는다"고 말한다. 제128조에서는 "사람이 아내를 얻고도 그녀와 계약서를 작성하지 않았으면, 그녀는 아내가 아니다"라고 했으며 이 계약에는 반드시 인장이 찍혀 있어야 한다고 말한다. 기원전 5세기에 바빌로니아를 방문한 그리스 역사학자의 일기에 따르면, 바빌로니아에 도장이 없는 사람은 거의 없었다고 한다.(新關欽哉, 1995, pp. 50~51) 얼마 안 있어 메소포타미아 문명의 인장 문화는 유럽과 아시아 대륙으로 전파되기 시작했고, 각각의 민족은 이를 서로 다른 형식으로 발전시켜나갔다.

이집트 나카다(Naqâda) 시기의 왕묘에서 출토된 메소포타미아 문명의 롤러도장은 5000여 년 전 두 개의 하류 지역문화가 이집트를 향해 유입되었음을 증명한다. 이후 이집트인들은 롤러도장을 사용했으며 사용 문자를 늘려나갔다. 1000여 년 후, 풍뎅이가 롤러를 대신했고 이집트만의 특색 있는 인장 문화가 완성되었다. 이집트 제13대 왕조에 들어서서(기원전 1802~1649) 도장의 휴대와 사용을 더욱 편리하게 하기 위해, 반지도장을 만들었다. 이란 사람들은 인장 기술을 받아들이면서 석각 방식을 구리 주조 형식으로 바꾸었고, 히타이트인의 끊임없는 변화를 통해 롤러 형태를 평면으로 만들었다. 이란의 인장 기술은 페르시아만을 통해 인도, 남아시아 대륙으로 전파되어 그들만의 인장 도안에 드러나게 된다.

문화교류가 차단된 두 민족이 같은 종류의 복잡한 기술을 독창적으로 만들어내기란 매우 어렵고 가능성이 드문 일이다. 게다가 그 세세한 부분마저 비슷한 경우는 매우 드물다. 같은 인장 기술을 창조해내기도 어려운데, 심지어 인장 기술을 시작하며 봉니를 사용했다는 것은 매우 불가사의한 일이다. 또한 두 기술 사이에는 꽤 큰 시간 차이가 존재한다. 메소포타미아 문명의 인장 기술은 중국의 인장 기술보다 약 4000년을 앞선다. 그렇다. 고대 중국과 메소포타미아 문명의 인장 기술은 큰 차이가 있다. 청동과 석재, 평면과 롤러형, 문자와 도형이 바로 그것이다. 그러나 이 두 문명 사이에는 전파와 점진적 변화를 이끄는 매개 지역이 존재한다. 바로 이란, 페르시아만, 인도 지역이다. 그러므로 청동, 평면, 문자 등과 같은 특징을 중국만의 독창적인 특징으로 말하기는 어렵다. 특히 전국시대의 12지간 동물 모양의 인장은 이란의 인장 도안과 비슷하다.(新關欽哉, 1995, p. 18)

유럽과 아시아의 여러 민족사회로 유입된 인장 기술은 광범위한 용도로 이용된다. 우선은 중국 고대의 검서에 대해 이야기해보겠다. 중국의 인장 기술보다 훨씬 앞서는 중앙아시아 지역의 인장에 이 기능이 없을 리는 없다. 메소포타미아 문명의 독특한 정치사회 형태는 그들로 하여금 비밀 보안보다는 계약상의 왜곡이 발생하지 않도록 하는 데 더욱 의의를 두게끔 한다. 따라서 그들은 이러한 문서 보호(護封) 방식을 사용했다. 계약 내용을 점토 인쇄판 위에 적고, 점토로

덮은 후, 그 위에 다시 한 번 계약 내용을 적고 당사자의 도장을 찍는다. 이렇게 계약 내용을 잘 보호하고, 만일 이에 대한 논쟁이 발생하면 흙을 깨서 원문과 비교한다.

아시리아인들은 한동안 두 하류 지역을 정복했는데, 페니키아 문자의 의발(衣鉢)을 전수받은 아랍문자는 점토 판 위에 새기기에 적합하지 않았다. 그래서 자신들에게 알맞게 파피루스와 양피지로 대체했다. 글자가 완성된 후, 파피루스와 양피지를 접거나 구겨서 노끈을 사용해 묶은 후, 흙칠로 매듭을 마무리한 후, 도장을 찍었다. 이집트, 이란, 인도도 대체로 이와 비슷하다.(新關欽哉, 1995, p. 48; p. 54; 林文彦, 2011)

이들 문화와 중국 고대문화의 검서는 거의 비슷하다. 깔끔하고 반듯한 대나무를 쓴 중국 고대사회에서 사용된 '두검봉(斗检封)'은 더욱 짜임새가 치밀하고 장중해 보인다.

이러한 작업은 문서의 정보를 보호하기 위함이고, 이는 사물과 사람에 대한 정보를 보호하고 증명하기 위한 인장의 다양한 용도 중 하나다. 『예기·월령편(禮記·月令篇)』에는 다음처럼 적혀 있다. "물건에는 장인의 이름이 있어, 그 진위를 가릴 수 있었다. 만약 제품이 잘못되면 반드시 상황에 따라 죄를 물었다." 즉, 도자기, 칠기 같은 물건에는 반드시 그것을 만든 장인이나 감독관의 이름이 찍혀 있어야 한다는 말이다. 가재도구 등에 날인된 봉니는 각 민족이 술, 기름, 향신료 등의 귀중한 식재료를 운반할 때 쓰이던 방식이다.

『당육전(唐六典)』 제11권에는 다음과 같은 내용이 있다. "외부에서 말을 들여올 때는 화(花), 비(飛), 풍(風) 이 세 자를 낙인해 의도를 나타냈다." 사맹해(沙孟海)의 『인학사(印學史)』에는 '일경도췌차마(日庚都萃車馬)'라는 인보(印譜)가 있는데(6.9센티미터 정방형), 그에 따르면 "이렇게 큰 도장은 봉니 사용에 적합하지 않고, 아마도 말에 낙인을 찍는 데 사용되었을 것"이라고 했다.(沙孟海, 1987, p. 9) 중앙아시아의 민족 역시 가축에 낙인을 찍었다. '살목가(薩穆加)'는 유목민족이었던 이란 사람들이 각자 소유한 가축을 확실하게 구분하기 위해 가축의 몸에 기호를 새기는 것을 뜻하며, 이후 이 기호가 각 씨족의 문장이 되었다. 전해지는 바에 따르면, 사산왕조 최후의 왕인 호스로 2세(Khusraw II)가 타던 말의 허리 부분에 '살목가'의 낙인이 찍혀 있었다고 한다.(新關欽哉, 1995, p. 63)

또 다른 공통적인 풍습으로는 명찰인장이 있는데, 처음에는 더욱 편리하게 도장을 찍기 위해 시작되었다가 이후 신분을 나타내는 용도로 사용되었다. 이렇게 다시 한번 각 민족이 서로 공유하는 풍습이 생겨나게 되었다. 바로 인장이 부장품으로 사용되기 시작한 것이다. 권력자의 인장 봉니는 대부분의 상황에서 통행증으로 활용되기도 했다.(劉江, 2005, pp. 75~85)

인장은 문서 보호에서부터 증명의 용도까지 사용되었고, 그 대상은 문서에서 사물, 인물에까지 미쳤다. 이러한 각양각색의 용도는 공통적으로 내포하는 기능이 있는데 바로 인장이 추상적 의미의 속성을 지녔음을 암시한다. 『석명(釋名)』에서는 "도장은 신의다(印, 信也)"라 말하는데, 이는 인장의 사회적 기능을 명확하게 드러낸다. 그러나 이러한 사회적 기능은 바로 인장이 물리적 기능을 갖추고 있어야 함을 전제로 한다. 즉, 어떤 유일성을 복제해낼 수 있어야 한다. 비록 복제한다면 이미 유일하지 않다는 의미를 지니지만, 인장 자체는 여전히 어느 누구도 가질 수 없는 하나의 상징을 나타내며 한번 그것을 보게 된 자는 그 출처의 유일성을 믿게 된다. 인장은 인류 최초의 복제 도구이며, 고로 인류 최초의 신물(信物)이라고 할 수 있다. 개인의 활동능력과 단체 사회생활의 범위가 확장되면서 개인의 육체가 갖는 한계를 뛰어넘기 위해, 인장은 발 없는 말이 천리를 가듯 세상에 등장하여 유럽과 아시아 대륙의 거의 대부분의 사회에서 이용되었다.

인장은 시간과 공간 등을 넘나들며 전파되는 과정에서 수많은 변화를 거친다. 비록 최초는 아니지만 가장 큰 변화, 즉 날인하는 대상이 봉니에서 종이로 변하는 과정은 중국 고대사회에서 발생한다. 왕국유는 남북조시대에서 시작한 이 변화를 역사서에서 볼 수 있다고 말한다.(王國維, 1913, pp. 104~105) 『위서·노동전(魏書·盧同傳)』에는 이렇게 적혀 있다.

만약 직급과 이름이 상응하면 격문에 해서체로 크게 쓰고, 직급 수만큼 준비한다. 본 부문의 상서는 붉은색 도장을 찍도록 한다. 확실히 만들어 양쪽에 보내는데 하나는 이부(吏部)에, 다른 하나는 병국(兵局)에 남긴다. (…) 하루 시간을 내어 붉은 도장(朱印)을 찍은 격문을 이부에 제출하도록 한다.

한편 『북제서·육법화전(北齊書·陸法和傳)』에는 이렇게 적혀 있다.

양원제는 육법화를 도독(都督), 영주자사(郢州刺史), 봉강승현공(封江乘縣公)으로 삼았는데, 법화는 직분을 감당하지 못하고, 그 계문에 붉은 도장으로 날인하고 스스로 사도(司徒)라 칭했다.

노동(盧同)은 북위 태화 중기, 즉 양원제 소역이 즉위해 있던 552~554년에 관직에 있었다. 다시 말해, 5세기 말경에 인장과 종이의 관계가 시작되었다. 제지술은 서한시대부터 통용되어 종이가 봉니를 대체하기까지 대략 500여 년이 걸린 것이다. 이 500년 동안 종이와 죽간은 쓰였다가 안 쓰였다가를 반복한다. 어떠한 사물도 기초 없이는 존재할 수 없다. 봉니는 "실제로 죽간과 함께 폐기된다."(王國維, 1913)

인장이 종이에 사용되면서 왜 붉은색을 썼을까? 날인이 눈에 띄게 하려면 검은색과 붉은색이 좋은데 "반드시 붉은색을 사용해야 하는 이유는 글자들이 먹색이기 때문에 붉은색으로 날인해 색을 가리지 않도록 하기" 위함이다.(馬衡, 1923, p. 230) 날인의 대상이 봉니에서 종이로 변하는 과정에서, 음문에서 양문 인장으로의 변화 역시 발생한다. 음양의 구분은 불명확한 편이다. 현대인은 인장 차원에서 음양을 구분하는데, 인장의 획수로 음양을 따지기도 한다. 보통 음양의 모양이 오목하면 음, 볼록하면 양으로 본다. 명나라 사람 고대소(顧大韶)는 고대인들이 봉니의 차원에서 음양을 구분한 바는 현대인들의 음양 구분과는 완전히 반대라고 말한다. 그는 인장을 주문(朱文)과 백문(白文)으로 구별하면 이런 혼란을 피할 수 있다고 보았다.(馬衡, 1923, p. 229)

그러나 주문과 백문은 봉니와 종이의 변천 과정, 중국과 메소포타미아 문명의 인장 역사 사이를 잇지 못한다. 고로, 우리는 여전히 현대인들이 사용하는 음문과 양문의 구별 정의에 따를 수밖에 없다.

음문 양문의 변화는 절대 독립적으로 발생하지 않았고, 조각가의 기술, 그들이 사용하는 재료, 더 나아가 날인하는 대상의 재료, 인장을 만들 때 쓰는 재료로 인해 발생한다. 메소포타미아 문명인들은 돌을 생산하지 않았기에 이러한 수요에 맞추기 위해 수입산 돌 재료를 이용했다. 그들은 주로 청금석(青金石), 적철석(赤鐵石) 혹은 드물게 옥, 수정, 마노석 등을 사용했다. 인장의 내용은 대부분 도형이며 음문인데, 볼록한 형태의 인물, 동물, 경치 등을 구현하고자 했다. 딱딱한 돌 표면에 '정각(正刻)'을 하기도 쉽지 않은데, '반각(反刻)'을 하기란 더욱 어려운 일이다. 그래서 각각 다른 역사적 시기에 발견된 인장들은 사용하는 인구가 늘어날수록, 인장 제조기술의 수준이 급격하게 떨어진다.(新關欽哉, 1995, p. 46)

게다가 이란, 페르시아만, 인도의 직간접적 영향을 받은 두 강이 만나는 유역의 인장 문화에서는 청동으로 주조된 인장이 석각 인장을 완전히 대체하고 있다. 간접적인 원인으로는 아마도 그 지역에 각석 기술을 가진 자가 없었기 때문일 것이다.

또한 당시 각 민족의 청동기문화는 평균적으로 매우 성숙한 상태였다. 당시 조각 모형은 점토였으며 정각 방식을 사용하였다. 이렇게 제조된 인장은 바로 음문 인장이 되며, 돌에 반각으로 새기는 것보다 훨씬 쉽게 제조되었다. 앞에서도 언급한 바와 같이 청동 주조 인장이 석각 인장을 대체한 후, 제조기술이 좋아져서 어렵지 않게 만들 수 있게 되었다.

중간 지역을 통해 고대 중국사회로 인장 문화가 전파될 때, 청동 주조 인장을 인습한 동시에 또 다른 변화를 일으켜 전국시대에 음문과 양문 인장이 공존하게 되었다. 다시 말해 인장 기술상 존재한 적 없던 양문이 생겨났다.

추측하건대 중국 인장은 모두 문자에서 나온 것 같다. 그 근거 중 하나로 봉니의 시각적 효과를 들 수 있다. 문자의 음문과 양문 차이는 도형과 그리 다르지 않다. 세상에 존재하는 모든 인물과 동물은 입체적인데, 봉니 중 오목한 형태의 인물과 동물은 현실감이 없어 보인다. 게다가 문자는 인물과 동물과 달리 특수하기 때문에 봉니 중 문자의 오목하고 볼록한 시각 효과의 차이는 비교적 적은 편이다. 이는 우리가 비석의 오목한 글자를 볼 때 이상함을 느끼지 않는 것과 마찬가지다.

두 번째로는, 인장 모형상의 음각문자는 양각문자보다 새기기가 쉽다. 인장이 중국으로 들어오는 과정에서, 양문인장 모형을 만들 수 있는 장인은 많지 않았기 때문에 음문인장 모형으로 주조한 인장이 그냥 양문인장이었다. 그러나 한대에 와서 음문인장이 갑자기 시장에서 압도적으로 우세해졌다. 필자가 추측하건대, 인장 모형을 제작하는 100~200년에 양문인장 모형을 제대로 제작할 수 있게 된 것이다. 즉, 음문인장을 제작하는 장인의 모임이 어느 정도 형성되어, 봉니 위에 새기는 문자의 시각효과에 대한 요구가 높아졌다고 볼 수 있다. 그래서 한나라 시대의 인장 대부분은 음문이었는데, 남북조시대로 넘어와서 종이가 봉니를 대체한 후 전국시대에 존재했던 양문인장이 다시 활발히 사용되기 시작해 음문의 사용을 뛰어넘었다. 왜냐하면 봉니와는 반대로 종이에는 음문보다는 양문이 더 또렷하게 찍히기 때문이었다. 오늘날 인장 세계에서는 다시 음문과 양문이 공존한다. 더이상 인장의 실용성은 존재하지 않게 되었고, 문인의 심미적 추구가 인장의 주요 존재 이유가 되었기 때문이다.

인장과 종이가 결합되면서 양문반각이 시장에 나오게 된 시기에 인쇄술 중 '조판'이 시작되었다. 게다가 인장과 조판인쇄술의 기술상 차이로 인해, '인(印)'이라는 글자는 '인쇄'의 한 종류로 병합되었다.

인장이 중국에서 발전하고 변화해 개혁이 일어나는 동안, 서양에서도 변화가 있었다. 그러나 종이가 중국보다 약 1000년 정도 늦게 사회에 유입됨에 따라 서양 귀족들은 양피지를 사용했고 밀랍 봉인이 봉니를 점차 대체했다. 그 과정에서 봉니는 인장의 역사 속으로 사라진다.

# 2

# 석각, 중국 최초로 문자를
# 대량으로 복제하다

## 1. 석비와 묘비

인장과 비각(碑刻)은 모두 인쇄술의 선구자와 같은 기술이다. 이번 절에서는 석비와 그 비슷한 사물로부터 시작해 비각에 대해 이야기하고자 한다.

> 고대 이집트 제4왕조 시기(기원전 약 2613~2494년)부터 만들어졌던 오벨리스크(obelisk)*는 현재 남아 있지 않다. 현존하는 가장 오래된 오벨리스크는 제12대 왕조(기원전 약 1991~1786)에 만들어져 현재 카이로 교외 헬리오폴리스 사원유적에 남아 있다.(『簡明不列顚百科全書』, '오벨리스크'에서 발췌)

> 그 기원에 대해서는 불분명하지만 미케네(Mycenae)와 기하학 시기(기원전

---

* 고대 이집트 왕조 때 태양신앙의 상징으로 세워진 기념비.

900~700년)에 동방과 그리스 지역 문명은 이미 돌을 이용해 묘비로 사용하기 시작했다. 고대 바빌론왕조 시기에 집필된 유명한『함무라비 법전』은 거대한 바위에 새겨졌으며 함무라비 상 위에 박혀 있다.[『브리태니커 대백과사전』(중역판), '석비(stela)'에서 발췌]

중국 최초의 석각은 당나라 유적에서 출토되어 현재 고궁박물관의 석구(石鼓)에 보존되어 있다. 현대와 당대의 수많은 학자들이 이를 진나라의 석각이라고 판단하지만, 진양공(秦襄公), 진문공(秦文公), 진목공(秦穆公), 진헌공(秦獻公) 중 어느 시기의 것인지에 대해서는 의견 불일치를 보이고 있다.(馬衡, 1923, pp. 97~103)『사기』에 따르면, 진시황(기원전 221~207년 재위)의 순행 중 그의 공덕을 기리기 위한 각석(刻石)은 총 일곱 번 있었다. 진시황이 재위하던 14년 동안에는 각석이 일곱 번이나 있었는데, 무려 214년이나 이어진 서한왕조 시기의 석각은 후대인들에게 거의 드물게 전해지고 있으며 동한에 접어들면서 석각이 다시 돌연 유행하게 되었다는 것은 오늘날의 우리로서는 이해하기 어려운 지점이다.

세 왕조의 흥망성쇠 과정 속에서 석각이 어떤 변화를 거쳤는지에 대한 필자의 이해는 이렇다. 먼저 그것이 독창적 기술이든 중앙아시아에서 유입된 것이든 석각은 진 왕조에서 이어져 내려왔다. 그리고 서한왕조의 집권층 문화유산과 심미적 특징은 진나라와는 또 다른 특수함을 지녔으며, 그들은 지배층의 공덕을 기리기 위해 각각 새로운 방식과 이전의 방식을 택했다. 새로운 방식이란 화려하고 정교한 한부(漢賦)를 많이 활용한 것이고, 이전의 방식은 이미 형성되어 쇠락하기 시작한 명문의 청동제기를 사용하는 것이다.(程章燦, 2009, p. 213) 예로부터 청동기의 매력은 힘과 아름다움의 오묘한 조화에 있었다.

한때 청동기는 최고의 무기를 대표하기도 했지만 흑철이 세상에 나온 후에는 매력이 점차 사라졌다.(張光直, 1990, p. 10; p. 12; 鄭也夫, 2007, pp. 84~86) 평민 출신의 서한 지배층이 전통 황가와 귀족의 예기를 이어서 사용할 수 있었는데, 진시황은 한창때가 지나 기세가 꺾인 것은 사용하지 않았다.

두 번째로, 장건(張騫)이 서역과의 교류를 튼 후, 각 지역의 특별하고 진귀한 풍습과 문화가 중국으로 흘러들어왔고, 묘비 문화도 그중 하나일 가능성이 높다.

> 한나라 이전 시대에 출토된 유물 중, 한나라 비석과 비슷한 외형을 가진 것은 거의 드물다. 한비(漢碑)의 규수(圭首)●, 원수(圓首)●●, 윗부분의 도안 장식과 갈아 만든 정교한 표면상의 특징은 모두 한나라 시대 훨씬 이전의 북아프리카, 서아시아와 중앙아시아 고대문화의 비각과 유물들에서 발견되었다.(趙超, 1997, p. 13)

처음 시작되어 전파되기까지에는 하나의 과정이 꼭 필요한데, 그 발현 과정은 서한시대 후기에 시작되어 동한 초기에 완성되었을 것으로 보인다.

세 번째, 동한시대의 시작과 함께 효도(孝道)가 크게 유행했는데, 동한의 선비들은 도덕과 학문을 동시에 중시할 것을 요구받았다. 여기서 전자는 효렴(孝廉)을 뜻하고 후자는 경학(經學)을 뜻한다. 효심을 표현하는 하나의 수단으로 부모의 장례를 성대하게 치르는 문화가 있었는데, 이때 묘비와 비문―조문(悼文)―은 성대한 장례의식의 가

---

● 비석의 머리 부분이 삼각형으로 뾰족한 형태.
●● 비석의 머리 부분이 둥근 형태.

장 중요한 요소라고 할 수 있다. 아직 청동기가 쇠락하기 전이기는 하지만 묘비는 최고의 광고효과를 보였다.

석고문(石鼓文) 그리고 진시황의 갈석(碣石)부터 동한 초기의 비문까지, 이 모두는 군주와 제왕의 공헌을 기록하기 위해 제작되었다. 묘비는 이후에 생겨났다. 묘비와 비문의 시대로 접어들며 석비의 기능이 더욱 확대된 것은 당연한 일이다. 그 속에는 하나를 통해 열을 알수 있는 환기작용이 숨겨져 있다. 175년 동한시대의 한 서생이 영제(靈帝)를 향해 석비에 판각해 경문(經文)을 정정할 것을 주청했는데, 영제는 이를 윤허했다. 석비 이전에는 없던 기능이 새로 추가되기 시작한 것이다. 『후한서』에서는 다음처럼 말한다.

채옹(蔡邕), 자(字)는 백개(伯諧)다. (…) 어릴 때부터 박학(博學)하였고, 스승을 존경하고 받들었다. 글쓰기, 수학, 천문을 즐기고 음악에 정통했다. (…) 건녕(建寧) 3년에 벽사도(辟司徒)● 직위의 교현부(橋玄府)는 그를 매우 존경했다. 수도를 떠나 하평장(河平長)으로 부임했다가, 낭중(郎中)으로 모셔졌다가, 동관(東觀)에서 문서 교정을 하다가, 의랑(議郎)으로 관직을 옮겼다. 채옹이 보기에 경전의 수준이 성인들의 것에 비해 많이 뒤떨어지고 틀린 문자도 많은 탓에, 식견이 짧고 부족한 선비들이 견강부회하여 후학들에게 잘못을 남긴 것이라 여겼다. 그리하여 희평(熹平) 4년 오관중에서 낭장 당계전(堂溪典), 광록대부 양사(楊賜), 간의대부 마일비(馬日磾), 의랑 장훈(張馴), 한설(韓說), 태사령 단양(單揚) 등이 상소를 올려 육경의 문자를 수정할 수 있도록 청했다. 영제(靈帝)가 이를 허락하여, 채옹이 이에 책을 따라 썼고(書冊)■, 석공에게 태학문(太學門) 밖에 조각한 것을

---

● 성벽을 관리하던 관리.
■ 후대 주석가들은 '서책(書冊)'의 글자는 잘못 쓴 것이며, '서단(書丹)'이 맞다고 생각했다.

세워두라 명하였다. 그리하여 후대 유생들은 다 그에게 이를 물었다. 석비가 세워지자 관찰하고 모방하는 사람만 하루에도 1000여 대가 넘는 수레로 모여 골목과 대로를 가득 메웠다.

이 전기는 사실 한 가지를 과장하고 하나의 중점을 드러내며 하나의 경위를 빠뜨렸다. 한나라의 석경(세 개의 석경이 존재하는데 한대의 석경인지 위나라의 석경인지는 아직 논쟁 중이다)에는 석비 46구, 총 20여만 자가 적혀 있고 완성하는 데 8년이 걸렸으며, 고증을 통해 약 24명의 교리(校理)가 있었던 것으로 보인다.(馬衡, 1923, p. 131) 채옹은 178년에 추방되어 석경 제작에 약 3년 정도 참여했으며, 그가 일부분을 작성했다는 것만 알 수 있다.

앞에서 말한 '교서동관(校书东观)'은 매우 중요하다. 동관은 동한시대 궁정에서 문서를 보관하고 경서를 교정하는 곳이었는데, 수많은 유학자들이 이곳에서 일했다. 여기서는 문자 불일치와 경학논쟁의 어려움 등을 가까이서 경험할 수 있었다. 그러나 채옹은 매우 다재다능했음에도 불구하고, 경학에 대한 그의 조예는 동한에서 뚜렷하게 드러나지 않았다.

왜 마융(馬融), 정현(鄭玄), 허신 등은 모두 채옹의 상소를 제출하지 않았을까? 이는 『한서』에 채옹의 뛰어난 능력이 언급되지 않은 것과 또 다른 차원이다.

앞에서의 인용문은 동한시대 고분에서 비문이 중요한 부분을 차지한다고 말한다. 이는 개관정론(盖棺定论), 즉 사람이 죽고 난 뒤에 공과 과에 대한 공정한 평가를 할 수 있다는 의미를 담고 있다. 무덤 주인의 후대가 직접 기록을 하게 되는 것이다. 당시 수많은 문인이 이러한 일에 발을 들이기 시작했고, 이 일에는 채옹만 한 사람이 없었다.

동진의 이충(李充)은 『기거계(起居誡)』에서 "중세의 채옹은 비석 쓰는 일에 능했다"고 말했다. 남조시대의 학자 유협(劉勰)은 『문심조룡·뇌비(文心雕龍·誄碑)』에서 다음처럼 말한다.

> 한나라 이후, 비석이 발전해 일어났으나, 재능의 선봉이 끊어지니 채옹보다 나은 이가 없었다. (…) 그의 서사는 완벽하고 핵심이 있었고, 장식의 색은 우아하고 빛이 났다. 청사(淸詞)가 넘치고, 재치 있는 어구가 돋보였다. 그가 인재라는 사실은 관찰하면 자연스럽게 알게 된다.

오늘날까지 전해져 내려오는 『채중랑집(蔡中郎集)』은 총 148편으로 이루어졌고, 비문의 한 종류인 송문(頌文)은 그중 60여 편이다. 채옹의 문장은 당대 최고였을 뿐 아니라 그의 서예 역시 정상급이었다. 당대의 서예가 장회관(張懷瓘)은 『서단(書斷)』에서 "채옹은 서예에 능하여, 전서와 예서는 비길 자가 없었다. 특히 예서가 심오했는데, 서체가 변화무쌍하고, 신비하고 오묘해 고금을 통틀어 가장 독보적이다. 또한 비백(飛白)*을 창조하니 뛰어나기 그지없다"라고 말했다.

이렇듯, 당시 채옹이 비문을 만들 때 직접 문장을 쓰고 동시에 단서(丹書)를 했음을 알 수 있다. 붓과 먹을 아낌없이 사용했던 이유에 관해서는 다음과 같이 설명한다. "비문 작성에 가장 심취해 있던 채옹은 아마 사람들이 비문을 구경하는 모습을 여러 번 목도했을 것이다. 그리고 그처럼 열심히 비문을 쓰는 동시에 동관에서 문서를 교정했던 사람이 경문에 대한 논쟁 해결에 비각을 사용해야겠다는 생각을 떠올리기란 너무나도 쉬웠을 것이다. 이 두 가지를 잘 아는 그는

---

* 먹을 적게 하고 운필의 속도를 조절하여 획 안에 흰 잔줄이 생기게 쓰는 서예 기법.

상주(上奏)하기에 가장 적합한 인물이었을 것이다."

그러나 유생들은 그저 주청만 했을 뿐이다. 이 일은 이후 역사적 사건이 되었지만 당시에는 그저 황제의 결정만을 기다리던 사소한 일 중 하나였다. 한 영제가 윤허한 후에 큰 어려움이 시작되었다. 문자를 통일하기가 힘들었고, 경학에 대한 논쟁은 끊이지 않았으며, 이 두 가지가 얽히고설켜 서로 인과관계가 되었기 때문이다.

## 2. 진나라, 미완의 서동문

한자의 기원은 구어 시스템에 있지만, 말소리의 기록은 아니며 외적인 형상을 모방하면서 시작되었다. 복사(卜辭)에서 시작되어 사관(史官)이 국가 대사를 기록하기에 이르렀다. 이후 상형자가 훨씬 다양한 내용을 묘사하게 되었을 때 글자가 매우 적었기 때문에 표현하기에 역부족인 문제에 당면하게 되었다. 그저 형상과 그 의미에만 의지해 여러 가지의 새로운 글자를 만들어내기란 역부족이었고, 특히 추상적인 단어를 만들어내기는 더욱 어려웠다.

음차(聲借)는 형성자가 발전해가는 과정 속에 존재했다. 음차는 결과적으로 한 글자가 여러 의미를 지니고, 글자와 의미 사이에 괴리가 생기는 현상을 불러일으켰다. 한 글자가 여러 의미를 지녀 구별점을 잃는 이러한 문제를 해결하기 위해, 고대인들은 음차자 위에 형부(ceneme)를 이용해 글자의 편방에 기입했고, 이로써 형성자가 생겨났다. 예를 들어 다음 다섯 개 글자, '동(铜), 통(筒), 동(桐), 통(恫), 동(酮)'은 당초 모두 '같을 동(同)'이라는 음차에서 시작했는데 구별점을 부여하기 위해 다섯 개의 편방을 사용해 한 번에 그 성질을 알아볼 수 있는 글자가 되었다.

편방의 위치, 즉 형성자의 출현으로 부족한 글꼴 수에 비해 광범위한 언어로 전자가 후자를 감당할 수 없었던 난제를 해결할 수 있었다. 첫 번째 난제는 빨리 해결되었으나 두 번째 난제가 새롭게 떠올랐다. 바로 이형자(異形字)의 대량 발생이다. 이는 문자를 사용하는 자가 각자 형성법을 이용해 글자를 만들어내기 시작했기 때문이다.

주나라가 시작된 후 주천자(周天子)는 사관을 각 제후국에 파견해 문자의 통일을 유지하고, 문제없이 교류되도록 했다. 그러나 문자는 이전부터 빠른 속도로 발전해왔기 때문에 서주왕조는 결국 끝나고 말았다. 그리하여 문자의 이화(異化)와 정치적 분열이 함께 발생해, 동주시대에 와서 각 제후국의 문자는 따로 발전하게 된다. 문자의 차이가 가장 컸던 시기는 바로 전국시대로, 진한 사람들이 말하는 소위 '육국문자(六國文字)'가 형성된다.

국가 간 문자에 차이가 존재할 뿐만 아니라 각 국가 내에서 문자를 하나로 통일할 힘이 부족하다면, 국가 내에서도 문자 상의 차이가 존재할 수 있다. 만일 어떤 고전 문자의 생성 과정을 겪지 않은 사람이라면 본국의 문자를 읽는 데에 어려움을 겪을 수도 있는 것이다. 이는 이후 고문경서가 나올 때, 한나라 사람들이 고서를 읽기 힘들어하는 주요 원인으로 작용했다. 당대 고문학자의 입장에서 보면 육국문자는 고증하고 해석하기가 매우 어려웠다.

전국칠웅(戰國七雄) 중, 진나라 내부의 문자는 거의 차이를 보이지 않았다. 천명쟈는 이에 대해 이렇게 말한다. "진나라는 자체 문화가 없고, 서주 후기의 대전자서(大篆字書)*인 『사주편(史籀篇)』을 계승했다. 게다가 동방제국의 민간 사대부 계층이 부흥하며, 문자의 변화 속도가 빨라졌고, 결국 진왕조는 민간 서적을 불허했다."(陳夢家, 1939, p.

---

* '전자(篆字)'는 도장이나 도장 글로 쓰이는 글자체를 말한다.

100) 짜오핑안은 이에 대해『사주편』은 진나라 주항왕 시기에 집필된 대전이며, 이는 진나라 역사상 최초의 서동문(書同文)이라고 할 수 있다고 했다.(趙平安, 2009, p. 136)

전국시대 중기 진효공의 시대가 시작되었을 때, 대전(大篆)은 점점 소전(小篆)으로 변화되어 진시황의 중국 통일 이전 진기명문(秦器銘文)은 소전과 거의 근접한 형태를 띠게 되었고, 이는 문자의 복잡함이 간단함으로 변화하는 자연적 발전과정이 되었다.(陳夢家, 1939, p. 112) 진나라는 영토를 확장하면서 자신들의 소전을 널리 퍼뜨렸다. 짜오핑안은 이를 진나라의 두 번째 서동문이라고 말한다.(趙平安, 2009, p. 139)

진나라의 세 번째 서동문은 육국을 집어삼키는 과정에서 이미 시작되었지만, 진시황이 중국을 통일한 후 더 정식적이고 엄중하게 진행되었다. 당시의 기술 조건으로 말하자면 이는 실행하기 매우 어려운 일이었다. 우리는 그 과정을 자세히 알 길이 없다. 그저 이사, 조고(趙高), 호무경(胡母敬)이 진나라 공문서의 소전을 한차례 정리하고 화려하게 글로 작성해『창힐편(倉頡篇)』,『애역편(爰歷篇)』,『박학편(博學篇)』을 집필한 것만 알 수 있다. 이러한 책들은 진나라 관료들에게 반드시 제공되었는데, 많은 복제본을 필사해야 했기 때문에 쉽지 않은 일이었다. 육국의 문인들에게서 볼 수 있듯이 이는 우리의 상상을 뛰어넘는다. 진시황이 매번 순행을 할 때마다 비석을 세운 이유는 문자의 표본을 제공하기 위해서이기도 할 것이다.

진시황의 진문소전(秦文小篆)으로 서동문을 완성하고자 했던 바는 명백하게 실패했는데, 이는 진왕조가 겉만 보고 실정을 제대로 파악하지 못해 왕조가 짧은 시간 내에 망했기 때문이다. 게다가 소전으로 육국문자를 통일시킨다는 계획의 성패와 관계없이, 진나라 왕조 관료들 사이에서도 소전은 이화현상을 보였다. 그중 한 갈래로, 간단하게 변한 글자체인 예서(隸书)체가 있었는데 이는 소전에서 변화되기 시작한 것이었다. 예서체의 '예'는 서체 창시자의 신분을 암시한다. 천명쟈는 이렇게 말한다.

두예(杜預)가 주석하길, "예(隸)는 천신(賤臣)이다." 고대사에서 '리(吏)'는 '이(隸)'와 동음으로 고관(古官), 사(史), 리(吏)는 모두 같은 뿌리의 글자다. 단지 후대 태사(太史)의 '사(史)'는 고위 관직을 뜻하고, '부사(府史)'와 '좌사(佐史)'의 '사(史)'는 하급관리를 뜻한다. 즉, 사역하는 하급관리는 경시받는 직책이었다. (…) 즉, 예서(隸书)는 리서(吏书)라는 의미로, 좌리(佐史)의 서체였다.(陳夢家, 1939, p. 116)

동한 시기에 정막(程貌)이 예서를 만들었다는 전설이 전해졌다. 이당시에 몽념(蒙恬)이 이끌던 수십만 명이 만리장성 건설에 9년간 종사했고, 정막은 처벌의 일환으로 옥리(獄吏) 중 한 명이 되었다. 당나라 사람 장회관(張懷瓘)은 그곳에 대해 "일이 많고 전서(篆字)는 어려워, 예서(隸字)가 예인(隸人)을 위한 문자였다"라고 말했다. 소전이 군대에서 일어나는 사소한 일들을 감당할 수 없었던 이유는 귀족 출신의 고급 관료들 때문이었다.

"전문(篆文)은 선진시대 올을 쪼아 만든 금석 문자다."(陳夢家, 1939, p. 105) 이는 최고 수준의 예절과 의식을 받드는 부호다. 소전은 비록 간단하게 변했지만 그 고급스러움과 복잡함 그리고 구불구불한 형태가 예전과 마찬가지로 남아 잡무를 보는 옥리 같은 사람들과 거리감이 있었다. 때문에 천신 등이 실제로 사용하려면 반드시 변형이 필요했다. 고대 이집트가 성서에서부터 민중문자를 사용했듯 예서는 행정도구로써의 문자는 간소화의 논리를 추구해야 함을 실증했다.

이렇게 해서 진왕조 때 두 가지 문자가 쓰이게 되는데, 고급관료는 소전을 쓰고 계급이 낮은 관료는 예서를 쓰게 되었다. 짧게 끝난 진왕조로 인해 후대인들은 소전이 육국문자를 통일할 수 있는지 알 수 없게 되었다. 그리고 진왕조의 통치자들도 소전과 예서가 서로 도움을 줄 수 있는지에 대해 알아볼 기회가 없어서 그저 소극적으로 이 두 가지 문자를 다음 왕조에 전할 수밖에 없었다. 그러나 한나라에 전해진 문자는 소전과 예서 이외에도 육국문자가 있었고, 진시황이 차마 이루지 못한 하나의 통합된 권력에 필요한 서동문이 남아 있었다. 역사서에 따르면 한나라의 공용문자는 소리 없이 예서 쪽으로 편중되었다. 그러나 여기서 반드시 명확히 해야 할 것이 하나 있다. 전체 사회가 서동문을 이루기까지는 아직 갈 길이 멀다는 것이다.

## 3. 한대가 다루기 어려워했던 경문 갈등

진왕조가 세워지고 멸망하기까지 두 번의 큰 불이 일어나 한나라로 전해진 고서는 비교적 적었다. 첫 번째 '불'은 바로 진시황이 민간서적을 태운 것으로, 진나라 왕궁 내부에는 아직 일부 장서가 남은 상태였다. 이후 항우(項羽)의 두 번째 '불'로 인해 궁내에 남아 있던 장서가 모두 불에 타 거의 사라졌다.

물론 총명했던 유방(劉邦)은 전 왕조가 저지른 분서갱유(焚書坑儒)와 같은 실패의 전철을 밟지 않았다. 하지만 『사기』는 유방이 천성적으로 문인에 대한 염증을 느끼고 있었다고 기술하고 있다. 이후 두 명의 유생이 이러한 그의 태도와 시각을 바꾸어놓는다. 육가(陸賈)는 "폐하께서 무력으로 천하를 얻었으나, 무력과 폭력으로 천하를 다스릴 수는 없습니다"라고 했다. 유방은 이 말에 반박할 수 없었다. 왜냐하면 그는 질서 있고 태평한 정치를 하기를 바랐지만 세상을 다스려

본 적이 없어 통치할 방법을 몰랐기 때문이다. 그래서 즉위 초반에 유방과 개국공신들은 서로 술에 취해 귀가 빨갛게 달아오를 때까지 거리낌 없이 어울려 즐겼다. 숙손통(叔孫通)은 그가 조정의 예를 제정하도록 도왔다. 유방은 권력의 단맛을 본 후 "오늘부터 황제의 존엄함을 알려주도록 하겠다"고 말한다. 아마도 이 두 사람 이후부터 고조가 문화인들을 신임하고 존중하기 시작했을 것이다.

『사기』와 『한서』에는 고조가 세상을 뜨기 1년 전 노나라(魯)를 지나갈 때, 그가 태뢰(太牢)*를 바치고 공자를 위해 제사를 지냈다고 적혀 있다. 이는 작은 일이 아니다. 기원전 191년, 혜제(惠帝)가 진나라의 분서령을 폐지했다. 민간의 문인들이 그제야 각자 감추고 있던 고서를 꺼내들었다. '본래 법가사상에 대한 공부를 즐겨했던' 문제(文帝) 역시 유교서적을 즐겨 읽었다.(『史記·儒林列傳』)

복생(伏生)은 제남(濟南) 사람으로 진박사(秦博士)를 지냈다. 효문제(孝文帝) 시기, 『상서(尚書)』를 정비할 사람을 찾고자 했으나 찾지 못하다가, 복생이라는 자는 가능하다는 이야기를 듣고 그를 불러들이고자 했다. 당시 복생의 나이가 90이 넘어 갈 수가 없었다. 그리하여 황제가 태상(太常)에게 조서를 내려 장고(掌故) 조착(朝錯)을 파견하자 이를 받아들였다. 진나라 때 분서갱유가 일어나, 복생은 서적을 벽에 숨겨 보관하고 있었다. 이후 대규모 전쟁이 일어나 유실되었다. 한나라 때 복생이 그의 책을 찾았으나 몇십 편 되지 않았다. 겨우 29편만 찾았는데 바로 이 책들로 제나라와 노나라 일대를 교육할 수 있었다.

---

* 제사에 쓰는 돼지, 소, 양.

동한시대 경학의 대가 정현은 『상서전(尚書傳)』의 서문에서 복생이 전수 중에 "전서와 예서는 구별되어야 한다"고 했다고 적었다. 서복관(徐复观)은 이를 이해한 후 이렇게 해석한다.

복생이 소장한 것은 본래 전서, 즉 고문으로 이를 전수할 때는 전서를 예서로 바꿔 적었다. 즉, 금문(今文)으로 적었다. 그는 너무 늙어 글자를 바꿔 쓸 때 들쭉날쭉한 부분이 없을 수가 없었다.(徐復觀, 1982, p. 117)

동한시대 사람 위굉(衛宏)은 이렇게 말했다.

복생은 나이 들어 말을 정확히 할 수 없었고, 이해하기 힘든 말을 하여, 그의 딸에게 시켜 조착에게 말을 전했다. 제나라 사람[*]의 말은 영천(潁川) 사람[**]과 많이 달라 조착이 모르는 내용이 10분의 2에서 3 정도 있었기 때문에 대략의 의미를 새기며 읽었다.

서복관은 이 문장을 인용하며 조착이 "의미를 새기며 읽었다는 대상은 복생이 설명한 내용을 가리키는 것이지 경문을 의미하는 것은 아니다"라고 말했다. 또한 위굉의 이러한 주장은 금문(今文)의 『상서』의 지위를 공격하는 것이라고 말했다.(Ibid., p. 106)

필자는 위굉의 주장 쪽으로 의견이 기운다. 복생의 나이와 전 왕조에서의 신분과 지위 등을 고려했을 때 예서를 잘 이해하지 못했을 것이다. 본문의 중심 내용과 해석 체계에서 볼 때, 이는 이 시기 역사에서 결정적인 부분이다. 즉, 제나라의 복생이 숨기고 있던 『상서』는

---

[*] 복생이 제나라 사람이다.
[**] 조착이 영천 사람이다.

제문(齊文)으로 된 판본이었을 것이고, 그가 한대에 와서 태상이 파견한 장고에게『상서』를 전수할 때 고문은 소전이 아닌 예서로 바꾸어 전해졌다.『사기』와『한서』둘 다 정현에 대한 언급이 불확실한데, 이는 아마도 당시 동시대인에게 큰 문제가 아니었기 때문일 수도 있다.

천명쟈는 한나라의 고급관료들이 소전과 예서를 함께 사용했다고 말한다. 어떤 문자를 사용할지 선택의 기로에 섰을 때 태상이 장고를 파견했다. 이는 일반 고위관료들보다 더 정교한 선택을 하도록 유도하기 위해서였지만, 그럼에도 불구하고 그들이 사용한 서체는 예서였다. 이는『사기』와『한서』둘 다 분명하게 기술하지 않은 기본적인 사실을 드러낸다. 바로 한조가 시작된 후 예서가 공용문자가 되었다는 것이다. 이러한 내용이 역사책에 없는 이유는 아마도 한나라 왕조가 진왕조의 강맹한 정책을 대신해 온화한 정책으로 나아갔기 때문이라고도 할 수 있다. 진나라가 서동문의 사용을 강제로 추진했다면 분명 육국 귀족들의 노여움을 샀을 것이다. 한나라에서는 관문(官文)으로 예서를 쓰면 되지, 굳이 대대적으로 판을 크게 벌일 필요는 없다고 생각했다. 덧붙여 한나라의 통치자는 일을 크게 벌인다고 해도 문자의 통일을 이룰 수 없으리라 생각했을 것이다.

한나라 초기 경제(景帝)는 법률을 좋아하고, 도가사상을 숭배했다. 선호하는 바는 달랐지만 제자백가는 모두 포용하여 전체적으로 균형을 이루게 했다. 기원전 134년 한 무제(武帝) 때 유철(劉撤)은『거현량대책(擧賢良對策)』을 받아들여 유가사상만 떠받들었다. 경서(經)와 경학은 이렇게 탄생했다. 왕국유는 다음처럼 말한다.

공자 이전에『역(易)』,『서(書)』,『시(詩)』,『예(禮)』,『악(樂)』,『춘추(春秋)』등의 저서가 있었지만 경서(經)의 이름은 없었다. 유가는 공자에게『시』와

『서』를 빼고, 『예』와 『악』은 그대로 하며, 『역』은 칭송하고, 『춘추』는 수정하라 하였다. 유가의 성인들이 손수 제정하였다 하여 이를 '경(經)'이라 불렀다. '육경(六經)' 혹은 '육예(六藝)'라고도 칭한다. (…) 한나라 초기 『악경(樂經)』이 먼저 없어져 '오경(五經)'이라고도 칭한다. 고대 사람이 말하는 '경'은 모두 이 범위에서 벗어나지 않는다. 그 외에 공자가 했던 말을 제자들이 받아 적은 『논어(論語)』나 『효경(孝經)』 같은 책은 모두 '육경'에 포함되지 않는다. 한나라 사람들은 이 두 책 모두 '전(傳)'이라 불렀다. (…) 그리하여 현재 '경'의 정의를 내린다면, 이는 경전이고 공자가 손수 제정한 책이고 후세가 족히 상용할 만한 책을 일컫는다.(王國維, 1920, pp. 284~285)

해석에 대한 의견 불일치는 존재하지만 기본적으로 '경'의 내용은 모두가 틀림없이 인정한다. 한대에 오경이 확립된 후 경학이 성장하는 과정에서 텍스트에 대한 혼란이 생겨났다. 몇몇 고문 경서가 발견된 것이다. 한 경제(景帝)의 5남 노공왕(魯恭王) 유여(劉余)가 발견한 것으로 사람들에게 알려져 있다. 『한서·예문지(漢書·藝文誌)』에 "한 무제(武帝) 말기에 노공왕이 자신의 궁을 넓히기 위해 공자의 집을 철거하다가 『상서』, 『예기』, 『논어』, 『효경』 수십 편을 발견했다"고 되어 있다. 『한서』는 연대상 아마 잘못 기록한 것으로 보인다. 왜냐하면 노공왕은 기원전 128년에 사망해서, 한 무제 말기에 생존해 있지 않았기 때문이다. 이러한 고문들은 노공왕이 공자의 후손인 공안국(孔安國)에 돌려주었다.

또 다른 고문들은 한 경제의 2남 하간헌왕(河間獻王) 유덕(劉德)이 발견했다. 그는 고문헌을 특히 좋아했던 인물로, 거금을 들여 고문헌을 수집하고 수집한 것을 조정에 바치곤 했다. 이러한 발견은 노공왕보다 늦거나 적지 않았다. 서복관이 고증한 바에 따르면 가의(賈誼)가 집필한 작품을 보면 분명히 그가 『상서』를 읽었다는 것을 알 수 있는데, 그가 복생의 가르침을 받았을 가능성은 없다.(徐復觀, 1982, p. 105)

사마천(司馬遷)의 『태사공자서(太史公自敍)』에는 "열 살의 나이에 고문에 통달했다"고 적혀 있다. 그가 열 살이 되었을 때는 마침 한 무제가 즉위한 지 5년이 되었을 때였는데, 당시 사람들은 금문만 읽었다. 다시 말해 가의와 사마천은 고문을 읽을 기회가 있었다.

한나라 사람들이 말하는 '금문'은 예서를 말하고, '고문'은 육국(六國) 문자 혹은 대전(大篆)을 말한다. 고문경이 세상에 나온 후 경문에 대한 논쟁은 점점 고조되어, 청나라 말기에 서양의 학문이 들어와 충돌하기까지 중국 학계를 관통하는 주제가 되었다. 어떻게 그럴 수 있었는가? 텍스트에 대한 이해는 당연히 다르기 마련이고, 이는 언어가 가진 고유의 모호함과 이해 주체 간의 차이로 인한 것이다. 그러나 경학 논쟁의 규모는 여타 주제에 대한 논쟁보다 훨씬 크고, 논쟁의 승패에 따라 미래의 발언권, 이해권, 지위와 이익이 갈린다. 한대 경학의 각 계파간 분쟁의 목적 중 하나는 바로 학계에서 더 높은 학관의 지위를 차지하기 위함이다.

금고문 간 논쟁의 복잡성은 일반 경문의 논쟁 수준을 넘어섰다. 쌍방이 각기 다른 문자로 쓰인 판본을 갖고 진위 여부, 많고 적음, 번역과 훈고학의 문제를 다루었기 때문이다. 고문파는 "당신들의 문헌은 파손되고 적으며 『상서』의 몇몇 장절, 『논어』와 『좌전』 등은 모두 우리 손에 있다"고 말했다. 이에 대해 금문파는 "당신들이 가진 대부분의 판본은 가짜"라고 말했다. 전국시대의 청화간(戰國淸華簡)의 해석은 이미 실증되었지만, 금고문경 중에는 위조 논란이 있는 부분이 있다. 당시에는 자연스럽게 텍스트가 더 많은 쪽이 위조 가능성이 높다고 생각했는데, 이는 여기서 중점적으로 다룰 사항은 아니다.

쌍방의 논쟁은 물론 진위와 훈고에만 중점을 두지는 않는다. 경학의 본질은 동전처럼 양면성을 지닌다. 하나는 황권의 문화적 이용이다. 서복관은 "박사를 세운 원래의 목적은 그들의 지식을 정치에 쓰기 위함이지, 학문의 발전을 위함은 아니다"라고 말했다.(Ibid., p. 67) 또 다른 하나는 문인 집단이 각자 다른 태도와 목적으로 정치에 참여하는 것이다. 금문학파와 고문학파가 정치에 참여하는 방식은 명확한 차이를 보인다. 금문학파는 차천(借天), 고문학파는 탁고(托古)다. 서복관은 이에 대해 다음처럼 말한다.

> 한나라 유가의 가이(賈誼)와 육가(陸賈)가 오경과 육예 및 천도(天道)를 연결시킨 데 이어 동중서(董仲舒)에 와서는 음양으로 천도를 말하는 데까지 발전하여 모든 것을 포용할 정도로 확장되었다. '천적철학(天的哲學)의 완성'이라고도 할 수 있다. 동중서는 다시 춘추와 천도도 결합시켰다. (⋯) 이러한 연구 흐름을 이어 다시 하후시창(夏侯始昌), 경방(京房), 익봉(翼奉) 등이 더 발전시켜 경학의 새로운 면모와 새로운 전통을 형성했으나 필자가 지식의 입장에서 볼 때 이는 잘못된 길로 간 것이다. (⋯) 하지만 또 다른 각도에서 볼 때, 그들은 경학과 천도를 연계하여 인간 세상의 모든 활동, 특히 정치권력과 사회생활 등을 모두 경학에 포함시키고 그들이 배우는 경학으로 해석하고 심판하였다. 이는 그들의 도량이 매우 넓고, 정신적인 면에서도 매우 깊이 있었음을 보여준다. 바로 이런 이유로, 그들은 통일된 황제를 마주할 수 있었고, 늘 직언과 간언을 서슴지 않았다.(Ibid., pp. 202~203)

당나라 사람들이 고대 사람들의 '차천'을 평가하며 대부분 전략이라고 말하지만, 이는 타당성이 부족하다. 동중서가 무의식중에 아마 천도를 통해 황권을 누르고자 했으나, 이성적으로도 그들은 '하늘'을 믿었다. '책략설(策略說)'은 현대인들이 고인(古人)을 평가하는 시선에서 그들을 이해하며 과대평가했다.

그러나 동중서가 주창한 '천적철학'은 양날의 검이었고 심지어 세 개의 칼날을 가진 검이라고도 할 수 있다. 칼날 중 한 면은 동중서 자신의 이성이 인식하는 바와 이상적인 염원이다. 두 번째는, 제왕이 '천적철학'을 받아들인 후 스스로를 위해 쓰는 것이다. 어쩌면 이 역시 금문학파가 한나라 왕조의 호감을 얻은 원인 중 하나일 것이다. 마지막 세 번째로, 학파 말기에도 이를 이용해 '천적철학'을 저속하게 만들었다. 이는 참위(讖緯, 미래의 길흉화복의 조짐이나 앞일에 대한 예언)의 발전으로 이어져 군주에게 아첨을 일삼게 되었다.

중국어의 가장 독특한 특징 중 하나는 많은 어휘가 대구를 이룬다는 것이다. 이런 의미에서 '경학'이 없었다면 '위학(緯學)'이라는 이름도 없었을 것이며, 이런 사상에는 다른 이름이 붙었을 것이다. 『석명·석전예(釋名·釋典藝)』에서는 "위(緯)는 둘러쌀 위(圍)의 의미로, 반복적으로 경의 주위를 둘러싸며 경으로 완성되는 것"이라고 말했다. 위학은 경학을 보조하는 역할을 했고, 육경과 마찬가지로 육위인 『시위(詩緯)』, 『서위(書緯)』, 『예위(禮緯)』, 『악위(樂緯)』, 『역위(易緯)』, 『춘추위(春秋緯)』가 있었다. 위학자가 말하길 이들은 모두 공자가 지은 것이며, 경위가 합쳐져야만 공자의 가르침을 모두 알 수 있다고 하였다.

위학은 음양학(陰陽學), 점성학을 흡수해 '천인감응(天人感應)'을 설파하고, 공자를 '스승'에서 '소왕(素王)'으로, '왕'에서 '신'으로 만들었다. 이렇게 동중서가 주창한 '경학의 신 면모'는 그가 혼자서 지배할 수 있는 개념이 아니었다. 『케임브리지 진한사(劍橋秦漢史)』는 한학자의 견해를 인용하기를 "동중서는 유교학자들 중 첫 번째 신학자이다" 라고 말했다. 그러나 신학자에게는 그가 믿는 종교가 있기 마련이다. 필자는 한대 이후 유학자들이 각자 종교적 색채를 가지고 있었다는 데 동의하는 바이지만, 이는 정치권력과 의탁해 세속과 완전히 독립 되거나 초월하지 못했다. 유교는 종교와는 거리가 멀었다. 게다가 금 문경은 공자학을 왜곡하고 있다. 점복과 위학의 어떠한 내용은 역사 가 매우 유구한데, 이는 고대사회에서는 어느 정도 봐줄 수 있는 것이 나 유교사상은 그러하지 못했다. 공자가 비록 『주역(易經)』을 칭찬하 기는 했으나, 그 불가사의한 힘에 대해 언급하지 않았다. 이러한 대치 되는 부분은 고문학파의 비난을 피하기 어렵다.

고문학파가 더욱 중시했던 것은 '후고(厚古)'였지 '차천'이 아니었 다. 혼다 세이(本田成)는 다음처럼 말한다.

> 금문학파는 참위(讖緯)설을 믿었기 때문에, 모든 것을 공자를 중심으로 연구했다. 그러나 고문학파는 고서와 역사책을 더 중시하며 주나라의 제 도를 더 믿었다.(本田成, 1927, p. 143)

이는 고문학파가 가지고 있던 문헌을 두고 하는 말인데, 자기 학 문의 깊음을 더욱 발전시키고 금문학파 학문의 얕음을 부각시켰다. 또 다른 한편, 열심히 노력해 관학에 들어왔는데 결과를 얻지 못하자 내린 선택이기도 하다. 서복관은 다음과 같이 말했다.

> 유흠문(劉歆們)의 『양태상박사서(讓太常博士書)』는 전반적으로 박사에 대 한 비판과 폭로를 하고 있으며, 이 책으로부터 동한의 경학에서 박사들 과 대항했던 고학(古學)으로까지 발전했다. 고학의 성격은 '고문지학(古文

之學)'의 줄임말이 아닌 박사들이 독점했던 분야를 반박하는 것이라고 볼
수 있다.(徐復觀, 1982, p. 184)

## 4. 황제의 관여와 석경의 출현

금문과 고문 간의 논쟁으로 인해 금문경의 유일성이 사라지며, 그 권
위 또한 약해졌고 고문파가 관학에서 높은 자리를 차지하게 되었다.
결국 한나라 황실은 경학을 선택해 통치도구로 사용했고, 경학을 이
용했던 권력기관들은 '경'의 유일성과 순수성을 보호하고자 했다. 이
를 위해 황제들이 세 번이나 직접 경학에 관여했다.

첫 번째 관여는 서한 선제(西漢宣帝) 감로 3년(기원전 51)에 석거(石
渠)회의를 소집한 것이었다. 여기에는 개인적인 이유도 있었다.* 그러
나 한 무제가 5경 7박사를 설립한 후 반세기 정도 지나 경학 단체는
급격히 팽창해, 관학을 얻거나 아직 얻지 못한 학파들이 모두 한자리
씩 차지하거나 증가했다. 이는 회의의 배경이 되었다. 이러한 회의를
통해 선제는 박사의 자리를 열세 개로 늘렸다.

두 번째 관여는 기원후 79년 한 장제(章帝)가 백호관(白虎觀)회의
를 소집한 것이다. 광무제(光武帝)는 군대를 일으켜 정권을 잡는 과정
에서 참위의 힘을 빌렸다. 중원 원년(기원후 56)에 천하에 도참(圖讖),
즉 왕권 신수(神授)를 선포했다. 서한부터 초기 형태를 잡은 유학과
참위를 결합해 더욱 견고하게 한 것이다. 고문학파는 참위 비판을 이
어갔고 금문학파의 권위는 점차 약해졌다. 경학의 통일을 이루기 위
해 장제(章帝)는 약 20년 후, 백호관회의를 소집해 금문학파의 사상을
모아 정리한『백호통의(白虎通義)』를 펴냈다. 이 역사적 사실은 두 가

■ 선제의 부친은 퇴출당한 태자였다. 그는 아버지가『곡량전(谷梁傳)』을 좋아했다는 것을 듣고,
이를 열심히 읽었다. 그리고『곡량전』이 경학 중 한 부분이 되도록 했다.

지 중요한 의의를 지닌다. 바로 삼강육기(三綱六紀)를 확립하고, 참위를 유교사상에 진입시켰다는 것이다. 고문학파는 전면적으로 금문학파를 공격했다. 백호관회의에서 황권은 직접 고문학파가 경학의 신격화 주장을 반대하는 것을 제지했지만, 고문학파가 직접 구성한 판본에 대한 논쟁은 오랫동안 해결하지 못했다. 이후 당고의 옥(黨錮之禍)으로 인해, 명사들이 사라지고 학풍은 쇠락했다.

『후한서·유림열전(後漢書·儒林列傳)』에서는 "후에 논쟁이 시작되자, 서로를 고발하며 금품이 오가기도 했다. 난태칠서(蘭臺漆書)로 경문을 쓰기로 정했는데, 이는 그들의 문자에 부합했다"고 전했다. 이는 한대 황제들의 세 번째 관여의 간접적 원인을 말해주는데, 기본적인 동기는 황실의 경학통일에 대한 시도라고 볼 수 있다. 앞서 두 번의 관여와는 다르게 이번 관여의 수단은 회의가 아닌 석각경문(石刻經文)이었다. 이때 문체는 예서만을 사용했다. 일곱 가지 경문은 기존 오경에 『공양전(公羊傳)』과 『논어』를 포함한 것이다. 새겨진 경서는 다음과 같다.

> 한 학파의 근본을 통해, 후에 다시 학교에서 각 학파의 차이를 배운다.
> (…) 모든 금문에 고문은 없다. 그리하여 석경은 오직 금문주경의 차이를
> 열거하고 있을 뿐, 금문과 고문의 차이에까지는 아직 이르지 못했다.(王國
> 維, 1916)

예를 들어, 『시경』에는 세 학파의 학관(學官)이 있었는데, 노본(魯本)을 통해 제(齊)와 한(韓) 두 학파의 상이한 점을 덧붙였다.

고문파가 방대한 양의 판본의 힘에 기대어 하루하루 금문파에 압력을 가하는 상황에서 황실은 석경을 새길 때 조금도 주저하지 않고

금문을 선택했다. 필자는 이에 대해 이중적 원인이 작용했다고 본다. 금고문경의 의식 형태를 고려함과 동시에 문자 자체에 원인이 있었다. 예서는 이미 한나라의 공용 언어가 되었지만, 한 황실은 진시황처럼 내심 서동문을 원했다. 한대의 서동문 과정은 매우 완만하게 이루어져 거의 완벽하게 관문(官文)에 의존해 사회에 자연적으로 투영되도록 했다. 관문이 변화하면, 사회 속에서 사용되는 문자 역시 예측하기 어려워진다. 고로 필자는 희평석경(熹平石經)의 예서 외에 다른 선택의 가능성이 있었을 것이라고는 감히 상상도 못하겠다.

석경은 새기는 데에 9년이 걸려 광화(光和) 6년(183)에 만들어졌으며 총 46개의 비(碑)로 구성되어 있다. 이는 낙양태학(洛陽太學) 앞에 U자 형태로 배열되어 장관을 이룬다. "석비가 세워지자 관찰하고 모방하는 사람만 하루에도 1000여 대가 넘는 수레로 모여 골목과 대로를 가득 메웠다"에서 모방했다는 말은 필사를 뜻하는 것으로 탁본을 뜬 것은 아니다. 왜냐하면 당시에는 탁본을 뜰 정도로 매끈한 종이를 만들 수 없었기 때문이다. 이후 희평석경의 운명은 이러하다.

북위(北魏) 초기에 (…) 이미 석경이 거의 망가져 대부분 허물어 무너졌다. 『위서·풍희전(魏書·馮熙傳)』 (…) 동위(東魏) 무정(武定) 4년(546)에 낙양에서 업도(鄴都)로 옮겨왔으나, 하양(河陽)에 도착하자 무너져 물에 잠기고 말았다.■ 업도로 가져왔을 때는 이미 반도 남지 않았다.(『隋書·經籍誌』) 북

---

■ 마형(馬衡)은 이에 대해 이렇게 말했다. "물에 빠뜨렸다는 말은 석경을 운반하던 자들의 거짓말일 수 있어 믿기 힘들다."(馬衡, 1923, p. 125) 아마 운반 도중 운반을 맡은 자들이 너무 힘들어서 강을 건널 때 석비 몇 개를 물에 빠뜨린 후, 이를 설명하기 어려워지자 하는 수 없이 더 큰 이유를 만들어내기 위해 아예 절반을 물에 빠뜨려 부담을 덜고자 했던 것이다. 노동자들의 이익과 가치관이 경학자들에게 있어 석경의 문화적 가치, 제왕에게 있어 합법성의 가치와 무슨 상관이 있겠는가. 지금이나 옛날이나 같은 논리일 것이다.

제(北齊) 천보(天保) 원년(元年)에는 52개가 아직 남아 있었다.(『北齊書‧文宣帝紀』)■■ 주(周)나라 대상(大象) 원년(元年)에, 업성에서 낙양으로 옮겼다.(『周書‧宣帝紀』) 수(隋)나라 개황(開皇) 6년에 다시 낙양에서 장안(長安)으로 옮겼다.(『隋書‧劉綽傳』) 그 후 이를 세운 관리에 의해 주춧돌로 쓰였다. 당(唐)나라 정관(貞觀) 초기, 위(魏)나라의 정벌이 시작되어 이들을 모았으나, 열 개 중 한 개도 남아 있지 않았다. 『한석경(漢石經)』의 운명은 이렇게 끝이 났다.(馬衡, 1923, p. 125)

낙양-업도●-낙양-장안까지 총 네 번의 천도를 겪었다. 낙양에서 업도는 약 350킬로미터 떨어져 있다. 낙양에서 서안까지의 거리는 약 387킬로미터다. 고대사회의 도로는 굽어 있어 실제 여정은 이보다 훨씬 더 길었다. 『낙양기(洛陽記)』에 따르면 "석경은 높이가 1장(丈) 정도이고, 너비가 4척이다." 한대의 1장은 오늘날의 21.35~23.75센티미터가량이다. 석경의 면적은 약 2.4×0.88×0.3미터로 계산할 수 있고, 비중을 4로 한다면, 각 석경의 중량은 약 2.5톤가량, 총 46개의 비석은 115톤이다. 동위 선비족(鮮卑族) 군주가 엄청난 인력과 마차 등을 써가며 700리의 고된 여정을 거쳐 이를 옮기게 한 이유는 이 석경이 그만큼 가치 있다고 믿었기 때문일 것이다. 즉, 이 석경을 소유함으로써 정치적 합법성을 얻을 수 있다고 생각했다. 오경(五經)의 통합, 문자의 통일, 동한 황권에 대한 의지, 이 세 가지를 하나로 합친 석경은 불가피하게 비범의 상징이 되었다. 이후 호한오조(胡漢五朝)의 황권이 이 석경을 얻기 위해 서로 싸우고, 태학 앞에 이를 세운 것은 모두 정치적 합법성을 얻기 위해서였다.

---

■■ 52개가 무엇을 의미하는지는 알 수 없다.
● 현재의 허베이(河北)성 린장(臨漳)현.

그렇다면 탁본은 언제부터 시작되었는가? 위정(魏征)과 그 외 인물들이 집필한 『위서·경적지(隋書·經籍誌)』와 봉연(封演, 756년 진사급제)이 집필한 『봉씨문견기(封氏聞見記)』가 각자 기재한 바에 따르면 위태무제(魏太武帝)가 진시황의 역산(嶧山)석각을 탁본하고, 양조(梁朝)가 한(漢)석경과 위(魏)석경을 탁본했다.(王國維, 1920; 李書華, 1953)■

현존하는 가장 오래된 탁본은 스타인이 발견한 런던에 있는 구양순(歐陽詢)의 저서 『화도사명(化度寺銘)』(632)이다. 『대당육전(大唐六典)』에 기재된 숭문관(崇文館)에 있었던 탁본가 세 명, 『구당서(舊唐書)』와 『신당서(新唐書)』에 같이 기록된 618년 집현전서원의 탁본가 여섯 명, 숭문관의 탁본가 두 명은 탁본이 당대에 이미 성숙한 기술임을 증명하는 증거다.(李書華, 1953; 錢存訓, 2002, p. 61)

의심할 것 없이, 이러한 탁본과 이후의 인쇄술은 전혀 다르다. 탁본은 음문정자를 새긴 돌에 탁본을 떠 결과적으로 어두운 배경에 흰색 글자가 나타난다. 인쇄술은 양문으로 뒤집힌 글자를 새긴 후, 결과적으로 흰색 배경에 검은색 글자가 나타난다. 인장은 여기서 후자와 비슷하다. 그러나 중국 역사상 최초로 대량의 문자를 복제한 것은 인장이 아니고 석각이었다. 왜냐하면 대량의 문자는 먼저 큰 면적의 석비에 새겨졌지, 작은 정사각형의 인장에는 아니었다. 당시 사람들이 백지에 검은색 글자가 쓰인 것이 더 읽기 편하다고 느낀 후, 변화는 쉽게 일어났고 인장의 대형화(大型化)가 발생했다.

---

■ 바로 정시(正始)석경이다. 고대에서 한석경과 위석경 두 진영이 막상막하라고 생각했는데 현대 대다수의 학자들은 위석경의 손을 들어준다. 필자는 여기서 판단하지는 않겠다. 정시석경은 3자석경이라고도 불렸는데 비석의 글씨체에는 예서, 소전, 대전이 있다. 필자가 보건대 희평석경보다 늦은 시기의 정시석경이 이런 선택을 하게 된 것은, 한편으로는 고문학파의 공헌을 무시할 수 없음을 반영한 것이고, 다른 한편으로는 예서의 굳건한 지위가 이미 확립되어, 한자에서 소전(小篆)과 대전(大篆)이 회복될 가능성이 없다고 보았기 때문이다.

석비와 탁본 기술은 인장 대형화의 기초가 되었을 뿐 아니라, 그 자체만으로 방향의 전환을 겪었다. 양나라 석비들에서는 지속적으로 양문반자(陽文反字)가 발견되었다.(李書華, 1953) 탁본을 위한 것이 아니라면 글자가 뒤집힌 석비는 이해하기가 힘들다. 물론, 인장의 대형화가 이루어지는 동안 탁본을 위해 석각 대신 목각이 쓰이는 재료의 변화 과정이 있었다. 논리적으로 보았을 때 이는 어려운 것을 피해 쉬운 것을 찾는 합리적 선택이다. 사실 이는 조정의 재정적 압박을 해결하기 위한 새로운 선택이었다.

이번 절에서는 이처럼 한자와 경문의 변화와 통합에 대해 다루었다. 이번 절의 목적은 석경 생산의 역사적 배경, 직접적 원인, 정책 결정자들의 목적 그리고 석경이 탁본과는 아무런 상관이 없음을 설명하는 것이었다. 석경을 만든 이들은 후대의 탁본을 전혀 생각하지 못했다.

$$3$$

# 불인,
# 대량 날인이 조판인쇄로 변모하다

토마스 카터(Thomas F. Carter)는 『중국 인쇄술의 발명과 서방으로의 전파(The Invention of Printing in China and its Spread Westwards)』에서 인장과 석비를 각자 나누어 논의하고, '불교, 인쇄의 추진력'이라는 소제목으로 나누어 다룬다. 그러나 종교가 인쇄술을 촉진시켰다고 말하기에는 내용이 매우 부족하다. 카터 이후의 중국 인쇄술 학자들은 그저 맹목적으로 연구의 추세를 따르고 종교의 작용에 대해 더 깊이 연구하지 않았다. 신더용(辛德勇)의 최근 연구(2014)는 인쇄술에 대한 불교의 영향을 연구하고 저술한 카터와 동시대의 중요한 학자 두 명을 수면 위로 떠오르게 했다.

일본의 한학자 후지타 도요하치(藤田豊八)는 1925년 5월에 '중국 인쇄의 기원'에 대해 강연을 하던 중 몇 가지 역사적 사료를 제시한다. 첫 번째는 송나라의 『운선잡기(雲仙雜記)』인데 그 안에 "현장은 보현상(普賢像)을 인쇄하여 사람들에게 나눠 주었다"라는 말이 있다. 보현은 요가학파의 시조이고, 현장은 『요가사지론(瑜伽師地論)』을 해설한 적이 있다. 스타인은 둔황에서 비슷한 불상을 발견했다. 후지타 도요하치가 현장이 보현상을 인쇄했을 가능성을 파악한 것이다. 두 번째로, 당나라 사람이 저술한 『대당대자은사삼장법사전(大唐大慈恩寺三藏法師傳)』에는 "현장이 기도하며 열 개의 구지(俱胝)상을 만들었다(구지는 koti에서 온 발음을 의역한 것으로, '십만, 백만 혹은 천만'을 뜻한다)"고 적혀 있다. 세 번째로, 당대에서 현장의 뒤를 이어 인도의 의정대사(義淨和尚)가 집필한 『남해기귀록(南海寄歸錄)』에서는 다음과 같이 전한다. "진흙으로 토대를 만들어, 토상(土像)의 모형을 뜨거나, 명주종이에 인쇄해, 공양을 하거나 모았다. 이후 서양으로 전달되어 이렇게 하지 않는 자가 없었다." 즉, 의정이 당시 인도 승려들이 명주 혹은 종이에 불상을 인쇄하는 것을 보았다는 것을 의미한다. 후지타는 이렇게 결론을 내린다.

> 불상의 인쇄가 인도에서 중국으로 전해져 들어온 것이라고 가정한다면, 인쇄의 기원 문제는 여태 알려진 것처럼 중국에서 시작되지 않고 인도에서 시작되었다고 볼 수도 있다.(藤田豐八, 1925)

이러한 결론은 1928년 11월에 발표한 『당대간서고(唐代刊書考)』까지 이어진다. 글에는 네 개의 역사적 사료가 포함되어 있는데 그중 『운선잡기』와 의정서(義淨書)는 후지타가 인용한 것과 거의 같다. 그 외 두 개의 사료 중 하나는 『법원주림(法苑珠林)』에 나온 내용으로 다음과 같다.

『서역지(西域誌)』에서 말하길, 대당현경 5년 9월 27일 보제사(菩提寺)가 계룡(戒龍)의 이름을 짓고, 한나라의 특사 왕현책(王玄策)을 위한 연회를 열었다. 이때 여러 사람으로부터 많은 물건을 받았는데 그중 '불인사(佛印四)'가 있었다.

두 번째 사료는 현장의 『대당서역기(大唐西域記)』 9권에서 언급된 내용으로 다음과 같다.

인도에서는 향 가루로 진흙을 만들어 작은 솔도파(窣堵波, 산스크리트어 stûpa를 음역한 것으로 '탑'이라는 뜻이다)를 지었다. 높이는 5~6촌, 경문을 적어 그 중앙에 이른바 법사리(法舍利)를 두었다. 그 수가 점점 쌓여 큰 솔도파를 지어 안에 모두 모아두었는데, 자주 손을 보고 공양했다.

일본의 또 다른 학자 도쿠시 유쇼(禿氏佑祥)는 1951년에 『동양인쇄사서설(東洋印刷史序說)』에서 당대 불경의 번역본 『칠구지불모소설준제다라니경(七俱胝佛母心大準提陀羅尼經)』을 인용해 당시 인도의 불교풍습을 제시했다.

여러 차례 반복하는 법으로, 강가의 모래사장에서, 모래에 탑 모양을 만들고 기도문을 한 번 외우는데, 이렇게 탑을 만드는 과정을 60만 번 채우면 어떤 이는 관세음(觀世音)보살이 보인다 하고 어떤 사람은 다라(多羅)보살을 보았고 또 어떤 사람은 금강수(金剛手)보살을 보았다 하니, 모두 마음먹은 대로 되어 만족하였다. 어떤 사람은 칠구지(七俱胝) 불상탑에 찍는 사람도 있고 향기 나는 점토, 모래 위, 종이 위에 찍어 인쇄한 양과 상관없이 경문을 낭송하면 공덕이 있다 믿었다.(辛德勇, 2014, p. 154)

이후 밀교의 '3대사' 선천외(善天畏), 금강지(金剛智), 불공(不空)이 당 현종 시기에 중국으로 들어와, 당나라 왕실과 상류사회에 밀교를 전파했다. 측천무후 시기에는 밀교의 경문이 대량 번역되었다. 이 중에는 『무구정광대다라니경(無垢淨光大陀羅尼經)』도 있는데, "말세의 중생들이 염불삼매를 성취하면 극락세계에 간다"고 전해졌다. 이는 대중에 강력한 흡인력을 발휘했으며 이후 경전 인쇄에 큰 영향을 미쳤다.(Ibid., pp. 160~163)

여기서 필자의 문제의식은 다음과 같다. '현장, 왕현책이 인도에서 중국으로 가져온 것은 무엇인가? 인도 불교는 어떤 기예를 사용하는가?' 여기서 말하는 기예란 날인을 의미하고, 날인의 도구는 바로 인장이었다. 당나라 시대 중국은 이미 충분한 인장 기술을 가지고 있었기 때문에 현장이 이를 중국으로 들여왔다고 말할 수는 없다.

이번 장 초반에서 말했듯 7000년 전 처음 나온 메소포타미아 문명의 인장은 이후 이란을 거쳐 인도와 중국으로 들어왔다. 인더스 문명의 유물 중 가장 이목을 끈 것은 인장이었다. 하라파 유적 중 기원전 2500~1500년에 만들어진 약 2000여 개의 인장이 발견되었다. 그 특징은 다음과 같다. 사각형의 길이는 약 2~5센티미터이며 제일 긴 것은 7센티미터이고, 구멍이 있는 손잡이가 달렸으며 재료 대부분은 활석이나 구리, 마노(석영질의 보석)인 것도 있었다. 도안은 주로 동물이었고 적지만 다섯 글자 정도의 문자도 있었다. 인더스 문명은 빠른 속도로 쇠퇴한 후 사라졌다. 약 1000년 후(기원전 500년경)에 이 지역에 다시 도시국가와 국가가 생겨 인장 역시 다시 발전하기 시작했다. 이 지역의 기술은 초기에 수준이 낮아 마치 전 시대의 인장을 계승하지 않은 것처럼 보였다. 게다가 도용을 방지하기 위해 인장을 사용했던 사람이 죽고 난 후에 인장을 모두 소각해 보존이 되었을 가능성은 더욱 적어졌다.(新關欽哉, 1995, pp. 64~73) 석가모니의 사망 이후 제자들이 그의 명령에 따라 상을 만들지 않아, 이후 수백 년 동안 '무상기(无像期)'가 이어졌다. 이후 알렉산더 대왕의 동방 정벌 때 그리스 예술가들의 영향으로 그제야 동상이 제작되기 시작했다. 현장이 들어올 시기에, 형상 조각은 이미 500여 년의 역사를 가지고 있었다. 불상의 인장날인은 그중 한 부분이다.

중국 인장은 전국시대에 시작돼, 인도 인장의 제2시기(마우리아왕조와 굽타왕조)와 거의 차이를 보이지 않는다. 인장이 중국 문화와 결합한 후 두 개의 큰 변화가 생긴다. 첫 번째는 문자가 주가 되었다는 것이고, 두 번째는 남북조시대부터 5세기 말까지 점차 봉니의 사용이 줄고 종이의 사용이 늘어나며 양문이 주가 되었다는 것이다. 중국 인장의 역사는 인도의 제2시기보다 짧지 않다. 출토된 전국시대 인장과 봉니가 6000개이고 한나라 시대 것은 더욱 수를 세기 어려워 인도보다 훨씬 많다. 이들의 예술적 성숙도는 의심할 바 없이 명확했다. 또한 세계 인장 문화 중 각인문자의 기예가 출중했지만 각인 도안의 전통은 서역 국가에 비해 약했다.

필자가 생각하건대 현장, 왕현책이 중국으로 가지고 들어온 것은 인장과 낙인 기술이 아니라, 인장을 사용하는 또 다른 방식이다. 후지타 도요하치는 앞서 말한 강연 이후 2년 뒤 쓴 글에서 다음처럼 말한다.

불필요한 이야기는 할 필요도 없이, 진한(秦漢)시대부터 중국은 이미 인장이 있었다. 불교 신자들은 그저 지금껏 있던 물건을 응용했을 뿐이다. 그러나 중국의 인장은 단지 신용을 증빙하는 기능만 가지고 있었다. 그러나 불교 신자들의 인장은 그 응용 목적이 완전히 달랐다. 인쇄 제작한 불상과 기호들이 광범위하게 퍼져 있었다. 다시 말해서 중국의 인동(印同)과 우리가 말하는 인쇄(印刷)는 목적이 완전히 다르다. 하지만 불교 신자들의 불인(佛印)●은 이와 동일하다. 그렇다면 불교 신자들의 이런 생각은 또 어디에서 온 것일까? 적어도 내가 현재 알고 있는 범위 내에서 말하자면 인도라고 답할 수밖에 없을 것 같다.(辛德勇, 2014, p. 152)

한편 향달(向達)은 이렇게 말했다.

과거 도가에서는 가끔 대추나무에 인장을 찍어 달고 다녔다. 인장에는 120개 정도의 글자가 새겨져 있었다. 그러나 처음에는 전파할 생각은 없었고, 그저 액막이용이었을 뿐이기 때문에 인쇄라고 할 수도 없다. 당나라에 들어와서 인도의 불인이 중국에 전해지자, 틈만 나면 종이에 천불상을 찍었다. 하나의 인장으로 수백, 수천 장을 만들었다. 그 후 인쇄 방법이 발전하기 시작하고, 날이 갈수록 흥성했다.(向達, 1928)

인쇄란 무엇인가? 낙인은 인쇄인가, 아닌가? 인쇄에 대한 가장 간단한 정의는 바로 '문자와 그림의 복제'다. 즉, 다시 말해 대량의 날인은 인쇄의 한 종류다. 『브리태니커백과사전』은 '프린팅(printing)'을 '압력 작용으로 일정한 양의 색료를 특정 표면에 옮겨 그림 혹은 문자를 형성하는 기술'이라고 정의한다. 여기서 '압력'이란 구텐베르크와 그 이후 인쇄술의 특징을 말하는데 프린팅이라는 단어가 함의하고 있는 개념이다.

한자 '인쇄(印刷)'는 '프린팅'이라는 단어보다 훨씬 앞서 존재했지

---

● 불상 모양을 조각하여 도장으로 찍은 것.

만 그 단어에 '압력'이라는 개념은 존재하지 않았다. 계속 사용된 '인(印)'이라는 글자는 두 단어의 기술상 전승관계를 드러낸다. 게다가 '쇄(刷)'라는 단어는 조판인쇄술의 조작 특징을 정의한다. 날인의 방법에 '압'은 있지만 '쇄'는 없다. 고로 중국어 중 '날인'은 '인쇄'와 같을 수 없다.

그런데 '날(捺)'이 어떻게 '쇄'가 될 수 있는가? 적어도 날인은 절대 조판인쇄가 아니라고 말할 수 있다. 그러나 인쇄술이 구텐베르크에 이르기까지 역시 '쇄'는 없었고 인쇄의 본질은 필경 문자와 그림의 복제에 있었다. 이런 의미에서 메소포타미아에서 중국 한대까지의 인장은 인쇄가 아니다. 왜냐하면 그들의 기능은 신용과 비밀 유지였지 복제와 전파가 아니었기 때문이다. 인도의 '불인'은 여러 번 중복된 조작 끝에 인쇄의 정의에 알맞게 되었다. 그러나 후지타가 말한 '유포'와 향달이 말한 '전파'는 인도 불교의 '불인' 목적과는 다르고 결과 역시 달랐다. 공덕을 쌓고 '관세음보살을 만나는 것'은 불인을 만드는 자의 특별한 개성에 따른 목적이고, 모래 위 혹은 명주 종이 위에 인쇄된 수많은 불인은 사회 혹은 타인에 대한 유포 혹은 전파의 효과가 없었다. 이러한 불인과 후지타, 향달이 강조했던 '유포, 전파'의 의미상 인쇄는 서로 다른 목적을 지니고 있었던 것이다.

후지타와 향달은 불인에 똑같이 영향을 끼친 발견자인데, 후지타는 인도 불인에 대해 "인쇄는 인도에서 시작되었다"고 평가하고, 향달은 "인도는 인쇄서적의 근원"이라고 말했다. 중국 인쇄술의 기원은 불교와도 밀접한 관계가 있다.(向達, 1928) 두 가지 평가는 약간의 차이가 있지만, 거의 비슷하다.

인도는 무엇을 '창조'했는가? 조판인쇄는 분명 인도에서 시작되지 않았다. 날인 역시 그렇다. 고대 인도의 불인은 불상 인장을 반복적으로 날인했고, 이는 분명 일반적인 인장 날인의 용법과는 차이가 있다. 이것의 특별한 의미는 무엇인가? 후지타가 말한 '창조'는 아마 문명사적 의미일 것이며, 종교생활에 한정적이지 않다. 그렇다면 여기 '창조'적 요소는 어디에 있는가?

'관계'의 논리는 '창조'보다 더 확실하다. 기예나 방법은 한 민족에 의해 생성과 멸망을 반복하고, 각 민족은 그 기술을 통해 이득을 얻는다. 역사상 이러한 기예는 수없이 존재했다. 그러나 문명사상 인쇄술에 대한 기록이 있다는 것은 생명력 있는 새로운 사물과의 만남, 영향과 복잡한 교류가 있었음을 의미하고, 다른 문화와 '관계'가 있었음을 뜻한다.

농구 경기에서 선수의 성적을 통계 내는 항목 중 하나로 '어시스트(도움)'가 있는데, 공을 패스하는 사람에게 주어지는 점수다. 그런데 이 어시스트가 통계에 포함되려면 패스한 공이 골대에 들어가야 한다. 패스하는 자와 패스 받는 자의 관계 속에서 점수가 확정되는 것이다. 불인의 비범한 의의 역시 중국 문명과의 '관계' 속에서만 이해될 수 있다.

앞서 설명했듯 중국 사회는 충분한 기예를 갖고 있었다. 중국 사회는 이미 복사 도구와 복사 도구를 만들 수 있는 기술을 찾아냈다. 심지어 그들에게는 두 가지 기술이 있었다. 인장은 본래 정통의 복사 도구였다. 석각은 중국인이 탁본을 이용해 복사 도구로 만든 것이다. 전국시대부터 당대 중엽까지, 인장 기술에서 복사 기술로 변화하기까지 1000년의 역사가 있고, 양조에서 당대 중엽까지 종이에 도장을 찍고 석각 탁본을 찍는 것 역시 200여 년의 역사를 가지고 있다. 하지만 인장과 석각 모두 하나를 복사하는 것이지 여러 번 복사하는 것은 아니었다. 정보와 사물의 전달 방면에서 보았을 때 복사본 이용은 항상 일대일로, 마치 봉니 혹은 봉인 후 정보를 전달하는 것과 같았다. 받는 사람 입장에서 하나의 텍스트뿐이라면 그저 필사를 해도 마찬가지다. 한 부를 필사해도 충분하다면 더 많이 필사해서 누구에게 주겠는가? 당시 사람들에게는 '하나로 여러 가지를 만든다'는 복사 개념은 존재하지 않았다. 읽기의 편리성에 대해 이야기하자면 필사본보다 인장은 너무 작고 석각은 너무 큰 데다가 이 두 가지 사이즈를 바꾸기는 너무 어렵기 때문에 바꾸지 않았다. 왜냐하면 필사로 복사본 한 부를 만드는 것이 당시에는 가장 경제적인 방법이었기 때문이다. 복사 도구는 그렇게 여겨졌고 '하나로 여러 가지를 만드는' 복사 개념은 존재하지 않았던 것이다. 당시에는 이러한 개념을 받아들일 수 없었다.

물론 농업 역시 '하나로 여러 가지를 만드는' 복제의 개념으로 볼 수 있다. 봄에 심은 좁쌀 한 알로 가을에 수만 개의 알갱이를 얻으니 말이다. 그러나 이는 사람의 힘으로는 할 수 없는 생물과 자연의 위대한 능력이다. 당시 사람들에게는 '우리에게도 엄청난 이익을 가져다 줄 복제 능력이 있다'는 것을 깨닫게 해줄 그 무엇인가가 없었다. 공업은 그다지 발달하지 않았다. 공업과 농업의 차이가 있다면 공업은 '인류의 손으로 하는 복제'라는 것이다. 그러나 공업은 가망이 없어 보였고, 수공예는 공업이라 할 수 없었다. 당시 인류는 주변 사물과 현실에서 '하나로 여러 개를 만드는' 아이디어를 얻지 못했다. 사람들은 자신 혹은 어떤 구체적인 타인을 위해 노동했다. 이름 모를 대중을 위해 대량으로 복제 생산한다는 것은 생각도 못할 일이었다.

인도인 역시 그랬다. 모래 위에 찍힌 불인을 누가 읽겠는가. 고로 날인은 타인을 위해서가 아니라 자신의 공덕을 쌓기 위해서였다. 왜 종이에 찍었을까를 생각하면 아마도 종이가 비싼 공양품이었기 때문일 것이다. 최소한 초기에는 절대 타인에게 이를 전파하기 위해서는 아니었다. 게다가 제지술이 인도에 전파된 시기는 꽤 늦었기 때문에 불교 이외의 영역에서도 인장은 종이에 찍힐 수 없었다. 중국의 인장이 봉니와 멀어진 이후부터 종이에 인장을 찍기 시작했다.

더욱이 탁본은 종이가 꼭 필요했다. 왜냐하면 '열 개 지상(胝像) 만들기', '백만탑(百万塔) 다라니경 만들기' 등의 행위가 인도에서 왔다고는 하나 종이에 적힌 불인은 중국과 동아시아 지역에서 시작되었기 때문이다. 일본의 백만탑은 진짜 백만 불인으로, 이는 한국에서도 발견되었다.(嚴紹璗, 1992, p. 125)

중국 당대에는 어느 정도 대규모의 불인이 존재했다. 다른 방법으로 이렇게 방대한 양의 불인을 복사했을 것이라고는 상상할 수 없다. 당시 불상, 불경은 종이에 수천만 번 날인되었고 여기서 사람들은 매우 중요한 아이디어를 얻었다.

중국은 수요 방면에서 비교적 글자를 아는 인구가 많았고, 과거시험으로 인해 공부를 하는 집단이 생성되어 있었다. 기술 방면으로는 인장과 제지술이 합쳐진 인봉(印封), 석각과 종이가 합쳐진 탁본이 있었고, 이들과 인쇄는 거의 맞닿아 있다. 특별한 기술이 아니라 그저 맞닿아 있는 이 사이를 이어줄 하나의 아이디어만 있으면 되었다. 이 아이디어란 바로 '하나로 여러 개를 만드는' 복사인쇄다. 이 두 가지를 연결하기 전에 이러한 의문이 있었다. '이렇게 많이 필요한가?' 그러나 종교가 그러하듯 신도는 절대로 의문을 가져서는 안 된다. 그들은 그저 즐겁게 받아들이고 직접 '하나'가 복사되어 '여러 개'를 만드는 것을 지켜본다. '여러 개'의 폭발로 신도와 그들 사회는 이를 받아들이게 되었다.

한편 왜 다른 문자는 이렇게 되지 못했는가. 각성한 중국인들은 인쇄술의 요령을 불필요하다고 느꼈다. 종교적 실천은 쉽지 않은 회의감을 불러일으키고 가장 큰 충돌을 일으키고, 이는 가장 효과적인 계시가 된다. 중국 사회와 인쇄술의 거리가 이토록 가까웠다는 백만 다라니경에 대한 깨우침이 사회 전반을 통과했다. 동시에 불인이 동쪽으로 유입되면서 승려부터 일반 세속인까지, 조정에서 일반 지역까지 사회 전반 대부분이 대량 날인에서 조판인쇄로 바뀌는 과정을 함께 경험했다.

# 세속조판인쇄와 불경조판인쇄,
# 무엇이 먼저인가

후지타 도요하치는 이렇게 말했다.

> 중국의 불상 제조와 다라니 발행은 다른 문자들에 앞서며, 현 시점에서
> 이를 부정할 수 있는 사람은 아무도 없다.

이 발언은 꽤 독단적이어서 필자 같은 사람이 의문을 품기에 충분
하다. 우리는 그저 현재 발견된 초기 인쇄본 중 불상과 다라니경이 가
장 앞선다고 말할 수 있을 뿐 역사상 인쇄본의 순서가 이러하다고 말
할 수는 없다. 그럴 가능성도 존재하지만 사실이 아닐 가능성 역시 존
재한다. 오늘날 고고학자들은 그저 선대 사람들이 생존했던 흔적의
한 부분을 찾을 수 있을 뿐, 발견된 것들도 통계학적으로 보면 과학적
표본의 성질을 갖추고 있지 않다. 발견된 유물에서부터 사고를 시작
할 수밖에 없지만 불완전한 유물에 사고가 국한되어서는 안 된다. 사

물에 대한 다양한 가능성을 인식해야 한다.

초기 인쇄본 중 불상과 다라니경을 앞서는 것이 존재하는 것으로 밝혀졌다. 그것은 그 인행(印行)이 있었기 때문이기도 하고 더 잘 보존되었기 때문일 수도 있다. 두 가지 가능성 중 잘 보존되었기 때문일 가능성이 훨씬 크다. 왜냐하면 당시 신도들은 종교 관련 인쇄품을 존중하는 마음이 있었고, 또한 그들은 특이한 방식으로 불경을 보관했다. 신더용은 이에 대해 이렇게 말했다. "당대 사람들이 다라니경을 새기는 방법은 세 가지였다. 먼저 사원에 숨기거나 심지어는 닫집(龕室)에 숨기는 것, 두 번째는 석재경당(經幢)에 새기는 것(우리의 논의와는 무관함), 세 번째는 망자의 팔찌에 함께 채워주는 것인데, 서안 당묘에서 출토된 산스크리트 문자 다라니경본이 이러했다."(辛德勇, 2014, p. 171) 닫집과 고분은 모두 인쇄품을 보관하기엔 최적의 장소다.

게다가 인쇄본의 세속적 기능은 읽는 것이기 때문에 방치 혹은 귀착의 문제가 없었고, 닫실과 묘에 보관하는 것에 대해 더 이상 논할 필요가 없었다. 물론, 보존이 잘되었다는 이유로 '인행'보다 앞섰다는 가능성을 제시할 수는 없지만 이러한 증명 방식을 부정할 수도 없다.

660년에 왕현책이 인도에서 '불인사'를 얻었다. 중국은 이즈음에 이미 날인 방식으로 불상을 인쇄했다. 불인은 조판보다 앞서는데 이를 통해 조판의 생산이 촉진되었다는 데에는 아무런 의문점이 없다. 불인이 발전하기 시작하는 시기에 나타난 조판으로 인쇄된 초기의 인쇄품은 불경이었을 가능성이 높다. 양조(502~557) 시기에 이미 한석경과 위석경의 탁본을 떴다. 현존하는 구양순(歐陽詢)의 『화도사명(化度寺銘)』의 탁본(632)은 당대의 그 어떠한 불인보다 시기상으로 앞선다. 불인의 영향력은 사회 전체로 퍼져나갔다. 그런데 왜 탁본은 그 영향력 아래에서 앞서나가 조판을 시도해보지 못했는가?

『전당서(全唐書)』 624권에 의하면, 당문종(唐文宗) 대화(大和) 9년(835)에 산동(川東) 절도사 풍박(馮宿)이 다음과 같이 상소를 올렸다.

> 검남(劍南)의 동서 양천(兩川)과 회남도(淮南道)에서는 시장에서 인쇄물들을 팔았다. 매년 사천태(司天臺)가 새 달력을 배포하기도 전에 이미 인쇄된 달력이 온 천하에 가득하자, 이를 불경하다고 여겨 금지하라 명한다.

이는 사학계가 공식 인정하는 신뢰할 만한 최초의 조판인쇄 기록이다. 원진(元稹)은 『백씨장경집서(白氏長慶集序)』(824)에서 다음처럼 말한다. "모륵(模勒)을 필사한 것은 시장에서 소리치며 팔았는데, 술이나 차로 교환하는 사람도 아주 많았다. 소주(小註)에 따르면, 양(揚)나라와 월(越)나라 일대에서 책을 많이 만들었다. 모륵, 백거이, 자신의 잡시(雜詩)를 시장에서 팔았다. 심한 경우는 이름을 훔쳐 장사를 하는 것인데, 혼잡한 틈에 섞이면 방법이 없었다." 많은 학자들은 이것이 조판인쇄의 최초 문헌기록이라고 본다. 일본의 학자 시마다 칸(島田翰)은 이렇게 말한다. "나는 이미 필사를 말했고, 모륵도 언급했다. 모각(模刻)한 것이 판각임을 알 수 있다."(1927) 장씨우민(張秀民)은 "만약 필사와 모사로 바꾼다면 말이 안 된다"(1958)고 말했다. 그러나 근거가 부족한 주장 역시 계속되었다. 향달은 이렇게 말한다. "판각인쇄로 책을 간행한 징후는 오직 두 자(字)의 대응밖에 없다고 생각한다."(1928) 중국 문자의 심미성에 비교적 조예가 깊은 자들은 한 문장을 말해도 같은 글자의 중복을 피하는데, 필자는 같은 뜻의 다른 글자를 중복하는 것은 강조를 나타내며 타당하다고 본다. 옹동문(翁同文)은 당 5대 초기 인쇄의 명분은 글자를 '인쇄' 혹은 '새기는(雕)' 것에서 벗어나지 못해 '모륵'이 '각인'이라는 것을 증명할 방법이 없었다.

전목(錢穆)은 옹동문의 주장에 동의했다. 소용강(蘇勇强)이『사고전서 (四庫全書)』를 열람한 바에 따르면, 송대 이전의 '모록'이『백씨장경집 서』에도 존재한다.(蘇勇强, 2006)

스타인은 둔황의 유물 중 두 권의 인쇄된 역사책을 발견했는데 이 중 한 권은 877년에 제작되었고, 다른 한 권은 882년에 제작되었다. 이는 풍박이 올린 상소가 믿을 만하다는 증거이다. 이후 세속적인 인쇄본에 관한 기록은 모두 연결되어 있다. 865년 일본의 승려 종예(宗睿)가 당나라를 방문한 후 귀국할 때 가져온 서적 중에『당운(唐韻)』과『옥편(玉篇)』두 종류가 있었는데 거기에 "서천에서 인쇄함(印於西川)"이라고 적혀 있었다.(錢存訓, 2004, p. 137) 847~851년에 당나라 관직에 있었던 흘간천(紇幹泉)이 쓴『류홍전(劉弘傳)』에는 단약(丹藥, 신선이 만든다고 하는 장생불사의 영약)에 대한 내용이 있는데, 이 책은 수천 권으로 인쇄되어 단약을 믿는 사람들에게 전파되었다.(李書華, 1961; 錢存訓, 2004, p. 136) 883년 당나라 관직에 있었던 유빈(柳玭)은 희종(熹宗)을 따라 사천을 유람하던 중 가족에게『가훈(家訓)』이라는 글을 남겼는데, 여기에서 그는 촉나라 땅에서 본 바를 이렇게 기록한다.

책은 음양(陰陽), 잡설(雜說), 점몽(占夢), 상재(相宅), 구궁(九宮)과 오휘지류 (五緯之流)의 내용이 많았고, 자서(字書)와 소학(小學)도 있었는데, 일반적으로 조판인쇄한 종이를 썼다.(『愛日齋叢鈔』에서 발췌; 李書華, 2004)

세속적 인쇄본과 상응하는 연대가 확실한 불교 인쇄품은 일본의 '백만탑다라니(百萬塔陀羅尼)'인데 이 인쇄본의 제작 경위는 다음과 같다.

천평보자(天平寶字) 8년(764) 9월, 태정(太政) 대신(大臣) 후지와라노 나카마로(藤原仲麻呂)의 난이 발생하는데, 황후는 군대를 일으켜 이를 진압한 후 백만불탑을 세우고자 한다. 이때 탑에 『무구경(無垢經)』의 기도를 봉안한다. 공양 백만 번의 속도를 높이기 위해, 백만불탑을 쌓는 것도 동시에 진행되는데, 『무구경』 중 『근본(根本)』, 『상륜(相輪)』, 『심자인』과 『육파라밀』의 사다라니(四陀羅尼) 기도를 취하고, 경문을 빼고 판목에 새겼다. 764년부터 시작해 770년에 일을 마친 후, 총 백만 경 기도문이 들어간 백만탑은 수도 나라시와 그 인근 지역 10대 사찰에 분배되었다. 기도문은 해서체(楷體)로 삼베와 닥나무로 만든 종이에 인쇄되었다.

목제 소탑의 중앙에는 구멍이 있고 안에는 6센티미터가 넘지 않는 두루마리 서책이 들어갈 수 있도록 했다. 권서의 앞에는 '무구정광경(無垢淨光經)' 숫자가 적혀 있다. 다라니는 길이에 따라 네 가지 규격으로 나뉘는데(제일 긴 것은 52센티미터, 제일 짧은 것은 24센티미터), 각 종류별로 두 개의 판본으로 만들어졌다.(藤枝晃, 1971, p. 161)

백만탑다라니 인쇄의 사상적 의미는 매우 여러 번 고려해볼 만하다. 먼저, 첫 번째 의미는 『대당서역기(大唐西域記)』에 적힌 "5, 6촌 높이의 작은 탑을 만들고, 경문을 적어 안에 넣고, 이를 법사리라고 부른다"와 부합한다. 백만탑다라니와 현장이 말하는 '법사리'는 서로 잘 맞아떨어지며 둘이 결합하여 '인도지법(印度之法)'이 동아시아에 전파되어 실천된 과정을 증명한다.

백만탑다라니의 두 번째 가치는 일본의 고서가 공통으로 기록한 내용이 제작년대를 밝히는 데 도움이 되었다는 것이다. 이전 시기 종교 인쇄품은 제작시기에 대한 논란이 있는 데에 반해, 백만탑은 고대 인쇄의 역사상 시기를 알려주는 든든한 시간 좌표가 되어주었다.

한국 불국사의 석가탑 안에서 발견된 『무구정광대다라니경』의 제 작 시기는 약 751년 즈음일 것이라고 여겨졌다. 그 근거는 751년 석 가탑이 만들어졌을 당시에 경문이 탑 내 닫실에 놓였고, 이후 닫실이 열린 적이 없기 때문이다. 그런데 이 경문이 발견되었을 때 경문이 들 어 있던 금속 외함에 "한 승려가 유향봉(儒香封)에 향을 사르고 참배 했는데, 이 승려의 이름은 '중대승(重大僧)'이었다. 이 승호는 신라시 대에는 한 번도 쓰인 적이 없는 이름이다. 이 이름은 고려시대에 와 서 쓰이기 시작했다"고 쓰여 있었다. 경문이 숨겨진 닫실에 110쪽에 달하는 또 다른 종이 문서가 있었는데 이미 펄프처럼 서로 붙어 있었 다. 2005년에 그중 '석가탑중수기(釋迦塔重修記)'라는 문서를 읽을 수 있게 되었다. 이 문서는 고려 현종(顯宗) 15년(1024)에 쓰였다.(辛德勇, 2014, p. 131) 다시 말해, 닫실이 열린 적 없어 경문의 제작 시기가 최 소 751년일 것이라는 주장이 뒤집힌 것이다. 중국 본토에서 발견된 가장 이른 인쇄본 역시 『다라니경』인데 제작 시기는 약 8세기 초, 심 지어 7세기까지 간다고 추정된다. 그러나 이러한 판단은 원로 고고학 자들에게 받아들여지지 않았다. 결론적으로 '백만탑'은 현존하는 가 장 오래된 인쇄본이라고 알려졌다가 몇십 년간 그 지위가 흔들렸으 나, 다시 한번 그 지위로 돌아올 가능성을 갖게 된 것이다.

백만탑다라니의 세 번째 가치는 일본학자 이노우에 기요시(井上 淸)의 세상을 놀라게 할 만한 이론에서 나왔다. 바로 다라니경이 조판 인쇄본이 아닌 날인이라는 것이다.

여러 차례 실험과 인쇄묵적(印刷墨迹) 실험을 통해 '백만탑다라니경'은 종 이 뒷면에 비벼서 인쇄한 것이 아니라 목재 도장을 북에 두드린 후 종이 위에 날인한 것이다. 나라(奈良)시대까지도 진정한 인쇄술은 존재하지 않

았다.(藤枝晃, 1971, p. 162)

이러한 방법과 판단의 논리적 추론에 따르면 초기에 발견된 유물 중 날인본과 조판인쇄본 두 가지 인쇄본의 성질을 혼합해서 가진 유물이 있을 수 있다. 어떤 것은 조판인쇄본이고 어떤 것은 날인본일 수 있다. 특히 초기 불상과 불경 인쇄본 중에도 그런 것들이 있다. 문헌 중에는 물론 풍박의 상소 속 불경인쇄품의 기록보다 이르지는 않지만 그중 대다수는 날인된 불상불경이 많고, 그들이 조판인쇄인지 확인하기는 어렵다. 날인과 조판의 구분은 조판인쇄술의 초기 연대를 결정하는 가장 중요한 관건이다.

의심할 바 없이 확실한 몇 가지 시간 좌표는 644~664년(현장이 인도에서 돌아와 사망하기까지, 이 기간에 왕현책 역시 인도에서 불인을 가지고 들어왔다), 770년(일본이 백만탑다라니경을 날인), 835년(풍박이 '인쇄술이 이미 세상에 널리 알려졌다'고 상소를 올림. 어렵게 짐작하건대 역사책에서 인쇄의 시작 연도는 830년경임), 868년(둔황에서 발견된 『금강경』이 발행된 연도)이다. 이 시간 순서 중에 조판세속인쇄본이 제일 앞선다. 만일 불경조판인쇄가 더 앞섰음을 증명하려면 830년 이전의 증거를 찾아야 한다. 유물도 좋고 문헌 증거도 괜찮지만 모두 확실하게 날인이 아니라 조판임을 드러낼 수 있어야 한다.

이상 서술한 내용은 하나의 정견(定見)으로, 회의론자들이 하나의 증거로 판단을 의심하는 맹목적 시각은 이것만 못하다. 이를 대체한 것은 꾸준히 내려온 온건한 시각(조판종교인쇄본과 조판세속인쇄본이 최초로 등장한 시간 차는 매우 적고, 둘 중 무엇이 앞서든지 서로 상대가 신속하게 발전할 수 있도록 작용했다는 시각)이었다.

# 풍도,
# 경문조판인쇄술을 소개하다

인장, 석각과 불인은 조판인쇄술의 등장에 기여했다. 조판인쇄술이 시작된 후 중국 문인들의 창작세계와 역사 속 전설적 인물이 서로 이어졌다. 이 인물이 바로 풍도(馮道)다. 풍도는 의도치 않게 하나의 기적을 만들어냈다. 이를 이해하려면 다음의 역사를 먼저 이해해야 한다.

후당, 후진, 후한, 후주 그리고 거란족의 중원 진출까지 풍도는 다섯 개 왕조, 열한 명의 군주를 모셨다. 당시 권력교체는 가장 간단한 방법인 폭력에 의존해서 이루어졌다. 그 과정을 살펴보면 다음과 같다.

돌궐족의 주야 성씨가 통솔하는 사토군(주거지역에 따라 붙여진 이름) 세대가 이당(李唐)에 충성을 바쳤다. 869년 당의종(唐懿宗)이 주야적심(朱邪赤心)에 이씨 성을 하사했다. 몇 년 후, 황소(黃巢)가 장안을 공격할 때, 희종(熹宗)이 주야적심의 아들 이극용(李克用)을 구출했다. 이극용은 황소를 쳐부순 후 장안으로 들어왔다. 이후 이극용의 아들 이재욱(李存勖)이 왕위를 계승했다. 그러나 이후 그의 숙부 이극녕(李克寧)

이 상당한 세력을 쌓은 후, 왕위를 노린다. 결국 이재욱은 숙부를 죽이고 왕위를 지킨다. 10여 년 후 후량(後梁)을 멸망시키고 후당을 건립한다. 이후 이재욱은 정벌 전 촉의 공신인 곽종도(郭宗韜)를 죽인다. 이후 그는 교만하고 사치스럽고 방탕한 생활을 일삼아 정사를 돌보지 않아 결국 부하들이 일으킨 반란에 의해 사망한다. 이극용의 양자였던 이사원(李嗣源)은 이재욱이 사망한 후 부하들에 의해 황제로 추대되었다. 그는 천성이 후덕한 편이었으나 말년에 그의 차남이 반란을 모의해 죽임을 당했다. 사망한 후 그의 셋째 아들인 이종후(李從厚)가 왕위를 이어 1년간 재위했는데, 그는 수양아들인 이종가(李從珂)에 의해 교살당한다. 이종가와 그의 매부 석경당(石敬唐)은 서로를 시샘하는 사이였다. 세력이 약해진 석경당은 거란의 야율덕광(耶律德光)을 부왕으로 모시고, 황제의 칭호를 받았다. 분노한 이종가가 석경당의 두 아들, 남동생과 가족 세 명을 죽여버렸다. 석경당은 거란군의 도움으로 이종가를 격파하고 이종가 일가는 분신자살을 한다. 석경당은 6년간 재위한 후 죽기 전에 경연광(景延廣)과 풍도에게 자신의 아들 석중예(石重睿)를 보필할 것을 부탁한다. 석경당이 눈을 감은 후 경연광은 자신의 조카인 석중귀(石重貴)가 황위를 잇게 한다. 이후 후진(後晉)이 손(孫)이라 불리는 것을 달가워하지 않자, 거란족이 세 차례 군대를 보내 마침내 후진을 멸망시킨다. 그러나 중원지역에 발을 붙일 힘이 없어 재빠르게 북으로 돌아간다. 원래 석경당의 대장이었던 유지원(劉知遠)이 이 틈을 노려 후한을 세운다. 그의 아들 유승우(劉承右)는 유지원의 유지를 받들어 왕위에 오른다. 그러나 아버지가 남겨준 네 명의 신하가 마음에 들지 않았던 그는 더 나아가 그중 세 명의 양, 사, 왕씨가 조정에 든 어느 날, 위병을 일으켜 죽여버리고 그 세 신하의 일가를 말살시키고, 나머지 신하 한 명 곽위(郭威)의 일족 역시 모두 죽인다.

소식이 흘러들어가 곽위는 병사를 이끌고 돌아온다. 유승우는 군사반란으로 결국 사망한다. 곽위는 이에 후주(後周)를 세운다. 3년 후 곽위가 사망하고 그의 아들 곽시영이 왕위를 물려받는다.

이상은 태종의 5조 11제왕이 있었던 28년간에 대한 간략한 요약이다. 이 중 여덟 명의 제왕이 폭력으로 권력을 얻고 네 명이 찬위를 통해 왕위에 올랐다. 세 명은 아버지의 왕위를 계승했고 이 중 두 명은 왕위를 지키지 못했다. 이종후는 왕위에 오른 지 1년 만에 자리를 빼앗겼고, 유승우는 재위 2년 만에 주인 자리를 내주었다. 권력의 격렬한 변화 속에서 신하들은 특히나 스스로를 보호하기가 어려웠다.

피 비린내 나는 권력다툼이 끊임없이 일어났던 시기에, 풍도가 경문조판인쇄술을 소개한 것은 무척 불가사의한 일이었다. 그의 입장에서 보자면 거시적으로는 배경이 알맞았고 미시적으로는 우연한 기회를 모두 잡은 행운이 있었다.

앞서 말했듯, 동위(東魏), 북제(北齊), 북주(北周), 수(隋), 당(唐), 다섯 왕조 중에는 호인(胡人)*이 세운 왕조가 셋 있고, 모두 석경을 얻기 위해 힘썼으며, 각자 태학 앞에 석경을 세웠다. 그중 당나라의 통치계층은 정권을 수립한 지 200여 년 후, 문종대화(文宗大和) 7년(833)에 석경을 다시 제작해 개성(開成) 2년(837)에 완성했다. 이 석경은 개성석경이라고 불린다. 희평석경과 정시석경은 이미 거의 대부분 사라진 지 오래다. 당 말기의 전쟁 중에, 개성석경 역시 들판에 버려졌다가, 이후에 성 한구석으로 옮겨져 거의 대부분의 사람들이 이에 대해 알지 못했다.** 이당(李唐) 이후 다섯 왕조, 양(梁), 당(唐), 진(晉), 한(漢),

---

* 중국 고대에서 북방 변경지역과 서역의 다른 민족을 총칭하는 말.
** 송나라 때 부학북용으로 옮겨갔다. 이곳은 현재의 시안(西安) 비림(碑林)이다. 고대 한, 위, 당, 촉, 송나라 석경 중 가장 잘 보존된 석경이다.

주(周)의 수도는 개봉(開封) 혹은 낙양에 세워졌다. 어쩌면 이를 관리할 수 없어서일 수도 있지만, 전 왕조의 석경이 어디에 있는지 찾을 수가 없어서일 가능성이 더 높다. 게다가 재정상의 문제로 새로운 석경을 제작할 수 없었다. 결국 희평석경이 만들어진 후 당 말기까지 700년 동안 5대 군주는 석경이 그들의 권력을 뒷받침해주지 못하는 군주가 되었다. 이러한 공백은 풍도에게 남겨졌다.

동광(同光) 3년(925), 후당 장종(莊宗) 이재욱이 촉나라를 멸망시킨다. 1년 후, 명종 이사원이 왕위를 물려받을 때, 풍도는 과거에 합격해 공직에 오른다. 이때가 후당이 후촉을 점령한 지 5년이 되는 해였다. 이때, 풍도는 촉의 조판인쇄술이 먼저 발전했다는 정보를 알게 되어, 장흥(長興) 3년(932)에 상소를 올렸다.

> 한나라 때는 유교를 숭상하였다. 삼자(三字)●『석경』이 있어 당나라 조정에서도 국자학에서 이를 판각하였는데, 지금의 조정에서는 이를 새길 만한 자가 없다고 한다. 이전에 오나라와 촉나라 사람들을 만났을 때, 인쇄된 문자를 파는 데 색도 아주 다양하여 경전이 이를 쫓아갈 수 없었다. 만약 경전을 유행에 따라 수정한다면 교화에 매우 이로울 것이다.●●●

이에 명종은 상소를 받고 의윤(依允)●●해, 다음과 같은 거대한 과정의 일이 시작된다. 『오대회요(五代會要)』에서는 이에 대해 이렇게 말한다.

---

● 세 가지 서체, 즉 고대문자, 전서, 예서를 이르는 말.
●●● 그 외에 『舊五代史·唐書』, 『舊五代史·漢書隱帝記』, 『舊五代史·周書』, 『宋史·儒林傳』, 『夢溪筆談』, 『資治通鑑』, 『文獻通考』, 『五代會要』, 『石林燕語』에 모두 공통적으로 기록되어 있다. 이에 대한 내용은 다음을 참고하였다. 王國維, 1922; Thomas F. Carter, 『The Invention of Printing in China and its Spread Westwards』, 1925; 李書華, 2004.
●● 신하가 올린 안을 임금이 허락하여 승낙함.

주나라 광순(廣順) 3년 6월, 상서 좌의정 겸 국자감사를 맡고 있던 전민(田敏)은 『구경(九經)』과 『오경문자(五經文字)』, 『구경자양(九經字樣)』을 각 2부씩, 총 130권 인쇄하였다.

왕국유는 이에 대해 다음처럼 말한다.

감본(監本)● 『구경』은 비록 당석경 문자에 의거해 제작되었으나, 당석경은 경문만 전문으로 새겼기 때문에 감본 역시 경전의 주석을 겸한다. 근래 민간에 전래된 판본은 물론 단점보다는 장점이 많았다.(王國維, 1920)

이 구부경문(九部經文)은 총 22년, 역사상으로는 5조 11왕이 바뀌는 동안 제작되어 953년에 완성되었다. 풍도는 954년에 사망했다. 풍도가 관직에 오른 28년 중, 처음과 마지막에만 현명한 군주를 만나서 이렇게 큰일을 시작하고 끝을 잘 마무리할 수 있었다. 만일 후당 명종이 11왕 중 다른 왕과 같았다면, 이런 일의 시작은 꿈도 못 꿨을 것이다. 게다가 만일 이 일이 조금이라도 늦게 시작되었다면 풍도를 도와 이 일에 협조하고 지도를 해줄 수 있는 숙련자가 더 적어 이 일을 완성하기가 특히 더 어려웠을 수도 있다.

이 일이 진행되는 동안 분명 빈번한 폭력적 권력 이동이 있었는데, 왜 그 군주들은 이 일이 지속될 수 있도록 했는가? 이 폭군들이 석경의 본질을 알고 있었다고 말하기는 매우 어렵지만 풍도가 석경의 성질과 그 수백 년의 역사를 설명한 후 그들은 아마 석경이 권력 장악에 합법성을 부여할 수단이라고 느꼈음에 틀림없다. 필자는 이것

----

● 국자감에서 출판한 서적.

이 바로 어지러운 세상 속에서 석경이 꾸준히 제작될 수 있었던 근본적인 원인이라고 생각한다. 이뿐 아니라 만약 폭군들이 풍도에 의지해 그들에게 결여된 합법성을 원했던 것이라면 풍도의 운명 역시 상당 부분 석경에 의지했다고 볼 수 있다.

풍도뿐 아니라 후촉의 재상 무소상(毋昭裔)의 운명 역시 이러한 판단과 관련이 있다. 무소상은 953년, 후주(後周)의 전민(田敏)이 감본 구경을 올린 그해에 촉판(蜀版)구경을 제작하기 시작했다. 965년 송이 촉을 멸망시킨 후 촉의 권문세가 대부분은 화를 당했다. 송태조(宋太祖)는 촉나라의 서적과 도안 끝부분마다 무씨(毋氏) 성이 적혀 있는 것을 보고, 이에 대해 물은 후 '무씨 가문에서 스스로 제작한 것'임을 알게 되었다. 송태조가 무씨 가문에 서판을 돌려주라고 명령한 후로 국내에 무씨 가문의 도서가 널리 퍼지게 된다.(葉德輝, 1920, p. 8) 무소상의 아들 무수소(毋守素)는 촉나라에서 재상자리에 올랐던 몸으로 송대 관리가 될 수 있었기 때문에, 서적에 적힌 일들이 꾸며낸 것이 아님을 증명했다. 이는 경서의 제작과 풍씨, 무씨 두 일가의 생명이 연관 있다는 증거가 되었다.

이후 약 1000여 년 동안 풍도에 대한 평가는 대략 두 가지로 나뉘어 전개된다. 먼저 풍도의 도덕성에 대한 평가다. 왕안석(王安石)은 "마치 불교 보살과 같은 행적"이라고 긍정적으로 평가한 데 반해, 구양수(歐陽修), 사마광(司馬光)은 이렇게 부정적으로 평한다. "아침에는 적이었던 자를 저녁에는 왕으로 모시니 (…) 이는 간신과 같다." 한편 중립적 입장에서 평가한 『구오대사(舊五代史)』의 저자 설거정(薛居正)은 다음처럼 기록한다. "행실이 도덕적이고, 고인의 기품이 있고, 대신의 몸처럼 도량이 깊었다. 그러나 사조(四朝)를 받들어 섬기고, 육제(六帝)와 함께하니 충성심이 깊다 할 수 있겠는가? 무릇 딸이 두 명의 남편을 섬기니 그 불행함을 다시 더 말할 필요가 있으랴." 이것이 본문의 주제는 아니지만 단 한마디로 요약할 수 있다. 엄격하게 하나의 성(姓)씨를 가진 군주만 모시기를 청하는 것이 가천하(家天下)*의 논리가 아니고 무엇인가?

두 번째, 풍도는 아주 긴 시간 동안 조판인쇄의 창시자로 알려져 왔다. 감본구경을 완성하기란 어렵고도 어려웠을 것이다. 그러나 그는 조판인쇄술의 창시자가 아니다. 그가 올린 상소가 이미 이를 뒷받침한다. 풍도는 조판인쇄술의 발명에 기여하지 않았다. 당시 감본인쇄는 민간의 인쇄품과는 거리가 멀었기 때문에, 이후 민간 인쇄품의 품질이 정부 인쇄품의 수준에 미치지 못한 것은 당연한 일이다.

풍도는 유교경문의 정본(定本)과 보급에 기여했다고 볼 수 있다. 더 나아가 과거 수험생들의 독본 면에서 보면 송대 과거의 기초를 다졌다고 할 수 있다. 과거 수험생들의 규모는 관리가 아닌 사람들과 비슷했다. 이는 서동문이 관공서에서 사회로 스며들고 있고 서동문이 거의 완성되었음을 보여준다.

풍도를 조판인쇄술의 창시자라고 기술한 고대문헌은 고대인들의 편파적인 사관을 폭로한다. 앞서 말했듯 풍도의 도덕성에 대한 비판은 '가천하(家天下)사관'적 논리에 기대고 있다. 인쇄기술상 풍도만 떠받드는 것은 감본, 과학, 경학을 의도적으로 치켜세우고 민간출판, 세속문화와 종교신앙을 넘어서려는 심리 때문이다. 이 두 편파성은 결국 하나로 이어진다. 바로 '왕조와 관학을 중시하고, 세속과 민간을 가볍게 여기는 것'이다.

---

* '천하를 집으로 삼다.' 즉 제왕이나 권력자가 천하를 개인의 소유로 하여 후손에게 대대로 전한다는 의미.

## 참고문헌

本田成之, 1927/2013, 『中國經學史』, 漓江出版社.
한국에서는 『중국경학사』(혼다 시게유키 지음, 서경요 옮김, 문사철, 2011)로 소개되
었다.

陳夢家, 1939/2011, 『中國文字學』, 中華書局.

程章燦, 2009, 『古刻新詮』, 中華書局.

崔瑞德, 魯惟壹, 1986/1992, 『劍橋中國秦漢史』, 中國社會科學出版社.

馮友蘭, 1948/1985, 『中國哲學間史』, 北京大學出版社.

拱玉書, 顔海英, 葛英會, 2009, 『蘇美爾, 埃及及中國古文字比較研究』, 科學出版社.

金夷, 潘江, 1996, 「再論中國璽印的起源-兼說所謂商璽的眞僞」, 『考古與文物』, 1期.

卡特, 1925/1991, 『中國印刷術的發明和它的西傳』, 商務印書館.
이 책은 인쇄술 연구의 고전이자 이정표가 되는 작품이다. 니덤은 이렇게 말한다.
"첸춘쉰의 『중국의 종이와 인쇄문화사』는 이 작품과 필적할 만하다." 필자는 카터
의 이 책이 출판된 후 한참이나 앞서있다고 생각했다. 하지만 60년이 지난 후 첸
춘쉰의 책이 출판된 시기에 인쇄술연구는 이미 저명한 학파를 이루었고, 첸춘쉰
의 저서와 이 주제를 다룬 현인들을 비교해볼 때 우세한 점이 별로 없다. 따라서
두 저서의 가치는 같은 기준으로 평가할 수 없다. 카터의 이 작품은 1955년 굿리
치(Goodrich, 미국의 저술가이자 출판업자)가 수정한 후 재판되었다. 첸춘쉰은 이렇
게 말한다. "중국 대륙의 번역본은 개정판이 아니기 때문에 데이터가 오래되었다.

대만의 번역본은 개정판이기는 하나 많은 주석이 누락되었다. 즉, 현재까지 좋은 번역본이 없는 상황이다."

한국에서는 『인쇄문화사』(T. F. 카터 지음, 강순애 옮김, 아세아문화사, 1995)로 소개되었다.

李書華, 1953/1982, 「印章與摹搨的起源及其對雕版印刷發明的影響」, 『圖書印刷發展史論文集』, 臺灣文史哲出版社.

李書華, 1960/1982, 「五代時期的印刷」, 『圖書印刷發展史論文集』, 臺灣文史哲出版社.

李書華, 1961/1982, 「唐代後期的印刷」, 『圖書印刷發展史論文集』, 臺灣文史哲出版社.

李書華, 1982, 「印章與摹搨的起源及其對於雕版印刷發明的影響」, 『圖書印刷發展史論文集』, 臺灣文史哲出版社.

李學勤, 1992, 「中國璽印的起源」, 『中國文物報』, 29期.

李學勤, 2001, 「試說傳出印璽的田字格璽」, 『中國書法』, 12期.

李學勤, 2004, 「試說殷墟新出土的銅璽」, 『中國書畫』, 2期.

林文彦, 2011, 「東西方印章封泥之比較初探」, 『西泠印社』, 總31期.

劉江, 2005, 『中國印章藝術史』, 西泠印社出版社.

馬衡, 1923/2010, 『馬衡講金石學』, 鳳凰出版傳媒集團.
작가는 중국 현대 금석학의 시조다. 이 책이 논술하는 바는 명확하다.

錢存訓, 2002/2006, 『書於竹帛』, 上海世紀出版集團.

錢存訓, 2004, 『中國紙和印刷文化史』, 廣西師大出版社.

屈萬裏, 昌彼得, 1977, 「刻書之始」, 『圖書印刷發展史論文集續編』, 臺灣文史哲出版社.

沙孟海, 1987/1999, 『印學史』, 西令印社出版社.
당대 중국에서 사맹해처럼 학문적 소양이 있는 서예가는 찾아보기 힘들다. 이 책의 문자 부분은 1962년에 이미 완성되었으나, 도감을 수집할 즈음 '문화대혁명'이 일어나 출판이 지체되었다. 다행스럽게도 1987년에 다시 빛을 볼 수 있었다. 사맹해는 이렇게 말한다. "몇몇 관인(官印)은 작위 수여에 급급해서 거푸집 주조 과정을 기다리지 못하고 급하게 다듬어서 사용했다. 이를 '급취장(急就章, 급히 완성한 도장)'이라고도 부른다. 이런 종류의 각인(刻印)은 대부분 무관(武官)직에 있는 사람들이 사용했다." 
한국에서는 『인학사』(사맹해 지음, 곽노봉 옮김, 다운샘, 2011)로 소개되었다.

蘇勇强, 2006, 「元積模勒續考」, 『晉陽學報』, 1期.

孫慰祖, 2002, 『封泥: 發現與研究』, 世紀出版集團.
봉니 연구의 역사에 대해 분명하게 기술한 책이다.

藤田豐八, 1925/1932, 「中國印刷起源」, 『圖書館學季刊』, 第六卷, 2期.
동양사학회에서의 강연을 담은 글이다. 강연은 보통 논문보다는 좀 더 편하고 자유롭기 마련인데 이 글 속에서의 극단적 관점이 이와 관련이 있는지는 모르겠다.

藤枝晃, 1971/2005, 『漢字的文化史』, 新星出版社.
한국에서는 『문자의 문화사』(후지에다 아키라 지음, 오미영 옮김, 박이정, 2006)로 소개되었다.

王國維, 1916/2010, 「魏石經考」, 載於 『王國維: 歷史·文學·戲劇論稿』, 中國畫報出版社.

王國維, 1920/2008,『經學概論』總論;『王國維集』第壹冊, 中國社會科學出版社.

王國維, 1922/2007,「五代兩宋監本考」,『王國維文集』(下), 中國文史出版社.

王國維, 1913/2004,『簡牘檢署考校註』(胡平生·馬月華校註), 上海古籍出版社.
중국 현대 고고학, 역사학의 시조로서 왕국유의 출발점은 상상도 못할 만큼 높다. 봉니에 관한 연구는 이전에도 있었지만 이는 오직 그 안에 있던 문자의 '내용'에 국한되어 있었다. 왕국유는 연구에 착수하자마자 '봉니는 무엇인가, 어떤 기능을 맡고 있는가' 등의 '실체'를 규명하기 시작했다. 그는 봉니에 대해 서술하며 간결함, 요점, 명료함, 세밀함을 완벽하게 구현하여 현대 학술 문체의 모범답안을 제시했다. 이 글을 읽으면 '삼함기구(三緘其口, 입을 세 번 봉하다. 말조심의 필요성을 말한 성어)'라는 말의 유래를 실감하게 된다.

王人聰, 2000,「印學五題」,『中國古璽學國際研討會論文集』(王人聰·遊學華編), 香港中文大學文物館.

向達, 1928/2010,「唐代刊書考」,『唐代長安與西域文明』, 湖南教育出版社.
문장의 격조에서 왕국유의 풍격이 느껴진다. 이 글의 논점은 후지타 도요하치와 비슷한데, 3년의 차를 두고 발표되었기 때문에 향달이 글을 쓰기 전 후지타 도요하치의 관점을 잘 알았는지, 아니면 독자적으로 제기한 논점인지는 깊이 연구해 볼 만하다.

辛德勇, 2014,「論中國書籍雕版印刷技術產生的社會原因及其時間」,『中國典籍與文化論叢』, 鳳凰出版社.
후지타와 향달이 했던 불인(佛印)의 영향에 관한 연구의 맥락을 상세히 기술했다. 또한 일본의 백만탑과 한국 불국사 다라니경 연구에 대해 세밀하게 정리하고 고증하였다.

新關欽哉, 1995/2003,『東西印章史』, 東丘印社.
필자에게 있어 극히 보기 드문 내용의 책이다. 이 책은 비정식 출판물로 일본 동구인사(東丘印社)에서 인쇄되어 서령인사(西令印社)에 증정한 책이다.

徐復觀, 1982/2014, 『中國經學史的基礎』, 九州出版社.
한때 정치에 몸담았던 사람이 학문의 길로 들어서서 이 정도 수준까지 도달하다
니, 이에 필적할 인물이 중국 대륙에는 거의 없다고 본다.
한국에서는 『중국경학사의 기초』(서복관 지음, 고재욱 외 옮김, 강원대학교 출판부,
2007)로 소개되었다.

嚴紹璗, 1992, 『漢籍在日本的流布研究』, 江蘇古籍出版社.

葉德輝, 1920/2012, 『書林清話』, 華文出版社.
필자가 처음 이 책을 접했을 때는 인문학계 내에서 엄청난 명성을 어떻게 얻었는
지 이해하기 힘들었다. 판본학(板本學)이 역사학의 기초이며 상당히 어렵다는 사
실을 이해한 후에야 저자의 명성이 어디에서 왔는지 이해할 수 있었다.

張光直, 1990, 『中國青銅時代, 二集』, 生活·讀書·新知三聯書店.
한국에서는 『중국 청동기 시대(하)』(장광직 지음, 하영삼 옮김, 학고방, 2013)로 소개
되었다.

趙超, 1997, 『中國古代石刻概論』, 文物出版社.

趙平安, 2009, 『隷變研究』, 河北大學出版社.

趙平安, 2012, 『秦西漢印章研究』, 上海古籍出版社.

鄭也夫, 2007, 『後物欲時代的來臨』, 世紀出版集團.

# 제6장

# 중국과 한국, 유럽에서 인쇄술은 어떻게 발전했는가:

# 활자인쇄

# 중국,
# 소외된 활자 발명

중국 북송시대 학자인 심괄(沈括)의 엄격하고도 위대한 저서 『몽계필담(夢溪筆談)』에 이러한 기록이 있다.

조판으로 책을 인쇄하는 방법은 당나라 때는 아직 대규모로 이루어지지 않았다. 오대(五代)시대 풍명왕(馮瀛王)에 이르러서야 조판으로 오경을 인쇄하기 시작하여, 그 후 고전문헌은 모두 조판인쇄되었다. 북송 경력(慶歷)에 평민이었던 필승이 활자인쇄법을 새로이 발명했다. 활자인쇄는 진흙을 깎아 하나하나의 자인(字印)을 엽전(銅錢)의 가장자리만큼 얇게 만들고 불로 구워서 단단하게 한다. 이후 인쇄를 할 때 송진, 초나 종이 재 같은 것을 뿌려놓은 철판 위에 철 틀을 올리고 그 안에 자인을 바짝 붙여 배열했다. 철 틀을 다 채우면 한 판이라 불린다. 완성된 한 판을 다시 불로 가져가 구우면 송진과 초가 녹는데, 이때 평판을 올려 아래로 누르면 자인이 숫돌만큼 평평하게 된다. 만약 두세 권만 인쇄하면 그 편리함

을 알 수 없지만 몇십, 몇백 더 나아가 몇천 권을 인쇄할 때에는 출판의
속도가 굉장히 빨라진다. 대개 두 개의 철판을 준비하여 하나는 인쇄에
쓰고 다른 하나는 자인을 배열하는 데 썼다. 그러면 한 판의 인쇄를 마쳤
을 때 다른 한 판에 이미 글자가 배열되어 있으니 번갈아가며 쓸 수 있어
짧은 시간에 인쇄를 모두 마칠 수 있었다. 모든 글자는 자인이 여러 개였
는데 '지(之)', '야(也)' 등은 한 글자당 스무 개가 넘는 자인이 있어 한 판
에 여러 개를 동시에 쓸 수 있었다. 안 쓸 때에는 운(韻)으로 분류하여 종
이를 붙여 표시한 후 나무 칸에 넣어 보관했다. 평소에 준비하지 못한 일
부 생소한 글자는 그 자리에서 깎아 짚불로 구우면 바로 사용할 수 있었
다. 나무로 자인을 만들지 않은 이유는 나뭇결에 편차가 있고 물을 많이
먹어 활판을 짰을 때 고르지 않았고, 송진 등에 딱 달라붙어 해체하기 어
려웠기 때문이다. 나무는 진흙으로 구워 만드는 것만 못하다. 진흙활자는
인쇄 후 송진 등을 불로 녹인 후 손으로 한번 쓸면 자인이 자연스럽게 떨
어져 하나도 더럽혀지지 않았다. 필승이 죽은 후 내 사촌 형제들과 조카
들이 그의 자인들을 얻어 지금까지도 잘 보존하고 있다.

유감스럽게도 이것이 활자인쇄 발명가 필승에 관한 유일한 기록
이다. 우리는 여기서 필승이 평민이라는 것과 나무활자인쇄를 시도했
으나 실패했다는 것, 진흙활자의 발명 시기와 방법 그리고 그가 죽은
후 활자의 행방을 알 수 있다. 이러한 기록 외에도 필승이 언제 태어
나고 죽었는지에 대한 설, 그가 대장장이라는 설 등이 있지만 모두 추
측이다.

필승의 자세한 생몰년에 관한 설은 1990년 후베이(湖北) 잉산(英
山)에서 발견된 필승의 묘에서 비롯되었는데, 장씨우민, 런팡(任昉) 등
이 묘비 연대에 대해 근거 있는 의문을 제시했다. 그러므로 우리는 그

가 경력에 발명을 했다는 것을 근거로 대략적인 생몰년만 추측할 수 있을 뿐이다. 필승이 대장장이라는 설은 쥘리앵(Stanislas Julien, 프랑스 동양학자)에서 시작되어 왕국유를 거쳐 카터까지 이어졌다. 『몽계필담』에 분명 필승(畢升)이라는 대장장이가 언급되어 있지만 그는 활자를 발명한 필승과 서른네 살이나 차이가 나고 이름이 달라 같은 사람일 수 없다. 아마 요하네스 구텐베르크가 제련 전문가이기 때문에 사람들은 필승이 대장장이였다고 판단했을 것이다.(張秀民, 2006, pp. 532~533) 허나 필승이 시도했던 활자 재료는 흙과 나무뿐, 금속과는 관련이 없다.

초기 진흙활자 서적 중 제일 확실한 것은 1193년[송(宋) 광종(光宗) 소희(紹熙) 4년] 주필대(周必大, 남송시대 정치가이자 문학가)가 인쇄한 자신의 저서 『옥당대기(玉堂大記)』■다. 시간상으론 세계 첫 활자본이지만 안타깝게도 원본이 존재하지 않는다.(張秀民, 2006, pp. 538~540)

원나라 왕정(王禎)은 안후이(安徽) 성덕(旌德)현의 지사일 때 이미 『농서(農書)』를 쓰기 시작해 10여 년에 걸쳐 완성했다. 그는 『농서』를 쓰는 도중 문장이 길어져 조판인쇄하기 어려울 것을 예상하여 목공을 불러와 3만 개가 넘는 목활자를 제작하고 『농서』에 '조활자인서법(造活字印書法)'을 기록했다. 왕정은 성덕에서 1298년에 앞서 언급한 목활자로 자신이 편찬한 『정덕현지(旌德縣誌)』를 인쇄했다. 전권 6만 자인 『정덕현지』 100권을 인쇄하는 데 채 한 달이 안 걸렸다. 그 뒤 강서(江西)로 전근을 갈 때 제작한 목활자를 가져갔지만 강서에서는 『농서』의 조판을 제작했기 때문에 초기의 목적을 달성하지는 못했다.(張秀民, 2006, pp. 547~550) 왕정은 또한 회전 활자대를 설계해 활자를 순

---

■ 『사고전서총목제요(四庫全書總目提要)』로 지정됨.

서대로 조종간에 넣어 식자공(排字工)이 글자를 편리하게 고를 수 있게 했다.

명나라 우시(无锡)의 대부호 화씨(華氏) 가족은 조판인쇄에 능했다. 그중 화수(華燧)는 1490년에 구리활자를 만들어내『송제신주의(宋諸臣奏議)』 50권을 인쇄했다. 이는 중국 최초의 구리활자인쇄서일 것이다. 이는 한국보다 늦고 인쇄 효과도 한국보다 좋지 않았다. 화수와 동시대에 살았던 당금(唐錦)과 사기원(謝啟元)이 모두 "근래엔 모두 구리활자를 많이 새긴다"(張秀民, 2006, p. 561)는 말을 남긴 것을 보면 구리활자는 주조된 것이 아니라 조각된 것임을 알 수 있다. 뿐만 아니라 구리활자를 제작하는 곳이 한 집만이 아님을 말해주고 있다.

중국의 활자인쇄의 발전은 청나라 황실이 절정으로 이끌었다. 강희(康熙) 40년(701)부터 25만 개의 구리활자를 만들어『고금도서집성(古今圖書集成)』을 판각하기 시작하여 옹정(雍正) 6년(1728)에 완성했다. 장장 28년에 걸쳐 제작됐으며 총 1000권, 글자 수만 1.6억 개이다. 당대 학자들의 고증에 따르면 앞서 언급한 구리활자는 깎아 만들었지 주조하지 않았다고 한다. 이 크고 대단한 작품이 완성된 이후 구리활자는 어디로 갔을까. 그 행방에 대해서는 두 가지 이야기가 있다. 그중 하나는 다음과 같다.

그것을 무영전(武英殿)에 두었으나 시간이 지나자 일부 구리활자는 도둑맞거나 없어져 서기관들이 죄 물음을 당할까봐 두려워했다. 건륭(乾隆) 초년(初年)에 막 들어섰을 때 수도에 돈이 귀해 구리활자를 소각하여 주조에 쓰기를 청하였고 결국 그 청은 받아들여졌다.(乾隆,「毀銅惜毀彼, 刊木慚予」,『御制詩四集』 22권)

또 다른 설은 다음과 같다.

황제의 명을 받들어 현재 우영전(武英殿)의 구리활자판 존재 여부와 소각 당시 사람들에 의해 교환되었는지 여부를 조사했다. 관리관 등에 따르면 건륭 9년 11월 초 6일 우영전의 구리활자판 27,860근이 확인되었다. 상소가 올라 있었고 그에 황제께서는 소각하여 불보(佛保)를 얻는 데 쓰기 위해 준비하라 명하였다. 건륭 10년 정월 23일 옹화궁(雍和宮) 삼세불 주조 요청에 관한 상소가 올라왔고 구리활자는 그곳에 소각되어 쓰였다. 현재 보관된 구리활자는 없으며 사람들에 의해 교환되지도 않았다. 말씀을 기다렸다. 건륭 25년 6월 초 4일 황제께서 이르길 "알았다" 하였다.

당대 청나라 역사 연구가 항선(項旋)이 말하길 군기처(軍機處)의 문서는 건륭 개인의 기억보다 신뢰도가 높아 실제로 구리활자는 옹화궁 삼세불 주조에 쓰였을 것이라 한다.(項旋, 2012) 구리활자가 훼손된 지 30년 후 건륭은 『사고전서』 중 희귀한 서적을 인쇄하고 싶었다. 그에 한국계 대신(大臣) 김간역(金簡力)은 대추나무를 깎아 활자를 만들어 인쇄할 것을 추천했다. 허락을 받고 25만 개의 대추나무 활자가 만들어져 『무영전결진총서(武英殿聚珍叢書)』 134종이 잇따라 인쇄되었다. 연사지(連史紙)●로 다섯 부를 인쇄하여 궁중 전용으로 배치하고 죽지(竹紙)로 300부를 인쇄하여 가격을 매겨 유통했다. 대추나무 활자는 그 후 다시 사용되지 않았고 위병들이 불태워 온기를 취하는 데 쓰여 완전히 없어졌다.(張秀民, 2006, pp. 590~595)■

청나라 강희의 거작에 상응하여 민간 가보 제작에는 목활자가 쓰

---

● 고서 인쇄 및 붓글씨에 쓰이는 종이로 대나무로 만들어지며 백색이고 결이 촘촘하다.

였다. 여러 가족이 모여 군락을 이루어 사는 이들에게 족보 기록의 의미는 의심할 여지가 없다. 게다가 글로 적거나 더 나아가 인쇄본을 남겨 기록하면 입과 귀로 전해지는 것보다 집단의 기억을 더욱 견고하고 위엄 있게 만든다. 위진(魏晉), 더 나아가 당송(唐宋)의 족보는 이미 증명하기 어렵다. 허나 현재 분명히 알 수 있는 사실은 청나라는 족보의 인쇄 제작이 성행했으며 주로 목활자를 사용해 인쇄했다는 점이다. 강남(江南)에는 전문적으로 족보를 인쇄해주는 장인까지 있었으며 '보장(譜匠)'이라 불렸다. 그들은 도시에서 일을 받거나 짐을 메고 마을을 다녔는데 2만 개가 넘는 목활자를 지고 다녔다. 목활자는 크기가 커서 족보의 판형도 컸다. 대개 높이가 30센티미터에 너비가 20센티미터 정도였고 7~8부에서 100부까지도 인쇄했다.(Ibid., pp. 598~601) 족보에 관한 연구는 그 자체로 다방면의 광범위한 의미가 있다.

이상의 내용은 중국 활자인쇄의 몇 가지 기념비적인, 아주 대략적인 맥락을 서술한 것이다. 장씨우민은 활자본의 수량은 조판본의 100분의 1에서 100분의 2밖에 되지 않는다고 말했다.(Ibid., p. 630) 한 전문가는 조판 가운데 보이는 가로 놓기, 거꾸로 놓기, 글자 누락을 통해 활자본인지를 판단할 수 있다고 말했다. 하지만 활자본의 품질이 매우 우수하면 어떻게 구분할 것인가? 때문에 라오깐은 이렇게 말했다. "남송시대부터 전해져 내려온 서적 중에는 분명 활자로 인쇄한 것이 있지만 구별해낼 수 있을지는 미지수다."(勞榦, 1991) 활자본의 비율을 조금 대담하게 계산한 감도 있지만 활자본이 중국 전통 인쇄에서 주류의 자리를 차지하지 못했다는 점은 의심할 여지가 없는 사

---

■ 필자는 본 목활자들이 인쇄 도중 이미 닳아서 사용 가능한 기간이 지났을 것이라 의심한다. 땔감을 찾기 힘든 불모지도 아닌데 위병들이 감히 사용 가능한 활자를 태웠을 것이라 상상하긴 어렵다.

실이다. 지금으로부터 멀지 않은, 증거가 충분했던 때에, 즉 서양 사람들이 중국의 인쇄술을 변화시키기 전에 유행했던 인쇄술은 조판인쇄지 활자인쇄가 아니었기 때문이다. 그러니까 선조들은 활자를 발명했고 각종 활자 재료를 열심히 시도해보고 또한 활자로 적지 않은 문헌을 인쇄했지만 여전히 조판인쇄가 인쇄술을 주도했다. 그리고 이에 대한 원인은 지금까지도 시들지 않는 연구 주제다.

한국 학자들은 이렇게 말했다. "중국은 금속활자에 쓸 유묵(油墨)을 발명해내지 못했다."(曹炯鎮, 1986, p. 62) 중국 학자들도 이를 인정했다. 중국은 "금속활자의 착묵(著墨) 기술도 해결하지 못했다."(張秀民, 2006, p. 630) 하지만 그것은 단지 수준의 차이일 뿐, 중국 구리활자가 인쇄의 질에 있어서 한국을 따라갈 수는 없었지만 결코 불합격할 정도는 아니었다. 그렇지 않았다면 강희 황제는 1000권의 『고금도서집성』을 인쇄하는 것을 윤허하지 않았을 것이다. 다른 한편으로 그가 답하고자 하는 문제 속에 해답이 들어 있기도 하다. 즉, 중국 금속활자 착묵 기술은 조판을 더 신뢰하는 현상의 영향을 받았다는 것이다.

두 번째 해답은 심미(審美)이다. 중국의 지식인들은 서예의 아름다움을 숭상했고 활자본은 그들의 심미 기준을 조판본처럼 만족시킬 수 없었다. 서예가와 우수한 조각가들이 연합하여 완성한 조판본은 극도로 풍부한 미학 가치가 있었다. 한국 학자들 역시 그들이 "비록 금속활자를 발명해냈지만 인쇄한 책은 송원시대 조판본의 아름다움에 비할 바가 못 됐다"(曹炯鎮, 1986, p. 195)고 말했다. 중국 활자본은 제작의 정교함과 미적 감각에 있어 명백히 한국 활자본보다 아래였다. 하지만 중국인들이 인쇄의 연속 스펙트럼에서 미학의 상단과 하단을 동시에 선택하고 게다가 태평성세의 제왕이 하단을 선택한 것을 보면, 미적 감각은 차선이 가능함을 뜻한다. 상품으로 치자면 원가

나 가격이 동등할 때 제조자와 구매자는 당연히 미적 가치가 있는 제품을 선택하지만, 가격 차이가 꽤 크면 미적 요소는 모든 구매자에게 필수사항으로 작용하지 않는 것과 같은 이치다. 이는 예나 지금이나 통하는 법칙이다.

세 번째 해답은 중국 활자를 만드는 데 일회성으로 투자해야 할 것이 너무 많다는 것이다. 만약 이 견해가 맞는다면 필시 두 가지 결말을 맞았을 것이다. 하나, 문턱이 너무 높아 아무도 뛰어들지 못했다. 둘, 활자본을 제작하긴 했지만 아무도 그 뒤를 잇지 못했다. 하지만 중국에서는 둘 중 어떤 결말도 일어나지 않았다. 화수와 강희 모두 구리활자에 투자했고 건륭 때 목활자를 사용한 후에는 그 뒤를 이어 '보장'이 아주 많아졌으니 말이다. 그러나 그들 중 누구도 조판인쇄를 제치고 더 큰 비중을 차지하지는 못했다. 일회성 투자보다 더 중요한 것이 투자수익률이다. 특히 두 가지 인쇄방법, 즉 조판과 활자를 비교하면 더욱 그랬다. 말하자면 결국 수지가 맞나 안 맞나가 중요하다.

불만을 가지고 떠난 사람들은 종종 말을 꺼내는 것조차 꺼려하는데, 중국의 인쇄 종사자들이 딱 그러하다. 그들은 필시 두 가지 인쇄술의 득실에 대해 잘 알고 있어서 문자로 토로하는 데에 분명 흥미가 없었을 것이다. 오히려 먼 곳에서 온 선교사가 더 원동력이 있어 우리를 위해 제삼자의 판단을 남겼다. 서양의 선교사들은 중국으로 진출한 후 잘 번역된 성경만으로는 역부족이고 대량 인쇄가 필요함을 통감했다. 런던 전교회는 조판과 활자의 원가와 실행 가능성을 분명히 하기 위해 1812년 선교사 윌리엄 밀른(William Milne)을 동아시아로 파견하여 조사 후 보고서를 쓰게 했다. 1817년에 밀른은 일부 중국의 인쇄 장인들을 말라카(Malacca)로 데려가 그가 죽은 1922년까지 말라카에서 교회의 출판 사무를 경영, 감독했다. 또 종종 중문서적을 조판인쇄하여 몸소 중국인, 외국인 인쇄 종사자들에게 자문을 구했다. 밀른의 결론은 다음과 같다. "어떤 상황에서는 중문을 인쇄하는 데 조판이 활자보다 더 저렴하고 적합하다." 물론 그는 중국의 목활자가 처리하는 소량 인쇄에 대해 알지는 못했다. 사실 밀른 전에 마테오 리치(Matteo Ricci)가 이미 중국 서적의 "믿을 수 없을 정도로 낮은" 가치를 알아차렸다.(周紹明, 2006, pp. 11~23)

활자는 조판보다 몇 가지 방면에서 더 번거롭다. 활자는 조판 후 교정을 해야 하지만 조판은 이러한 과정이 없다. 인쇄 후 활자는 원위치로 돌려놓아야 하지만 조판은 이러한 과정이 없다. 만약 또 인쇄해야 하면 활자는 다시 배열해야 하지만 조판은 창고에서 꺼내오면 바로 다시 인쇄할 수 있다. 또 하나 중요한 차이는 마모와 수명 문제다. 이 점에 대해 밀른은 다음처럼 말한다.

> (인쇄 후) 인쇄판을 살살 씻어 반복하여 말려주면 먹물이 장시간 묻어 눅눅해져 인쇄판이 말랑말랑하게 변하는 것을 방지한다. 최종적으로 인쇄판을 말려주면 다시 단단해지며 사용 수명이 늘어난다. (…) 우리 쪽 인쇄 장인들이 증명하길, 만약 앞에서 언급한 질과 장점을 갖추고 있다면 인쇄판 하나당 3만 부의 책을 인쇄할 수 있다.(Ibid., pp. 17~18)

20년 후 또 다른 선교사가 3만 권을 4만 권으로 올렸다. 이는 상한선이고 일반적으로는 1만 5000권에서 3만 권 사이일 것이다. 다시 활자의 상황을 보자면 조선이 금속활자를 주조한 역사는 1403년에 시작되어 1883년에 끝난다. 480년 동안 총 40번 주조했으니 평균 12년에 한 번 꼴이다. 필자가 생각하기에 이처럼 빈번하게 주조한 까닭은 주로 마모 때문이었을 것이다. 최상품으로 불릴 만한 갑인자(甲寅

字, 1434년에 만들어짐, 20여만 개)로 155종의 책을 인쇄했고 16년 후 이것과 비슷한 종류의 경오자(庚午字, 1450)를 주조했다. 조형진(曹炯鎭)은 이렇게 말했다. "갑인자는 이미 사용된 지 20년이나 흘렀다는 것을 추측할 수 있다. 사용된 활자는 분명 어느 정도 마모되었을 것이다."(曹炯鎭, 1986, p. 112)

다시 강희 황제의 구리활자로 돌아와 건륭 9년에 동불상 혹은 엽전으로 활자를 주조한 일은 관리자가 자신의 절도 행위를 덮기 위해 건의한 것이라는 설이 있다. 황실에는 수시로 쓰는 물건과 쓸모없는 물건이 가득했으니, 도둑의 배짱을 시험하는 것과는 차원이 달랐다. 게다가 주조 건의에 있어 전제는 무엇인가. 필시 구리활자를 사용할 수 없어야 한다. 구리활자로 『고금도서집성』 등의 인쇄를 완료한 후 강희 황제의 열여섯째 아들 장친왕(莊親王) 윤록(允祿)이 상주하여 그 시비를 논하였다.

지금 만약 계속 구리활자를 사용한다면 드는 품삯이 목판에 판각하는 것과 차이가 크지 않으니 결국은 대대로 전해져 영원히 지속되어 쓰지는 못할 것입니다.(項旋, 2012)

말의 의미가 꽤 의미심장하여 곰곰이 새겨볼 만하다. "대대로 전해져 영원히 지속되어 쓰지는 못할 것이다"는 아마 구리활자가 이미 쇠퇴해가는 형세를 함축하여 표현하고 있다 할 것이다. 구리활자는 분명 이미 만들어져 있는데 왜 사용하는 데 "품삯이 판각하는 것과 차이가 크지 않"을까? 여기서 말하는 품삯은 파손된 구리활자를 보수하는 비용이다.

강희의 『고금도서집성』은 총 1.6억 자이며 인쇄된 책은 300여 권이다. 필자가 대강 미루어 계산하건대 한국의 갑인자와 강희의 구리 활자의 사용 가능 기간은 조판의 인쇄 한계치(4만 권)보다 아마 좀 더 길었겠지만 별로 차이가 크지는 않다. 간단히 말하자면 강희의 구리 활자 25만 개가 1.6억 자의 문헌 300여 부를 인쇄했다면 조판을 사용 하면 조판에 1.6억 자를 새겨야 앞서 말한 1.6억 자의 문헌을 인쇄할 수 있다. 그러니 각 종류의 책 300권을 인쇄한다면 구리활자가 합리 적이다. 하지만 구리활자 하나와 조판 한 판의 인쇄 한계는 얼마 차이 가 안 난다. 구리활자가 조판보다 4만 번 정도 많이 인쇄할 수 있다. 구리활자와 조판의 수명은 차이가 얼마 안 나지만 어쩌면 목판의 글 자 하나하나는 마모가 잘 안 되는 반면 각각의 활자를 반복적으로 조 합해야 하니 계속 해체되고 부딪쳐 밀시 글자가 마모되어 수명이 깎 였을 것이다. 그러니 만약 각각의 책을 수천수만 권 인쇄하면 활자는 수지가 안 맞는다.

시점을 바꾸어 말하자면, 명조체 조판을 새기는 품삯은 100글자당 1전, 대추나무 활자를 새기려면 100글자에 4.5전, 구리활자는 2.5냥 이었다.(張秀民, 2006, p. 674)▪ 즉, 구리활자를 새기는 데는 판각의 30배 품삯이 들었다. 만약 두 가지 방식으로 한 가지 책만 인쇄한다면 구리 활자는 인쇄판을 만드는 데만 조판의 30배가 든다. 똑같이 30가지 책 을 인쇄해야 두 방법의 인쇄판을 만드는 원가가 같아진다.

그리고 만약 똑같이 150가지 책을 인쇄한다면 구리활자의 인쇄판 을 만드는 원가가 조판의 5분의 1밖에 안 된다. 물론 인쇄판의 제작 만 살펴보았을 때 그렇다는 말이다. 구리활자는 조판, 교정, 원위치,

▪ 구리활자를 새기는 데 드는 비용이 청나라의 구리활자가 주조된 것이 아니라 새겨진 것임을 증명한다. 이는 비록 몇 가지 사례로 증명된 바 있지만 아직 확증되어야 할 중요한 일이다. 아쉽 게도 장씨우민의 책은 구리활자 품삯의 출처를 제공하지 않았다.

재조판, 더 나아가 쓰이는 재료에서 조판보다 지출이 더 많았다. 똑같이 150종의 책을 인쇄할 때는 이러한 비용을 감안해도 활자가 좀 더 적게 든다. 이것이 바로 조선과 청나라 강희가 구리활자를 선택한 이유다. 대추나무 활자를 깎아 만들 때의 품삯은 구리활자의 5분의 1이고 수명은 5분의 1이 채 안 되지만 대추나무의 가격이 구리보다 한참 낮으니 이것이 바로 건륭이 구리를 포기하고 나무를 선택한 이유다.

지금까지 활자의 수익, 대가와 국한성에 대해 말했다. 하지만 상응하는 다른 한쪽, 즉 조판에 대해서도 토론을 해보아야 한다. 조판 기술은 중국 장인들 덕분에 최고의 경지까지 개발되었다. 밀른은 좋은 조각가는 하루에 평균 150자를 새긴다고 추측했다.(Ibid., p. 20) 선교사 메드허스트(Medhurst)는 1838년에 그가 관찰한 조판 조각가들의 작업 과정을 기록했다.

먼저 위에서 아래로 문자 옆을 깎아내어 줄과 줄 사이 빈 공간을 없앤다. 그리고 장인들은 수평으로 된 필획을 깎고 다음은 기울어진 것 또 다음은 수직으로 된 것을 한 번에 한 줄을 다 깎아 글자 하나를 새길 때마다 목판을 회전시키지 않아도 되게 한다.(Ibid., p. 23)

이런 노하우와 효율은 단체의 분업과 협력에서 더 잘 실현된다.

이런 식으로 노동을 서로 다른 작업 단위로 나누는 정황은 '제2차 세계대전' 전 중국을 방문한 다나카(田中子)의 관찰에서 포착됐다. 어려운 작업(예를 들어 수평으로 된 필획)은 숙련된 조각가가 완성했고 상대적으로 쉬운 작업(예를 들어 수직으로 된 필획)은 그의 제자나 경험이 별로 없는 조각가가 맡는 식으로 작업하면 인쇄본 한 판을 많으면 네 명의 장인이 판각

할 수 있었다.(Ibid., p. 27)

이런 뛰어난 기술, 고효율의 분업과 협력은 기나긴 조판 역사 속에서 거대 규모의 조각가 단체와 기술의 전수, 누적은 뗄 수 없는 관계임을 보여준다. 조각가 단체의 규모가 당송원명청(唐宋元明清) 시대에 각각 어떠했는지는 이미 알 수가 없어져서 분산적이고 단편적인 기록을 엿보고 추측할 수밖에 없다.

송나라 때 청두(成都)의 책『태평어람(太平御覽)』을 제작할 때는 140명의 조각가가 있었고 임안부(臨安府)에서『의례소(儀禮疏)』를 판각할 때는 160명의 조각가가 있었으며 쑤저우(蘇州)에서『적사대장(磧砂大藏)』을 판각할 때는 400명의 조각가가 있었다. 각 국, 각지에 퍼져 있는 송나라 조판본의 조각가들 이름을 수많은 학자가 종합한 후 중복된 것을 지운 결과 "송나라 조각가의 총 인원수는 3000명에 근접했으나, 극소수만 남았다."(Ibid., p. 657) 원나라 조판인쇄와 조각가의 규모는 결코 송나라보다 한 수 아래가 아니지만 원나라 때는 인쇄판에 조각가의 이름을 기재하는 것이 더 이상 유행하지 않아 1300여 명의 조각가만 통계로 잡을 수 있었다.(Ibid., p. 664) 명청(明清)의 인쇄는 송나라 때만큼 정교하지 않았지만 규모는 더 컸다. 하지만 안타깝게도 조각가의 이름을 남기지 않은 인쇄본이 대다수라 통계를 낼 수가 없다.

1531년 예부(禮部)에 등록된 출판에만 종사하는 장인들의 수는 (…) 근 1300명이다. 그중 붓을 만드는 장인 48명, 종이를 만드는 장인 62명, 삽화 장인 77명, 먹을 만드는 장인 77명, 절삭 장인 80명, 인쇄 장인 134명, 접지 장인 189명, 제본 장인 293명 그리고 제일 큰 집단인 조각가 315명

이다.(Ibid., p. 30)

앞의 내용 중 조각가가 차지한 비율로 출판업의 모든 장인을 미루어 계산할 수 있다. 관청의 책을 만드는 장인은 전체 책을 만드는 장인 중 적은 부분을 차지한다.

송나라 관청 책의 대다수는 임시로 모인 장인들이 만들었고, 이들은 조각이 끝나면 바로 해산했다. 서방(書坊) 조각가들은 대부분 주인을 위해 장기간 고용됐다.(Ibid., p. 657)

중국과 한국의 활자인쇄 역사 중 곰곰이 새겨볼 만한 점은 한국의 활자는 주조됐다는 것이다. 양국 간의 왕래가 친밀하여 한국의 도서는 끊임없이 중국의 조정으로 보내졌고 한국의 학자들은 심지어 중국의 구리활자가 그 영향을 받았다고 생각하지만, 중국의 구리활자는 조각된 것인데 어떻게 그럴 수 있단 말인가? 필자의 생각으로 중국이 조각을 한 이유는 중국의 조각가 자원이 풍부하고 기술이 뛰어나기 때문이다. 설사 '경로(徑路)에 대한 의존성'이 높았다 한들 한국은 이런 자원이 부족했다. 그러니 한국은 구리활자 주조가 더 경제적이고 중국은 구리활자 조각이 더 합리적이었을 가능성이 크다.

중국의 조각 인쇄는 8세기 초에 시작되어 조판본의 황금기인 송원(宋元) 두 왕조 때 끝났다(원나라는 1368년에 끝났다). 수백 년의 역사는 세계에서 유일무이하고 복제 불가능한 조각가 단체와 기술을 만들어냈다. 그 덕분에 판각의 원가도 크게 낮출 수 있었고 인쇄 영역에서 조판의 입지를 굳게 다질 수 있었다.

이야기를 종합하자면 활자가 중국에서 주류가 되지 못한 이유는 심미 기준, 착묵 기술의 부재, 너무 높은 일회성 투자 때문이다. 비용에 관한 문제는 장애가 아니라 경제적 계산으로 인한 선택이었다. 기나긴 실천 후 조판은 여전히 주류를 차지했고 활자도 자리매김을 했다. 하지만 인쇄에 대해 충분히 이해하려면 반드시 수사본(手寫本, 손으로 베껴 쓴 책)에 대해서도 알아야 한다. 이는 인쇄술이 문자의 쓰기 역사에서 어떤 위치와 경계를 차지하는지 확실히 이해하는 데 도움을 준다. 다음 인용문의 숫자들은 인쇄 역사의 위치에 대한 우리의 판단을 바로잡는 데 도움을 준다.

『중국고적선본서목(中國古籍善本書目)』에는 5만 6787종의 중국 고서가 수록되어 있다. (…) 책들 중 30퍼센트가 필사본이고 9퍼센트가 초고, 12퍼센트가 교정본이다. 때문에 편찬자는 이 책에 대해 총 5만 6787부의 책 중 수사본이 다수를 차지한다는 결론을 내렸다(51퍼센트). (…) 최근 두 중국 학자가 이런 간단한 방법으로 결론을 얻어 현존하는 1912년 전의 중의(中醫) 고서 약 1만 2000부 중 대다수가 수사본이라 생각한다고 했다. (…) 1177년의 주요 장서기관과 황가 기록보관소를 포함한 송나라 황가 장서 중 59.5퍼센트는 필사본, 32퍼센트는 초고이고 인쇄본은 겨우 8.5퍼센트라 한다. (…) 명나라 북경 문연각(文淵閣)의 장서에는 70퍼센트의 수사본과 30퍼센트의 인쇄본이 포함되어 있다. (…) 12세기 후반에 상주부(常州府) 우시(无錫) 현 장서가 우무(尤袤)는 그 시대 사람들에게 최고라 여겨지는 수장(收藏)을 이뤘다. 현대 학자들의 계산에 따르면 그중 10분의 9 이상이 수사본이라 한다.(周紹明, 2006, pp. 40~41; p. 20)

조판본, 활자본 그리고 수사본은 삼위일체의 문본천하(文本天下)를 이뤘다. 인쇄할 양이 많거나 나중에 또 인쇄할 기회가 있는 문본은 조판으로 선택되었다. 그중에는 전적(典籍)도 포함되는데 이는 전적의 품질 때문이라기보다는 전적이 과거(科擧)용 책이기 때문이었다. 즉, 필요한 양이 많았다. 그리고 과거용이 아닌 역사책, 사람들 사이에 널리 회자되는 『화본(話本)』이나 『시사(詩詞)』 같은 베스트셀러도 포함된다. 한 자리 수만큼만 요구되는 문본은 대개 수사를 택하는데 과거로 인해 식자율이 높아진 사회에서 수사할 사람을 찾기는 굉장히 쉽다. 사실 대개의 수사본은 현실적으로는 요구량이 그리 적지 않지만 필요한 사람이 여기저기 흩어져 있어 어느 한곳에 대량으로 집중시킬 수 없었다. 활자본과 수사본의 차이점은 바로 소량 인쇄할 투자자나 구매자가 있느냐 없느냐인데 그들은 황가 아니면 족보를 편찬할 집단이었다.

$$2$$

# 한국, 조판인쇄가 아니라
# 활자인쇄를 택하다

한국의 인쇄는 불경으로부터 시작되었다. 신라(503~935), 고려 (918~1392) 두 왕조는 모두 불교를 국교로 지정했다. 중국과 한국의 승려는 전도와 학문 탐구를 이유로 양국을 오가며 간간히 그 관계를 이어갔다. 『송사·고려전(宋史·高麗傳)』에 이런 내용이 있다.

순화(淳化) 2년(991) 고려가 송나라에 사신을 보내 불경을 달라 요청해 『대장경(大藏經)』을 얻었다. 그 후 또 요(遼)나라에서 『거란장(契丹藏)』을 받았다. 993년 송태종(宋太宗)은 고려로 70일 동안 진정(陳靖), 유식(劉式)을 사신으로 보내 인쇄술을 전수했을 가능성이 크다.(潘吉星, 1997, p. 104)

고려 현종(顯宗) 때 거란은 고려를 침략해 군대를 송악성(松嶽城, 고려 왕조 수도이자 현 북한의 개성)에 주둔시키고 물러서지 않았다. 이에 현종과 신하들은 『대장경(大藏經)』을 판각하며 불력(佛力)에 기대 군대의 후퇴를 빌었다. 그렇게 현종 2년(1011)을 시작으로 덕종(德宗), 정종(靖宗), 문종(文宗), 순종(順宗)을 거쳐 선종(宣宗) 4년(1087)이 되어서야 6대의 군주, 76년을 거쳐 『대장경』의 판각 인쇄가 완료되었다. 아직 판각 인쇄가 미완성일 당시 문종의 넷째 아들, 즉 순종의 형제 의천(義天, 법호)은 1085년 불법을 구하려 송나라로 와 14개월을 유학했다. 이후 불경 1000권을 가지고 돌아가 1090년에 『속대장경(續大藏經)』을 발행했다.(曹炯鎭, 1986, p. 14) 1232년 고종(高宗) 19년에는 몽골이 침략해 고려에서 보관하고 있던 『대장경』을 전부 불태웠다. 속수무책으로 당하고 있을 때 고종은 현종을 본받아 『대장경』을 다시 판각하며 소원을 빌었다. 1236~1251년 16년에 걸쳐 『대장경』의 재판각을 완료했다(8만 1000여 개의 조판). 고려왕조 200여 년의 인쇄 역사 속엔 유학(儒學), 중의(中醫, 중국 전통 의학) 그리고 본국의 작품도 포함되었지만 규모 면에서 『대장경』이 주요하다. 하지만 조판 공예의 첫 시험이 막 꽃을 피우려 할 때 그들은 뜻밖에도 활자로 돌아섰고 그 후로도 시종일관 활자가 주류였다.

엽덕휘(葉德輝)의 말을 인용하자면 한국 구리활자의 주조는 중국 엽전, 구리도장 혹은 고주법(鼓鑄法)의 영향을 받았을 가능성이 크다. 조형진은 한국은 이미 1102년에 문자가 있는 해동통보(海東通寶)를 주조해내 활자를 주조할 능력이 있었음을 증명했다.(Ibid., p. 33)

한국의 활자주조에 대한 최초의 기록은 이규보(李奎报)*의 저작 중 1232년 진양공(晉阳公)이 쓴 발문이다(이규보가 저작한 『동국이상국집(东国李相国集)』에 기록됨). "그러니 주자(铸字)해 28권의 책을 인쇄할 것을 각각의 부서에 분부했다." 조형진은 본 발문은 활자가 주자(铸字),

---

● 고려의 문학가. 32세에 입사(入仕)하여 서기관을 지내다 1235년부터 호부상서를 지냈다.

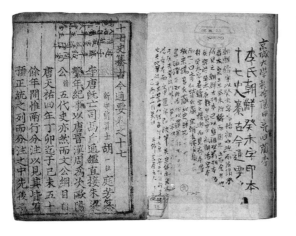

국보 제148-2호, 십칠사찬고금통요 권17(十七史纂古今通要 卷十七).
이 책은 원나라 호정방이 편찬한 중국 태고부터 오대(五代)에 이르기까지의 17정사(正史)를 간추려 모은 것이다. 태종 3년(1403)에 주조한 계미자(字)를 사용하여 태종 12년(1412)에 인쇄, 발행한 것으로 추정된다. 조선 최초의 동활자라는 점에서 그 가치가 부각됨은 물론 고려와 조선시대의 글자주조술과 인쇄조판술의 발달사 연구에 있어서 매우 귀중한 자료로 간주되고 있다.

인쇄가 된 후 쓰인 것이고 그때는 몽골의 침략을 겪고 있어서 발명이나 창조할 틈이 없었으니 한국 활자인쇄의 발명은 1232년 전일 것이라고 말한다.(Ibid., p. 35)

조형진은 또 현존하는 고대 한국 활자인쇄의 실물 두 가지에 관해 진술했다. 그중 하나는 딱 한 장의 불경 발문이지만 그것이 어째서 조판인쇄가 아닌 활자인쇄인지에 대한 설명은 없다. 두 번째는 프랑스 국립도서관이 1992년부터 공개한 소장품으로 백운화상(白雲和尙)이 쓴 초록 『불조직지심체요절(佛祖直指心體要節)』이다. 본서의 끝 간기(刊記)에 이런 내용이 있다. "선광(宣光) 7년(1377) 정사(丁巳) 칠월 □일 청주 교외의 흥덕사(興德寺)에서 금속활자인쇄를 실행함."(曹炯鎭, 1986, pp. 36~37) 조형진이 편집한 '한국고활자연표'가 드러내듯 고려는 이미 구리활자와 목활자를 병행하여 만들고 있었으며 전자는

여러 증거가 있지만 후자는 딱 한 곳에만 그 증거가 있었다.(Ibid., p. 223)

고려왕조는 활자를 만들었지만 광범위하게 도서를 인쇄하지는 않고 1392년 이씨 왕조에 의해 국호가 조선으로 대체되었다. 이씨 왕조인 태조 이성계는 고려의 인쇄를 관장한 서적원(書籍院)을 답습하여 재위 기간(1392~1398) 동안 목활자를 두 번 만들었다. 1403년(태종 3년)에는 금속활자를 주조하기 시작했다. 조선 이씨 왕조는 500여 년의 역사 동안 금속활자와 목활자를 너무 많이 만들었다. 횟수에 관해서 학자들은 의견 차이를 보인다. 필자가 보기에 그 숫자가 가장 큰 것은 조형진의 통계다. 그에 따르면 총 40회 금속활자를 주조했으며 임진왜란(1592) 전 19회, 그 후 21회이다. 그중 구리활자는 28회이고 나머지는 납활자 2회(1436년에 처음 주조됨), 구리-철 합금 2회(1573년에 처음 주조됨), 철활자 8회(1592년 이전에 처음 주조됨)이다. 목활자는 27회 만들었고 그중 18회는 임진왜란 후며 진흙활자는 1회다(1729년에 주조).

이씨 왕조의 인쇄 역사 중 세 가지 사건은 강조할 필요가 있다. 두 가지는 한국 역사상 제일 위대한 군주 세종의 재위 기간(1418~1450) 중 발생했으며 그중 하나는 활자에 대한 공헌이다. 그가 재위해 있을 때 구리활자를 4회 주조했고 납활자도 1회 주조했는데(1436년, 구텐베르크보다 10여 년이 빨랐다) 그중 갑인자(1434년에 주조됨)는 한국 인쇄 역사의 최고봉이다.

두 번째 사건은 더 중요하다. 한국인들은 1443년에 세종의 지도 감독 아래 몽골문자를 참고하여 '훈민정음', 즉 정교하고도 배우기 쉬운 표음문자인 '한글'을 창제했다. 1447년에 한글을 주조하여 『석보상절(釋譜詳節)』*을 인쇄했으며 이것은 첫 한글 활자본이다. 비록 자신들의 민족 언어가 있었고, 그것을 활자로 주조했지만 이후 한국에서 인쇄한 다수의 서적은 여전히 한자를 사용했고 소수에만 한글이 같이 들어 있었다. 순전히 한글만으로 이루어진 서적은 극히 드물었다. 세계 인쇄 역사 연구의 선구자인 카터는 표음문자와 구리활자 둘 다 있고, 게다가 서적은 한자 위주로 인쇄를 한 상황을 도무지 이해하지 못하겠다고 말했다.(Thomas F. Carter, 1925, p. 194)

세 번째 사건에서 거론할 가치가 있는 것은 '조선의 인쇄문화가 절정일 때' 임진왜란이 일어나 도요토미 히데요시(豐臣秀吉)가 한국 주자소(鑄字所)의 많은 활자와 서적 그리고 장인까지 일본으로 약탈해갔다는 것이다. 남겨진 활자는 불에 태워지거나 여기저기 흩어져 한국 인쇄문화에 공백기를 만들었다. 한동안 어쩔 수 없이 한가한 사병들이 목활자를 만들었는데 그것이 소위 '훈련도감자(訓鍊都監字)'[•]이다.(曹炳鎭, 1986, p. 120) 그리고 그 이후 한국 인쇄업은 목활자를 주로 공략했고 구리활자는 뒤로 밀렸다.

필자는 앞 절에서 고대 중국은 활자를 발명했지만 원가 비교를 거쳐 여전히 조판 위주로 작업했음을 증명했다. 그러므로 한국의 인쇄 역사를 연구할 때 최대의 의문은 한국인들은 한자로 책을 인쇄하면서(왜 한글을 쓰지 않았는지는 카터의 의문점이다) 왜 중국인들이 심사숙고하여 선택한 조판을 택하지 않았을까이다. 물론 이전에 많은 사람이 이 문제에 대해 여러 해답을 내놓았다.

판지싱이 제시한 첫 번째 해답은 이러하다.

---

[■] 세종과 소헌왕후 사이의 아들 수양대군이 세종 29년(1447년) 불경에서 부처의 생활과 전도 이야기를 발췌하고 편집하여 편찬한 책으로 조선어 산문체로 쓰였다. 어머니의 명복을 빌기 위해 편찬하였고, 대중의 불교 공부에 도움을 주기 위한 목적도 있었다.

[•] 조선 선조 말기 훈련도감에서 만든 목활자의 총칭.

고려와 조선의 종이는 중국의 종이보다 두껍고 무거우며 보풀이 많아 조판으로 인쇄하려면 꽤 큰 힘을 쓰지 않으면 안 됐고 어쩔 때는 착묵(著墨)이 균일하지 않았다.(潘吉星, 1997, p. 137)

이 주장이 성립되려면 아마 고려시대 두 번의 『대장경』 인쇄에 쓰인 종이는 외부에서 수입한 종이라는 것을 증명해야 할 것이다. 그것이 아니라면 고려의 종이는 이미 대규모의 『대장경』 인쇄를 감당한 후니 제지는 조판인쇄에 장애가 될 수 없다. 조형진은 이렇게 말했다. "조선시대가 되어서는 주자(鑄字)인쇄가 발명되었으나 조판인쇄 역시 계속 그에 부합하여 성행했다."(曹炯鎮, 1986, p. 17)■

이는 아마 한국 학자 손보기(孙宝基)가 먼저 제기했을 것이다. "금속활자를 사용한 것은 판각에 쓸 적당한 목재가 없기 때문이다."(錢存訓, 2004, p. 310) 조형진은 이유원(李裕元, 조선 후기 대신)의 『임하필기(林下筆記)』에 수록된 관점을 인용했다. "한국은 배나무, 대추나무가 부족해 조판을 판각하기 어렵다."(曹炯鎮, 1986, p. 33) 필자가 『임하필기』의 원문을 대조·확인해본 결과 진술의 단순함이 극에 달해 논증이 전혀 없었다. 필자의 의혹은 종이 문제를 토론할 때와 같다.

라오깐이 말했다. "활자를 채택할 것인가 말 것인가는 인쇄를 주관하는 사람의 입장에서 보면 대개 다시 인쇄할 기회의 많고 적음에 따라 결정된다. 조선이 활자를 대거 선택한 것은 아마 현지 시장을 고려했기 때문일 것이다. 한 번만 간행하고 재간행할 필요가 없다면 활

---

■ 필자는 조형진의 이 말이 판지성의 관점뿐만 아니라 여기서 논의하고자 한 '한국 인쇄는 왜 활자가 주류일까?' 하는 문제에도 맞선다는 것을 충분히 인지하고 있다. 조형진은 "한국 조판인쇄서 역시 계속 그에 부합하여 성행했다"에 대한 논증을 제공하지 않았다. 필자는 '성행'이라는 말이 과장되었다고 의심하지만 조판이 계속 있었다는 말만으로도 이미 이는 판지성의 관점에 대한 도전이다.

자가 더 수지에 맞는다."(勞榦, 1991) 앞 절에서 한국과 중국이 고대에 조판과 활자 중 무엇을 선택했는가에 대해 토론하면서 이미 본 관점은 서술했다. 소량의 일회성 인쇄는 활자가 더 합리적이다. 하지만 여기서 더 캐묻는다면 한국의 인쇄를 이해하는 데 더 도움이 될 것이다. 즉, 한국의 인쇄 수량은 왜 이렇게 적은가? 조형진은 다음과 같이 말했다.

> 조선 활자인쇄 발전의 주요 배경을 말하자면 개국 초 왕권을 다지기 위해 유신(儒臣)들의 이목을 정치, 군사(軍事)에서 유학(儒學)으로 돌려 군신의 도리를 배양하게 해야 했다. 이를 위해 유학을 국가 발전의 기초로 삼았다. 그러려면 중국에서 들어온 유가경전, 사학, 문집 그리고 기타 관련 학문 등의 전문 저서를 인쇄해야 했기에 활자인쇄의 장점을 이용했다. (…) 대개 한자로 중국 서적을 인쇄했기 때문에 그 대상은 왕실, 고급 관원, 학자 등 극소수로 국한되어 특수 계층의 전용품이라 할 수 있었고 전국 민중에 널리 퍼지지는 않았다. 관(官)이든 사적으로 인쇄한 서적이든 대부분 영리를 목적으로 하지 않아 상품으로 매매하지 않았고 또한 사회·경제 구조상 인쇄사업은 아직 전국적으로나 민간업체로 성장할 수 없었다.(曹炯鎭, 1986, p. 143; p. 145)

이 견해는 일석이조의 효과를 보여준다. 인쇄 수량이 적은 이유도 확실하게 설명했고 카터가 제기한 아래 문제에 대한 답도 내놓았다. 왜 한글로 인쇄하지 않고 한자로 인쇄했는지 그리고 왜 "초기의 조선 활자인쇄는 완전히 경전 문집과 역사 윤리 서적 간행에만 국한되었고 활자본으로 된 불경은 거의 전멸하다시피 했는지"(Thomas F. Carter, 1925, p. 195) 말이다.

'인쇄의 목적이 군신의 도리 배양에 있었다. 관료는 작은 집단이라 인쇄 수량이 적어 활자인쇄를 선택했다.' 이는 물론 논리적으로 성립된다. 하지만 또 다른 논리도 활자인쇄의 선택을 똑같이 지지할 수 있다. 두 가지 수단 중 어느 것이 더 경제적인지를 비교하려면 두 가지 모두 순조롭게 운영될 수 있었다는 조건이 전제되어야 한다. 만약 하나가 극도로 운영하기 어려우면 두 선택지 간의 경제적 고찰과 선택은 모두 존재하지 않는다. 예를 들어, 만약 한국의 대추나무, 배나무 수입이 제약을 받는다면 어쩔 수 없이 활자를 개발해야 하기 때문에 두 종류의 인쇄 방법을 비교할 여지가 없다. 하지만 필자의 생각에 목재의 문제는 아마 그저 작은 어려움이고 인재의 문제야말로 큰 장애였을 것이다. 여기서 인재란 조각가 단체다.

소동파(蘇東坡) 문학의 명성 때문인지 한 역사 자료가 그가 제출한 상소문에 뒤섞여 보존되었다. 고려의 왕자 의천은 1085~1086년 송나라로 와 학문을 탐구하다가 귀국 전에 상인 서전(徐戩)과 거래를 했다. 서전은 항저우(杭州)에서 장인에게 『화엄경(華嚴經)』2900조각의 판각을 의뢰했고 고려에 가져와 은 3000냥을 받았다. 그 후 서(徐) 상인은 소식(蘇軾)●에게 체포되었고 조정에 보고되었다. 의천은 왜 무사평온이 확실하다 할 수 없는 일을 벌였을까? 정교한 조판의 견본을 얻어서 한국 조각가의 기술과 대조하여 그들의 기술을 개선하려 했던 것은 아닐 것이다. 만약 그렇다면 몇 개만 있어도 충분하다. 분명 그렇게 하는 것이 합리적이기 때문이었을 것이다.

중국의 조각가 단체는 특정한 시공간에서의 산물이라 복제할 수 없다. 오대십국(五代十國) 기간에 판각의 수요와 기술이 싹텄기 때문

---

● 소동파의 본래 이름이다. 동파는 그의 호다.

에 역대의 전란도 응당히 견뎌냈다. 매 시점마다 1000명에 가까운 사람이 이룬 조각가 단체가 수백 년 동안 같이 연구하고 토론하며 전승했으니 그 기술이 필시 최고의 경지에 이르렀을 것이고 효율도 극에 달했을 것이다. 반대로 한국의 상황을 보자면 의천이 중국에 왔을 때 첫 『대장경』을 74년 동안 판각했지만 아직 준공하지 못했다. 『대장경』을 재판각할 때는 비록 많이 빨라졌지만 결국 또 16년을 소비했다. 규모의 한계가 있는 한국 조각가 집단은 지속적으로 고용주에게 일거리를 받지 못하면 필시 흩어졌을 것이고, 전쟁과 소동은 이 희소한 조각가 무리와 그들의 기술을 약화, 더 나아가 멸절시켰을 것이다.

일단 대작을 판각하고자 한다면 어느 정도 규모가 되는 조각가 집단도 필요하다. 출판은 중국 고대 황가와 사회에서 공통적으로 수요가 있어서, 황가에 장인이 필요할 때는 사회에서 모집하고 완공 후에 장인들은 사적으로 경영하는 공방으로 돌아갔다. 그렇기에 집단은 흩어지지 않았고 기술도 끊어지지 않았다. 한국은 사회에서 수요가 없어, 황가에서 단독으로 조각가 단체를 배양하자니 그 짐이 무거워 견뎌낼 수 없었고 배양을 하지 않자니 시간이 걸리고 찾을 수도 없었다. 활자는 물론 조판보다 더 복잡한 점이 있지만 그들은 소수의 장인들에 의지해 단번에 쉽게 이루는 전략을 사용했다. 활자만 주조되면 인쇄기술의 문턱은 그리 높지 않아 안정된다. 또한 규모가 큰 조각가 집단에 의지하는 것에서 해방될 수 있다. 한 가지 수공예 기술을 끌어올리는 것은 수많은 장인이지만, 공업을 지탱하는 것은 소수 엘리트의 도구 발명과 제작이다. 조판은 수공예지만 활자는 공업의 냄새를 풍긴다. 한국은 자신의 사회 역사 속에서는 조각가 단체를 키워낼 수 없었기에 오히려 활자의 길로 몰리게 된다.

종합하자면 크고 작은 세 요인이 한국의 활자인쇄를 촉진했다. 대추나무, 배나무의 부족은 작은 어려움이자 작은 촉진이었고, 인쇄량이 적었기에 활자를 선택하는 것이 더 합리적이었다. 하지만 원가를 비교하기도 전에 두 길의 난이도 차이는 이미 드러났다. 따라서 활자를 선택한 결정적 요인으로는 원가비교와 함께 쉬운 길이라는 점도 똑같이 중요하게 작용했을 것이다.

# 3

# 구텐베르크의 발명은
# 어떻게 시작되었나

수요와 공급(가끔은 어떤 발명)의 관계는 일반인의 상상보다 훨씬 복잡하다. 둘의 관계는 일방적일 수도 있고 상호적일 수도 있다. 일방적인 것에 대해 말하자면 수요가 공급을 이끌어낼 수도 있고(이는 널리 받아들여지는 견해지만 항상 그렇다고 생각하면 오산이다), 또는 공급이 수요를 창조해낼 수도 있다(공급과 경제학자들은 예전부터 이 이론을 설득력 있게 증명하고 있다). 비록 발명과 창조만으로도 수요가 창출될 가능성이 있지만, 발명과 수요의 상호작용이 어떤 발명의 분출과 눈사태 같은 효과를 일으킬 수 있다는 데에는 의심의 여지가 없으며, 이는 간단히 형용하기 어렵다. 유럽 인쇄술의 발명은 이러한 현상을 몸소 겪었다 할 수 있으며 발명 전에도 이미 서적에 대한 수요가 사회에 소리 없이 다가왔다.

사실 13세기까지, 특히 14세기에는 종교 도서만이 세속의 교도들 사이에 널리 퍼져 종교 교리, 도덕 설교가 융합된 문집이 유독 환영을 받았다. 당시 프랑스는 『성경』의 포켓북을 대량 생산, 전파해 그 명성을 온 누리에 떨쳤다. (…) 이러한 갈구는 그 후 신식 기도문이 성행한 이유도 똑같이 잘 설명해낸다. (…) 기도문에서 절대 빠지면 안 될 핵심 부분인 미사전례 모음집이다.(Barbier, 2000, pp. 82~83)

그중 중산계층 가정의 필수인 신앙 작품보다 흔한 것은 없었다. 그것이 당시 보편적인 결혼선물이었기 때문이다. 1356년에 책으로 나온 『맨더빌 여행기(The Voyage and Travels of Sir John Mandeville, Knight)』는 심지어 여러 가지의 판본이 인쇄되기도 전에 이미 널리 전해지고 쓰여 현존하는 250권의 필사본이 각각 다른 나라 언어로 쓰여 있다.(Lucien Febvre & Henri-Jean Martin, 1958, p. 21)

『그리스도를 본받아(De Imitatione Christi)』는 1441년에 완성된 문집이며 정신 세계와 연관된 네 편의 논저가 수록되어 있고 700권의 필사본이라는 엄청난 성공을 얻었다.(Barbier, 2000, p. 88)

이러한 수요를 충족시켜준 것이 바로 필사본이다. 그리고 그 대상은 이미 신자들의 미사와 선물용에서 인문도서로 확장되었다. 피렌체의 책 상인들은 45명의 필사원(筆寫員)을 고용하고 메디치(Medici)가가 창설한 피에졸레(Fiesole) 수도원을 위해 200권의 저작을 필사했다.(Boorstein, 1983, p. 616)

이미 12세기 말, 13세기 초, 필사공방(筆寫工坊)의 발전이 성숙하기도 전에 아리스토텔레스의 라틴어 작품이 유럽 전역에 퍼졌다. 지금까지도

13, 14세기 아리스토텔레스 작품의 필사본이 2000권 넘게 전해져 내려오고 있다.(Lucien Febvre & Henri-Jean Martin, 1958, p. 13)

유럽에서는 13세기 동안 대학의 발전이 필사본 제작을 제도화했다.

대학의 정무를 주관하는 사람들은 모든 중요한 저서에서 문자의 정확성을 엄밀히 검사할 것을 요구하며 어떤 누락이나 오류가 의미의 왜곡을 야기하는 것을 용납할 수 없다고 했다. 한 글자의 변경도 없음을 보장하고 필사원이 불합리한 이익을 얻는 것을 방지하기 위해 필사본의 복제는 반드시 최적의 조건하에 진행되었다. 이 목적을 기본으로 각 대학은 정교한 제도를 설계했다. 임대한 필사본은 꼭 사전에 세심한 검사와 교정을 거쳐야 했다. 그래야만 필사본을 토대로 필사할 수 있었으며, 고정된 세금 혹은 '수수료'에 따라 비용을 거뒀다. 필사가 끝난 뒤 원본 그러니까 '양식'은 바로 상인에게 돌려주거나 다시 다른 사람에게 빌려주었다. 이런 방식을 채택하면 모두 같은 원본을 필사하게 되어 속 내용의 착오를 피할 수 있어 오류가 번지고 베낄수록 터무니없어지는 상황까지 가지 않는다. (…) 매번 임대하는 것이 완전한 책 한 권은 아니고 여러 첩으로 나눠 한 첩 한 첩씩 빌려준다. 이렇게 하면 동시에 여러 필사원들이 같은 필사본의 서로 다른 부분을 필사할 수 있었다. 각 첩의 임대료는 모두 학교 측에서 공식적으로 정한다. 책장사는 스스로 회계를 조정할 수 없었다. 그 외에 그들에게는 필사할 의사가 있는 모든 사람에게 책을 빌려줘야 할 의무가 있었다. 대형 작업실을 통한 분업의 합리화는 장인들로 하여금 대량의 책자, 초급 교과서, 문학서적을 제작할 수 있게 하였다.(Ibid., pp. 12~13; p. 21; 서문)

필사본은 도서에 대한 수요를 충족시키고 확대했으며 곧 다가올 인쇄물 판매를 위해 길을 닦았다. 그리고 두 가지 조판 방법이 인쇄술 발명에 대한 아이디어를 일깨웠다. 그중 하나는 그림을 조판하는 인쇄다.

제일 처음 목판을 깎아 그림판을 제작한 공방은 수도원 내부나 근처에 있었을 확률이 높다. 그리고 수도원에서 오는 방대한 양의 주문서는 이러한 그림의 광범위한 사용을 촉진시켰을 것이다. (…) 성지를 순례하는 도중, 성당의 문 앞, 장이 서는 장소, 판매된 판화는 수천을 헤아린다.(Ibid., p. 22)

그것들은 장식으로 쓸 수도 있었고 액막이와 속죄의 기능이 있다고 생각했다. 어떤 그림에는 여러 줄의 문자도 있었다.

두 번째는 포커 카드의 인쇄다. 이는 수요가 공급을 이끌어낸 가장 생생한 예라 할 수 있다. 15세기 초 포커는 유럽을 휩쓸며 유행했다. 1404년에는 심지어 종교회의에서 교사들이 포커를 금지할 것을 선포했다. 포커의 열기는 사회에서 논란이 되었다. 1424년 성 베르나르도(St. Bernard)는 이탈리아 중세기의 유명한 도시 시에나(Siena)의 성 베드로 대성당에서 청중들에게 광장으로 나와 카드를 불태울 것을 권유했다. 그와 대립하여 베네치아 의회는 1941년에 본 도시의 카드 인쇄상을 보호하는 법규를 통과시켰다.

수요와 조판이라는 두 가지 큰 배경을 소개했으니 이제는 주인공 구텐베르크에 대해 말할 수 있게 되었다. 다니엘 부어스틴(Daniel Boorstin)은 근대 역사상 뛰어난 인물들 중 그 업적이 요하네스 구텐베르크보다 뚜렷하지 않은 사람은 없다고 말했다.(Ibid., p. 587) 그래도 다행히 필승보다는 뚜렷한 편이다. 그러나 구텐베르크는 세계를 바꾼 사람이고 필승은 그렇지 않다. 필승은 기껏해야 간접적으로 혹은 그 비슷하게 세계를 변화시켰을 뿐이다. 만약 스트라스부르(Strasbourg)의 소송 문서 몇 건이 일찍이 세간의 주목을 받지 않았다면(1740년 발견, 1760년 공포, 1870년 전쟁에 불탐) 구텐베르크의 업적은 거의 전멸하다시피 했을 것이다.

구텐베르크는 독일 마인츠(Mainz)에서 태어났으며 태어난 날은 분명치 않다. 본명은 요하네스 겐스플라이슈(Johannes Gensfleisch)이다. '구텐베르크'는 '유태인의 산(猶太山)'이라는 뜻으로 그의 고조부가 13세기에 유태인의 거주지를 산 바 있다. 그 후 발명가는 저택의 이름으로 자신을 지칭했다. 다수의 학자는 구텐베르크의 부친이 화폐 주조가이기 때문에 그가 조폐 기술에 익숙할 것이라 생각한다. 폴 니덤(Paul Needham)의 의견은 조금 차이가 있으나 결과는 같다.

그의 부친 프릴레 겐스플라이슈(Friele Gensfleisch)는 엘리트 귀족계층의 일원이며 이런 사람들은 대부분 마인츠 대주교 궁정의 상인과 관원들이다. 다른 수많은 귀족처럼 프릴레도 마인츠의 화폐 주조공장과 어느 정도 연관이 있을 것이다. 그가 화폐 주조에 참여했음을 알려주는 증거는 없으나 젊은 구텐베르크는 바로 자신의 부친을 통해 황금과 기타 금속 제작기술에 통달한 사람들을 사귀게 되었을 가능성이 높다.(Needham, 2003, p. 12)

1434년 어머니가 세상을 떠나고 분가한 지 1년 후 구텐베르크는 스트라스부르(당시에는 독일의 도시였지만 지금은 프랑스에 속함)로 가서 다재다능한 수공예 전문 발명가의 생애를 시작했다. 1448년 그는 소송 때문에 마인츠로 돌아갔다가 요한 푸스트(Johann Fust, 독일의 인쇄업자이자 금융업자)를 알게 되었다. 활자인쇄를 연구하고 제작하려면 초기 자금이 많이 필요했다. 구텐베르크는 푸스트(Johann Fust)에게 1550길더(Guilder)●를 잇따라 대출했다.(Barbier, 2000, p. 99) 구텐베르크의 전기 작가 존 맨(John Man)은 1길더가 대략 21세기 초의 200달러와 같다고 말했다. 존 린하트(John H. Lienhard)는 맨의 앞뒤 견해를 근거로 현재의 1000달러 정도일 것이라 추론했다. 그러니까 구텐베르크는 30만~150만 달러를 대출한 것이다.(John H. Lienhard, 2006, p. 159)

구텐베르크가 제일 처음 발명한 인쇄품은 다음 것들일 가능성이 높다. 1451년 교황 니콜라스 5세를 위해 인쇄한 2000부보다 적지 않은 면죄부■, 1455년 유명한 『42행 성서』, 소송 뒤 푸스트와 갈라선 후■■ 푸스트와 셰퍼(Peter Schöffer)가 1457년에 인쇄 제작한『시편』(이는 처음으로 정확하고 믿을 만한 날짜가 있는 인쇄본이다) 그리고 개인적으로 남겨놓은 인쇄기를 이용해 1460년에 인쇄한『라틴어 사전』이 그것이다. 『42행 성서』는 150권을 인쇄했고 그중 40권은 양피지이며 나머지는 종이책이다. 판형은 16×12인치이고 상, 하권 모두 1300페이지이다. 매 장(章)의 시작 부분에 있는 대문자는 인쇄가 아니라 손으로 그렸으며 빨간색이나 파란색을 썼고 꽃 테두리를 그리기도 했다.(Febvre & Martin, 1958, pp. 31~32; Barbier, 2000, pp. 98~100; John H. Lienhard, 2006, pp. 158~161; Needham, 2003, p. 18) 종이책은 20길더

---

● 금화 단위, 더치(Dutch) 또는 플로린(Florin)이라고도 불린다.
■ 면죄부는 마틴 루터(Martin Luther)의 종교개혁을 일으켰으나 후대에 사상이 전파되는 데는 구텐베르크의 인쇄술에 꽤 의지했다.
■■ 인쇄기는 푸스트 소유가 되었고 그는 구텐베르크의 작업 파트너이자 우수한 기술자인 피터 셰퍼도 데려갔다.

에 팔았고 양피지 책은 50길더에 팔았다. 구텐베르크는 상당한 이윤을 얻었다.(John H. Lienhard, 2006, p. 159) 다수의 『42행 성서』는 성당의 독경대(讀經臺)에서 사용했고, 사적으로는 읽히지 않았다. 이 책은 약 50권이 현존해 있다. 1987년에 그중 하나가 뉴욕 경매장에 나타났고 그 책은 제1권만 남아 있었지만 보존 상태가 완벽해 일본 게이오기주쿠대학(慶應義塾大學)이 500만 달러가 넘는 가격에 낙찰해갔다.(Needham, 2003, p. 35)

1462년 구텐베르크가 『라틴어 사전』을 인쇄한 후 2년이 지나고 마인츠는 구스타프 아돌프 2세(Gustav II Adolf)에게 점령과 약탈을 당했고 구텐베르크와 푸스트를 따랐던 장인들은 밖으로 도망쳐 인쇄술이 마인츠 외부로 퍼져나갔다. 1468년 구텐베르크는 마인츠에서 세상을 떠났다.

곧, 인쇄술은 무서운 속도로 유럽 전역에 퍼지고 눈 깜짝할 새에 수천수백에 달하는 인쇄기가 돌아갔다.

1480년까지 인쇄기를 소유하고 있는 서유럽 각지의 도시가 110곳이 넘었다. 그중 이탈리아가 약 50곳, 독일이 약 30곳, 스위스 다섯 곳, 프랑스 아홉 곳, 벨기에 다섯 곳, 스페인 다섯 곳, 폴란드 한 곳, 잉글랜드 네 곳 정도를 차지하고 있었다. (…) 학자 버거(K. Berger)가 고증해낸 1480~1482년에 베네치아에서 출판된 인쇄서만 해도 156판에 달하며 이것은 아직 산실(散失, 흩어져 분실됨)된 것, 실전(失傳, 전해오던 것을 알 수 없게 됨)된 것, 불분명한 판본을 더하지 않은 것이다. (…) 밀라노에 있는 82개의 판본은 믿을 만한 기록이 있다. 아우크스부르크의 생산량은 제3위이며 총 67판이다. 동시대 제4위는 뉘른베르크일 것이며 총 53판을 발행했다.(Febvre & Martin, 1958, p. 176)

1495년에서 1497년까지 인쇄된 책 중 믿을 만한 것만 해도 1821판에 달하며 그중 4분의 1에 달하는 약 447판이 대형 인쇄사가 많은 베네치아에서 왔다.(Febvre & Martin, 1958, pp. 177~178)

1450년에서 1500년까지 인쇄된 각종 서적: 지금까지 잔존한 것만 3만에서 3만 5000판이 될 정도로 많으며 각각 1만에서 1만 5000종의 서로 다른 저작을 대표하고 있다. (⋯) 만약 모든 권수를 더하면 제일 절제해서 계산해도 1500만~2000만 권이다. 인쇄상은 전 유럽 각지에 분포되어 있었다. (⋯) 단 반세기의 시간 동안 인쇄기를 설치한 도시가 236곳을 넘었다.(Ibid., p. 248; p. 178)

도서의 인쇄 부수는 해마다 늘어났다. 1465년 키케로(Cicero)와 유스티니아누스(Justinianus) 황제의 두 가지 책은 각각 200권씩 인쇄되었다. 1472년 책상인(인쇄공) 콘라트 스바인하임(Conrad Sweynheym)과 아르놀트 판나르츠(Arnold Pannartz)의 평균 인쇄량은 275권이었다. 1480~1490년 대다수 서적의 인쇄 부수는 약 400 혹은 500권이다. 15세기 말 대형 출판사의 평균 인쇄 부수는 이미 1500권에 달했다.(Ibid., pp. 215~216)

16세기 인쇄업의 발전은 속도를 더해갔다. 파리에서 2만 5000종의 출판물이 나왔고, 리옹은 1만 3000종, 독일은 4만 5000종, 베네치아는 1만 5000종, 잉글랜드는 1만 종, 네덜란드는 아마 8000종이 나왔을 것이다. 각 종류의 출판물의 평균 인쇄 부수는 약 1000권이고 14만에서 20만 종의 책이 총 1억 4000권에서 2억 권 인쇄되었다.(Fernand Braudel, 1979, p. 471)

구텐베르크의 발명과 그 이전의 배경 그리고 사후의 영향에 대해 간략하게 설명했으니 이제 민감한 문제로 넘어가보자. 유럽 인쇄술은 구텐베르크의 독자적인 발명인가, 아니면 동양의 기술이 넘어간 것인가? 서양학자의 두 가지 견해를 보자. 카터는 다음처럼 말한다.

우리는 앞에서 언급한 인물(필승, 왕정, 한국의 활자 장인들)들이 모두 유럽 인쇄 발명가의 직계 선조라고 여기면 안 된다. (…) 그들과 유럽 인쇄 발명가와의 관계는 조상이라기보다 사촌형제라 하는 편이 낫다. 먼 동쪽의 진흙활자, 목활자, 구리활자와 유럽의 인쇄 발명 사이에 직접적인 연관이 있는지 없는지에 대한 답을 내놓기는 어렵지만, 지금 있는 증거를 근거로 보자면 대답은 부정적이다. (…) 지금은 아직 둘이 관계가 있다고 충분히 증명할 수 있는 증거가 발견되지 않았고 우리는 긍정적 혹은 부정적 증거를 파악하기 전까지는 반드시 선입견을 버려야 하고 정론을 내려선 안 된다. 만약 중국의 활자인쇄가 유럽 인쇄에 아무런 영향도 끼치지 않았을 수도 있다고 하면, 우리는 여기서 중국의 영향이 작용했음을 부정하는 핵심 내용을 요약, 서술할 수 있다. 첫 번째는 종이의 발명, 두 번째는 카드를 통한 것, 세 번째는 그림 인쇄품, 네 번째는 중국이 인쇄한 대량의 서적이다. 그리고 다섯 번째는 그 외의 또 다른 가능성이지만 아주 명확히 할 수는 없는 먼 동쪽에서 실제로 사용하는 활자인쇄 방법이 이전에 유럽 어딘가에 어떤 방법으로든 전술(傳述)되었다는 것이다.(Thomas F. Carter, 1925, pp. 204~206)

카터의 논술에는 두 가지 결함이 있다. 첫 번째, 카터가 말한 "긍정적 혹은 부정적 증거를 파악하기 전까지는 반드시 선입견을 버려야 하고 정론을 내려서는 안 된다"의 뒷부분은 성립이 안 된다. 있는 것을 증명하는 것과 없는 것을 증명하는 것은 완전히 다르며 '무(無)'는 증명할 수 없다. 긍정적 증거가 하나라도 있으면 아시아의 활자가 구텐베르크에게 영향을 줬음을 확인할 수 있지만 '부정적 증거'는 상세하고 제한적인 논증, 즉 어떤 '긍정적 증거'가 실존하지 않음을 완성할 뿐이다. '부정적 증거' 자체는 구텐베르크가 중국과 한국의 영향을 받지 않았다는 것을 증명하지 못한다. 두 번째는 "그 외의 또 다른 가능성이지만 (…) 이전에 유럽 어딘가에 어떤 방법으로든 (활자인쇄에 대한 것이) 전술되었다"는 중국의 활자가 유럽에 영향을 미치지 않았을 가능성 중 다섯 번째에 열거되어 있다. 만약 이런 '전술'이 존재한다면 카터의 "만약 중국 활자가 영향을 미치지 않았다면"은 존재하지 않는다. 카터는 여기서 형식논리의 오류를 범했다. 그뿐 아니다. 한 발명가에게 영향을 미친 요인을 밝히자면, '활자'가 있다는 소문만으로도 충분하지 않은가?

페르낭 브로델(Fernand Braudel)은 또 다른 견해를 대표한다. 그는 다음과 같이 말했다.

> 하지만 중국에 가본 여행가는 확실히 아주 많았으며 그중 일부는 박식한 인사들이어서 유럽이 활자를 발명했다는 이야기는 의심해볼 만하다.(Fernand Braudel, 1983, p. 470)

필자는 고대의 복잡한 발명의 유일론을 완고하게 옹호하는 사람은 아니지만, 유럽에서 생성된 이 이론의 충실한 신봉자이자 이중 잣대를 단호히 거절한 브로델에게는 경의를 표하고 싶다. 이론을 추구하고자 하는 사람은 중국과 아시아 문화를 존중하는 사람보다 문제를 더 간결하게 봐야 한다. 카터는 좀 복잡하게 생각하는 것 같다.

필자의 견해는 이러하다. 이 문제에는 매우 큰 두 가지 가능성의 병존과 대립이 담겨 있다. 구텐베르크가 발명을 하기 이전 유럽에 '한국과 중국의 활자인쇄'에 대한 소문이 존재했을 가능성이 매우 크다. 왜냐하면 소문은 바람과 같아서 통하지 않는 벽이란 없다. 또한 그때는 이미 유럽과 아시아 간에 왕래가 있었다. 비록 문헌상으로는 아무런 기록도 없지만 이러한 종류의 대륙 간 정보전달이 발생했을 가능성은 여전히 존재하며 이는 이성적 범위 내의 판단이다.

또 다른 한 방면으로는 활자가 실물도 없고 그에 관한 정보(소위 소문)도 없는 상황에서 구텐베르크가 조판인쇄(포커 카드와 글씨가 있는 조판 그림)의 영향 아래 독립적으로 활자인쇄에 관한 기발한 생각을 했을 가능성도 크다. 필자는 복잡한 발명의 유일성에 대한 인식을 아주 크게 받아들인다. 하지만 유럽인의 활자 발명은 조금 다르다.

구텐베르크가 필승보다 훨씬 간단하게 이런 방법을 생각해낼 수 있었던 건 그가 알파벳 문자를 사용했기 때문이다. '복잡한 발명의 유일성'에서 중점은 '복잡'에 있는데, 복잡하고 어려운 발명일수록 중복되지 않기 때문이다. 고 라틴문은 스물한 개의 알파벳으로 구성되어 있지만 자주 사용하는 한자는 3000개나 된다. 이는 본질적인 차이이고 이 본질적 차이는 심지어 사용자의 심리에도 녹아든다. 알파벳 문자를 사용하는 사람이 조판인쇄의 영향을 받아서 활자를 생각해낸다는 건 필자가 보기에 그리 어려운 일은 아니다. 게다가 생각해내면 그것으로 끝이라, 일련의 난제를 해결해야만 통과할 수 있는 것도 아니었다. 구텐베르크 앞에 확실히 일련의 문제가 있긴 했지만, 그들이 신경 쓴 것은 원가, 질량, 효율이었지 인쇄 제작이 가능한지 아닌지가 아니었다.

정리하자면 알파벳이 조판과 활자 사이에 다리를 놓아줄 수 있었

프랑스 스트라스부르의 구텐베르크 광장에 있는 구텐베르크의 조각상. 그가 펼친 책 속에는 'Et la lumiere fut'라고 적혀 있다. '그리고 빛이 있었다'라는 의미다.

을 것이고, 이는 필자가 상상했던 바다. 유럽에 존재하는 거대한 도서 수요를 메우겠다는 포부를 품은 천재 발명가는 또 하나의 미약하고 소극적인 도움을 받았다. 바로 그의 앞에 순탄한 조판의 길이 펼쳐져 있지 않았다는 점이다. 이는 역으로 구텐베르크가 결단을 내리는 데 보탬이 되었다. 조판 그림과 포커 카드에서 깨우침을 얻지 않았는가? 하지만 이 깨우침은 인쇄를 할 수 있다는 자각이지, 문자를 조판으로 인쇄할 수 있다는 뜻은 아니었다.

조판 그림과 포커 카드는 한 판만 조각하면 천만 장을 인쇄할 수 있지만, 『42행 성서』를 조판으로 만들자면 1300판을 조각해서 150권을 인쇄할 수 있으니, 이 둘은 천지차이다. 이윤을 기준으로 전자와 비교해보면 절망할 수밖에 없다. 다방면에 능통한 수공예 발명가였던 구텐베르크는 차라리 이전에 했던 일을 다시 시작하기로 한다. 보석 연마기를 만들고, 광각 볼록거울을 만들었다. 그는 100가지의 선택지가 있었을지언정 조판인쇄를 선택하지는 않았을 것이다. 이익이 없어 투자자를 설득할 수 없었기 때문이다. 또한 그가 그렇게 하고 싶다고 해도 조각가는 어디서 구할 것인가? 하물며 구텐베르크는 자모를 사용하는 사람이었다.

판각의 길은 단번에 갈 수 없으며 영감(靈感)형 발명가에게 이는 절대 허락되지 않는다. 하지만 활자에 관한 생각은 딱 떠오르기만 하면 자모문자를 다루는 발명가로 하여금 그에 따른 어려움을 극복하고 그 잠재력을 발굴해내게 한다. 조판인쇄가 서적 수요가 극도로 왕성한 민족에게 전해지면, 그들은 독립적으로 활자인쇄를 생성할 가능성이 매우 높다고 생각한다. 동시에 중국과 한국의 활자에 대한 정보가 유럽에 전해지지 않았을 가능성은 매우 낮다고 생각한다.

구텐베르크의 발명은 중국과 한국 활자의 영향을 받았지만 활자의 모든 잠재력은 자모문자를 가진 민족에 의해서 발굴된다. 그 거대한 잠재력은 아주 긴 시간 동안 비 자모문자 민족과 단절되어 자모문자를 쓰는 민족에게만 허락되었다. 잠재력이 발명가와 투자자를 유혹

할 수 있었던 이유는 그것이 바로 상인들이 추구하는 이윤이었고 발명가를 유혹하는 효율이었기 때문이다. 또한 그 잠재력은 '잠재된 이윤'으로 작업장의 투자자들을 설득하기에 용이했다.

# 4

# 납활자가
# 인쇄 시장을 지배하다

구텐베르크의 인쇄술은 거대하고 심원한 영향을 끼쳤고, 중국과 한국의 인쇄술은 이에는 미치지 못했다. 그 원인으로는 먼저 구텐베르크 인쇄술의 특징이 있고, 그다음은 15세기 유럽의 상업화된 사회 환경이 있었다. 이번 절에서는 전자에 대해 토론할 것이다.

구텐베르크의 주요 공헌은 무엇인가? 인쇄기가 아니라 활자와 주조 방식이었다. 이렇게 판단하면 더 이해하기 쉽다. 구텐베르크 이전에도 포커 카드와 조판 그림의 인쇄 제작 덕분에 인쇄기는 이미 존재했다. 그렇기에 구텐베르크가 한 일은 인쇄기의 보충과 개량이지 창조라고 할 만한 것은 없다. 하지만 구텐베르크의 활자는 유럽에 있어 완전히 새로운 것이었다. 비록 한중 양국에 이미 금속활자가 있었으며 한국은 구텐베르크보다 10년도 더 전에 납활자를 발명했지만 구텐베르크의 납활자와 그의 삼위일체 주조법(정식 명칭은 금속주형 활자 주조법)은 세계 인쇄 역사상 완전히 새로운 것이었다. 금속 납의 낮은 녹는점(섭씨 327도)은 주조할 때 구리(섭씨 1084도)보다 크게 편리했다. 하지만 경도(硬度)가 부족해 인쇄에 사용하면 오래가지 못했는데 이것이 바로 한국인들이 납활자를 모색했지만 구리활자를 대체할 수 없었던 이유다. 유럽인들은 납에 안티모니(antimony, 녹는점 섭씨 630도)를 더해 낮은 녹는점에서도 만족할 만한 경도를 얻었다.

삼위일체 주조법의 핵심은 구리조형이다. 한국인들이 자랑스럽게 생각하는 '세계 최초의 활자 주조법'은 회양목에 글자를 새겨 '해감모래'를 끼워 넣어 거푸집을 만든 것인데 이는 일회성 주자(鑄字)였던 '밀납-진흙' 거푸집을 대체했다.(曹炯鎭, 1986, pp. 177~180) 하지만 해감모래에서 주조된 활자를 꺼낼 때는 주형이 훼손되지 않도록 굉장한 주의를 기울여야 했다. 즉, 해감모래 거푸집은 일회성은 아니지만 분명 충분히 오래 버티진 못했을 것이다. 그러나 구리주형은 의심의 여지없이 충분히 오래 쓸 수 있었을 것이다. 구리 글자 주형 제작은 저원가 고효율 수단으로 강철로 만든 심이 아니면 안 됐다. 강철은 단단하고 구리는 부드러워서 한 번 치면 글자 하나가 나왔다. 강철 글자 심-구리 글자 주형-납 안티모니 합금 활자가 삼위일체가 되어 적절한 경도의 납활자를 편리하게 만들 수 있었고 주조 도구 또한 오래 쓸 수 있었다.

거시적으로 보자면 마인츠 주변 지대는 당대 유럽 제련의 중심지였고 그러한 분위기는 확실히 유럽 인쇄술 탄생에 유리한 조건이었다. 중국이든 유럽이든 고대에 군사에 유리한 냉무기 수요가 대장장이들로 하여금 억지로 강철이 함유된 예리한 칼을 만들도록 했다. 하지만 대장장이가 반복적으로 불에 녹이고 망치로 때려야 했기에 대량으로 생산할 수 없었다. 14, 15세기의 교차지점에 이르러서야 인쇄술 탄생지 부근에서 용광로가 만들어져 강철이 대량생산될 수 있었다.(Fernand Braudel, 1949, p. 447; J. Belhoste, 2008, p. 146) 강철 심이 아니었으면 구리 주형을 제작하는 비용이 굉장히 비쌌을 테고 그 과정 또한 험난했을 것이다. 만약 유럽 제련의 중심지가 근처에 있지 않았다면 제1대 인쇄 장인들은 강재(鋼材) 혁명의 이득을 누리지 못했을 테고 구리 주형도 즉각 세상에 나오지 못했을 것이다.

인쇄 무대의 주인공인 금속 납의 등장도 강철처럼 하늘이 내린 좋은 기회와 지리적 우세의 힘을 누렸다. 장 프랑수아 벨로스테(Jean-François Belhoste)는 그의 혜안으로 발명가가 납을 선택하게 된 배경을 통찰했다.

채굴 광산 대부분은 여러 종류의 금속이 섞여 있었다. (⋯) 긴 시간 동안 은을 함유한 광석은 주로 연광석(鉛鑛石)이며 제일 많이 채굴되었다. (⋯) 그 속에서 사람들은 비율 차이가 극도로 큰 금속을 얻었다. 아주 적은 은과 아주 많은 납(비율이 때로 1: 1000에 달한다)이다. (⋯) 15세기 중반에 은, 납 그리고 구리를 공업화하여 분리할 수 있는 신기술이 나타났다. 용해법은 사람들로 하여금 은, 납, 구리가 섞인 광석을 더 많이 이용하도록 하여 극도로 중대한 영향을 끼쳤다. (⋯) 화폐교환이 날이 갈수록 늘어나고 은에 대한 수요가 끊이지 않아 간접적으로 부산물인 납과 구리의 생산량도 끊이지 않고 많아졌다. 그리하여 유럽은 상대적으로 값싼 두 금속을 대량으로 갖게 되었고 그 금속들(특히 납)의 적당한 용도를 찾는 것이 급선무였다.

납은 하나의 부산물로 적당한 용도를 찾아야 했다. (⋯) 우선은 대형 건축의 지붕으로 쓰였고 지붕의 홈통과 배관 시스템에도 쓰였다. (⋯) 성당 스테인드글라스의 작은 착색유리는 납 선으로 이어졌다. 납으로 만든 물품으로 또 명패가 있는데, 이는 모종의 권력을 가지고 있음을 나타낸

다. (…) 납은 용해되어 경건함을 표현하는 수천수만 개의 배지로 만들어
져 성지를 순례하는 사람들에게 기념품으로 팔렸다.(J. Belhoste, 2008, pp.
147~148)

하지만 이는 더 구체적이고 미세하게 분석하고 판단할 필요가 있
다. 어느 것이 구텐베르크의 선택과 발명이고 어느 것이 아닌가. 어디
까지가 발명인지를 판별하는 것은 구텐베르크를 제대로 평가하기 위
해서이기도 하지만 유럽 활자의 진화 궤적을 알아보기 위해서이기도
하다. 벨로스테는 다음처럼 말한다.

우리는 16세기 초부터의 상황을 이제야 확실히 이해했지만 최초의 구텐
베르크 공장 그리고 그 후 10년간 창설된 기타 공장이 어떤 설비를 사용
했고 무슨 재료로 제조했는지는 잘 모른다. 심지어 인쇄활동의 구체적인
과정에 대한 수많은 부분 역시 아직 잘 모른다.(Ibid., pp. 144~145)

납 합금 글자가 구텐베르크의 발명 혹은 선택일 가능성은 매우
크다.

우리는 구텐베르크가 처음부터 납-안티모니 합금 혹은 납-주석-안티모
니 합금을 썼는지 안 썼는지 모른다. (…) 구텐베르크는 1438년에 스트라
스부르크에서 엑스라샤펠(Aix-la-Chapelle) 성지 순례의 배지를 전문적으로
제작하는 한 기업에 들어간 적이 있다. 이 소형 물품(배지에는 그 자체도 납
으로 만들어진 작은 거울이 달려 있었다)을 대량생산하기 위해 구텐베르크는
주변에서 사람들을 모집해 한 단체를 만들었는데 그중에는 금은 세공인
들도 일부 포함되었다. 사람들이 빠르게 납을 선택해서 인쇄활자를 만들

기로 결정한 이유는 주석이 유일한 또 다른 선택사항이었지만 그 재질이 다소 부드럽고 가격도 비쌌기 때문이다.(Ibid., p. 149)

납-안티모니 합금의 사정은 더 복잡하다. 금속 안티모니에 대해서는 고대에도 기록이 있지만 그때는 납과 잘 구분해내지 못했다. 유럽인 비링구초(Vannoccio Biringuccio)가 1540년의 『신호탄에 관하여(De la pirotechnia)』에서 안티모니를 추출하는 방법을 묘사했지만 그들이 순도가 꽤 높은 안티모니를 추출할 수 있었는지는 확신할 수 없다. 왜냐하면 17세기가 되어서야 과학자들이 안티모니가 하나의 원소임을 알기 때문이다. 활자 주조 장인인 피에르 푸르니에(Pierre Simone Fournier)는 1769년에 이렇게 말했다. "심지어 300년이 지난 뒤에도 금속원소를 정확한 비율로 섞는 것은 골치 아프고 섬세하게 해야 하는 작업이었다."(Febvre & Martin, 1958, p. 35) 이로부터 보건대 구텐베르크가 활자의 납과 안티모니 비율을 분명히 했다고 믿기는 어렵다. 하지만 초기의 우수한 제련 장인들은 서로 다른 산지의 광물이 제련된 후에 금속 성질에 어떠한 차이가 생기는지에 관해 특수한 민감성을 지니고 있었다. 그렇기에 다른 지역이 아닌 특정 지역의 광석에서 나온 납을 선발하여 그 성질을 유지할 수 있었다는 점은 믿을 수 있다. 탁월한 발명가로서 구텐베르크 역시 이러한 소질이 있어서 앞서 말한 선발, 즉 경납(사실은 안티모니를 함유한 납)을 선택하여 활자를 만들었을 가능성이 있다.

구텐베르크가 글자를 주조할 때 구리 주형을 사용했는지에 관해서는 두 가지 설이 있다. 그의 부친이 화폐를 주조했었다는 배경을 강조하는 학자들은 구텐베르크가 어렸을 때부터 기술을 연마하여 강철심으로 구리활자나 구리주형을 눌러 빼낼 줄 알았을 것이라 여겼다.

하지만 일부 학자들은 구텐베르크가 당시 인쇄한 책의 필적을 감정하여 책에서 같은 알파벳 형태의 변화를 발견하고 비교한 후, 금속활자 모형 중 서로 다른 모양의 납활자가 '의외로 많다'는 사실을 확인했다고 판단했다. 그들은 구텐베르크 활자가 목활자가 아니라고 인정되는 사유가 있으니, 추측하길 구텐베르크의 글자 주형은 모래나 흙으로 만들어져 활자의 형태가 일정치 않았을 것이라 생각했다.(Paul Needham, 2003, p. 39)

이상의 분석을 통해 무엇을 확정짓기에는 어려움이 있지만, 활자의 역사를 알아갈수록 좀 더 넓은 시야를 갖고 더 많은 가능성을 보게 된다. 그리고 다음에 연관된 두 가지 사실은 우리가 활자 주조의 발전 경로를 한데 모으고 집중하는 것을 돕는다.

인쇄기 가격은 본래 상대적으로 싼 편이었다. 자주 교체해야 하는 활자의 추가구매야말로 비교적 큰 부담이었다.(Febvre & Martin, 1958, p. 102)

한 대의 인쇄기 가격이 은화 15개에서 20개일 경우 활자 주조 설비의 가격은 은화 60개에서 70개에 달했다.(J. Belhoste, 2008, p. 152)

보통의 인쇄 작업 공방은 한 세트의 글자 주조 설비를 독점할 재력과 스스로 끊임없이 활자를 업데이트할 여력이 없었다. 당시 왕성하게 성장한 유럽의 상공업은 이성적 판단으로 분업을 통한 협력을 택했다.

이런 인쇄와 관련된 신흥공예에는 전문 인사들이 빠르게 투입됐다. 그들은 인쇄 점포를 한 집 한 집 방문하여 자신의 힘을 보태 상점 주인이 활자 창고를 채우거나 새 활자로 교체하는 것을 도왔다. 그들이 제작한 양각 글자 주형과 음각 글자 주형은 고용주가 보존하여 각 인쇄 점포의 개인 재산으로 전환됨에 따라, 인큐내뷸러(Incunabula)*의 글자체는 서로 다르고 다양한 모양새를 나타냈다. (…) 16세기 때는 세트로 된 활자의 개별 제작과 매매가 점점 소수 기업 전문 사업이 되었고, 기업주는 가능한 한 최고로 좋은 양각 글자 주형을 긁어모았다. 17, 18세기에는 10여 개의 재력이 풍부한 조직이 유럽 활자 주조 제작을 독점해 인쇄 장인들이 자기 손으로 직접 주조 제작할 필요 없이 활자를 쓸 수 있게 하여 산업적 분업이 더 합리적인 형태로 바뀌었다.(Febvre & Martin, 1958, pp. 35~36)

구텐베르크는 정확한 방향을 택했다. 조금 단단한 납활자를 주조할 때 한 무리의 전문 금속 세공사의 손에서는 반드시 세분화가 일어났고 이로써 완벽해질 수 있었다. 구텐베르크가 구리 주형, 강철 심을 이용했든 안 했든 납활자가 필요하다고 확정되었다면 제련기술에 정통한 대장장이들은 저원가 고효율을 위해 거의 반드시 구리 주형과 강철 심을 선택했다. 삼위일체인 이 주조법은 100여 년의 시간 동안 유럽의 금속 세공사들이 몇 대에 걸쳐 완성했을 가능성이 더 크다. 이것이 필승과도 다르고(그는 토목만 알았다) 한국의 글자 주조 장인들보다 뛰어난(그들은 구리활자와 해감모래에 국한되어 있었다) 이유는 발명가인 구텐베르크 자신이 우수한 제련가였기 때문이다. 마르탱(Henri-Jean Martin)이 말한 것처럼 "만약 이 인쇄 장인들이 한때 금속 세공사가 아니었다면 성공의 기회는 조금도 없었을 것이다."(Ibid., p. 35)

---

* 유럽에서 인쇄술이 시작된 15세기 후반에 간행된 인쇄본.

납활자의 출현을 탐구하고 또 이를 인류 인쇄 역사와 연관 짓는 행위는 이전의 온갖 종류의 공예와 비교하여 납활자가 갖는 혁명적 의미를 알게 해준다. 뿐만 아니라 조판에서 납활자까지의 길고 긴 여정 중 도대체 어떤 발전이 이루어졌는지 깨닫게 해준다.

인쇄의 선구자로서 조판은 전무후무한 문본(文本)의 복제를 이루어냈다. 그 전신 중 하나인 석비 탁본은 좁은 의미로 보면 문본이라 부르기에 적당하지 않다. 복제의 도구로서 조판과 복제품은 일대일의 관계, 즉 조판은 해당 문본만 복제할 수 있기 때문이다.

활자는 복제 발전 과정에서 새로운 단계로의 도약이라 할 수 있다. 활자는 조합을 통해 일대다수의 복제를 완성한다. 즉, 한 세트의 활자는 여러 다른 종류의 문본을 복제할 수 있다.

조판과 목활자는 비록 복제품을 생산할 수 있지만 그 생산물 자체는 복제의 산물이 아니라 일일이 조각한 것이다.

도활자(陶活字), 금속활자는 자체 생산에 있어서 목활자보다 새로운 단계로 올라갔다. 즉, 글자 주형과 모형을 통해 복제를 했다. 이는 이중복제의 실현을 의미한다. 활자로 문본을 복제하고 주조로 활자를 복제한다. 이중복제에 이용할 최초의 활자 후보자는 모두 '단단한 녀석'이었다. 도기가 도태되고 우선은 구리를 사용했다가 후엔 철로 시도했다. 이는 이해하기 쉬운 변화다. 단단해야 오래 지속될 수 있지만, 구리와 철활자는 둘 다 주조하기가 쉽지 않았다. 그 후 혁신가들은 끊임없이 시도해 활자 재료의 경도를 낮추어 자체 복제의 편리함을 이루어냈다.

녹는점이 낮기 때문에 납을 복제하는 활자가 제일 편리하다. 마찬가지로 녹는점이 낮은 안티모니를 넣어 자체의 약점인 '연약함'을 극복했다. 구리-안티모니 합금 활자는 끊임없이 스스로를 새롭게 함으로써 제일 쉬운 방식으로 문본을 복제해냈고, 결국 최고의 자리에 오르게 되었다. 각자의 품질로 황금은 화폐역사의 지존이 되었고, 납-안티모니 활자는 인쇄계의 7강(조판, 도활자, 목활자, 구리활자, 철활자, 납활자, 주석활자)에서 종결자 자리를 쟁탈했다. 구텐베르크는 납 합금 활자를 선택했기에 인쇄의 주도권을 잡았고 또한 그 덕에 세계를 바꿀 수 있었다.

$=$

5

# 왕권과 시장이 인쇄술의
# 부흥을 만들어내다

고대에 인쇄업이 비교적 발달했던 중국, 한국 그리고 근대 전야에 발전하기 시작한 유럽에서 책의 성질은 완전히 달랐다.

중국의 인쇄에는 왕권과 사회라는 두 거점이 있다. 중국 인쇄는 민간에서 생겨났다. 왕권이 인쇄에 종사하기 시작한 것은 오대(五代) 때 풍도의 책동(策動) 이후로, 풍도의 생각은 쓰촨 지역에서 민간 조판인쇄가 왕성하게 발전한 것에서 촉발되었다. 진나라 이후의 군주제 형태 중 수당(隋唐) 시대의 과거제는 인쇄술의 분수령과 같았다. 이전엔 황가와 세가의 귀족이 함께 통치했지만 이후에는 황가가 귀족에게서 벗어나 관료를 임용해 통치했다. 오대 왕권은 수당의 과거제 이후에 인쇄를 도입했는데, 자신의 도통(道统, 유가 학술사상의 전수 체계) 권위를 수립하는 것이 주된 목적이었으며 부수적으로는 수험생에게 도서를 편리하게 제공하여 과거의 기초를 다지려 했다. '교과서'가 없는데 학생들이 어떻게 응시를 하겠는가? 그러므로 과거와 인쇄는 공동으로 송나라의 번영을 이끌었다.

특이하게도 감본은 왕권의 산물인데 세상에 나오자마자 과거제와 인척관계처럼 끈끈한 관계가 되었고, 더 나아가 시작부터 매매의 성격을 띠었다. 『책부원귀(冊府元龜)』는 오대시대의 쇠퇴하는 경제 상황 속에서 경전 조각에 대한 투자에 대해서 털어놓는다. "정사당(政事堂), 주방의 돈 그리고 주조사의 공금에서 나눈 돈과 급제한 거인(擧人)들의 축의금을 모아 장인들에게 주었다." 필자에게는 "급제한 거인들의 축의금을 모으는" 일이 어떻게 이루어졌는지 자세히 설명할 여력이 없다. 그리고 조각 후 판매에 대해서는 『자치통감(資治通鑑)』에서 다음처럼 말했다.

당나라 명종 시대 때 재상인 풍도와 이우(李愚)는 국자감의 전민(田敏)에게 구경(九經)을 교정하고 판각 인쇄를 하라는 지시를 내려달라 청했고 조정은 동의했다.

『송사·직관지 5권(宋史·職官誌 五)』에서는 이렇게 말한다. 국자감 서고관이 "많은 경서와 사서의 인쇄를 담당하여 조정이 하사품을 요구할 때를 대비하고 또 내놓아 팔 때는 그 값을 걷어 관청에 바쳤다." 『서림청화(書林淸話)』에서는 이렇게 말한다. 송나라 때 "관청에서 판각한 책은 뭐든 팔 때 정가가 있었다."(方彦壽, 2008, p. 52)

관청에서의 매매는 보기 드문 일이 아니었으며 일찍이 소금과 철을 전문적으로 판매했다. 하지만 철과 소금은 민생에 필요한 것이다. 경학은 조정에 쓰이면서도 조정이 인쇄 제작해 수험생들에게 판매하니 확실히 비교하기에 어려움이 있다. 경학의 읽을거리가 감본이 된 일은 인쇄의 맹아기를 이끌기도 했지만 한순간에 황가에서 독점했다.

과거가 출세의 수단이 되면서 동시대 세계에서 유일무이하게 방대한 독서 집단을 만들어냈다. 유가 경전은 과거의 필독서가 되었다. 중국 인쇄업은 비록 일찍 무르익었지만 자세히 점검해보면 과거시험 책 위주였다.

이 업계에 이미 형성된 방대한 독서 집단이 여가로 '제예[制藝, 예(禮), 악(樂), 사(射), 어(禦), 서(書), 수(數)]도 공부하고 익히고자 한 탓에 심심풀이 책, 잡서를 읽는 일도 적지 않아 민간 도서 업계도 같이 발전했다.

조선 역사상 부족연합에서 중앙집권으로 옮겨가는 중 봉건제의 그림자는 거의 없었는데, 이는 아마 중국 한나라 정치제도의 영향을 받았기 때문일 것이다. 신라 왕조 때 여섯 씨족사회는 행정구 조직으로 바뀌어 열일곱 개 등급의 관직을 세우고 "중앙집권의 귀족국가 수립을 완성했다."(李基白, 1990, p. 46)

상급귀족은 왕실과 왕후의 가계에 집중되었으며 다른 계급과 통혼할 수 없어 협소하고 폐쇄적이며 '골품제'라 불린다. 서로 다른 등급의 골품에는 서로 다른 정치·사회의 권리, 더 나아가 크기가 다른 거주지가 부여된다. 고려왕조 때는 유학을 들이고 또 958년에는 고려로 귀화한 주나라 관원 쌍기(雙冀)의 건의를 받아들여 과거제를 실행했으며 응시자가 6000여 명에 이르렀다.(Ibid., p. 111; p. 125) 그 후 귀족이 권위를 독점하는 신분제(인습적 제도)는 점점 쇠퇴하고 세습에 의존하지 않고 과거제에 의거한 사대부계층이 흥했다. 귀족들은 즉각 과거제 아래에서 그들의 특권을 되찾는 반격을 시작했고 최종적으로 이씨 왕조의 '양반사회'가 형성되었다.

양반계층은 제도를 조성했다. 그 자제는 복역을 하지 않고 공부와 과거에 전념할 수 있었으며 최고로 좋은 교육자원을 차지했다. 심지어 양반은 과거를 독점했고 후에는 향리(鄕吏)계층에 출세의 길을 보장해주려던 최초의 목적도 더는 존재하지 않았다. 그리고 또 세트로 구성된 세 항목의 제도가 양반계층의 오랜 권세 독점을 보장했다. 그 첫 번째는 비(非) 양반계층과 통혼하지 않는 것이다. 두 번째는 관원 계열 중 향리는 양반신분으로의 상승이 금지되었다. 세 번째는 양반 계층의 서출 자제와 그 후대는 과거에 참가할 자격을 금했다. 이렇게 시행된 제도가 통치계층이 팽창, 내분으로 인해 붕괴하는 것을 방지 했다.(Ibid., pp. 184~190)

세종은 전체 관리와 백성들의 도덕 교육을 목적으로 완강히 '훈민정음' 자모의 발전을 추진했다. (…) 하지만 당시 양반 통치계층의 환영을 받진 못했다. 그들로서는 계속 어려운 한자 시스템을 사용하여 학습 경로의 독점상태를 유지하고 싶었기 때문이다.(ibid., p. 202)

그들은 한자를 독점하여 한자를 공부하는 집단의 규모를 억제하고자 했다. 이씨 왕조의 구리 활자본은 늘 200~300권이었는데 이는 앞서 말한 의도를 관철시킨 것이기도 하고 그 의도의 결과이기도 하다. 규모도 작은데 많이 인쇄해서 무엇에 쓰겠는가?

유럽 인쇄품은 세상에 나오자마자 중국, 한국과는 성질이 판이하게 다른 대접을 받았다. 유럽의 첫 번째 인쇄업자들은 개장되자마자 내부 경제분쟁으로 소송까지 가곤 했다. 그들이 지닌 돈벌이 동기가 제대로 드러나는 대목이다. 그들은 인쇄에 있어서 잠깐의 몸 풀기 과정(면죄부 인쇄)을 거친 뒤, 첫 번째 상품을 정식으로 인쇄하는데, 바로 성경이었다. 그 후로 그들은 성경 인쇄권을 두고 교황청, 왕권과 다시는 다투지 않았다. 다시 말해 유럽의 인쇄업이 시작될 때는 중국과 달리 왕권과 사회라는 두 거점이 있지 않았고, 유럽에는 오직 한 무리의 인력과 동력 그리고 돈을 벌려는 장인과 투자자가 있었다. 즉, 유럽의 서적은 세상에 나오자마자 상품으로서의 의의가 매우 컸다.

곧바로 동력이 충분한 집단이 형성되었다. 그 후 30년이 채 안 되는 시간 동안 유럽에 인쇄기를 가진 도시가 100곳 넘게 생겼는데, 그 근본에는 투자상(投資商)이 있었다. 그런데도 왜 이렇게 많은 상인이 투자에 열중했는가를 살펴보면, 그들이 좋은 상품을 발견했기 때문이다. 그것은 바로 도서와 잠재되어 있는 '도서 시장'이다. 브로델은 이렇게 말한다.

> 책은 사치품으로서 그 시작부터 엄격한 이윤법칙과 수요공급법칙에 굴복했다. (…) 사람들은 인쇄업이 당최 누구를 위해 봉사하는지는 명확하게 이야기할 수 없었다. 인쇄업은 모든 방면에 생기와 활력을 가져왔다.(Fernand Braudel, 1979, p. 473)

반면 중국과 한국의 도서업자는 자신이 누구를 위해 일하는지 명확히 알았다. 대상이 누군지 확실치 않은 이유는 그것이 보이지 않는 손, 그러니까 방대한 익명의 소비단체이기 때문이며 이는 유럽의 도서업을 발달시킨 특징이다.

책의 성질이 다른 이유는 이를 발생시킨 사회의 성질이 다르기 때문이고 사회 성질의 다름은 규칙이 다르기 때문이며 규칙의 다름은 상당 부분 규칙을 제정하는 사람이 다르기 때문이다. 고대에 무릇 왕이라 불리는 사람은 안전을 위해 반드시 성을 짓는다. 성내는 성을 지키는 사병과 통치 계층에 봉사하는 상공업 계층이 있고 성 밖에는 규모가 각기 다른 왕의 영토 그리고 그를 위해 곡식을 바치는 농민이 있었다. 왕은 관할지의 규칙 제정자다. 중국뿐 아니라 도시의 기원은 모두 그러하며 다수의 국가는 계속 그래왔다. 오직 유럽 중세기만 궤도를 이탈했다.

야만족에 의해 훼손된 도시에는 오직 성당만 남았고 도시 밖은 봉건화된 영지였다. 중세기 법률에 의하면 농노가 3년 동안 돌아오지 않으면 더 이상 주인에게 귀속되지 않고 자유민이 되었다. 일부 용감한 농노는 망명자를 비호해주는 성당으로 도망쳤다. 이렇게 새로 생겨난 자유민들은 상공업에 의지하며 생존했고 그렇게 유럽의 도시를 부흥시켰다.

도시에 오래도록 왕과 그의 규칙 질서가 없어 길드가 그 빈 공간을 채웠고 해당 도시의 법규를 제정했다. 규정을 왕이 아니라 시민이 세웠기에 '시민사회'라 불렸다. 당시 왕의 부재 덕에 상공업이 아무런 제약 없이 점차 세력을 키울 수 있었고 법규는 상공업을 위해 존재하여 '상공사회'라고 불린다. 유럽 사회는 이렇듯 '왕권사회'는 물론이고 중국의 '황권-과거사회' 혹은 한국의 '왕권-양반사회'와도 차이를 드러낸다. 이 시기의 역사는 앞선 특징을 양성해냈다. 상인이 인류 역사상 유례없는 권력을 누렸고, 사회에는 길드나 대학 같은 시민이 자원해서 만든 자발적 결사체가 넘쳐났다.

중국의 도시 중 꽤 긴 시간 동안 권력이 부재했던 곳은 여태 없었으며 황권은 항상 생생하게 존재했다. 또한 황권은 만물이 그에게 귀속되게 하는 법규를 만들지 않을 리가 없으니, 인쇄출판과 황권의 관계가 밀접한 것은 말할 필요도 없었다. 황권은 민간 인쇄에 간섭하고 발전을 억제했다. 고고학자 숙백(宿白)은 다음과 같이 말했다.

후당(后唐) 이래 국자감은 경서를 조판인쇄했고, 국자감이 인쇄한 경서가 표준서였기 때문에 이렇게 국가가 조판인쇄 사업을 통제하였다. 이런 통제는 당연히 조판인쇄 수공업 발전에 불리한 요인이었고 후에 송나라가 이를 답습했다.(宿白, 1999, p. 6)

『속자치통감장편(續資治通鑒長編)』(105권)에서는 다음처럼 말한다.

천성(天聖) 5년(1027) 2월 을해(乙亥)에 민간에 문자를 모인(摹印, 모사하여 인쇄하는 것)하라는 명을 내리고 또한 위로 주관하는 관서가 있어 담당 관리가 자세히 검사한 후에야 누판(鏤板)으로 정할 수 있었다.

서양의 인쇄는 초기 발전기에 왕의 그림자는 전혀 보이지 않았다. 상인들은 자신들이 제정한 도시법과 수요공급의 관계와 이윤법칙의 지배하에 대담하게 일을 벌였다. 민주국가와 왕권이 다시 진흥할 때 출판인쇄를 포함한 상공업은 이미 온천지를 뒤덮을 기세였다. 왕권은 당연히 규정을 세우고 싶어했다. 프랑스 황제는 아주 엄격한 법령을 제정했다. 허가를 거치지 않은 저작을 펴낸 작가와 인쇄상은 사형에 처하고(1757) 어떤 사람이라도 종교 문제에 대한 책을 써서 학설을 세우는 것을 금하며(1767) 합법적인 인쇄상의 수를 제한했다.(Lewis Coser, 1965, p. 91) 공권력이 간섭한 결과는 다음과 같다.

비록 이 진압 대책이 표면상으로는 효과가 있었지만 금서는 그래도 여기저기에서 판매되었다. 인쇄한 사람, 도서 수집가, 책 상인은 어쩌면 자유주의라는 동기에 의해 구동되지는 않았을 것이다. 상인의 이윤과 그들이 얻는 금전이 유혹하는 힘이 이미 충분히 크기 때문이다. 한 권의 책이 조사되어 금지당하면 가격이 곧바로 상승하고 애타게 갈망하는 대중의 구미를 잡아당긴다. 금서의 매출은 종종 합법적인 서적보다 굉장히 높았다. 불법 인쇄출판은 파리와 다른 지방에서 우후죽순 생겨났다.(Ibid., p. 92)

사실 관건은 한 무리 상인들의 상업적 이윤이 아니었다. 권리의식, 상업 가치관, 판매 네트워크, 시민의 구매욕구가 이미 서로 체계가 잡혀 왕권을 와해시킬 자본주의 사회의 초기 형태가 형성되었다는 것이 중요하다. 유럽 중세시대 말기에 제일 주목할 만한 사건은 두 가지 큰 자발적 결사체인 대학과 길드가 직접적으로 연합한 것이다. "파리대학이 초빙한 스물네 명의 책 상인은 네 명의 최고 책 상인들의 감독을 받으며 전통적 운영구조를 엄격하게 따랐다."(Febvre & Martin, 1958, p. 169)

중국은 유럽의 독립적인 대학과 대조를 이룬다. 중국은 관(官)과 학(學)이 일체가 되어 국자감처럼 조정에 종속되거나 혹은 과거의 수발을 들며 조정을 위해 인재를 조달했다. 학교는 민간의 힘으로 운영되는 형태가 아니었고, 다른 민간조직과 합작하거나 서로 돕기도 매우 어려웠다.

사회구조의 차이를 드러내는 중요한 요인 중 하나는 출세 수단에 있다. 중국 고대사회에서 출세의 중요한 수단은 과거였다. 글을 아는 것은 과거 응시의 기본이기에 신분상승을 뜻하지는 않지만, 이미 계층을 나누는 하나의 기준이 되었다. 이는 인쇄업의 세 가지 직무, 즉 조각공, 글씨 쓰는 사람, 식자공의 수입과 대우에 영향을 끼쳤을 가능성이 높다. 전자는 글을 모르고 후자 둘은 글을 안다.

청나라 사신행(査愼行)의 『인해기(人海記)』에 "명나라 만력(萬曆) 29년에 『방책장(方冊藏)』을 조각하는 데 글씨 쓰는 사람은 매 100자마다 은 4리(厘)를 받았고 조각공은 3푼(分) 5리(厘)를 받았다"라는 내용이 실려 있다. 청나라 『대청회전사례(大淸會典事例)』에서는 송조체 인쇄견본을 쓰는 장인은 매 100자에 은 2푼에서 4푼까지 받아 받는 것이 똑같지 않았고 송조체를 조각하는 장인은 매 100자에 은 8푼을 받았다고 기록되어 있다. 또한 연자체(軟字, 옛날 해서체를 부르는 말)를 쓰는 장인은 매 100자에 은 4푼을 받았고 조각하는 장인은 은 1전 4푼에서 1전 6푼을 받았다고 기록되어 있다.(張秀民, 2006, pp. 668~674) 즉, 명나라의 글 쓰는 장인과 조각공은 똑같이 글자 수로 계산했을 때 품삯이 아홉 배 차이가 나며 청나라 때는 두 배에서 세 배 차이가 난다. 조각공은 하루에 100~150글자를 새길 수 있고 글 쓰는 장인의 글씨 쓰는 속도는 그의 20여 배다. 그러므로 명나라 글 쓰는 장인의 수입은 조각공의 두 배이며, 청나라 때는 7~10배였다. 알아둬야 할 것은 조각공이 인쇄업의 인쇄 장인, 접지 장인, 제본 장인 등 수많은 직종 중 임금이 가장 높은 집단이라는 점이다.(周紹明, 2006, p. 31) 명나라 부백재주인(浮白齋主人)이 지은 『아학(雅謔)』에 이런 구절이 있다.

> 상주(常州)의 조각공 마여룡(馬如龍)과 전당(錢塘)의 필사장인(글 쓰는 사람) 곽천명(郭天明)은 자리다툼을 하느라 언쟁을 벌였는데 마씨는 나이가 많고 곽씨는 나이가 적은데도 불구하고 마씨가 곽씨에게서 영감탱이라는 욕을 먹어 결국 곽씨에게 자리를 양보했다.(張秀民, 2006, p. 668)

이를 종합하여 볼 때 도서업에서 글을 아는 사람과 모르는 사람의 수입과 지위에는 차이가 있었다. 사실은 조판 조각공과 활자 식자공(이 둘은 필연적으로 글을 안다)의 수입을 가장 비교하고 싶었지만 안타깝게도 관련 자료를 찾지 못했다. 글을 아는 것이 계층의 기준이 되었기 때문에 글을 아는 자가 식자 같은 허드렛일을 하기를 원했는지, 고용주(청나라 때는 더 많은 활자인쇄가 조정에서 이루어졌다)가 그들에게 제공하는 보수의 표준 등이 중국이 활자인쇄를 전개하는 데 장애가 되지는 않았는지 의문이 든다.

활자인쇄는 유럽에 조각공은 없고 식자공만 존재하게 만들었다. "그들은 반드시 글을 읽고 쓸 수 있으며 보통 라틴어도 알아야 인쇄 사무의 문하로 들어올 자격이 되었다. 때로는 심지어 그리스어를 읽는 능력도 겸비해야 했다."(Febvre & Martin, 1958, p. 124) 상공업사회에서 출세의 수단은 과거에 응시해 관리가 되는 것이 아닌 경영으로 돈을 버는 것이다. 글을 아는 사람을 위해 허드렛일을 하는데 똑같이 글을 안다는 사실은 심리적 장애가 되지 않았고 또한 돈을 더 많이 받을 근거도 되지 못했다.

마지막으로 도서 유통시장의 크기에 대해 말하고자 한다. 엄밀히 말해 이는 시장화와 같은 문제가 아니다. 하지만 시장의 크기는 필사 도서 인쇄와 인쇄술의 발전에 영향을 끼친다. 한국의 영토, 인구, 문자 특징 모두 한국 책의 유통시장을 협소하게 만들었다. 한국의 상황과 반대로 중국과 유럽은 근대 이전에 세계 최고 수준의 도서 유통시장이었다. 대통일 국가의 능력이 아니라 광활한 지역에 통용되고 있는 문자 덕분이다.

로마제국이 멸망한 지 이미 1000년이 더 지났지만 라틴어와 한자는 정치구조가 완전히 다른 두 공간에서 같은 역할을 하고 있다. 높은 판매량은 도서 인쇄자에게 재생산을 할 수 있는 자금과 열정으로 보답하고, 이는 인쇄업 번영의 성취로 이어진다. 중국이 조판인쇄의 발원지, 즉 번영지가 된 중요한 요인 중 하나는 넓은 도서 공간이며 심지어 몇몇 요인은 함수처럼 이 기본적 원인과 대응관계에 있다. 유럽 인쇄술의 영향을 알아갈 때 사람들은 하나같이 그것이 민족문자의

| 연도 | 프랑스어 도서(종) | 전체 도서(종) | 프랑스어 도서의 비율(%) |
|------|------------------|--------------|------------------------|
| 1501 | 8 | 88 | 9.1 |
| 1528 | 38 | 269 | 14.1 |
| 1549 | 70 | 332 | 21.1 |
| 1575 | 245 | 445 | 55.1 |

* Febvre & Martin, 1958, p. 327

성장을 촉진했다고 말한다. 이 원리는 이보다 더 간단명료할 수 없다. 문자는 운반체를 필요로 하는데, 대량으로 제작되는 인쇄본에 기대면 문자가 어찌 빨리 성장하지 않겠는가.

훗날의 역사가 증명하듯 파리의 출판물 수치 변화는 당시 유럽 민족문자와 그 출판물 성장의 축소판이다. 하지만 많은 사람들이 인쇄물이 민족문자를 촉진한다는 것을 알면서도 종종 인쇄술과 문자의 변증관계가 지닌 또 다른 면을 소홀히 한다. 유럽 인쇄술은 세상에 나온 후 순간적으로 유럽에 널리 퍼졌다. 전파의 과정에서 서적은 분명 인쇄기 발명 전에 인쇄기를 위한 길을 냈을 것이다. 초기 도서가 유럽에 왜 두루 퍼질 수 있었는가는 그때 전 유럽이 모두 라틴어를 읽고 알아들었기 때문이다. 발걸음을 뗀 후 유럽의 서적은 기하급수적으로 증가했으며 이는 전 유럽을 위해 복무하는 각각의 인쇄기가 합쳐져 이루어낸 효과다. 그 인쇄기들은 라틴어를 인쇄했다.

사실상 그때는 오직 라틴어로 된 저서만 잘 팔렸다. 바꿔 말하자면 한 작가가 책을 잘 팔고 싶다면 꼭 라틴어로 써야 했다. 영문을 사용했던 셰익스피어(William Shakespeare)는 당시 유럽 대륙에서 잘 알려지지 않았다. 『셰익스피어와 책(Shakespeare and the Book)』의 저자는 이렇게 말했다.

> 셰익스피어는 극본 출판에 대한 흥미가 부족했다. (…) 연극이 극장에서 공연될 수 있다는 데 만족했다. (…) (그럼에도 불구하고) 생전에 그는 절반에 가까운 희곡(37부의 희곡 중 18부)을 42개의 서로 다른 버전으로 인쇄매체에 넣었다. (…) 서점에서 이는 대량의 독자를 끌어들였다. (…) 그가 발표한 희곡은 그 시대에선 최고였다.(David Scott Kastan, 2001, p. 50; p. 56)

셰익스피어 자신이 출판에 흥미가 있었든 없었든지 간에 그의 책은 영국에서 출판되었고 판매량도 나쁘지 않았다. 때문에 마르탱이 그를 실례로 들어 당시 유럽의 라틴어와 민족문자의 유통 범위를 설명한 것은 생동감 있고 설득력 있다.

라틴어를 쓴 홉스(Thomas Hobbes)의 저서는 유럽대륙에서의 판매량이 유럽대륙 작가보다 낮지 않았다.(Febvre & Martin, 1958, p. 326) 만약 구텐베르크가 인쇄술을 발명하기 전에 유럽에 각자의 민족문자가 형성되어 유행하고 유럽에 통용되던 라틴어가 존재하지 않았다면, 인쇄술과 인쇄상품은 실제로 그렇게 빠른 속도로 확장될 수 없었을 것이다. 민족문자의 확장은 다음과 같은 두 단계로 전개되었을 것이다. 인쇄술은 라틴어의 날개를 빌려 유럽의 각 민족에게 전해졌고, 이어서 각 민족은 인쇄술을 이용해 자신의 민족문자를 퍼트렸다. 인쇄술의 역사에서 기이한 점은 바로 황권의 유산과 싹트는 자본주의가 연합해서 신흥하는 기술을 도왔다는 사실이다.

종합하자면 상인, 상품, 자유민, 자발적 결사체, 초기 자본주의 관념의 유행과 체제의 형성 그리고 유럽에서 통행되던 문자 부호 체계가 더해져 구텐베르크 발명의 기적 같은 결과를 만들어냈다.

巴比耶, 2000/2005, 『書籍的歷史』, 廣西師範大學出版社.

伯邏斯特, 2008, 「印刷術和冶金業: 兩種相關聯的歷史(15~16世紀)」, 『中國和歐洲-印刷術與書籍史』(韓琦, 米蓋拉編), 商務印書館.
이 저서는 독자적 혜안을 가진 논문으로 필자 또한 많은 수혜를 받았다. 이 책을 읽은 후 기술사와 문화사는 불가분의 관계라는 사실을 더 믿게 되었다.

布爾斯廷, 1983/2014, 『發現者』, 上海譯文出版社.

布邏代爾, 1979/1992, 『15至18世紀的物質文明, 經濟和資本主義』, 生活·讀書·新知三聯書店.
한국에서는 『물질문명과 자본주의』(페르낭 브로델 지음, 주경철 옮김, 까치, 1996)로 소개되었다.

曹炯鎭, 1986, 「中韓兩國古活字印刷技術之比較研究」, 學海出版社(臺灣).
이 논문은 조형진이 타이완대학도서관 연구소에서 유학할 당시에 쓴 것이다. 이 논문의 서문에 따르면 그의 지도교수가 대만의 저명한 문헌학자인 창비더(昌彼得) 교수였다.

方彥壽, 2008, 「宋明時期的圖書貿易與書商的商業追求」, 『中國和歐洲-印刷術與書籍史』(韓琦·米蓋拉編), 商務印書館.

費夫賀·馬爾坦, 1958/2006, 『印刷書的誕生』, 廣西師大出版社.
비록 이후에 비슷한 연구가 헤아릴 수 없을 만큼 많았지만 이 책의 가치는 어떤 것으로도 대체할 수 없다.

한국에서는 『책의 탄생』(뤼시앵 페브르·앙리 장 마르탱 지음, 강주헌·배영란 옮김, 돌베개, 2014)으로 소개되었다.

卡斯頓, 2001/2012, 『莎士比亞與書』, 商務印書館.
작가는 우리에게 당시 셰익스피어가 자신이 쓴 극본이 아닌 연출한 무대를 더욱 중시했다는 사실을 알려준다. 심지어 당시의 유명 배우에게는 마음대로 문호의 극본을 바꿀 수 있는 권리가 있었다. 이런 사실은 지식사회학에 있어서 엄청난 가치를 가진다.

卡特, 1925/1991, 『中國印刷術的發明和它的西傳』, 商務印書館.
한국에서는 『인쇄문화사』(T. F. 카터 지음, 강순애 옮김, 아세아문화사, 1995)로 소개되었다.

科塞, 1965/2001, 『理念人』, 中央編譯出版社.

勞榦, 1991, 「從雕板到活字印刷發展中的幾個問題」, 中國圖書文史論集, 正中書局.
저자는 남송(南宋) 시대의 활자본 서적과 조판본 서적은 구별이 어렵다고 생각했는데, 이런 견해는 알려진 바가 없다.

李基白, 1990/1994, 『韓國史新論』, 國際文化出版公司.
간단명료하게 쓰인 통사다. 이 한 권이면 한국 역사를 대략적으로 알 수 있다. 상고시대와 중세시대에도 중국 문화는 한국과 일본 양국에 크나큰 영향을 끼쳤으나 삼국의 정치체제는 사뭇 달랐다. 일본은 봉건제를 실시하고 있었고, 한국과 중국 양국은 중앙집권제였다. 하지만 한국과 중국의 정치체제도 차이가 컸다. 한국은 과거제를 따르고는 있었지만 속은 딴판이었다. 과거는 형식일 뿐, 그 실체는 문벌(門閥)농단이었다. 이 정치체제는 위진(魏晉)시대의 중국과 더 비슷하다. 어째서 하나의 문화권 아래에서 세 가지 다른 정치체제가 발전해 나왔을까? 이는 동아시아 연구자들이 심사숙고해볼 만하다.
한국에서는 『한국사신론』(이기백 지음, 일조각, 1967)으로 출간되었다.

林哈德, 2006/2009, 『發明的起源』, 上海科學技術文獻出版社.

潘吉星, 1997, 『中國·韓國與歐洲早期印刷術的比較』, 科學出版社.

錢存訓, 2004, 『中國紙和印刷文化史』, 廣西師大出版社.

蘇勇強, 2006, 「元積模勒續考」, 『晉陽學報』, 1期.

蘇勇強, 2010, 『北宋書籍刊刻與古文運動』, 浙江大學出版社.

宿白, 1999, 『唐宋時期的雕版印刷』, 文物出版社.

項旋, 2012, 雍和宮三世佛與『古今圖書集成』活銅字板, 『北京印刷學院學報』, 5期.
충실한 고증으로 잘못 퍼진 궁정절도설(宮庭竊盜說)을 뒤집었다. 강희(康熙), 건륭
(乾隆) 시대의 구리활자 인쇄사는 거의 다시 써야 할 듯하다.

張秀民(韓琦增訂), 2006, 『中國印刷史』, 浙江古籍出版社.
이 책은 자료가 매우 풍부하다. 필자는 의외로 「세공사」 장(章)이 가장 마음에 들
었다. 작가는 이런 사료들을 한데 모으기 어려웠을 것이다.
한국에서는 『중국인쇄사』(장수민 지음, 강영매 옮김, 세창출판사, 2016)로 소개되었다.

周紹明, 2006/2009, 『書籍的社會史』, 北京大學出版社.
서양에서 온 전도사의 중국 조판인쇄 사료는 중국 연구자와 독자에게 매우 귀중
하다. 필사본과 필사에 관한 장절(章節)은 아주 가치 있다.

Paul Needham, 2003/2006, 『古登堡與印刷術』, 中國電力出版社.

# 제7장

# 문명을 만드는 것은 목적인가, 우연인가:

## 문명과 부산물

# 1

# 생물진화와 문화진화의
# 공통점과 차이점

다윈 진화론의 핵심은 적응과 자연선택이다. 다윈의 사상 중 자연선택은 진화의 메커니즘이다. 다윈은 말했다. "유익한 변이는 남고 유해한 변이는 도태된다. 나는 이것을 자연선택이라고 말한다." 변이하기 때문에 같은 종의 개체에도 형질상 차이가 발생하며, 이들이 속한 자연환경이 환경에 적응한 형질을 남기고 적응하지 못한 형질을 도태시킨다는 것이다.

적응이란 생존과 번식을 뜻하고 번식은 그 근본이다. 예를 들어 영국의 산업혁명 이후 검은 나방은 새로운 환경에 적응했고, 회백색 나방은 검은 연기 틈에서 천적에 쉽게 노출되어 점차 도태되었다. 이로써 검은 나방이 그 지역 나방의 주요 개체가 되었다. 치타와 영양은 생존을 위해 각기 포획과 천적 회피라는 방법을 썼고, 한 세대 한 세대 선별을 거치며 빠른 다리는 이들의 특징이 되었다. 같은 종은 생존을 위해 서로 다른 지역으로 옮겨간다. 오랜 세월이 흐르면 원래 같은 종이었던 것이 아종으로 분열하고 심지어 다른 종이 된다. 이것이 바로 지구상의 종이 다양해진 이유다.

현대 진화론 사상가는 '진화'나 '진보'는 다윈의 핵심사상이 아니며, 『종의 기원』에 진화나 진보라는 단어가 등장하는 횟수는 매우 적은데 이는 빅토리아시대의 주류문화와 어느 정도 타협한 결과라고 지적한다. 다시 말해, 오랜 자연선택을 거쳐 생존한 종이 분명 적자(適者)이나 반드시 상위의 종은 아니라는 것이다. 상위로 갈 것인지, 원 상태를 유지할 것인지, 하위로 갈 것인지 등은 모두 적응을 위한 수단일 것이다. '진보관'에 의심을 품기 시작한 윌리엄스는 말했다.

> 진화, 그것이 어떤 보편적인 추세를 나타내든 그저 지속적 적응에서 나타난 하나의 부산물일 뿐이다.(George Christopher Williams, 1962, p. 44)

굴드는 이렇게 말했다.

> 지구상 생명의 역사는 36억 년이 지났으나 이른바 최하위이라는 '세균' 같은 종이 여전히 지구상 생명체의 대부분을 차지하고 있다는 것은 종이 상위로 진화한다는 규칙은 존재하지 않음을 의미한다.(Stephen Jay Gould, 1996, pp. 195~222)

> 지구상의 세균은 기타 생물의 총합을 넘어설 뿐만 아니라 서식지나 신진대사 방법이 훨씬 다양하고, 홀로 생명사의 전반부를 썼다(더구나 분화는 결코 둔화하지 않았다). 더욱 놀랍게도 모든 세균의 총질량이 어쩌면 나머지 모든 종의 총합을 넘어설지도 모른다.(Ibid., p. 217)

무엇이 문화인가? 인류는 발전의 역사 속에서 점차 다른 동물이 갖지 않은 의식과 이성을 발달시켰고, 의식과 이성은 신체 기타 부위나 형질처럼 인류의 생존수단이 되었다. 의식과 이성의 산물인 문화 역시 인류 생존의 수단이며 더 나아가 나중에는 인류의 생존방식이 되었다. 문화가 장족의 발전을 거둔 덕에 인류는 다른 종을 통제하는 자연선택이라는 칼날을 피할 수 있었다. 이는 문화 발전이 가져온 심대한 결과다.

생물진화와 문화진화는 오랜 진화 과정에서 나타난 다양성이라는 측면에서 닮았다. 생물진화의 긴 과정에서 더 많은 종과 같은 종 내의 다양한 형질이 발전했다. 36억 년의 생명사와 비교하면 문화사는 고작 100만 년밖에 안 됐지만 인류가 의식주와 오락을 생산하면서 나타난 다양성은 눈부실 정도다. 생물진화와 문화진화가 모두 다양성을 갖는다는 공통점이 있지만, 진화 중에 나타난 차이는 다른 점이다. 생물진화에서 '상위'의 개념은 의심을 받고 있지만, 문화진화가 상위로 나아간다는 데는 거의 의심의 여지가 없다. 그렇다. 원시인은 나무를 비벼 불씨를 얻었지만 현대인 대부분은 그런 일을 할 수 없다. 그러나 현대의 보통 사람은 언제나 손쉽게 불을 켤 수 있다. 에스키모가 보존해온 어획, 수렵 방법이 복잡하지 않다고 말할 수는 없지만 현대 어업 방식의 효율은 그것의 100배다. 과학기술이 가져온 위험은 다른 차원의 문제다. 필자는 문화진보에 대한 의심의 목소리를 듣기를 희망하지만 문화가 날로 상위로 진보한다는 데는 아직 의심의 여지가 없다.

다윈 이전에 라마르크(Jean Baptiste Lamarck)가 '용불용설(用不用說)' 이론으로 생물의 진화를 설명했다. 예를 들어 목이 긴 기린은 계속 나무 끝까지 목을 늘여서 먹이를 먹었고 여러 세대가 이렇게 하다 보니 점차 기다란 목을 갖게 됐다는 것이다. 다윈 사상의 계승자는 일찍이 라마르크 이론의 오류를 지적하며 후천적으로 획득한 형질은 유전되지 않는다고 했다. 형질은 유전자의 발현이고, 형질 중 적응형질(aptation, 적합한 상태의 총칭)은 생존과 번식상 우위에 있으며, 그래서 그 형질이 더 많은 후대를 낳고 나아가 그 종의 특징이 되는 것이다. 생물진화의 메커니즘은 자연선택이지, 자주 사용하는 기관은 발달하고 그렇지 않은 기관은 퇴화하는 과정이 아니다.

그런데 문화진화의 메커니즘에는 용불용설이 적용된다. 문화에서 일종의 신기술과 신제도가 나타나면 실천, 연구, 반성을 통해 그 안의 잠재력을 발굴해내야 한다. 기술과 제도의 모든 장점은 만들어지면서부터 갖춰진 것이 아니며 끊임없이 개발한 결과이다. 문화의 후천적 획득형질은 전달될 수 있기 때문에 가능한 일이다. 교육은 인류사회의 최대 영역이자 사업이 됐다. 학교 교육이 점점 길어진 결과는 문화전승의 필요성과 전승 내용의 증가에서 비롯되었다. 서로 다른 두 개의 형질이 있으면 자연선택은 그중 하나를 도태시킨다. 소수언어와 소수문화의 쇠퇴에서 볼 수 있듯 우세한 문화는 열세한 문화의 생존 공간을 밀어낸다. 하지만 다른 사상, 다른 스타일을 수용하는 문화 저장소의 품격을 잔인한 자연선택과 비교할 수는 없다. 이는 왜 다수의 종이 소위 '상위'로 진보하지 못하는 데 반해 문화는 날로 진보하는지에 대해 어느 정도 설명해준다.

문화진보의 메커니즘이 라마르크의 용불용설을 '수용'했다는 것은 곧 그 메커니즘 내에 다른 성분이 존재함을 암시한다. 생물진화에도 존재하는 새로운 인자, 즉 변이에 대한 의존이다. 변이가 발생하지 않는 인자는 생물에서든 문화에서든 진화하지 않는다.

생물의 세계에서 '새로운 것'은 두 가지 경로로 획득된다. 하나는 변이다. 1926년에 헤르만 뮐러(Hermann Joseph Müller)는 초파리를 감마선에 쬐어 인위적인 방법으로는 최초로 동물의 유전자 변이를 일으켰다. 이후 유전자 프로젝트가 괄목할 만한 성과를 내긴 했지만, 대자연이라는 환경에서 변이가 어떻게 발생하는지는 오늘날에도 여전히 풀지 못한 과제이다. 순식간에 지나가서 이제껏 발견되거나 포착된 바가 없기 때문이다.

다른 하나는 유성번식이다. 무성번식이 간단하고 편리한데 왜 대다수 동물은 유성번식으로 번식을 하게 되었을까? 아직 일치된 견해는 없지만 많은 생물학자는 유성번식이 종 내에서 훨씬 다양한 형질을 만들어내고, 특히 다른 환경이나 변화하는 환경에서 더 나은 적응성을 갖게 되기 때문이라고 믿는다. 무성번식에서는 '새로운' 개체가 생기지 않는다. 유성번식에서는 거의 모든 개체가 생물학적 의미의 개성을 갖는다. 유성번식에서 원친교배는 근친교배에 비해 더 적응력 있는 후대를 생산한다. 여러 동물의 근친교배가 사라진 것은 새끼가 성적으로 성숙해지면 쫓아내서 독립적으로 생활하게 하는 관례의 부수적 결과다. 나중에 친 오누이가 대자연에서 우연히 마주칠 확률은 극히 낮다. 근친상간 금지는 인류가 만든 첫 사회제도며 이는 부수적으로 후대의 체질적 우위를 초래했다. 그 복잡한 이치를 간략히 정리하자면 이러하다. '자기복제는 새로운 인자를 만들지 못한다.'

문화도 생기를 얻기 위해 상상할 수 있는 모든 방식으로 새로운 인자와 다양성을 늘린다. 지도자와 설계자는 왜 이미 결정을 내렸으면서 그 후에 토론회를 열까. 다양한 관점의 충돌과 교류에서 더 뛰어난 생각이 나온다고 믿기 때문이다. 왜 계획경제가 아닌 시장경제가 더 생기 있는 경제활동을 주도할까. 시장경제에서는 수많은 상인이 새로 개발한 상품을 시장에 내놓아 시험 판매하고 시행착오를 거치지만 계획경제는 소수의 생각으로 결정되기 때문이다. 시장경제는 계획경제와 비교할 수 없는 다양성을 갖게 되고, '하나는 둘을 낳고, 둘은 셋을 낳으며, 셋은 만물을 낳는' 세상에서만 새로운 인자의 탄생을 기대할 수 있다.

여기서 언급한 토론회, 시장 등의 예는 모두 현대인의 방식이다. 무에서 유를 창조하는 과정에서 인류 문명 이정표로서의 여러 제도, 발명, 표기 시스템, 생산방식 같은 새로운 인자는 어떻게 출현했을까? 앞서 각 장에서 구체적이고 미시적인 설명을 했으며 이제부터는 몇 가지 범례를 찾아 정리하면서 고민하고 분석해보겠다.

# 2

# 문화적 변이는 어디에서
# 어떻게 출현하는가

## 1. 주다

중국어 '주다(給予)', '증정하다(贈送)', '하사하다(恩賜)'에는 차이가 있다. '주다'의 대상은 가족이 될 수도 있고 외부인이 될 수도 있으며, 주는 물건 역시 광범위하다. '증정하다', '하사하다' 등은 범위가 비교적 좁다. 다음 글에서는 통용해서 '주다'라고 하겠다.

극단과 일반은 종종 행위의 연속 스펙트럼을 이룬다. 극단적 행위는 어떤 성질을 부각시켜 일반적 행위 뒤에 숨은 그 성질의 존재를 인식하도록 돕는다. 뇌물은 극히 특수한 '주다'로, 뇌물에는 의심의 여지없이 상대를 통제하려는 의도가 있다. 그런 행위를 하는 이유는 뇌물이 사람의 행위를 변화시킨다는 것을 알기 때문이다. 사실 '주는 행위'는 전부 일정 정도는 상대를 바꾸는 작용을 한다.

그런데 경험이 풍부하거나 생각이 깊은 사람이 아닌 평범한 사람이 일반적으로 주는 행위를 할 때나 이를 대할 때 그 심리는 단순하다. 주는 것은 그저 물질적인 도움일 뿐이며 상대의 심리나 기대, 행위를 바꾸리라고는 상상하지 못한다. 예를 들어 정부의 저소득 지역 지원은 종종 해당 지역의 빈곤 극복을 촉진하는 대신 그 지역 사람들이 어떻게 해야 더 큰 액수의 지원금을 얻어낼 수 있는지 골몰하게 만들었다. 그렇다고 지원 지역 주민의 도덕심이 낮다고 인정하고 말아서는 안 된다. 그보다는 주는 방식이 적절한지, 더 나아가 모든 주는 행위에 잠재적 문제가 있지는 않은지 반성해야 한다. 그래야 정책을 합리적으로 조정하고 건강한 사회로 발전할 수 있다. 1인 자녀는 사회적으로 여러 가지 문제를 일으켰다. 그 원인으로 형제자매의 부재로 드러난 인생 최초의 협력훈련 부족도 지적되지만, 그보다는 부모의 과도한 주는 행위가 문제 발생의 주요 원인이었다. 부모는 분명 주려고 한다. 그러나 줄 것은 주고, 주지 말아야 할 것은 주지 않는다는 원칙과 분별이 필요하다.

거시적인 문제, 즉 문명이 싹틀 때 새로운 요소로 인해 생기는 문제에 대해 논의하면서 당대의 미시적 문제를 예로 든 이유는 양자가 실제로 상통하는 점이 있기 때문이다. 개인, 단체, 국가, 문명은 척도가 현격히 다른 단위다. 개인, 국가에서 얻는 인식으로 인류와 문명을 설명할 수 없고 그 반대도 마찬가지다. 그러나 '주다' 문제에서 개인과 인류는 상통한다.

이 책의 2장에서 말한 것처럼 농업은 인류의 목적적 행위로 인한 산물이 아니다. 농업은 들판의 쌀에서 시작되었고, 이는 하늘이 준 것이다. 하늘이 준 것이 그 무게를 감당하지 못할 정도로 넉넉하여 획득자의 행위를 철저히 변화시켰다. 먼저 유목생활이 정착생활로 바뀌었다. 정착은 예상치 못했던 출산 증가와 인구 증가를 초래했고 이는 더 많은 식량을 요구했기에 결국 농업에 묶여 채집생활로 회귀할 수 없었다. 이어 농업은 계급 발생을 유발하고 강화했다. 일련의 변화 중 미시적인 측면은 대부분 당사자의 염원과 목적이 원인이었다. 그러나 거시적 측면으로 보면 '넉넉하게 준 것'이 변화를 이끌고 제어했다. 훗날 '농사 잘 짓기'는 사실 가시적이고 수동적인 환경 하에서의 능동적 선택이었다. 거시적 수동 환경에 대해서는 다음과 같이 설명할 수 있다. '넉넉하게 준 것이 훗날 대다수 사람에게 극도로 고된 노동을 불러왔다.' 채집과 수렵은 농업보다 훨씬 편하고 만족스럽다. 물론 농업문명이 만족스러운 생활을 영위하는 상층 계급을 만들어내긴 했다. 농업이 일으킨 인류 문명은 아주 오랜 세월을 거친 후에야 농민의 전반적 생존상태를 채집 시대보다 낫게 만들었다. 농민 생존의 질만 봐도 농업은 그들의 목적적 선택이 아니라 '줌-받아들임'의 부산물이었음을 알 수 있다.

민감한 독자는 사람이 준 것과 하늘이 준 것이 모두 받아들인 자의 심리와 행위에 영향을 미치지만 각각에 대한 반응이 확연하게 다르다는 것을 눈치 챘을 것이다. 하늘이 준 것은 사람을 부지런히 일하게 만들었지만 정부의 지원은 수령인의 구걸 심리를 싹틔웠고, 과도하게 주는 부모의 행위는 아이의 의존적 성격을 조장했다. 왜 이처럼 판이한 반응이 나타날까? 이는 받아들이는 자가 교활하여 주는 자, 즉 그들의 게임 상대가 완전히 다른 성질을 지녔음을 알기 때문이다. 노자는 "하늘과 땅은 인자하지 않아 만물을 풀로 엮은 강아지로 취급한다"고 했으며, 평범한 사람은 그처럼 심오한 격언을 말하지는 못해도 하늘과 땅이 자비롭지 않다는 것을 이미 잘 알고 있다. 농사짓는 사람은 정기적으로 혹은 때때로 재해가 닥쳤을 때 잊지 않고 하늘에 기도를 하면서도 하늘이 스스로 돕는 자를 돕는다는 것을 잘 안다. 받는 자가 마주해야 할 상대가 하늘이 아니라 사람인 경우에는 마음가

짐이 즉각 변한다. 사람은 감정이 있어서 줄다리기하고 애걸하면 크게 이길 수도 있음을 알기 때문이다. 주는 것은 왜 이 같은 부작용을 일으킬까? 잔인한 대자연 속에서 동물 대부분은 자립을 생존전략으로 선택하고, 한 줌밖에 안 되는 작은 종들만 기생을 생존전략으로 삼는다. 물론 인류는 자립을 선택했다. 그러나 어릴 때, 어려울 때 과도하게 주는 행위는 그들의 자립심을 갉아먹는다. 하늘이 주는 것은 이런 부분에서 사람이 주는 것보다 낫다. 사람은 하늘의 환심을 사는 방법을 모르기 때문이다.

주는 행위는 사람의 심리와 행위를 변화시킨다. 철학적 용어로 말하자면 '소외'시킨다. 마르크스는 자본주의가 노동의 소외를 초래한다고 말했다. 사실 이런 소외는 농업혁명 후에 처음 발생했다. 농업혁명과 자본주의는 공통적으로 문명의 대가와 고난을 보여줬다. 마르크스의 비판으로 '소외'는 오명을 짊어지게 되었다. 정확하게 말하자면 '소외'는 사람이 원래 가진 행위양식의 변화, 원래 가진 행위궤적과의 괴리를 뜻한다. 이는 생물 세계의 '변이'와 동일하며 중립적 현상으로 간주할 수 있다. 하늘이 준 들판의 쌀은 일부 사람이 채집을 등지게 만들었다. 부모가 넘치게 준 사랑은 아이가 일반적 상황을 등지게 했다. 상품과 여러 사물은 '참신함'으로 승리하지만 시행착오 과정에서 더 많은 참신함이 도태된다. 만약 아이의 성장 과정에서 변이와 탈선의 위험을 없애려면 주는 데 있어 원칙을 지켜야 한다. 넘치는 것은 부족함만 못하다.

## 2. 차용

차용은 유용이다. 많은 경우 유용이란 무상을 뜻한다. 봉쇄하거나 비밀로 할 수 없는 관념을 타인, 이웃 부족, 주변 국가가 사용해도 피차용자는 상환을 요구하지도 요구할 수도 없다. 간혹 물질적 부족에 처하면 타인에게서 유용해야 할 필요가 생긴다. 그렇지 않으면 생활과 생산을 계속할 수가 없다. 이런 경우 타인이 무상유용을 거절하기 때문에 상환, 더 나아가 이자가 붙는 차용이 생겨났다. 유상차용은 유한한 물질자원으로 더 많은 사람의 절박한 수요를 충족시키고, 사람 간의 융통과 교환을 확대하는 등 그 공덕이 매우 크다.

상고시대에 차용은 자주 일어났고 특히 문화 관념 부문에서 그러했다. 충분히 이해할 만하다. 당시에는 인류의 문화적 도구가 부족했고 몇 안 되는 도구는 날로 늘어나는 수요를 감당할 수 없었기에 일당백 역할을 하며 유용되거나 타용됐다. 심지어 '타인의 차용' 전에 '자체 차용'되었다. 가장 생생한 예는 상고시대 문자의 형성에서 볼 수 있다. 인류 언어의 역사는 약 100만 년이 되었지만 문자의 역사는 1만 년도 되지 않는다. 이 신생아는 장부기록과 점술 등의 전문영역에서 태어났는데 구두 언어에 충분히 대응되느냐를 생각했을 때 문자 저장고가 심각하게 부족하다는 것이 발견되었다. 형태와 의미를 그리는 데 기대서는 많은 어휘, 특히 추상적 어휘를 창조할 수 없었다. 가장 오래된 두 개의 상형문자인 고대 이집트 문자와 한자는 초기 발전 과정에서 '소리 차용'을 선택했다. 초기의 소리 차용은 그저 일시적인 대응 방안이었다. 하지만 일단 새로운 문자 형성 인자가 유입되자 그로 인해 문자의 양상이 새로워졌다. 두 차례 개조를 거쳐 형성문자는 한자의 주요 성분이 되었다. 그때의 문자를 상형문자라 칭하는 것은 극히 부적절하다. 고대 이집트 문자에서는 더 큰 변이와 부산물이 출현했다. 소리 차용 이후 이집트 문자는 표음문자에 가까워졌다. 그런데 제사장 계급의 보수성이 문자의 변화, 발전을 멈추게 했다. 외부에서 온 셈족은 즉시 고대 이집트 문자를 빌려 썼다. 빌려온 후에는 이를 셈족의 구두 언어를 기록하는 자모로 변화시켰다.

'타인의 차용'은 돈, 물질, 기술, 관념을 모두 포함한다. 돈 차용은 가까이서 이루어지는데 모든 사람이 다 잘 아는 것이기에 따로 장황하게 설명하지 않겠다. 물질 차용은 근거리 차용과 원거리 차용으로 나눌 수 있다. 근거리 차용은 대부분 일시적 수요를 해결하기 위해서 이루어진다. 원거리 차용의 이득은 한마디로 설명하기 어렵다. 말하자면 멀리서 온 물질은 필시 그곳에서는 희소하고, 그 경제적 이익은 근거리 차용을 훨씬 넘어설 것이다. 크게 말하자면 새로운 인자를 낳을 수 있다. 예를 들어 타지의 종자가 전해지면 수입 지역에 새로운 작물이 생기는 한편, 수입 지역의 기후, 지형이 필시 작물의 형질 변화를 초래하고, 심지어 변이 과정에서 새로운 양질의 종자를 선별해낼 것이다.

그런데 문화와 기술의 차용은 종종 예상치 못한 결과를 가져온다. 예를 들어 앞서 언급한 셈족에는 자신의 문화적 우위를 고수하려는 제사장 계층이 없었고, 그래서 이집트 문자를 빌린 후 대대적으로 손을 대서 자모문자로 변화시켰다. 이후 셈족 문자는 서로 빌리고 빌려주며 곳곳을 전전하는 과정에서 변이되고 개량됐으나 항상 모음이 없었다. 페니키아인이 이를 그리스로 가져갔을 때 그리스 구두 언어는 셈족의 구두 언어와 다르게 모음으로 시작된 단어가 많았기 때문에 모음이 없으면 읽을 수 없었다. 그래서 그리스인은 페니키아 자모 중 일부 사용 불가한 자음을 모음으로 바꿨다. 이렇게 자음·모음이 완비된 자모는 반대로 그 자모의 선배를 살찌웠다. 고대 중국인은 세 가지 역외 문화를 빌려 활용했던 것을 기초로 조판인쇄술을 발전시켰다. 여기서 세 가지 역외 문화란 그림 도장을 문자 도장으로 바꾸고, 비석에서 탁본을 파생시키고, 자체 발명한 종이로 인도의 불상 도장을 한층 빛낸 것을 이른다. 보완된 자모 시스템과 조판인쇄술은 일련의 차용 과정에서 예상치 못하게 생겨난 결과물이다.

## 3. 교배

교배의 산물은 반드시 신품종이며 그것이 생명력을 지녔는지는 별개의 이야기다. 신품종을 만드는 교배의 효과는 생물 세계에서 가장 뚜렷하다. 예를 들어 말과 나귀의 교배로 나온 노새는 말, 나귀와 그 형질이 현저히 다르고 부리는 사람이 좋아할 특성을 가졌지만 아쉽게도 출산 능력은 없다.

생물보다 한 차원 낮은 물리 세계에도 교배와 비슷한 산물이 존재하며 생물 교배 못지않게 인류에게 가르침을 준다. 합금이 그 두드러진 예다. 서로 다른 금속광물의 공존성 덕분에 금속 세공인은 일찍이 합금의 신비함을 눈치 챘다. 청동기는 인류 초기에 나타난 합금제작의 걸작이라 할 수 있으며 심지어 한 시대가 통째로 그 이름으로 명명됐다. 필자는 청동기 이후 인류 합금공예의 2대 성과가 활자라고 생각한다. 합금의 신비함은 무수한 종의 배합으로 구성된 다양한 형질에 있으며 인류는 오늘날까지 그 끝을 헤아리지 못한다.

생물보다 한 차원 높은 문화 영역에서 교배는 훨씬 더 자주 일어난다. 차용이 반드시 교배는 아니지만 차용 과정에서 교배가 발생한다. 차용할 때마다 교배가 발생하지는 않지만 빈번한 전차(轉借)는 정교한 교배를 일으킬 가능성을 높인다. 예를 들어 고대 이집트 신관문자에서 고대 그리스 자모 형성까지 1400년 동안 전차가 10여 차례이상 발생했는데 대부분 전혀 바꾸지 않거나 소량만 바꾸는 데 그쳤지만 처음과 끝 두 차례에는 새로운 생명을 낳는 교배가 일어났다. 처음은 셈족의 자음자모이고, 두 번째는 그리스인의 완전한 문자표다.

도장은 메소포타미아에서 기원했고 종이는 중국에서 기원했다. 도장은 등장했을 때부터 6000여 년간, 중국으로 유입된 후 1000여 년간 항상 진흙 위에 찍었다. 채륜 시대에 종이와 도장은 인연이 없었다. 종이가 등장하고 500년이 지나서야 종이와 인장의 결합이 느릿느릿 이루어졌다. 봉인, 즉 도장을 종이에 찍는 것은 철저하게 새로운 것이었고, 봉인에는 인쇄의 기본요소가 포함되어 있었지만 인쇄의 개념은 너무도 새로웠기에 오랜 성숙과 한 차례 새로운 강한 자극, 즉 불인을 100만 개 복사하는 사건을 거친 다음에야 봉인이 조판인쇄로 확장될 수 있었다.

조판은 일찍이 유럽인에 의해 포커 카드와 조판 그림 제작에 차용됐다. 결국 조판과 자모문자의 교배가 발생했고 바로 활자인쇄가 탄생했다. 이는 문화사상 가장 위대한 교배다. 구텐베르크가 그전에 중국이나 한국의 활자 정보를 알았다는 사실을 증명한다 할지라도 이 교배의 위대한 산물을 부인할 수는 없다.

구텐베르크의 활자는 세상에 나오자마자 유럽을 휩쓸었다. 자모와 활자의 결합은 한자와 활자의 결합과 매우 다르다. 전자의 비용과 효율이 후자에 비해 너무 뛰어났기 때문이다. 자모와 납활자의 절묘한 결합은 이 새로운 생명의 전망을 무한하게 만들었다.

문화진화에서 가장 큰 변이는 항상 문화 간 교배에서 나타난다고 단정적으로 말할 수 있다.


## 4. 발명

중대한 발명은 종종 예상할 수 없는 결과를 낳는다. 새것을 창조하지 않으면 발명이 아니다. 그러므로 발명이 변이를 이끈다는 명제의 진정한 의미는 '발명이 창조한 새로운 것은 다음의 새로운 사물이나 국면 또는 생각지도 못했던 일련의 새로운 사물이나 국면을 가져온다' 일 것이다. 예를 들어 무기는 천적에 대처하기 위해 등장했다. 무기 등장 초기에는 인간이 생각했든 그렇지 않았든 놀랍게도 완전히 인류 내부에서 쓰였다. 필자가 독자적으로 추측하기에 무기는 최초에 인류 내부적으로 사용되어, 약자를 돕고 더 나아가 강자와 약자 간 타협을 이루게 하고 일부일처제를 촉진했다. 그러나 이후의 역사는 무기의 남용과 그것이 가져온 반복적 살육으로 점철되었다.

농업은 전형적인 발명은 아니었지만 여기서 농업의 예상치 못했던 결과를 논하는 것이 부적절한 것 같지는 않다. 농업이 초래한 가장 큰 사회적 결과는 계급 발생이었다. 인류는 결국 동물이고 계급의 발생에 생물학적 근거가 없을 수 없다. 이런 의미에서 루소가 말한 "인간은 평등하게 태어났다"는 말은 터무니없다. 인류의 근원을 찾아 거슬러 올라가다가 동물에까지 다다르지 않는다면 제대로 뿌리를 캐냈다고 할 수 없다. 지구상의 유인원종인 오랑우탄, 고릴라, 침팬지 세계에서 성(性)적 자원은 불균등하게 분배되었다. 이런 유전자가 초래한 평등에 대한 경시와 탐욕 추구는 계급 발생의 생물학적 근거다. 그런데 유인원의 차이는 개체 간에 존재한다. 고릴라 중에서 우두머리가 성 자원을 독점하고, 자원이 충분하면 2인자까지 차례가 돌아가기도 하지만 그곳에 통치계층은 없다. 농업이 발생시킨 계급은 동물의 세계에 개체 간에 존재했던 차이를 종족 내부의 계층 간 차이로 전환시켰다. 여기서 이 견해에 대해 깊이 토론하기는 어렵다. 재차 강조하고자 하는 바는 '농업이 예상치 못한 결과를 가져왔다'는 것이다.

활자인쇄의 결과는 어디에서나 볼 수 있는데 여러 영역에서 예상을 완전히 벗어났다. 심지어 페르낭 브로델은 활자인쇄가 16세기 말 현대 수학의 발흥을 이끌었다고 여겼다.(Fernand Braudel, 1979, p. 474)

여기서 뜻밖의 결과 두 가지만 말하겠다. 하나, 구텐베르크가 만든 첫 번째 인쇄물은 교황을 위해 제작한 면죄부였는데 그의 인쇄기술은 곧 마틴 루터의 종교개혁이 발발하는 기술적 요인이 되었다. 두 번째, 구텐베르크 이후 약 100년의 인쇄업은 유럽에 통용되던 라틴문자에 의지해 유럽대륙 전역에 퍼졌지만 이 물결이 지나간 후 형세가 급변하며 인쇄술은 민족문자 탄생의 산파가 되었다.

간단히 말해 위대한 발명의 혁신은 두 차원에서 전개됐다. 하나, 혁신은 발명의 응용에서 끝나지 않고 일련의 새로운 사물을 발생시켰다. 둘, 신기술이 가져온 새로운 문제는 업그레이드된 기술로만 해결할 수 있었고, 업그레이드된 기술은 다시 새로운 문제를 가져왔다. 문화의 변이는 일단 발생하면 멈추지 않고 계속된다.

## 5. 상호작용

생물 세계와 인류 사회에서 개체의 여러 행위는 타자 및 외부 세계와의 상호작용에서 발생한다. 상호작용은 당사자의 목표와 수단에 상당 수준 영향을 미치고 그들의 심리와 성격을 만든다. 불행히도 루산(廬山)*에 있는 자는 루산의 참모습을 모르는 법인지라 상대의 주관적 목적과 의지를 종종 과대평가하기도 한다. 이번에는 두 유형의 상호작용에 대해 논의해보겠다. 하나는 군비 경쟁 속의 상호작용이고, 다른 하나는 한쪽이 다른 한쪽을 길들이고 통제하는 상호작용이다.

군비 경쟁을 하는 양자에게는 분명히 각자의 목표와 계획이 있다. 오랜 대치와 승리 여부의 불확실성 속에 있다 보면 그들도 군비를 감축하고 평화의 이익을 누리고 싶다는 생각을 할 법하다. 다시 말해 군

---

* 중국 장시성(江西省) 북부에 있는 산으로 경치가 아름답고 불교에 관한 고적이 많다.

비 증대 방안의 시행은 그들의 주관적 염원이라기보다 '죄수의 딜레마' 식의 상호작용이 빚어낸 결과다. 그들에게는 이미 선택의 여지가 없다. 설사 한쪽의 지도자가 전쟁광이라 해도 그런 심리상태는 장기간 지속된 악성 상호작용의 결과일 수도 있다. 양자 혹은 다자간 경쟁은 애초 의도와 크게 다르고 예상을 벗어난 결과를 낳는다. 역사적으로 군비 경쟁의 부정적 효과가 뻔히 보이는 마당에 군비 경쟁을 존속하면 어쩌면 인류의 멸망을 초래할지도 모른다. 그러나 이런 상호작용은 인류 발전에 특이하고 막강한 추진력을 준다. 무기는 일정 정도 인류 최고의 선진기술을 대표하고, 일단 확보되면 민간 기술로 전환되기 마련이다. 만약 군사 대치와 군비 경쟁이 없다면 최고의 선진기술이 비용에 상관없이 빈번하게 세대교체되지도 않을 것이고, 그 과정 중에 자연스럽게 나타나는 발명과 혁신도 없을 것이다. 물론 이러한 문명 발전의 동기와 궤적을 반성하고 고민해야겠지만 그에 대한 전면적 인식과 이해가 전제되어야 할 것이다.

한쪽이 다른 한쪽을 길들이고 통제한다고 하면 마치 강세인 쪽의 목적과 염원이 형세를 만들 것 같지만 사실은 그렇지 않다. 인류는 야생의 밀과 벼를 길들여 늦게 여물고 쉽게 쓰러지고 껍질이 두꺼운 형질을 약화시켰고, 밀과 벼는 고분고분 인류의 염원에 복종해서 쉽게 쓰러지지 않고 제때 여물고 속이 꽉 찬 과실이 되었다. 필자는 앞서 농업의 기원을 논하며 초기의 길들임은 자연스러운 과정이었고, 그 속에 주관적 의도는 결코 없었다고 말했다. 길들여서 양질의 종자를 배양하려는 명확한 의사와 방법은 근래 들어 등장했다. 농업 초기에 인류의 의사가 강했는지 약했는지와 무관하게 작물은 결국 인류에게 길들여졌고 원래의 야생성을 떨쳐냈다. 대부분은 길들이는 것도 일종의 상호작용이며 인류가 작물을 길들였듯 작물도 인간을 길들였다는 사실은 거의 생각지 못한다. 작물은 야생성을 잃었고, 인류도 야생성을 잃었다. 인류는 더 이상 가진 것 없는 정처 없는 떠돌이가 아니게 되었다.

또한 인류의 생활리듬이 작물의 생활리듬을 결정한 것이 아니라 작물의 생활리듬이 인류의 생활리듬을 결정했다. 봄에 파종하고, 여름에 김을 매고, 가을에 수확하고, 겨울에 저장하는 생활을 한다는 건 줏대 없이 작물에 끌려 다니는 것이 아니고 무엇인가. 필자는 미국 유학 당시 한 가족농장을 방문한 적이 있다. 숙부와 조카의 최종 생산품은 우유였다. 둘은 옥수수와 녹색 사료를 뿌리고 수확해 매일 소를 먹이고 우유를 짰으며 교미를 시켜 다음 세대 젖소를 번식시켰다. 그들의 생활은 알차고 만족스러웠으며 수입은 일반 노동자보다 높았다. 하지만 필자가 보기에 이는 하나만 잘못돼도 외출도 여행도 못하는 생활이었다. 소가 매일 우유를 생산하기 때문이다. 그들은 소의 주인이자 노예였다. 소는 그들에 의해 우리에서 사육됐지만 소는 끈이나 벽 없이도 그들을 구속했다. 길들이는 자의 목적과 염원은 길들여지는 자가 허락한 목적과 염원이고, 상호작용에 의해 만들어진 목적과 염원이다. 상호작용은 그전에는 없었던 새로운 구도, 관계, 심리, 성격을 만든다.

인류와 동식물조차 서로를 길들인다. 인류 사이에서 통치자와 피통치자의 관계도 이렇지 않았던가. 다수가 철저히 통제당하면 그를 통제하는 소수의 몸과 마음도 짊어진 관리감독의 중책에 의해 철저히 소외된다. 상호작용에서 자유로운 목적은 이미 존재하지 않는다.

# 3

# 목적론과
# 부산물

인류는 만물만사의 인과에 거대한 호기심을 품어왔다. 몇천 년간의 인과 탐구는 무술(巫術), 종교에서부터 과학까지 사상 체계 하나하나를 형성했다. 다윈의 생물진화론은 생물 변천의 인과를 탐구한 결과다. 그 전에 '결과로 원인을 추론'한 사람은 없었다. 스티븐 핑커(Steven Pinker)는 이를 '리버스 엔지니어링(reverse engineering)'이라고 칭한다.(Steven Pinker, 1997, p. 26) 엔지니어링은 하나의 목적과 특정한 방법에서 출발해 하나의 제품을 설계하고 생산하는 활동이다. 리버스 엔지니어링이란 완성된 프로젝트, 즉 하나의 산물에서 출발해 생산 이유와 형성 과정을 추론한다. 엔지니어링에는 엔지니어의 목적이 관철되어 있다. 다윈은 생물진화론으로 하느님의 창세기를 대신하여, 대자연의 설계자와 그가 관철하고 있는 목적을 부정했다.

하지만 다윈 자신을 포함해 인류는 유신론 문화 속에 너무나 오랫동안 침잠해 있었다. 다윈은 '목적론'에 물들지 않은 말을 찾을 수 없었고, 평범한 사람들은 세계에 대한 비목적론적 해석을 이해하기 어려웠다. 다윈이 '자연선택'을 말하면 사람들은 즉각 '선택에는 반드시 목적이 있다'고 이해했다. 글자 그대로만 생각하면 이런 이해가 터무니없지는 않다. 그러나 이는 가장 큰 오해다.

다윈의 진화론 사상에는 정말로 '목적'이 없다. 같은 종에서 다른 형질을 가진 개체, 예를 들어 회색 나방과 흑색 나방, 빨리 달리는 영양과 늦게 달리는 영양이 일정한 환경에 있을 때 어떤 형질의 나방 혹은 영양이 생존·번식하기 쉽고 또 어려운지는 천적이 결정한다(다른 상황에서는 수원, 먹이 자원, 기후 등에 결정력이 있을 수 있다). 이것이 바로 자연선택이다. 여기에는 하느님도 없고 목적도 없다. 환경을 바꾸면 다른 결말이 나타난다. 환경의 우연성, 유전자 변이의 우연성은 둘 다 '자연선택은 우연이고 목적이 없다'는 결론을 내리게 한다. 생물 진화의 무목적성을 앞에서와 같은 범위에 한정해서 설명해도 평범한 사람을 설득하기란 어려운 일이다. 그렇기에 인류의 특징, 인류가 한 일, 인류 역사 속의 목적과 무목적을 명료하게 정리하기는 더욱 어렵다고 할 수 있다.

중세 사변철학의 대가는 모순을 만나면 먼저 차이를 찾으라고 말했다. 우리를 둘러싼 만물만사를 네 개의 큰 유형, 즉 무기(無機) 세계, 동물, 인류, 인류의 역사로 나눠보자. 그리고 차이를 판별해 우리의 마지막 질문, 즉 목적과 인류역사, 목적과 문명의 관계에 접근해보자.

물은 0도에서 고체화되어 얼음이 되고 100도에 끓어서 기화한다. 절대다수는 이것이 물리적 속성이며, 그 속에 의지가 없을뿐더러 어떤 생명체의 의지에 따라 변화되지 않는다는 데 동의할 것이다.

동물의 세계는 이와 완전히 다르다. 동물은 살아 있는 생물이고 행위에 정향성이 있다. 그런데 계절이 바뀔 때 철새의 이동, 육식동물이 사냥감을 봤을 때 보이는 미친 듯한 추격과 살생 모두 스스로 결정한 행위가 아니란 말인가? 자신의 결정이 있고 방향이 있는데 '목적'은 없다는 말인가? 생물학자들은 방향성은 분명히 존재하나 그러한 행위를 결정하는 것은 자기 자신이 아니라 프로그램이라고 말한다. 컴퓨터의 발전과 보급이 없었다면 평범한 사람은 프로그램이 무엇인지 이해하기 어려울 것이다. 하지만 지금은 모두들 프로그램 설정만 잘되어 있으면 부팅하는 즉시 순서대로 착실히 진행되고, 이는 목적과 아무런 관계가 없음을 이해한다. 컴퓨터 프로그램이 생물체 프로그램보다 몇 세대나 늦은지는 모르겠지만 아무튼 이 어린 손자는 할아버지 행동의 내부적 설정을 이해하게 도와줬다. 이 프로그램은 어디서 왔을까? 바로 DNA에서 왔다. 프로그램이 어떻게 작동하는가는 생물학 중 가장 연구하기 어려운 분야다. 거시적으로 보면 다음과 같다.

프로그램은 청사진을 가지고 있을 뿐만 아니라 어떻게 이 청사진이 가진 정보를 운용할지에 관한 지시어를 가지고 있다. 컴퓨터 프로그램과 세포핵의 DNA의 경우, 프로그램과 실행 메커니즘이 완전히 분리되어 있다. (…) 그것은 진화의 산물일 수도 있고(모든 유전 프로그램이 다 그렇다) 개방 프로그램이 획득한 정보일 수도 있고 혹은 인류가 만든 장치일 수도 있다. 적어도 원칙적으로는 예측 가능한 목표로 유도할 수 없는 사물은 모두 프로그램으로 간주할 수 없다.(Ernst Mayr, 1988, pp. 50~51)

구체적으로 말하면 이렇다.

프로그램이 프로그램의 목적적 행위로 변환될 때는 감각기관의 입력과

체내 생리상태(주로 호르몬 상태)에 막대한 영향을 받는다.(Ibid., p. 52)

'목적'은 의식과 이성의 산물이다. 프로그램이 동물 행동으로 변환될 때 일부러 이성을 건너뛰는 것이 아니라 동물은 근본적으로 이성이 없기 때문에 DNA가 주입한 프로그램에 따를 뿐이다. 아미산 원숭이와 광장 비둘기의 먹이 구걸은 언뜻 목적적 행위처럼 보이지만 철새가 늦은 가을에 춥고 먹이가 적은 북방을 떠나는 것과 결코 다르지 않다. 후천적 조정 과정은 많은 프로그램의 핵심이다. 물론 필자는 동물에서 인류까지 변화의 연속 스펙트럼이 있고, 유인원종의 몇 가지 행위에 약간의 목적이 포함되어 있을 수 있다는 데 동의한다. 그러나 절대다수 동물의 행위에 '목적'은 없다고 말할 수 있다. 그렇다. 과거 동물 행위에 대한 서술은 항상 목적론적 색채를 띠었고, 사람들이 동물에게 '목적'이 있다고 여기게 만들었다. 생물학자는 '프로그램 목적성'은 사실 '목적'이 없다고 이야기하면서도 한편으로는 동물 행위를 묘사할 때 '목적성'이라는 글자를 꿋꿋이 쓴다.

'숲지빠귀는 가을에 비교적 온난한 지역으로 이동한다. 북방의 혹독한 기후와 먹이 부족을 피하기 위해서다.' 이 문장에서 '~을 위해서다' 대신 '그래서 ~피하게 된다'를 쓴다면 숲지빠귀는 '왜' 이동하는가 하는 중요한 문제에 대한 답을 빠뜨리게 된다. (…) 변환 후의 문장은 정보량이 크게 줄어들고 인과관계를 표현하는 능력이 상실된다.(Ibid., p. 58)

인류와 동물의 본질적 차이는 인류의 대뇌에 직무의식과 논리 영역이 진화되어 이성 능력이 생겼다는 데에 있다. 이렇게 인류는 자기 행위를 지배하는 두 가지 시스템, 즉 감정과 이성을 갖게 됐다. 감정은 인류와 일부 포유동물이 가지고 있다. 이성은 거의 인류에게만 있으며 그밖에 유인원 몇 종에게만 약간의 이성 능력이 있을 뿐이다. 사람이 뭔가를 결정할 때 감정과 이성은 각기 속기 바둑(快棋), 만기 바둑(慢棋)과 약간 비슷하게 작용한다. 감정은 항상 어떻게 행동할지 그 경향을 즉시 결정하지만 이성은 감정의 경향이 합리적인지 천천히 숙고한다. 양자는 원래 상호보완 관계로 어느 한쪽이라도 없으면 안 된다.

그런데 두 개의 큰 원인이 이성의 지위를 높였다. 첫째, 과학의 지위가 날로 두드러지고 있다는 점이다. 이성이 없으면 과학도 없다. 둘째, 인생의 첫 번째 사회적 지위를 결정하는 데는 시험이 큰 영향을 미치는데 시험은 이성의 능력에 더더욱 의존한다는 점이다. 이성이 우위를 점한 후 사람들은 이성을 과대평가하기 시작했다. 이성은 자신이 가진 반성이라는 특징을 통해 사람들의 많은 행위에 의도와 득실 계산이라는 허울을 씌웠다. 사실 많은 결정이 감정으로 내려지고 거기에는 의도와 득실 계산이 거의 없다. 예를 들어 왜 이 친구는 사귀고 저 친구는 사귀지 않는가는 순전히 호불호의 문제다. 왜 이 일은 하고 저 일은 하지 않았느냐는 순전히 흥미로 인한 것일 수 있다. 과거에 감정이 이끄는 대로 적잖은 행동을 했고 앞으로도 그럴 것이다.

그러나 해석의 영역에서는 다르다. 해석은 이성이 행하기 때문이다. 행위를 해석할 때 이성은 자신의 역할을 과장하고 심지어 '범목적화'의 오류에 빠져 '목적'을 인간의 모든 행동에 집어넣었다. 이런 해석이 완전히 허황된 것은 아니다. 인간의 사상과 행동에는 확실히 동물에게 없는 '목적' 성분이 있기 때문이다. 인과관계에 대한 이런 고집스러운 관심이 없었다면 과학도 없었을 것이기 때문에(사실 목적은 인과관계의 일종일 뿐이며 어떤 인과관계는 목적과 무관하다) 이런 해석 경향에도 커다란 의의가 있다. 다만 이런 해석이 너무 과도해서 인류의 일부 능력이 과장되는 것이 문제다. 일단 이런 해석 경향이 형성되면 필연적으로 모든 해석 대상에 이를 적용하게 된다. 이런 해석은 인류 외에도 두 대상을 향해 펼쳐진다. 첫째, 앞서 말한 것처럼 인류는 '철새가 이렇게 하는 것은 무엇을 위해서일까', '바다거북이 이렇게 하는 것은 무엇을 위한 것일까'라고 묻길 즐긴다. 이는 인류라는 종의 '목적'적 특징을 동물에 반영한 것이다. 둘째, 인류의 역사를 설명할 때 '목적'을 불어넣는다.

어리석지만 통치자가 오랫동안 주입해서 적잖은 피통치자가 받아들인 말이 있다. 바로 '역사가 나를 선택했다'는 말이다. 카를 만하임(Karl Mannheim)은 나치 독일을 빠져나가기 전에 쓴 글에서 이렇게 말한다.

> 역사를 주어로 쓸 때 그것은 신비하고 불가사의한 실체가 되어 조물주 하느님이 비운 자리를 차지했다.(Karl Mannheim, 1947, p. 113)

변호하는 측은 "비생명체의 작용을 '선택'이라고 말하지 못할 것도 없다. 다윈의 '자연선택'도 환경이 결정한 도태와 선택을 가리키는 것이다"라고 말할 수 있다. 좋은 변호다. 그러나 방금 말했듯 다윈의 진화론은 '목적'을 포함하지 않는다. 『종의 기원』은 먼저 '인위적 선택', 예를 들어 인류가 우수한 전서구(편지를 보내는 데 쓸 수 있게 훈련된 비둘기)와 짖소를 선별한 것을 말하고, 그다음에야 '자연선택'을 말하는데 사실 이는 일종의 비유다. 전자는 목적이 있고 후자는 없다. 혹은 같은 자연환경에서 어떤 형질은 훨씬 잘 적응하고, 어떤 형질은 그렇지 않다는 '적응'을 말하려는 것이다. 게다가 다윈의 자연선택이 설명하는 것은 오랜 기간에 걸쳐 발생한 일이지 결코 일시적 사건이 아니다. 일시적 사건에서는 발이 느린 영양이 운 좋게 달아나고, 발이 빠른 영양이 잡아먹힐 수도 있다.

역사에 의해 선택됐다고 허풍 치는 사람은 '역사에는 규칙이 있고, 역사의 규칙에 부합한 사람은 역사에 의해 간택된다. 혹은 역사의 규칙에 부합한 사람이 더 잘 적응한다'며 계속 변호할 수 있다. 이런 변명 때문에 '규칙'에 대해 논의하지 않을 수 없다. 세상은 광활하고 영역마다 큰 차이가 존재하는 만큼 규칙의 존재 여부는 영역에 따라 다르다. 규칙이 존재하고 인식되면 예측을 할 수 있다. 그렇기에 예측은 규칙이 존재한다는 간편한 증거다. 인류는 태양계의 항성, 행성, 위성의 운행 규칙을 알아냈기 때문에 일식, 월식이 발생할 시간을 예측할 수 있었다. 생물의 세계에서 예측 가능성은 훨씬 미묘하다. 에른스트 마이어(Ernst Mayr)는 이를 다음과 같은 네 개의 카테고리로 구분했다.(Ernst Mayr, 1988, pp. 33~44)

1. **분류학의 예측** 만약 강모의 패턴, 얼굴과 눈의 비율에 근거해 어떤 초파리가 일반 초파리인지 감정할 수 있다면 초파리의 여러 구조와 행동 특징을 '예측'할 수 있다.

2. **대다수 물리화학 현상에 대한 분자 수준의 예측** 생물유기체의 대다수 생물화학 단위 반응(예: 신진대사 경로) 및 단순 시스템의 생물물리 현상(예: 생리학 중 빛, 열, 전기의 작용)은 충분히 정확하게 예측할 수 있다.

이 두 카테고리의 예측은 정확성이 대체로 높다. 그러나 생물학에서 대량의 기타 부수적인 것들에 대한 요약이나 원인에 대한 설명에 있어서는 예측치가 낮다.

3. **복잡한 생태적 상호작용의 결과에 대한 예측** (…) 밀가루 갑충 두 종(어

리쌀도둑거저리, 거짓쌀도둑거저리)을 체에 거른 밀가루에 함께 두면 두 갑충은 항상 서로를 배척한다. 고온고습에서는 거짓쌀도둑거저리가 우위에 서고, 저온저습에서는 어리쌀도둑거저리가 우위를 차지한다. 중간 환경에서의 결과는 확정할 수 없어 예측 불가능하다.

4. **진화에 대한 예측** 생물학에서 진화의 향후 추이보다 예측 불가한 것은 아마 없을 것이다. 페름기의 파충류를 보라. 비교적 번성한 대다수 종은 금방 멸종하고 가장 눈에 띄지 않던 종이 포유류로 발전할 것을 누가 예측할 수 있었겠는가.


마이어의 네 카테고리는 개체군의 공통성, 개체의 생리, 경쟁의 결과, 변천의 역사라고 칭할 수 있다.

개체군의 공통성은 낯선 동물에 대한 초보적 예측에 적합하다. 익숙한 동물에 대해서는 예측의 의미가 크게 반감된다.

개체의 생리는 지속적인 고열이 발생하면 어떻게 될지, 혈관이 막히면 어떻게 될지, 혈압이 너무 높으면 어떻게 될지 등에 대한 결과를 예측 가능하게 했고, 진료의 중요한 구성요소가 되었다.

상술 내용은 예측이 아니라고 생각하는 사람도 있을 것이다. 필자는 예측을 과대평가해서 이러한 인식이 생겨났다고 생각한다. 이런 인식 하에서는 '분명히 그런 것' 혹은 '놀랄 만한 것도 아닌 것'은 예측이 아니라고 여긴다. 그러나 상술한 생리적 예측은 실제로 예측의 정수이며, 0도의 물은 얼음이 되고 일식을 정확하게 계산할 수 있는 것과 마찬가지로 예측에 속한다.

동물 세계에서는 경쟁 결과를 예측하기 어렵다. 모두 '늑대-양-풀'의 생태균형설을 알고 있을 것이다. 늑대가 너무 많으면 양이 줄어들고, 양이 줄어들면 늑대도 줄고 풀은 무성해질 것이다. 늑대가 줄어들고 풀이 늘어나면 다시 양이 늘어난다. 이런 증감은 끊임없이 순환 발생한다. 얼마나 깔끔하고 멋진 논리인가. 그러나 현실은 이렇지 않다. 일정 장소에 사는 생물은 결코 이 세 종에 그치지 않으며 설사 호랑이, 원숭이, 곰, 토끼 등이 없다 해도 최소한 세균과 바이러스가 있을 것이다. 생물 외에 기후, 물과 토양 등의 요소도 존재한다. 가뭄이 초원을 메마르게 하면 늑대가 줄어들어도 양은 번성하지 못한다. 전염병이 발생하면 이러한 선형 논리를 깨뜨릴 것이다. 세균과 바이러스의 변이, 기후의 변화는 모두 우발적으로 발생하고 얼마나 심각할지는 불확실하다.

경쟁은 종간에 일어날 수도 있고 종 내에서 일어날 수도 있다. 주제를 고려해서 여기서는 종 내 경쟁에 관한 논의에 집중하겠다. 인류 내부의 경쟁은 훨씬 더 예측하기 힘든데 인류 고유의 '심리'와 '전략' 때문이다. 물리학적으로 판단하면 충분한 병력과 정교한 무기를 가진 쪽이 무조건 승리한다. 그러나 약한 병력을 가진 쪽의 사기가 충만해져서 상대의 사기가 저하되고 내부에 모반이 일어나면 승패는 헤아리기 어려워진다. 그래서 여기에서는 물리세계의 규칙이 꼭 결정적인 작용을 하지는 않는다.

정의가 반드시 이긴다는 말은 사기 진작용 혹은 이데올로기로 의심되고, 정의가 악을 물리쳤다는 말은 어느 정도 승자의 자기미화다. 경쟁의 승리는 어느 정도 전략에 달려 있으며 역사상 폭군이 장기 통치한 예도 적지 않기 때문이다. 민주국가의 한 정치가가 선거에서 승리한 이유는 일일이 열거할 수 없을 정도로 많다. 집권 후 공약 이행 여부는 예측하기 힘들겠지만 그의 화술, 행동거지, 넥타이 색깔, 공약이 더 많은 유권자의 바람을 만족시켰을 것이다. 군사적 승리의 이유에는 부하들을 단결시키는 매력, 사기진작 수완, '틈왕(闖王)*'이 오면 곡식을 바치지 않아도 된다'와 같은 선전 등이 있다. 권력을 쥔 후에 곡식을 더 많이 거둬들일 수도 있지만 말이다. 이런 요인은 모두 승리에 대한 분석과 설명에 부합할 만하다. 이러한 원인 중에는 권력을 끌어올릴 수 없을 뿐만 아니라, 해당 권력의 합법성을 훼손할 수도 있는 것들이 존재한다. '역사의 선택' 같은 허풍은 승리의 이유 목록에 들어가지 않는다. 그럼에도 불구하고 미완성된 시대나 사회를 계몽할 때 권력의 합법성을 표방하는 절묘한 핑계로 쭉 사용됐다. 이런 날조된 핑계가 실제 승리 위에 입혀지다 보니 평범한 사람들은 감히 의심조차 하지 않았다.

규칙은 죽은 것이고 전략은 살아 있는 것이다. 이른바 전쟁에는 고정된 방식이 없고 전쟁 참가자는 속임수도 마다하지 않는다. 전략은 시기와 상황에 따라 변하고, 대상에 따라 변하고, 상대가 규칙을 짐작할 수 없도록 변화한다. 이는 일종의 심리전으로 양측의 심리가 상호작용한 결과이다. 게임이론이 바로 경쟁 속의 전략을 연구하는 것 아니던가? 게임이론에 내재된 규칙을 밝힐 수는 없을까? 파레토 최적(Pareto optimum)**이나 내시 균형(Nash Equilibrium)***은 모두 경쟁 속에 존재하는 논리적 가능성을 밝혀냈다. 이는 한편으로 인류의 경쟁에 물리학과 같은 규칙이 존재하지 않음을 말해준다.

주식시장 규칙에 기초한 예측이 주식시장을 바꿀 수 있다고 여긴다면 이 사실 자체가 주식시장 속 규칙의 존재에 맞서는 것이다. 그러

---

● 명말 농민 봉기군 이자성(李自成)의 칭호.
●● 어떤 경제주체가 새로운 거래를 통해 예전보다 유리해지려면 반드시 다른 경제주체가 예전보다 불리해져야만 하는 자원배분 상태를 가리킨다.
●●● 게임이론에서 균형 상태를 설명하는 개념 중 하나로, 상대방의 전략이 주어졌다는 가정 하에 모든 게임 참여자가 자신에게 최선의 전략을 선택하여 더 이상 전략을 변경할 의사가 없는 상태를 가리킨다.

나 예측이 주식시장을 바꿀 수 있다면 어쨌든 인간의 목적적 행위가 사회 형세를 바꿀 수 있음을 의미한다. 우리는 앞서 '역사의 선택'을 반박하고 비난했다. 그렇다면 역명제, 즉 '인류는 사회와 문화의 미래를 선택하고 결정할 수 있다'는 말은 성립할까? 이는 어떤 범위에서인지, 정치인지 역사인지, 권력인지 문명인지를 따져봐야 한다.

권력의 경쟁과 분배는 비교적 큰 이익이 관련된 경쟁이며, 권력의 경쟁과 분배는 곧 정치다. 여기에는 비교적 많은 요소가 관련되어 있고 심리, 전략, 예상치 못한 힘의 개입 등 불확정 요소까지 포함되어 있다. 그렇기에 인간의 정치는 동물세계의 생태처럼 예측이 힘든 범위에 속한다. 그런데 인간의 참여는 정치에 영향을 미칠 수 있고, 일정 정도 자신의 이익을 보호할 수 있고, 자신이 속한 사회의 공정성을 증대시킬 수 있다. 단, 어느 정도까지 영향을 미칠 수 있는지는 예측할 수 없다. 성공하는 사람을 역사가 선택하는 것이 아니다. 오히려 성공한 사람이 '역사'를 '선택'한 것이다. '역사'를 '정치'로 이해하면, 즉 권력, 권리, 이익으로 이해하면 그렇다. 물론 실패한 참여자가 눈곱만큼의 영향력도 없는 것은 아니다.

정치 역시 역사를 가지고 있다(철학, 문학, 기술, 과학, 예술 모두 역사를 가지고 있다). 고전사학에는 너무 많은 정치가 포함되어 있는데 어쨌든 정치와 역사는 다르다는 말을 하고 싶다. 정치는 권력의 경쟁과 분배이고, 경쟁과 분배는 매번 같은 시점에 발생했다. 이와 달리 역사는 인류의 전체적인 발전 궤적이다. 막 당선된 대통령은 '유권자 여러분 저를 선택해주셔서 감사합니다(사실 유권자 전체가 선택한 것도 아니다)'라고 할 수밖에 없다. 감히 뻔뻔스럽게 '역사가 저를 선택했습니다'라고는 말하지 못한다. 선거를 치른 1년이 한 세기와 다른 것처럼 유권자의 선택과 역사의 선택은 다르다. 정치 형세는 이익집단 간의 경쟁으로 결정되지만 인류가 문화를 생존수단으로 정한 후 문명사라고 불리게 된 인류의 역사는 인류의 인지에 달려 있다. 인지 대상은 자연의 규칙과 사회제도를 모두 포함한다.

정치와 역사는 모두 규칙이 없고 예측이 어렵다. 정치가 왜 예측하기 어려운지는 이미 앞에서 설명했다. 역사가 예측하기 어려운 이유는 미래의 인지 성과를 예고할 수 없기 때문이다. 칼 레이먼드 포퍼(Karl Raimund Popper)는 이렇게 말했다.

> 우리는 역사의 향후 여정을 예고할 수 없다. (…) 논거는 다음과 같이 다섯 마디로 정리할 수 있다. 1. 인류 역사의 여정은 인류 지식 성장의 강력한 영향을 받고 있다. 2. 우리는 합리적 혹은 과학적 방법으로 과학지식의 향후 발전을 예고할 수 없다. 3. 그래서 우리는 인류 역사의 향후 여정을 예고할 수 없다.(Karl Raimund Popper, 1961, p. 42) ▪

정치와 비교하면 역사는 훨씬 큰 범위의 사물이고 인류 행위가 그에 미치는 영향은 극히 미미하다. 문명은 계획할 수도 인류의 목적적 행위로 결정되지도 않는다. 이 책에서 말한 인류 문명의 6대 이정표, 즉 족외혼, 농업, 문자, 제지술, 조판인쇄, 활자인쇄는 모두 인류가 계획하고 목적한 산물이 아니다. 이들은 부산물이다. 부산물이 나오기 전의 행위에 목적이 없지는 않지만 그 목적은 다른 기물(器物)을 만들었다. 그런데 다른 기물이 세상에 나와 오랫동안 기대했던 기능을 발휘한 후 어떤 새로운 인자와 수요의 촉진 아래 이 기물의 기능이 변이하면서 다른 거대한 효용을 낳은 것이다. 게다가 단 한 차례의 변이

---

▪ 뒤의 두 항목은 불필요해 보여서 생략하였다.

가 아니라 항상 여러 차례 변이를 거치거나 몇 가지 고대 발명의 변이가 집중되어 최후의 위대한 발명이 탄생했다. 소가 뒷걸음치다 쥐 잡은 격의 발명도 부산물로 칠 수 있지만 대표적인 부산물은 그렇게 요행히 얻은 것이 아니다. 후자는 갑을 만들려고 했지만 뜻밖에 을을 만들어낸 경우다. '비아그라'가 그 예다. 대표적인 부산물은 그 이전에 혹은 주위에 원래 만들려고 했던 산물이 이미 존재한다는 특징을 지닌다. 예를 들어 제지술은 수피포의 부산물이고, 조판인쇄는 도장과 탁본의 부산물이다. 왜 문명은 목적적 산물도 아니고, 요행히 단번에 이룬 것도 아니고 항상 부산물일까? 고대 그리스 철학자는 "우리는 무에서 유를 만들 수 없다"고 말했다. 얕은 문화 축적은 필시 간단한 물건을 낳고 무에서 유가 나왔다고 말할 것도 없지만, 위대한 발명은 하나에 그치지 않는 훨씬 많은 축적과 도약판이 필요하다.

이 책은 인류 문명의 6대 이정표를 통해 문명사가 인류의 목적적 행위로 만들어지지 않았음을 설명했다. 과거에는 그랬지만 현재와 미래는 어떨까? 오늘날 인류의 능력은 이미 과거를 훌쩍 뛰어넘었다. 그러나 날로 커지는 인류의 능력이 만든 자신감은 우리로 하여금 고대 문명이 목적적 행위의 산물이라고 오해하게 만들었다. 이 책의 목적은 이런 터무니없고 비실제적인 생각을 뒤엎고, 부산물 이론으로 인류 문명사의 목적론적 해석을 대체하는 데 있다. 남아 있는 현안은 문명의 미래가 어떻게 될지이다. 앞으로의 인류 역사는 우리 염원의 실현이 아니란 말일까? 그렇다. 문화의 힘은 이미 인류가 자연선택의 칼날을 피하게 해줬으나 문화진화의 궤적과 오늘날 드러난 문제와 위기를 보면 문화 선택과 그 결과가 인류의 목적과 계획의 지배를 완전히 따르리라는 조짐은 보이지 않는다. 작은 범위의 문화 변화는 인류의 목적과 계획에 달려 있고, 큰 범위의 문화 변천은 여전히 부산물에 달려 있다. 대발명은 항상 의외의, 계획하지 않은 곳에서 나온다. 언제 실마리를 드러낼지 전혀 알 수 없는 초대형 발명은 말할 것도 없다. 핵 확산, 민족 내분, 게놈 프로젝트처럼 인류가 오늘날 마주한 위험과 예측 불가능한 일은 결코 어제보다, 상고시대보다 적지 않다.

앞서 말했다시피 문화의 잠재력 발굴과 우연히 나타난 문화의 새로운 인자가 하나로 합쳐져서 문화진화의 메커니즘이 됐다. 새로운 인자는 문화적 차용, 교배, 상호작용에서 나타났다. 현존하는 문화의 잠재력 발굴은 확실히 목적적, 계획적 행위에 속한다. 수억 수만의 평범한 사람이 행하는 오전 9시부터 오후 6시까지의 일상 업무는 분명 목적이 있고 계획이 있다. 종사하는 영역이 농공업이든 정보산업이든, 자본주의 체제를 택했든 사회주의 체제를 택했든, 어떤 기술과 제도도 그 모든 잠재력을 비진취적이고 노력하지 않는 민족에게 바치지는 않을 것이며, 오랫동안 근면하게 연구한 쪽이 묻혀 있던 모든 잠재력을 발굴할 것이다. 이런 작업의 가치는 두말할 나위가 없다. 그러나 우리는 오랫동안 목적적, 계획적 작업에 심취해서 이성이 천하를 아우를 수 있으며 문명은 인류의 목적적 산물이라고 여기는 우를 범했다. 목적, 지시, 계획이 없다면 위대한 문명 앞에서 인류는 근시안적이고 단순한 존재일 뿐이며, 인류 생활은 공예가 수준을 벗어날 수 없다고 생각하곤 한다. 원래 인류의 상상력은 빈곤하다. 발명가의 기괴함은 정상인의 상상력이 매우 빈약함을 깨닫게 한다. 또한 목적, 계획, 공리 추구에 빠지면 상상력이 점점 더 빈곤해짐을 알려준다.

라마르크와 다윈의 학설이 모두 인류 문화의 진화 메커니즘을 구성했다는 데 근거한다면, 어떤 합리적 계획에 몰두하고 있다고 해서 자신의 미약함을 부끄러워할 필요가 없다. 당신은 지금 어떤 문화의 잠재력을 발굴하고 있는 것이다. 그렇다고 방대한 계획의 설계자라고 지나치게 으스댈 필요도 없다. 문명은 지금까지 한 번도 그런 청사진에서 나온 적이 없다. 현실과 미래의 균형을 이루는 중용의 길이 필요하다. 생산, 연구의 모든 영역과 단위 속에 명확한 목표와 합리적 수단의 방안 및 계획을 세우는 동시에 이단적인 사상을 포용하고, 사람 간, 세대 간, 민족 간, 학문 간, 업종 간, 국가 간의 교류를 위한 채널을 열고 플랫폼을 구축하여 문화의 새로운 인자, 미래 문명의 후보자가 표연히 나타나기를 가만히 기다리는 것, 그것이 중용이다.

波普爾, 1961/1987, 『歷史主義的貧困』, 社會科學文獻出版社.
한국에서는 『역사주의의 빈곤』(칼 R. 포퍼 지음, 이석윤 옮김, 벽호, 1993)으로 소개되었다.

布羅代爾, 1979/1992, 『15至 18世紀的物種文明, 經濟和資本主義』, 生活·讀書·新知三聯書店.
한국에서는 『물질문명과 자본주의』(페르낭 브로델 지음, 주경철 옮김, 까치, 1996)로 소개되었다.

古爾德, 1996/2001, 『生命的壯闊』, 生活·讀書·新知三聯書店.
한국에서는 『풀하우스』(스티븐 제이 굴드 지음, 이명희 옮김, 사이언스북스, 2002)로 소개되었다.

邁爾, 1988/1992, 『生物學哲學』, 遼寧敎育出版社.
현대진화론의 이정표와 같은 저서로 규모가 크고 내용에 빈틈이 없으며 '목적론'에 대해 극히 독창적인 생각을 전개한다.

曼海姆, 1947/2003, 『文化社會學論集』, 遼寧敎育出版社.
저자는 막스 베버(Max Weber), 게오르그 짐멜(Georg Simmel) 이후 독일 고전 사회학에서 가장 중요한 사상가다. 이 책은 그가 영국으로 망명하기 전 독일에서 쓴 마지막 저서다.

品克, 1997/2006, 『心智探奇』, 臺灣商務印書館.
영향력 있는 진화론 사상가의 저서로, 언어와 사유가 이 책의 처음과 끝을 관통하는 관심사다.

한국에서는 『마음은 어떻게 작동하는가』(스티븐 핑커 지음, 김한영 옮김, 동녘사이언스, 2007)로 소개되었다.

威廉斯, 1962/2001, 『適應與自然選擇』, 上海科學技術出版社.
한국에서는 『적응과 자연선택』(조지 윌리엄스 지음, 전중환 옮김, 나남, 2013)으로 소개되었다.

나는 퍼지 기억(fuzzy memory)*은 그런대로 괜찮은 편인데 정확한 기억력은 아주 떨어진다. 머릿속에 기억나는 전화번호가 채 다섯 개도 되지 않는다. 지난일의 어떤 사소한 부분은 종종 다른 사람보다 더 잘 기억하는데 개인적으로 큰 사건, 예를 들어 어느 해에 런민(人民)대학교에서 베이징대학교로 옮겼는지 같은 일은 이력서를 뒤져봐야 말할 수 있다. 학술적 개념으로서의 '부산물'은 일찍부터 내 머릿속에 깊이 뿌리내렸던 것 같다. 그러나 전작인 『대가론(代價論)』을 정리할 때서야 책 속에서 이 사상이 불쑥 움텄던 기록을 발견했다.

만약 에밀 뒤르켐이 말한 것처럼 최초의 분업이 재산 증식을 위해서 이루어지지 않았다면, 만약 페이샤오퉁이 말한 것처럼 족외혼 시행 초기에 이것이 형질상의 장점을 증가시킬 것임을 사람들이 깨닫지 못했다면, '부의 증가', '체질적 증강'은 단지 사람들이 또 다른 목적으로 실시한 행동의 부산물일 뿐이라고 말할 수 있다. 어떤 행동에 예측 불가능한 긍정적 부산물이 생긴다면, 당연히 예측 불가능한 부정적 부산물도 있을 것

---

* 무의미해 보이는 자료들을 스스로 결합하는 기억.

이다. 즉, 우리가 흔히 '대가'라고 부르는 그것이다. 인류 행동의 부산물 하나하나가 불가피하고 또한 항상 예상하기 어렵기 때문에, 대가론의 수립은 이론과 현실적 의의를 모두 갖는다. 목적론에 반대한다는 것은 인간에게 목표가 없다는 의미가 아니라, 반드시 어떤 목표를 이루기 위해 어떤 수단을 선택하지는 않는다는 뜻이다. 생명이 없는 사물에 그것이 추구하는 목표를 제시하고 사물이 형성된 후 발휘되는 모종의 기능(그 부산물일 가능성이 크다)을 그것의 탄생 이유이자 존재 목적이라고 말하는 데 반대할 뿐이다.(1995, p. 25)

『대가론』은 1995년 4월 출판되었는데, 1991년부터 집필을 시작해서 1993년 2월에 원고를 넘겼다. 이후 대략 12년 동안 '부산물'이라는 학술개념은 머릿속에서 한자리를 계속 차지하고 있었고, 연구와 글쓰기 주제가 되었다. 이는 2003년 런민대학교에서 학부생들에게 강의한 '논문을 어떻게 쓸 것인가'라는 과목이 증명해준다. 2005년에 베이징대학교에서 이 과목을 다시 가르쳤는데, 나중에 수업을 녹취한 내용을 정리해서 『대학생들에게 하고 싶은 이야기: 논문과 학문을 대하는 자세(與本科生談: 論文與治學)』(2005)를 출판했다. 이 책에서 나는 다음과 같이 말한 바 있다.

얼마 전 돌아가신 중국계 수학자 천싱션(陳省身) 선생께서 강연하시는 모습을 본 적이 있는데 참으로 생동감 넘쳤다. 강연 서두에서 말씀하시길, 유클리드(Euclid)는 2000여 년 전에 다음과 같은 견해를 제시했다고 한다. "공간에는 다섯 종류의 정다면체만 존재한다. (…) 마지막 하나는 정이십면체로, 20개의 삼각형으로 이루어져 있다." (…) 유클리드 이후 지금까지 대자연에서 자연물이나 광물질의 결정 혹은 한 종의 생물 모양이 정이십면체인 것은 본 적이 없다. 이는 정이십면체가 인간의 사고 속에서만 존재할 뿐 실제 자연계에는 존재하지 않음을 의미한다. 하지만 2000년이 지난 후 (…) 실제 세계에 존재하는 정이십면체와 오언(Adrian M. Owen)의 뇌 개념에 있는 정이십면체가 조우하게 된다. (…) 수학 방면의 선진적 성과는 몇 해가 지난 후에야 응용되어 사회를 이롭게 해줄까? 보통 300~500년쯤 걸릴 것이다. 그리고 어떤 것은 영원히 실제로 사용되지 못할 것이다.

뒤집어 말하면 가장 실용적인 것이 가장 잘 상용된다는 의미이기도 하다. 한 묘당 몇 근의 식량이 나온다. 얼마나 실용적인 이야긴가. 중국에 웬룽핑(袁隆平)이라는 벼 전문가가 있는데, 그가 배양한 우량종은 한 묘당 1000여 근이 생산된다고 하니 정말 대단하다. 하지만 만약 인류에게 농업문명만 있고 다른 어떤 문명 형태도 존재하지 않았다면 이러한 성과가 가능했을까? 다시 말해 만약 인류가 농업만을 주시했다면 농업 자체도 발전할 수 없었을 것이다. 농업 자체의 발전도 물리학, 화학, 생물학에 의존하고 있다. 사실상 우리에게 가장 유용한 것은 작은 용도로 쓰일 뿐이다. 우리가 개발한 많은 것들이 지금은 잠시 쓸모없어 보이지만 마지막에는 아마 하나하나의 부산물로 발전할 것이고, 그런 부산물은 후세 사람들을 크게 행복하게 만들 것이다.

문자는 원래 무엇을 위한 것이었나? (…) 무엇이 무(巫)인가? 무란 점을 치는 일이다. 부락이 싸움을 하는 데는 위험성이 매우 컸다. 그렇다면 싸울 것인가 말 것인가? 점을 한번 쳐보아라. 그리하여 화톳불 곁에 소의 견갑골이나 귀갑을 구웠다. 그리고 그 갈라진 무늬를 보고 예언을 했고 이를 기록해두었다. 기록한 그 물건은 무엇이라 부를까? 후에 이를 갑골문이라 불렀다.

점복(占卜)은 어떤 용도로 쓰였나? (…) 우리는 자신 있게 말할 수 있다.

그것은 당시에는 쓸모없는 학문이었다. 그러나 분명 전혀 쓸모없지는 않았다. 말리노프스키는 이렇게 말한다. 선원들이 풍랑을 만났을 때 무속은 사람들의 믿음을 배가시켜 그들이 폭풍을 이겨낼 수 있도록 도와준다. 믿음이 없었다면 아주 오래전에 이미 궤멸했을 것이다. 따라서 무속이 쓸모없다고 이야기할 수는 없다. 마찬가지로 점복은 사기를 북돋아준다. 이미 점복을 마쳤으니 하늘의 뜻이 우리에게 있다는 기운이 갑자기 끓어오른다. (…) 이 모든 것이 다 터무니없는 소리라고 할 수 있을까? 차후에 돌아보면 예전의 의식 형태에는 황당한 면이 있다. 하지만 당시에는 분명 실질적 기능이 있었다.

점복 후에 아주 그럴듯하게 몇몇 부호를 기록하려고 했다. 그 부호는 당시에는 그저 점복을 위한 것이었다. 그러나 마지막에 발달의 여정을 지나 문자로 변했다. 다시 말해 문자는 쓸모없는 학문에서 탄생했다고 말할 수 있다. 만약 당시 부락의 지도자들이 고도로 실용적이었다면 아마 무속도 없었을 것이고, 갑골문도 없었을 것이고, 이후의 문자도 없었을 것이다. 문자가 정식으로 사용되었을 때 그 범위는 매우 좁았고 나중에야 광대해졌다.

인류의 문명은 상당 부분 '부산물'이 양성해냈지, 직접적 용도로 창출한 것이 아니다. 일부는 직접적으로 사용되지 않았지만 그것이 연역해낸 부산물은 대단하다. 내가 만약 기력이나 창의력이 그런대로 괜찮으면 나중에 『부산물』이라는 책을 써보고 싶다. 만약 그 정도의 창의력이 안 된다면 이에 관한 논문을 작성하거나 강연을 한번 해보고 싶다.

이 책은 2013년부터 쓰기 시작했는데 몇 월이었는지는 확실하게 기억나지 않는다. 하지만 분명한 건 원고를 쓰기 시작하기까지 20년 이상 머릿속에 '부산물'이라는 개념을 품고 있었다는 것이다.

나는 여러 번 이렇게 밝힌 바 있다. '내 저서는 집결식 작법으로 쓰였다.' 이 책의 여섯 장은 모두 '부산물'이라는 축으로 집결된다. 집필하겠다고 마음먹고 책을 쓰기 시작할 때까지 10년 동안 본문은 한 글자도 시작하지 못하고 각 장의 제목만 떠올렸다. 처음에는 지금 출판된 책보다 더 많은 장(章) 수를 계획했었다. 현재의 6장 외에도 도시, 영화, 페니실린, 비아그라, 행복 등이 더 있었다. 모턴 메이어스(Morton Meyers)의 『행복한 우연: 현대 의학의 뜻밖의 발견(Happy Accidents: Serendipity in Modern Medical Breakthroughs)』을 읽고 난 뒤 작가의 생각이 나와 비슷해서 상당히 놀랐다. 나만큼 인류 문명을 꿰뚫어보려는 야심은 없었지만 의학적 발견을 관찰하는 광대한 시야에 탄복했고, 비록 내가 페니실린과 비아그라의 발견 과정에 대해 더 자세히 서술했다는 생각이 들긴 했지만 큰 의미는 없다. 심지어 다른 현대 과학기술(그중 많은 발명도 부산물이라 확신하긴 하지만)도 이야기하고 싶지 않아졌다. 이런 식으로 '영화'에 관한 장(章)도 포기하게 되었다. 당초부터 인류 문명의 기원에 대한 인식이 있긴 했지만 확실히 족외혼제, 농업, 문자, 종이의 기원으로 마음이 옮겨갔다. 이런 인류 초기의 가장 위대한 발명에 대해 생각하자니 인류 문명 탄생에 대한 주제의식이 더욱 분명해졌다. 문명은 분명 근대 의학이나 근대 과학기술에서 시작되지 않았다.

도시의 기원은 의심할 바 없이 인류 문명의 기원과 같은 선상에 있다. '도시'를 다루는 장을 포기한 이유는 그 어려움을 너무 잘 알았기 때문이다. 비록 '도시의 기원'이 반드시 '문자의 기원'을 고민하는 것보다 어렵다고 할 수는 없지만 '문자의 기원' 부분의 연구와 집필은 확실히 힘들었고 시간도 너무 오래 걸렸다. '부산물'이라는 주제를 토론할 때 '도시의 기원'은 빠지지 않는 문제다. 이는 더 많은 것을 연구해야 한다는 뜻이다.

아마 나는 중국 학계에서 거의 최초로 행복과 즐거움에 대해 연구한 사람에 속할 것이다. 2007년에 출판된 『후 물욕시대의 도래(後物欲時代的來臨)』에서 행복에 관한 토론은 한 장으로 그치지 않는다. 이 책은 대략 내가 베이징대학에서 열었던 '행복학 개론' 과목이 시작된 해에 출간되었다. 지금은 행복이라는 주제가 아주 인기 있지만, 나는 오히려 여러 차례 이런 종류의 세미나를 피해왔다. 왜냐하면 행복을 목적으로 추구해서 얻어낼 수는 없다고 생각하기 때문이다. 행복은 자신이 뜨겁게 사랑하는, 상대적으로 큰일에 헌신할 때 따라오는 부산물인데 요즘 덕망 높은 사람들은 행복 추구를 부추기며 곧장 주제로 넘어간다. 행복을 부산물로 생각했다면서 어째서 부산물을 토론한 본 저서에서는 그 장을 포기했을까? 왜냐하면 '인류 문명'은 이 책에서 '부산물'과 어깨를 나란히 할 만한 주제이지만, 행복과 문명을 연결하기란 쉽지 않기 때문이다. 사실 '행복은 부산물'이라는 명제는 부산물을 바라보는 시각을 크게 확장시킬 것이다. 하지만 이 명제를 고민하자면 반드시 또 다른 차원으로 넘어가야 하는데, 너무 크게 확장되면 전체를 제어하기 상당히 어려워진다. 그리하여 잠시 내려놓은 셈이다. 그리하여 최종적으로 글을 쓸 부분이 6장으로 줄어들었다.

필자가 원고를 써나가는 과정에서 가장 먼저 이 졸작을 띄엄띄엄 읽어준 친구가 있다. 그는 각 장절의 내용이 왜 '부산물'로 귀결되어야 하는지 의아해했다. 내가 마지막 장을 그에게 넘겨준 후 다음과 같은 대화가 오갔다.

필자: 이제는 '문명은 부산물'이라는 핵심 내용이 받아들여져?
친구: '어떤 문명은 부산물'이라면 받아들일 수 있어. 그런데 그러면 임팩

트가 없지.

필자: 어떤 문명이 '생산물'인지 말해봐. 그러니까 목적적 생산물. 이건 이 책을 둘러싼 가장 본질적인 토론이야.

친구: 만리장성, 수에즈 운하, 달 탐사 프로젝트 같은 목적적 행위를 문자 발명과 동일시할 수는 없겠지만, 인류 문명의 발전 과정을 크게 변화시켰지. 이는 분명 부산물은 아니야.

나는 그의 견해가 '문명은 부산물'이라는 명제에 치명적 도전은 안 된다고 본다. 첫째, 만리장성 건설은 2500년 전의 일이고, 수에즈 운하와 달 탐사는 더 최근의 일이다. 하지만 농업은 지금으로부터 1만 년 전에 일어났고, 문자는 만리장성 축조보다 훨씬 더 앞서 일어난 일이다. 다시 말해 문명은 이런 '생산물'에서 기원되지 않았다.

둘째, 이 세 '생산물'이 '문명의 발전 과정을 크게 바꾸어놓지'는 않았다. 만리장성은 심지어 농업에 종사하는 민족을 효과적으로 보호해주지도 못했다. 즉, 인류 문명을 건립하기 위한 중요한 버팀목은 '생산물'이 아니다. 그것이 인류의 생존방식에 끼친 영향은 심지어 근대에 발명한 페니실린보다도 미약하다.

셋째, 세상에 순수한 사물은 지극히 드물다. 가장 철저하게 계획경제를 시행하는 사회에도 시장경제 요소가 전혀 없을 수는 없다. 가장 전형적인 시장경제 국가에도 정부의 계획이 없을 수는 없다. 시장은 운항에 반드시 필요한 등대에도 관여할 수 있는데 더 큰 공공시설은 말할 것도 없다. 하지만 이런 순수하지 않은 구성은 우리가 이 둘을 계획경제와 시장경제 사회로 구분하고 지칭하는 데 조금도 영향을 주지 않는다. 같은 이치로, 문명의 구성에 포함된 목적적 생산물은 '문명은 부산물'이라는 판단에 영향을 주지 않는다. 왜냐하면 문명의 기원과 거점을 구성하는 농업이나 문자 등은 모두 부산물이며, 오늘날 가장 위대한 수많은 과학기술의 발명도 흔히 부산물이다. 필자의 생각은 매우 간단하다. 목적적 행위의 결과는 예측 가능한 범위 안에 있다. 예측 가능한 성과의 창조성은 한계가 있기 때문에 문명의 발인과 전환점이 되기 힘들다.

사실 이미 이 졸작의 마지막 장에서 '문명은 부산물'이라는 명제에 대해 변호한 바 있지만 이 명제를 절대 받아들이지 못하는 독자도 있으리라는 예감이 든다. 그러나 논쟁 상대가 없는 자기변호는 식견을 좁게 만들고 아무런 힘도 없다. 때문에 후기의 마지막이자 책이 종결되는 이 지점에서 이야기를 꺼내 그 명제를 둘러싼 논쟁을 기대해보고자 한다.

천신샹(陳心想) 선생과 티엔팡멍(田方萌) 선생은 원고를 전부 검토해주시고 좋은 의견을 많이 내주셨다. 이중톈(易中天) 선생은 제1장에 있던 두 개의 오류를 바로잡아주셨고, 리우츠(劉馳) 선생은 4, 5, 6장에 있던 몇몇 오류를 고쳐주셨다. 량즈핑(梁治平), 천쟈잉(陳嘉映), 신더용(辛德勇), 탕샤오펑(唐曉峰), 리링(李零) 선생은 일부 내용을 읽으시고 필자에게 따뜻한 격려를 보내주셨다. 이 책의 편집을 위해 친티엔티엔(覃田甜), 추훼이쥐엔(儲卉娟), 뚜량(杜梁)이 부지런히 애써주었다. 이 모든 분들께 감사드린다.

정예푸

이 책의 저자인 정예푸 교수는 중국 개혁개방 이후 처음으로 중국 지식인들의 문제를 연구한 사회학자입니다. 그는 문화대혁명을 겪었고 농장에서 일하며 농부로 지내기도 했는데, 특이한 이력만큼이나 보수적인 인문학계에서도 독특한 시각을 가진 학자로 유명합니다. 그는 항상 사회의 어두운 이야기와 중국의 현실적 문제들을 자신의 전문적 지식을 바탕으로 냉철하게 관찰하여 분석해왔고, 외부의 압박이나 시선에 관계없이 할 말은 하는 학자로 인식되어 왔습니다. 매 장마다 첨부된 관련 논문과 저서에 대한 솔직한 평가는 이런 정예푸 교수만의 대담함을 엿볼 수 있는 부분이며 이 책의 특징이기도 합니다. 2015년 중국에서 출판된 이래로 이 책은 이미 관련 학계에서는 다수의 상을 받아 학문적으로 공인된 바 있고, 독자들이 추천하는 책에 선정되는 등 사회적으로 큰 반향을 일으켜 관련 토론회와 학회 또한 끊임없이 열리고 있습니다.

　책 제목인 '문명은 부산물이다'는 책을 읽기도 전에 이미 명확한 결론을 보여주는 것 같아 '정말 그럴까?' 라는 도전적 의문을 동시에 가지게 합니다. 하지만 예상과는 달리 이 책은 하나의 결론을 증명하기 위한 내용만으로 채워지지는 않았습니다. 작가는 풍부한 상상력과 세심한 고찰을 통해 인류 문명의 이정표라고 여겨지는 족외혼제, 농업, 문자, 제지술, 인쇄술의 탄생과 발전 과정을 다각도로 보여주면서 문명은 계획된 것이 아니며 인류의 목적적 행위로 결정된 것도 아니라고 이야기합니다. 즉 본래의 목적이나 의도와는 달랐지만 그 결과인 '부산물'이 본의 아니게 문명의 탄생과 발전을 이끌어 냈다는 것입니다.

인류의 의지는 우리가 생존하는 세계, 지금까지 발전시켜 온 문명, 우리 자신 등을 포함한 많은 것들을 바꿀 수 있습니다. 그리고 과거의 인류가 그랬던 것처럼 현재 우리는 미래를 예측하며 새로운 시도와 개발을 멈추지 않고 있습니다. 이 책을 읽고 지금 우리가 추구하는 '목적'은 무엇인지, 이 목적들이 앞으로 어떤 '부산물'을 만들어 낼 것이며 문명은 어떻게 발전할 것인지에 대한 물음을 던지는 독자가 있다면 이 책을 번역한 사람으로서 매우 뿌듯할 것 같습니다.

사실 음성학 실험과 분석 작업만 하던 저에게 이 책은 상당히 충격적이었습니다. 인류학에서 생물학, 고고학과 역사학을 넘나드는 지식의 방대함에 놀라고 아시아인의 시각과 중국인의 시각으로 문명의 탄생을 재해석하는 작가의 논조에 놀라고 저의 무지함에 다시 한 번 놀라는 경험을 반복하며 번역을 이어나갔습니다. 저처럼 관련 지식이 부족한 상태로 이 책을 접하는 독자라면 그때의 저와 똑같은 마음으로 책장을 넘기셨을지 모르겠습니다. 하지만 작가가 던진 문제에 함께 공감하고 이를 해결해 나가는 사고의 흐름을 따라가다 보면 어느새 작가가 논증을 위해 제시한 다양한 이론과 학자들의 이야기에 집중하게 되고 자신만의 궁금증이 생기기 시작합니다. 그리고 결국에는 책 속에서 언급되었던 또 다른 역사서나 인류학 서적을 손에 쥐고 있는 자신을 발견하게 되는 재미있는 경험을 하게 될지도 모릅니다.

부족한 번역이지만 이 책을 통해 독자들이 지금까지 우리에게 주입된 서양의 시각에서 조금이나마 벗어나 문명의 탄생과 발전에 대한 다양한 논점들에 대해 좀 더 관심을 가지게 되었으면 하는 바람입니다. 더 나아가 학자들간의 지속적인 토론으로 이어질 수 있게 되길 기대해 봅니다.

마지막으로 소중한 기회를 주신 노승현 선생님, 늦은 마감에도 항상 담담하고 친절하셨던 흐름출판사의 조현주차장님과 편집자님께 깊은 감사를 드리고 싶습니다. 번역 시작부터 끝까지 응원해주신 박종혁 교수님, 마음으로 존경합니다. 번역하는 동안 밤낮 없이 도움을 준 북경 패밀리 이경민, 설소민, 이유표, 김보경, 윤수경, 너무 너무 고맙고, 옆에서 함께해 준 가족들에게도 사랑하는 마음을 전합니다.

오한나

## 참고문헌

Berthold Laufer, 『Sino-Iranica: Chinese contributions to the history of civilization in ancient Iran, with special reference to the history of cultivated plants and products』, 1919.

Boorstein, 『The Discoverers』, 1983.

Bronislaw Malinowski, 『Sex and Repression in Savage Society』, 1927.

Charles J. Lumsden, Edward Osborne Wilson, 『Promethean Fire: Reflections on the Origin of Mind』, 1983.

Claude Lévi-Strauss, 『La Famille』, 1956.

Claude Lévi-Strauss, 『Le Regard éloigné』, 1983.

Conrad Phillip Kottak, 『Cultural Anthropology』, 2008.

David Émile Durkheim, 『La prohibition de l'inceste et ses origins』, 1898.

David Scott Kastan, 『Shakespeare and the Book』, 2001.

Donna Jeanne Haraway, 『Simians, Cyborgs and Women: The Reinvention of Nature』, 1991.

Eduard Zeller, 『Outlines of the History of Greek Philosophy』, 1980.

Edward Alexander Westermarck, 『The History of Human Marriage』, 1922(제5판).

Edward Wilson, 『In search of nature』, 1996.

Edward Wilson, 『On Human Nature』, 1979.

Edward Wilson, 『The Future of Life』, 2002.

Eric Richard Kandel, 『In Search of Memory: The Emergence of a New Science of Mind』, 2006.

Erich Isaac, 『Geography of Domestication』, 1970.

Ernst Mayr, 『Toward a New Philosophy of Biology』, 1988.

Felipe Fernández-Armesto, 『Food: A History』, 2001.

Ferdinand de Saussure, 『Cours de linguistique générale』, 1916.

Fernand Braudel, 『Civilization and Capitalism, 15th – 18th Centuries』, 1979.

Fernand Braudel, 『Civilization and Capitalism 15th–18th Century, Volume II: The Wheels of Commerce』, 1983.

Fernand Braudel, 『La Méditerranée et le Monde Méditerranéen a l'époque de Philippe II』, 1949.

Florian Coulmas, 『Language Adaptation』, 2009.

Frans de Waal, 『Our Inner Ape』, 2005.

Frans de Waal, 『Tree of Origin: What Primate Behavior Can Tell Us about Human Social Evolution』, 2001.

Friedrich Engels, 『Der Ursprung der Familie, des Privateigentums und des Staats』, 1891.

Stephen Jay Gould, 『Full House: The Spread of Excellence From Plato to Darwin』, 1996.

Gordon Childe, 『Social evolution』, 1951.

Gottfried Wilhelm Leibniz, 『Conversation About Freedom and Fate』, 1699.

Gottfried Wilhelm Leibniz, 『Nouveaux essais sur l'entendement humain』, 1765.

Gottfried Wilhelm Leibniz, 미출간 원고; Jacques Derrida, 『Of Grammatology』, 1967.

H. Stübel, 『Die Li-Stämme der Insel Hainan』, 1937.

Haim Ofek, 『Second Nature: Economic Origins of Human Evolution』, 2001.

Havelock Ellis, 『Psychology of Sex』, 1933.

J. Goody, I. Watt, 『Consequences of literacy』, 2009.

Jacques Derrida, 『De la Grammatologie』, 1967.

Jared Diamond, 『Vete, vapen och virus』, 1997.

Jean-Jacques Rousseau, 『Essai sur l'origine des langues』, 1781.

Joachim Radkau, 『Natur und Macht. Eine Weltgeschichte der Umwelt』, 2000.

John Stuart Mill, 『On Liberty』, 1859.

Jonathan Culler, 『Saussure』, 1976.

Julius E. Lips, 『Die Erntevölker, eine wichtige Phase in der Entwicklung der menschlichen Geschichte』, 1953.

Karl Raimund Popper, 『The Poverty of Historicism』, 1961

Konrad Lorenz, 『On Aggression』, 1966.

Lesley & Roy Adkins, 『The Keys of Egypt: The Obsession to Decipher Egyptian Hieroglyphs』, 2000.

Lewis Binford, 『In Pursuit of the Past: Decoding the Archaeological Record: With a New Afterword』, 1983.

Lewis Henry Morgan, 『Ancient Society』, 1877.

Lucien Febvre & Henri-Jean Martin, 『L'apparition du livre』, 1958.

Marshall David Sahlins, 『Stone Age Economics』, 1972.

René Grousset, 『L'empire des steppes: Attila, Gengis-Khan, Tamerlan』, 1939.

Richard Conniff, 『The Natural History of the Rich: A Field Guide』, 2002.

Sarah Allan, 『The Shape of the Turtle: Myth, Art, and Cosmos in Early China』, 1991.

Stephen Jay Gould, 『Ever Since Darwin』, 1977.

Stephen Jay Gould, 『Full House: The Spread of Excellence From Plato to Darwin』, 1996.

Steve Olson, 『Mapping Human History: Discovering the Past Through Our Genes』, 2002.

Steven Pinker, 『How the Mind Works』, 1997.

Steven R. Fischer, 『A History of Language』, 1999.

Steven R. Fischer, 『History of Writing』, 2001; 2009(개정판).

Thomas F. Carter, 『The Invention of Printing in China and its Spread Westwards』, 1925.

Vladimir Kabo, 『The Origins of the Food-producing Economy』, 1985.

甘肅省居延考古隊, 「居延漢代遺址的發掘和新出土的簡冊文物」, 文物,1期, 1978.

甘肅省考古研究所,「甘肅天水放馬灘章秦漢墓群的發掘」, 文物, 2期, 1989.

甘肅省文物考古學研究所,「甘肅敦煌漢代懸泉置遺址發掘簡報」, 文物, 5期, 2000.

甘肅省文物博物館,「敦煌馬圈灣漢代烽燧遺址發掘簡報」, 文物, 10期, 1981.

乾隆,「毀銅惜毀彼, 刊木此慚予」,『禦制詩四集』22권.

高成鳶,『中國的食物倫理』, 2001.

拱玉書, 顏海英, 葛英會, 葛英會, 蘇美爾,『埃及及中國古文字比較研究』, 2009.

裘錫圭,「究竟是不是文字」, 裘錫圭學術文集·語言文字與古文字學卷, 1993.

裘錫圭,「漢字形成問題的初步探索」, 中國語文, 1~4期, 1978.

宮崎市定,「中國文化的本質」, 載於, 宮崎市定論文選集(下), 1959.

唐蘭,『中國文字學』, 1949.

董作賓,『甲骨學五十年』, 1955.

藤枝晃,『文字の文化史』, 1971.

邏西章,「陝西扶風中顏村發現西漢窖藏銅器和古紙」, 文物, 1979.

勞幹,「論中國造紙術之原始」, 載於 勞幹學術論文集甲編, 1948.

勞幹,『勞幹學術論文集甲編』, 1976.

勞幹,『書於竹帛』後序, 錢存訓著 書於竹帛, 1975.

劉金榮,『'文姜之亂' 獻疑』, 浙工社會科學, 第5期, 2009.

劉又辛,「論假借」, 文字訓詁論集, 1981.

劉壹曼,『考古』, 1997.

李芳芳,『'四體二用'說倡始者再認識』, 洛陽理工學院學報社科版, 3期, 2008.

李亦員 等,『馬太安阿美族的物質文化』, 1962.

李學勤,『彭裕商』, 殷墟甲骨分期研究, 1996.

馬如森,『殷墟甲骨學』, 2007.

傅羅文,「貞人: 官員早期中國施灼占蔔起源與發展的壹些考慮」, 多維視域, 2009.

費孝通,『生育制度』, 1947.

徐中舒,『漢語古文字字形表』, 1981.

徐通鏘,『語言與文字的關系新探』, 載於黃亞平, 白瑞斯, 王霄冰編, 廣義文字學研究,
    2009.

孫慰祖,『封泥: 發現與研究』, 2002.

宋鎮豪,『劉源』, 甲骨學殷商史研究, 2006.

宋鎮豪, 『百年甲骨學論著目』, 1999.

吳慧, 『中國歷代糧食畝產研究』, 1985.

王國維, 『間牘檢署考校註』, 1913.

王明嘉, 『字母的誕生』, 2010.

饒宗頤, 「殷代貞蔔人物通考」, 『饒宗頤二十世紀學術文集』 卷二, 2009.

饒宗頤, 「貞人問題與坑位」, 『饒宗頤二十世紀學術文集』 卷二, 1987.

饒宗頤, 『殷代貞蔔人物通考』, 1959.

遊修齡, 『農史研究文集』, 1999.

遊修齡, 『中國農業通史·原始社會卷』, 2008.

伊藤道治, 『中國古代王朝の形成 出土資料を中心之する殷周史の研究』, 1975.

張慶長, 『黎歧紀聞』, 1992.

張光直, 『商代文明』, 1978.

張光直, 『中國青銅時代第二集』, 1990.

張鵬, 『猴, 猿, 人–思考人性的起源』, 2012.

蔣學龍, 馬世來, 王應祥, 『黑長臂猿的群體大小及組成』, 1994.

錢存訓, 『書於竹帛』, 2002.

錢存訓, 『中國紙和印刷文化史』, 2004.

鄭也夫, 『神似祖先』, 2009.

鄭也夫, 『信任論』, 2001.

程學華, 「西漢灞橋紙斷代及有關情況」, 『科技史文集』, 1989.

梯利, 『西方哲學史』, 1914.

曹念明, 『文字哲學: 關於壹般文字學基本原理的思考』, 2006.

趙平安, 『秦西漢印章研究』, 2012.

周有光, 『中國大百科全書·語言文字』, 1988.

陳望道, 『修辭學的中國文字觀』, 1925.

陳夢家, 『殷虛蔔辭綜述』, 1956.

陳夢家, 『中國文字學』, 1939.

陳舒眉, 「形聲字與漢族的表音趨向」, 『語文建設』, 8期, 1993.

陳永生, 『漢字與聖書字表詞方式比較研究』, 2013.

何炳棣, 『黃土與中國農業的起源』, 1969.

黃其煦, 「黃河流域新石器時代農耕文化中的作物-關於農業起源問題的探討(三)」,
『農業考古』, 2期, 1983B.

黃其煦, 「黃河流域新石器時代農耕文化中的作物-關於農業起源問題的探討(續)」,
『農業考古』, 1期, 1983A.

黃其煦, 「黃河流域新石器時代農耕文化中的作物-關於農業起源問題的探討」, 『農
業考古』, 2期, 1982.

37페이지 / 침팬지
ⓒ 게티이미지 코리아

46페이지 / 돌도끼, 돌칼
ⓒ 게티이미지 코리아

137페이지 / 야생벼
ⓒ 게티이미지 코리아

427페이지 / 국보 제148-2호, 십칠사찬고금통요 권17(十七史纂古今通要 卷十七)
본 저작물은 국립중앙도서관에서 2015년 작성하여 공공누리 제1유형으로 개방
한 국보 제148-2호 십칠사찬고금통요 권17을 이용하였으며, 해당 저작물은 문화
재청, http://www.cha.go.kr에서 무료로 다운받으실 수 있습니다.

446페이지 / 구텐베르크 조각상
ⓒ 게티이미지 코리아

문명의 시원을 둘러싼 해묵은 관점을 변화시킬 경이로운 발상

# 문명은 부산물이다

**초판 1쇄 인쇄** 2018년 1월 2일
**초판 1쇄 발행** 2018년 1월 10일

**지은이** 정예푸
**옮긴이** 오한나
**펴낸이** 유정연

**기획** 노승현
**주간** 백지선
**책임편집** 조현주 **기획편집** 장보금 신성식 김수진 김경애 **디자인** 안수진 김소진
**마케팅** 임충진 이재후 김보미 **제작** 임정호 **경영지원** 전선영

**펴낸곳** 넥스트웨이브미디어(주) **출판등록** 제313-2003-199호(2003년 5월 28일)
**주소** 서울시 마포구 홍익로5길 59 남성빌딩 2층
**전화** (02)325-4944 **팩스** (02)325-4945 **이메일** book@hbooks.co.kr
**홈페이지** http://www.nwmedia.co.kr **블로그** blog.naver.com/nextwave7
**출력·인쇄·제본** (주)상지사 **용지** 월드페이퍼(주) **후가공** (주)이지앤비(특허 제10-1081185호)

ISBN 978-89-6596-243-4 03900

이 도서의 국립중앙도서관 출판예정도서목록(CIP)은 서지정보유통지원시스템 홈페이지(http://seoji.nl.go.kr)와 국가자료공
동목록시스템(http://www.nl.go.kr/kolisnet)에서 이용하실 수 있습니다.(CIP제어번호: CIP2017031559)

흐름 은 넥스트웨이브미디어(주)의 인문·사회·과학 브랜드입니다. "근원의 사유, 새로운 지성"